LA DOCTRINA SOCIAL CRISTIANA Y EL COOPERATIVISMO VASCO:

UNA ALTERNATIVA PARA EL CAMBIO

Eba Gaminde Egia

LA DOCTRINA SOCIAL CRISTIANA Y EL COOPERATIVISMO VASCO:
UNA ALTERNATIVA PARA EL CAMBIO

Dykinson, S.L.

Este libro ha sido sometido a evaluación por parte de nuestro Consejo Editorial.
Para mayor información, véase www.dykinson.com/quienessomos

Esta obra se ha publicado bajo el amparo del Equipo de Investigación *Cooperativismo, Fiscalidad, Fomento, Relaciones Laborales y Protección social* (IT 1089-16) de la Universidad de Deusto, reconocido por el Gobierno Vasco. Además, debemos un especial agradecimiento al Vicerrectorado de Comunidad Universitaria e Identidad y Misión y a su titular, D. Juan José Etxebarría Sagastume S.I., por haber posibilitado su publicación, mediante la concesión de la financiación solicitada.

Editorial DYKINSON, S. L. - Meléndez Valdés, 61 - 28015 Madrid
Teléfonos (+34) 91 544 28 46 - (+34) 91 544 28 69
e-mail: info@dykinson.com
http://www.dykinson.es
http//www.dykinson.com

ISBN: 978-84-9148-161-4
Depósito legal: M-8599-2017

Preimpresión e Impresión:
SAFEKAT, S.L.
Laguna del Marquesado, 32 - Naves J, K, y L - 28021 Madrid
www.safekat.com

Markel eta Pauleri,
zor diedan denbora eta arretagatik

Al tiempo de realizar esta obra, concretamente el 17 de abril de 2014, fallecía uno de los mejores escritores del siglo XX, D. Gabriel García Márquez, Gabo. Entonces anoté unas significativas palabras suyas, que no puedo dejar de mencionar en este momento:

> *«He aprendido que un hombre sólo tiene derecho a mirar a otro hacia abajo cuando ha de ayudarle a levantarse»...*
>
> *«He aprendido que todo el mundo quiere vivir en la cima de la montaña, sin saber que la verdadera felicidad está en la forma de subir la escarpada»...*
>
> GABRIEL GARCÍA MÁRQUEZ

ÍNDICE

CAPÍTULO SEGUNDO
LA DOCTRINA SOCIAL DE LA IGLESIA Y SU CONEXIÓN CON LOS VALORES Y PRINCIPIOS COOPERATIVOS

CAPÍTULO TERCERO
LA DOCTRINA SOCIAL DE LA IGLESIA Y EL COOPERATIVISMO VASCO

ABREVIATURAS

AA	*Apostolicam Actuositatem*
AAS	*Acta Apostolicae Sedis*
AAVV	Autores varios
ACI	Alianza Cooperativa Internacional
AG	*Ad Gentes*
AVASC	Agrupación Vasca de Acción Social Cristiana
BAC	Biblioteca de Autores Cristianos
CA	*Centesimus Annus*
CAS	*Conferencias de Apostolado Social (escritos)*
CDC	Código de Derecho Canónico
CDSI	Compendio de Doctrina Social de la Iglesia
CEPES	Confederación Empresarial Española de Economía Social
CIC	Catecismo de la Iglesia Católica
CiV	*Caritas in Veritate*
CL	*Caja Laboral y grupo asociado (escritos)*
DC	Doctrina cooperativa
DRAE	Diccionario de la lengua española
DSI	Doctrina Social de la Iglesia
DV	*Dei verbum*
ECM	Experiencia Cooperativa de Mondragón
EG	*Evangelii Gaudium*
EP	*Escuela Profesional (escritos)*
FC	*Formación Cooperativa (escritos)*
GS	*Gaudium et Spes*
LC	*Libertatis Conscientia*
LG	*Lumen Gentium*
LE	*Laborem Exercens*
LF	*Lumen Fidei*
Ls	*Laudato Si´*
LS	*La Solennità*
MM	*Mater et Magistra*
OA	*Octogesima Adveniens*
op. cit.	*opus citatum* (obra citada)

p./pp.	Página/Páginas
PP	*Populorum Progressio*
PR	*Primeras Realizaciones (escritos)*
PT	*Pacem in Terris*
QA	*Quadragesimo Anno*
RN	*Rerum Novarum*
SC	*Sacrosanctum Concilium*
SRS	*Sollicitudo Rei Socialis*
SS	*Sermones (escritos)*

«Todos los tiempos son malos para quienes se dejan avasallar por las circunstancias. Hay que saber actuar a tiempo para impedirlo»

José María Arizmendiarrieta

INTRODUCCIÓN

El cooperativismo vasco y la doctrina social cristiana constituyen dos materias objeto de estudio procedentes de ámbitos totalmente diferentes (económico-jurídico, el primero, y religioso-teológico, el segundo), pero no por ello excluyentes ni divergentes. La economía no puede ni debe analizarse de forma desvinculada e independiente de cierto mensaje ético, social o moral, como la propia realidad nos está demostrando.

La sociedad y la economía funcionan desde hace tiempo con un esquema equivocado. Nuestras aspiraciones personales fundamentales (al utilizar el adjetivo posesivo «nuestras» me estoy refiriendo a la generalidad de las personas, siendo consciente de que toda generalización es injusta) podrían cifrarse en tres: el éxito profesional; las relaciones sociales que aporten prestigio y reconocimiento; y, por último, la obtención de ingresos económicos que permitan una vida de calidad. A ello se ha de añadir una visión cortoplacista, una percepción del tiempo en la que triunfa lo instantáneo, absolutizando el valor del presente. Los ejes de actuación son el Yo y el Ahora, sin mirar más allá. Algo debe cambiar.

Además, la realidad económica actual nos ofrece unos datos desalentadores, ante los que, sin embargo, no hemos de cejar. Necesitamos alentar nuestra capacidad de reforma y regeneración, dirigida a la construcción de otro modelo socio-económico que tenga como finalidad establecer condiciones que hagan posible que toda persona pueda realizarse, recurriendo para ello a una recomposición ética o de principios que sustentan el actual modelo. En ese cambio resultaría muy útil el recurso a la doctrina social cristiana, que desde siempre ha defendido que entre la economía y la ética no se da ni separación ni confusión, sino que, al contrario, a través de su común referencia al ser humano, se da una necesaria relación recíproca.

Pero hace falta un nuevo modelo de empresa que facilite la aplicación de esos valores. El modelo cooperativo podría ser uno de ellos y merece la pena profundizar en su estudio. Si bien es cierto que la especialidad del Derecho cooperativo ocupa un espacio relativamente reducido en el actual curriculum universitario, la realidad cooperativa es muy diferente:

según un estudio reciente[1], el sector cooperativo anuncia una facturación global de 2,2 billones de dólares y unas cifras de empleo de al menos 250 millones de personas, es decir, más de 250 millones de personas en todo el mundo se ganan la vida como miembros o empleados de una cooperativa. Por otro lado, son también constantes y cada vez más recurrentes las llamadas de atención que surgen desde áreas no tan conocidas (economía social, economía del bien común, economía de la solidaridad...) que funcionan con una filosofía diferente, partiendo del convencimiento de que la economía necesita incorporar parámetros éticos o espirituales.

De esa forma, llegamos al planteamiento sobre el que se centra este trabajo: existe una interrelación entre la doctrina social cristiana y el paradigma cooperativo, claramente reflejado en el caso del cooperativismo vasco, a través de la singular figura de su alma mater, D. José María Arizmendiarrieta, que dio vida a una «experiencia cooperativa» de marcado origen cristiano, que se ha convertido en el primer grupo empresarial del País Vasco y en un claro referente nacional e internacional, abriendo la posibilidad de presentar al modelo cooperativo como una posible alternativa para el cambio. En los últimos tiempos, esta hipótesis se ha visto refrendada, además, por numerosas intervenciones y alocuciones del Papa Francisco, en las que apoya y defiende la cooperativa como sistema de empresa, ante el evidente fracaso del modelo económico actual. Por lo tanto, la empresa cooperativa puede erigirse en una (no la única) alternativa para el cambio, convirtiéndose en la punta de lanza de un complejo movimiento social transformador de la economía, basado en los principios de autogestión, subordinación del capital al trabajo y ética cristiana.

[1] *Cooperatives and Employment: a Global Report,* informe presentado el 7 de octubre de 2014 en la segunda edición de la Cumbre Internacional de Cooperativas (http://ica.coop/en/media/library/research-and-reviews/cooperatives-and-employment-global-report; última consulta: 20-07-2015).

CAPÍTULO PRIMERO
CRISTIANISMO SOCIAL Y PRECOOPERATIVISMO

1. Introducción

No es tarea fácil definir los límites inicial y final del denominado *cooperativismo* para ver su relación con la *Doctrina Social Cristiana,* porque se puede decir que el cooperativismo es tan antiguo como el hombre mismo. Cuando varios hombres se unen para conseguir con su esfuerzo conjunto resultados que individualmente no serían capaces de realizar, están trabajando en una obra cooperativa y en casi todas las épocas de la historia universal encontramos obras realizadas con espíritu cooperativo[1]. Se pueden encontrar sistemas de organización con ciertos caracteres de cooperación y participación igualitaria incluso en la prehistoria (tribus con propiedad conjunta de bienes y actividades básicas de caza, pesca, etc. realizadas en común), pero es a finales del siglo xviii y principios del xix cuando el cooperativismo adquiere sus caracteres actuales, como reacción frente a las grandes desigualdades e injusticias sociales ocasionadas por la denominada «Revolución industrial» (1750-1850), que si por una parte significó un gran avance en lo tecnológico, en las comunicaciones, en la agricultura y en la maquinaria, por otra conllevó también la explotación de los trabajadores[2].

---

[1] Eliécer Quijano, J. (2004). *Historia y doctrina de la cooperación,* Colombia: Universidad Cooperativa de Colombia, p. 39: «El hombre nunca ha vivido solo. La historia de la humanidad es la historia de la cooperación, ya sea ésta voluntaria, coaccionada o forzada».

[2] El cooperativismo siempre se ha identificado como una asociación de esfuerzos ante injusticias y/o necesidades comunes. En esa línea, el profesor Divar Garteiz-aurrecoa señala que «el cooperativismo es un movimiento natural y popular de solidaridad y mutua ayuda. No es una creación de intelectuales, sino del pueblo» (Divar Garteiz-aurrecoa, J., 2013: *Economía y democracia.* Madrid: Editorial Dykinson, p. 90). Así, veremos que las entidades que actualmente conocemos como «cooperativas» surgieron como reacción frente a las inhumanas condiciones de trabajo y de vida tras la Revolución industrial, que llevaron a la búsqueda de

Las viejas controversias entre liberalismo y socialismo que, a pesar de sus errores mantenían atisbos de humanidad, dieron paso a un neoliberalismo en el que se reducía la intervención de los Estados y se dejaba vía libre a los desmanes del capitalismo, que como oportunamente apunta el profesor GADEA «lo que desde luego ha globalizado es la subordinación mercantil y la dependencia tecnológica y financiera. Por lo tanto —continua Gadea—, el sistema capitalista de la era de la globalización deberá corregirse y ese cambio de rumbo por fuerza de la lógica deberá atender a la solidaridad y la cooperación»[3].

No obstante, ese primer cooperativismo es fruto de una larga evolución, en la que pueden distinguirse varias fases o etapas, cuyos hitos fundamentales desarrollaremos en este capítulo: un primer y prolongado período de utopismo con base religiosa, que se ha dado en llamar precooperativismo; una posterior etapa de fijación y concreción de los caracteres jurídicos del estatuto cooperativo; finalmente, una mercantilización de la fórmula cooperativa.

2. PRECEDENTE REMOTO: REFORMISMO RELIGIOSO CUÁQUERO Y ASOCIACIONISMO (SIGLO XVII)

No existe un criterio totalmente uniforme en torno a la delimitación y enumeración de los llamados precursores de la cooperación moderna, pero cabe mencionar una serie de ideólogos reformistas que han sido capaces de llevar a la práctica sus ideas, iniciando todo un proceso de transformación socio-económica.

En ese sentido, el cooperativismo, tal y como hoy lo conocemos, surge sobre una importante base solidarista previa, que se inicia con el denominado movimiento asociacionista de principios del siglo XVII, en el que pensadores a menudo olvidados como George Fox, Peter Cornelius Plockboy o John Bellers defendieron el establecimiento de colectividades de ayuda mutua, sobre bases religiosas, que ya precedieron a la denominada «doctrina social cristiana». Redactaron sus programas basados en las enseñanzas de la moral cristiana. Pretendían conseguir el reino de Dios en la Tierra, la hermandad de todos los humanos como hijos de Dios. Los primeros grupos religiosos fueron las denominadas *Sociedades de Amigos,* fundadas por Fox a mediados del siglo XVII, seguidas de las *Repúblicas de la Cooperación* de Plockboy o las *Asociaciones de trabajo* de Bellers.

---

soluciones basadas en la asociación de esfuerzos para compensar la debilidad individual de los asociados con la fuerza de su número.

[3] GADEA SOLER, E. en el prólogo a la obra *Las cooperativas: una alternativa económica,* de DIVAR GARTEIZ-AURRECOA, J., 2011, Madrid: Editorial Dykinson, pp. 12 y 13.

Veamos a continuación una exposición más detallada de cada uno de estos pensadores precooperativistas o asociacionistas, considerados como los verdaderos patriarcas del cooperativismo por ser los pioneros en la proposición de una economía alternativa de bases humanistas y solidarias.

2.1. George Fox (1624-1691)

George Fox es considerado el fundador del movimiento cuáquero[4]. Vivió en una época de grandes movimientos sociales y se mostró contrario al consenso religioso y político al promover una interpretación inusual del cristianismo.

Efectivamente, en la Inglaterra de principios del siglo XVII, las luchas políticas y religiosas eran continuas: la iglesia oficial y los disidentes no conformistas se enfrentaban continuamente por el tipo de iglesia que debía consolidarse en suelo inglés. Ambas tendencias eran protestantes, pero con enfoques radicalmente opuestos, no en cuanto a sus doctrinas esenciales, sino en cuanto a la forma exterior de la Iglesia: los anglicanos se aferraban a la Iglesia legada por la tradición histórica, mientras que los disidentes querían una Iglesia más ajustada al modelo del Nuevo Testamento, hasta donde ellos lo entendían. En cualquier caso, se trataba de una lucha por cosas importantes, pero exteriores. Muy poco interesaba, en esos días, la experiencia real e interior. La vida cristiana se había convertido en una profesión formal de ciertos credos protestantes considerados ortodoxos. Las personas se consideraban «justificadas» por su adhesión a un credo ortodoxo formal, y no por una fe viva en Cristo muerto y resucitado. Los ministros y clérigos se entretenían en largos y acalorados debates teológicos, carentes de significación espiritual.

En ese contexto creció Fox, quien incluso pensó en hacerse sacerdote por recomendación de algunos parientes, pero finalmente fue aprendiz de zapatero. A diferencia de sus congéneres, él tenía una obsesión constante por la búsqueda de la verdad, de la simplicidad en la vida, de la humildad y abandono del lujo. Viajó por diversos lugares de Inglaterra conversando con ministros de todas las tendencias de la época, buscando respuestas a sus profundas inquietudes espirituales. Se sentía envuelto por densas y terribles tinieblas, pero nadie consiguió ayudarle.

---

[4] Nació en un pueblo del Condado de Leicester (Inglaterra) en 1624. Su padre, Christopher Fox, tejedor, era conocido por sus convecinos como un cristiano recto al que denominaban «el justo Christopher» y también su madre, Mary Lago, era una gran devota y miembro activo de la Iglesia del pueblo. Por todo ello, su educación estuvo muy marcada por la fe. Durante su adolescencia estuvo fascinado con la Biblia, que estudiaba continuamente. A pesar de que sus parientes querían que tratara y se relacionara con sacerdotes, él prefería irse sólo al campo con su Biblia.

Un día, sin embargo, Fox sintió que Dios hablaba a su corazón de forma directa. Fue una experiencia de «apertura», donde la verdad llegaba ya formada a su corazón, lo que se repetiría durante los días siguientes y a lo largo de toda su vida. A través de esas «aperturas» o revelaciones descubrió que el haber estudiado en un seminario en Oxford o Cambridge no calificaba a un hombre para ser ministro de Cristo[5], que Dios no habita en templos hechos por manos de hombre, sino en el corazón de la gente, que su pueblo es su templo y que él habita en ellos[6]. Pero continuaba desolado, hasta que un día, cuando todas sus esperanzas en ministros y predicadores se habían agotado, recibió la más importante de las revelaciones: una voz interior le dijo que sí había alguien en quien él podía apoyarse, Cristo, que Él respondería a todas sus inquietudes y le sacaría de las tinieblas. A partir de ahí todos sus sufrimientos y dudas se disiparon. Cristo iba a satisfacer sus necesidades a través del Espíritu Santo, mediante esa luz interior. En ese momento sintió que debía anunciar eso que había descubierto por experiencia propia y comenzó su ministerio itinerante.

De esta forma surgieron las *Sociedades de Amigos,* grupos religiosos que se reunían para leer e interpretar la Biblia en la línea marcada por Fox, según sus propios criterios, lo que les llevó a disidir la línea oficial de la Iglesia de Inglaterra. Creían que un cristiano tenía que vivir de acuerdo con la «luz interior» divina que brilla en el corazón de cada individuo, sin necesidad de ningún credo externo, clero o estructuras eclesiásticas. Rechazaban ritos como el bautismo con agua, porque consideraban que la transformación interna nada tenía que ver con estos rituales. En días de ortodoxia fría y exterior, hicieron un osado llamamiento a «conocer la verdad de lo íntimo», la luz interior, que mora en el corazón de cada uno y nos enseña todo. No es que menospreciaran la Biblia, pero consideraban que era absolutamente necesario que el Espíritu Santo la revelara a cada uno en la intimidad.

Su culto consistía en un encuentro de oración durante el cual todos están sentados en silencio esperando que la luz interior inspire a alguno para que guíe a la comunidad con un himno, oración o algunas palabras de enseñanza. En estos encuentros, que suelen ser mensuales, se deciden los asuntos de la comunidad según el consenso de la mayoría. Debido a su compromiso por la igualdad entre todos, también las mujeres podían participar con plenos derechos en estos encuentros.

Sin embargo, tras manifestar en público sus opiniones, Fox fue denunciado por blasfemia y encarcelado en 1650. En sus alegaciones de defen-

---

[5] Instituto Alma (1939), *Diario de Jorge Fox,* traducido de la edición inglesa *Every´s man edition,* con permiso de J. M. Dent & Sons de Londres. Texto electrónico con permiso de la librería de la Sociedad de Amigos, www.institutoalma.org. Londres: Coalition for Hispanic Ministries, p. 6.

[6] *Ibidem,* p. 33.

sa, Fox mencionó «Temblad ante la palabra del Señor» y el juez se mofó de esa exhortación y utilizó el término «tembladores» (*to quake* = temblar)[7] para referirse a él y a sus seguidores.

Fue encarcelado en numerosas ocasiones, al igual que sus seguidores, fundamentalmente por causar disturbios o por no cumplir las leyes. Los actos basados en la defensa de la igualdad social, como no usar nunca los títulos de nobleza o no descubrir la cabeza ante el tribunal[8], eran tachados de irrespetuosos. Además, su negativa sistemática a hacer juramentos hizo que fueran perseguidos por las leyes por incumplimiento del juramento de lealtad y también provocaban graves conflictos al declarar ante los tribunales.

Pero su estancia en la cárcel también le resultó positiva, al considerar que estaba en contacto con personas que necesitaban su ayuda (tanto compañeros de prisión, como carceleros). Además trató de dar ejemplo con sus acciones, al poner la otra mejilla cuando era golpeado. Incluso en los peores momentos, con más de mil «amigos» encarcelados, instó a sus seguidores a «no usar nunca las armas físicas y utilizar en su lugar las armas espirituales».

No obstante, la persecución religiosa les hizo fuertes y nunca renunciaron a sus doctrinas reformistas del cristianismo, defendiendo siempre la conveniencia de volver a los orígenes de las primitivas comunidades de cristianos solidarios.

Las *Sociedades de Amigos* fueron organizándose progresivamente. Se llevaban a cabo grandes reuniones. Además de los encuentros mensuales, las congregaciones locales se reunían en «encuentros trimestrales» que a su vez se integraban en «encuentros anuales», que actualmente siguen celebrándose[9]. También viajaron alrededor del país, recogiendo los testimonios de cuáqueros encarcelados, como evidencia de la persecución a la que eran sometidos. Sin embargo, tanto hombres como mujeres afrontaron con gran entereza los golpes, humillaciones y persecuciones a que eran sometidos y ni retrocedían ni se escondían de sus perseguidores.

Finalmente, en 1689, se dictó en Inglaterra un acta de tolerancia, y las *Sociedades de Amigos* pudieron al fin gozar de libertad de culto. George Fox murió poco después, en 1691, tras un duro ministerio itinerante.

---

[7] Por esta razón, aunque estas comunidades religiosas disidentes fundadas por George Fox se denominaran «Sociedades Religiosas de Amigos» y sus miembros se autocalificaran como «amigos», eran realmente conocidos como «cuáqueros» («quakers») o «tembladores».

[8] Cuando un juez le instaba a quitarse el sombrero, Fox respondía preguntando en qué lugar de la Biblia se encontraba tal normativa.

[9] La «Reunión Anual Británica» es un encuentro anual de la Sociedad Religiosa de los Amigos de Inglaterra, Escocia, País de Gales, islas del Canal y la isla de Man. Hasta 1995 era conocida como la «Junta Anual de Londres», surgió de diversas reuniones nacionales y regionales de los Amigos en las décadas de 1650 y 1660 y se ha reunido anualmente en alguna forma desde 1668.

Hoy día existen congregaciones cuáqueras dispersas por todo el mundo (Gran Bretaña y Estados Unidos, fundamentalmente, pero también en Asia, Oceanía, Latinoamérica o África), trabajando por la paz, los derechos humanos y la reforma social[10].

2.2. *Peter Cornelius Plockboy (1620-1700)*

Plockboy, a quien se ha denominado «patriarca de la cooperación», nació en Holanda en 1620, pero pronto se instaló en Inglaterra. Siendo un hombre muy religioso, le resultó fácil contactar con los grupos de la *Sociedad Religiosa de los Amigos*, que, siguiendo la línea de Fox, le dieron la idea de las *Repúblicas de la cooperación*, sistema de colonias cooperativas. Al observar la pobreza de las familias campesinas y del proletariado urbano, vio que la sociedad en su conjunto era completamente insolidaria y desatendía al prójimo, desoyendo los mandatos evangélicos. Los ricos se habían acomodado en las instituciones, explotando a los más humildes, por lo que éstos debían unirse para superar las adversidades.

Pero la importancia de Plockboy proviene fundamentalmente de un panfleto publicado en 1659 bajo un largo título, que describe gráficamente sus propósitos: «*Ensayo sobre un procedimiento que haga dichosos a los pobres de esta Nación y a los de otros pueblos, consistente en reunir cierto número de hombres competentes en una reducida asociación económica, o República en pequeño, en la que cada cual conserve su propiedad y pueda, sin necesidad de recurrir a la fuerza, ser empleado para la clase de trabajo para el cual sea más apto. Medio de librar a esta Nación y también a las demás, no sólo de los vagos y malvados, sino también de las personas que han buscado y encontrado la manera de vivir a expensas del trabajo de los demás*»[11].

En ese ensayo Plockboy adelantó las bases del cooperativismo[12], proponiendo la creación de asociaciones o pequeñas repúblicas de base comunitaria, en las que, entre otros aspectos, se acepta la separación voluntaria de los asociados, la necesidad del establecimiento de un trabajo

---

[10] En 1947 se otorgó a la Sociedad de Amigos el Premio Nobel de la Paz, recibiéndolo en representación del movimiento la *Friends Service Council* (Londres) y la *American Friends Service Committee* (Filadelfia).

[11] Möller, E. (1986). *El cooperativismo como proceso de cambio. Doctrina histórica del cooperativismo.* Bolivia: Editorial Los Amigos del Libro, p. 49.

[12] Como bien apuntan Vargas, Gadea y Sacristán, «se debe reconocer al cuáquero P.C. Plockboy como el pionero en la proposición de una economía alternativa de bases humanistas y solidarias, de carácter precooperativo, y es clara la influencia de su ensayo sobre la «felicidad de los pobres» (1659) en el posterior diseño de las «aldeas de la Cooperación» de Owen y de los «falansterios» de Fourier», Vargas C., Gadea E. y Sacristán F. (2015). *Derecho de las sociedades cooperativas. Introducción, constitución, estatuto del socio y órganos sociales.* Madrid: La Ley, p. 20.

acorde a la vocación de cada quien y el derecho de todos los partícipes al excedente al finalizar cada ejercicio económico. Era una propuesta asociacionista de familias integradas en grupos económicos comunitarios. Se trataba de organizar colonias integradas por varias familias que colaboraban en la solución colectiva del problema de la habitación, del trabajo asociado entre los colonos y del consumo común.

Mientras los cuáqueros se establecieron en las colonias de Norteamérica, organizando allí sus asociaciones, Plockboy realizó su primera experiencia práctica en Nueva Holanda en 1654, siendo disuelta al de poco tiempo por orden gubernamental[13]. Diez años después organizó otra colonia agroindustrial en Manhattan, que también fue pronto disuelta.

Sin embargo, el primer paso solidarista importante ya se había dado y a pesar de tratarse de pequeñas comunidades, sus frutos han sido de gran calado. La primera semilla de las comunidades de vida con nexo religioso quedó bien sembrada, y tanto Fox con sus *Sociedades de Amigos* como Plockboy con sus *Repúblicas* se adelantaron a los *Pueblos de la cooperación* de Owen y a los *Falansterios* de Fourier, que más adelante analizaremos en detalle.

2.3. John Bellers (1654-1725)

Este utopista, economista y filántropo nacido en Londres en 1654 fue uno de los precursores de la teoría del trabajo como fuente del valor y uno de los primeros en poner expresamente de relieve el principio de la cooperación, siguiendo el camino iniciado por las *Sociedades de Amigos*[14] y continuado por las *Repúblicas de la Cooperación*.

Escribió numerosos ensayos sobre cuestiones sociales como el apoyo a los pobres, la atención sanitaria, el apoyo a los refugiados o la abolición de la pena de muerte, por lo que fue considerado el primer defensor europeo de la abolición de la pena capital.

El primero y probablemente el más famoso de sus ensayos fue publicado en 1695 bajo el título *Proposals for Raising a College of Industry of All Useful Trades and Husbandry.* Siguiendo la estela de Plockboy, BELLERS en su ensayo también expuso un plan de reforma económica basada en asociaciones de trabajo o «colonias cooperativas de trabajo». Proponía a

---

[13] MÖLLER, E., *El cooperativismo…, op. cit.*, p. 50. Se trataba de una sociedad de tipo cooperativo que buscaba integrar las actividades campesinas con el desarrollo de la producción urbana. Los socios aportaban herramientas, dinero y otro capital, el mismo que no les producía interés alguno. No se perdía el derecho de propiedad individual sobre los mismos, ni el de retirar las aportaciones al apartarse de la sociedad.

[14] Bellers se crió en el seno de una familia cuáquera, y se casó también con una cuáquera, como mandan las tradiciones matrimoniales de los Amigos. Fue una persona muy activa en la comunidad cuáquera a la que pertenecía.

los pobres la creación de un *college of industry* (colegio de la industria o de la producción) asociando su trabajo en *colegios* o colonias integrales, que combinarían el trabajo agrícola con el industrial, sin explotación del hombre, sin intermediarios y sin casi uso del dinero[15]. Tenía en mente colonias de trabajo, pero prefirió llamarlas *colegios de industria* porque, adelantándose a su tiempo, pretendía que tales comunidades además de centros de trabajo, fueran centros de educación para la juventud, abogando por la combinación entre aprendizaje y trabajo como una forma de evitar la ociosidad.

Se trataba de un plan de producción en régimen cooperativo, basado en la propiedad colectiva de los medios de producción y en la organización racional del trabajo según el lema «quien no trabaja no come», sin gastos superfluos y sin intermediarios que agravaran el coste de la vida.

Estas asociaciones serían mayores, aunarían la industria y la agricultura, proveerían los medios de subsistencia de sus integrantes, pero su producción excedería las necesidades del grupo, para poder vender ese exceso y obtener un beneficio. Ese beneficio permitiría la retribución al capital pero sólo como forma de atraerlo, dado que los asociados recibirían los medios de subsistencia suficientes, pero nunca una retribución en dinero, prescindiéndose de éste en la vida interna de la asociación.

Con todo, puede decirse que Fox, Plockboy y Bellers son los antecedentes remotos del cooperativismo moderno, con una base religiosa y solidarista importante, dado que conciben sus asociaciones, pequeñas repúblicas o colonias como entidades que defienden revivir las experiencias comunitarias del cristianismo primitivo y «hacer felices a los pobres» como expresamente mencionaba Plockboy en su ensayo.

En realidad, más que de éxitos, las experiencias de estos precursores están plagadas de fracasos, pero sus tentativas de creación de empresas asociativas populares fueron dejando huellas que allanaron el camino a los primeros realizadores de las formas solidarias modernas.

3. Derivación radical y estatalista: saintsimonianos (fines siglo xviii)

El movimiento asociacionista y la defensa de los pobres o, más concretamente, del proletariado, evolucionó de forma más radical a finales del siglo xviii y principios del xix, con filosofías revolucionarias de corte estatalista, que incluso incitaban al pueblo a la toma del poder para colectivizar los medios de producción suprimiendo la propiedad privada. De esa forma desaparecerían las clases sociales y se establecería un nuevo orden económico.

---

[15] Eliécer Quijano J., *Historia y doctrina de la cooperación, op. cit.*, p. 60.

Entre estos teóricos «radicales» cabe diferenciar dos líneas fundamentales. En primer lugar, la del filósofo y economista francés Claudio Enrique de Saint Simón, miembro de la nobleza francesa, que creó una escuela económica que defendía una reforma de la organización social de la época, ya que consideraba que la causa principal de la injusticia social se originaba por el sistema de propiedad existente. Para ello propusieron la previa toma del poder y la incautación de los medios de producción, suprimiendo el derecho hereditario, el libre emprendimiento y las libertades religiosas, por considerar a la religión como el germen de la resignación ante las desigualdades sociales. En una línea más moderada, por el contrario, Philippe Buchez, con una sólida formación cristiana, se opuso a ese ateísmo oficial, rompiendo con los saintsimonianos y estableciendo las bases de las sociedades de trabajo asociado bajo principios cooperativos.

A continuación procederemos al análisis más detallado de cada una de estas tendencias.

3.1. Claudio Enrique de Rouvroy, Conde de Saint Simon (1760-1828)

El conde de Saint Simon nació en Paris en 1760. Prototipo del espíritu ilustrado creativo y visionario, suele ser considerado como el primer teórico de la sociedad industrial[16].

Ya desde joven era consciente de que llegaría a realizar grandes tareas en ayuda de la humanidad[17], aunque todavía no sabía exactamente cuál era su misión, por lo que se dedicó a descubrirla mediante el estudio del hombre, de las ciencias y de la marcha de los acontecimientos después de la revolución. Creía firmemente que el progreso humano era algo cierto.

Desde su concepción de la unidad cristiana, representada por la Iglesia, consideró que el cristianismo significaba un avance inmenso respecto a la organización principalmente militar del mundo antiguo. Elogiaba a la Iglesia medieval por haber sabido satisfacer las necesidades de su tiempo, gracias a su influjo social y educador, pero también consideraba su derrumbamiento como consecuencia necesaria por no poder adaptarse a las necesidades de una nueva edad de progreso científico. Los siglos

---

[16] Su contexto social es el de la revolución francesa, la revolución estadounidense y la primera industrialización. Luchó junto a los norteamericanos a favor de la independencia de los Estados Unidos y, después, volvió a Francia para dejar el ejército y emprender lo que sería la obra de su vida.

[17] COLE, G.D.H. (1974). *Historia del pensamiento socialista. I. Los precursores: 1789-1850.* México: Fondo de Cultura Económica, p. 46: «Estaba convencido no sólo de que tenía que realizar una misión, sino también de que estaba destinado a ser uno de los hombres más grandes y a variar el curso de la humanidad, tanto como lo había hecho Sócrates o cualquier otro filósofo de los que influyeron en el mundo».

anteriores constituían un período necesario de preparación crítica para el advenimiento de una nueva sociedad.

Saint Simon era consciente de que el desarrollo económico no era la única necesidad humana. Los industriales dirigirían las finanzas y decidirían lo que debía hacerse, pero aconsejados por los sabios y los artistas. En su proyecto consideraba fundamental la educación, que estaría en manos de los sabios. Estaba convencido de que la sociedad, para funcionar adecuadamente, necesitaba una base común de valores. Sin embargo consideraba que los dogmas cristianos estaban ya anticuados, por lo que correspondía reformularlos a la ciencia moral, tomando como base el saber científico, que es universal.

Por lo tanto, no condenaba la industrialización, pero la sociedad tenía que reorganizarse mediante una renovación ético-religiosa y la labor del Estado sería precisamente facilitar esa transformación. En ese contexto se sitúa su última obra, *el Nuevo Cristianismo* (1825), de la que sólo llegó a escribir el principio. En ella defendía el surgimiento de una cristiandad de nuevo tipo, basada en la ciencia. Esa nueva cristiandad estaría formada por una Iglesia que dirigiese la educación y que estableciese un código de conducta y creencia social sobre la base de una fe viva en Dios como legislador supremo del universo. Tenía que surgir una religión nueva, sin teología, basada simplemente en el desarrollo del espíritu humano. De esta forma el libro constituye una lúcida crítica a la doctrina de Jesús, pero también un programa para sentar las bases de un nuevo cristianismo capaz de mejorar la suerte moral de la clase más pobre sobre la base de las primitivas enseñanzas evangélicas, pero teniendo siempre de fondo el saber científico.

En suma, este filósofo aristócrata, amante de la libertad, ha sido considerado incluso como fundador del socialismo francés por su vehemencia en la defensa de una sociedad colectivamente planificada. Sin embargo, durante toda su vida y hasta el último momento, trabajó sin ser estimado y sumido en una terrible pobreza durante mucho tiempo. Sólo a partir de la década de 1820 empezó a tener discípulos. A su muerte, un pequeño grupo de seguidores asumió la tarea de difundir las enseñanzas del maestro, predominando las concepciones expuestas en el *Nuevo Cristianismo*. El sansimonismo era una «religión» en la que, sin embargo, se conservaba la fe en la misión civilizadora de la industria científica. Esta nueva religión estaba llamada a realizar la misión que la Iglesia católica había desempeñado en la Edad Media, uniendo al mundo mediante un nuevo principio espiritual, el del trabajo como deber y función de cada hombre. Esta visión de la industria redentora y civilizadora permitió la expansión del sansimonismo, pues atrajo a ingenieros, intelectuales y autores de proyectos universales.

Con todo, el influjo intelectual de los saintsimonianos fue finalmente extenso. No se trataba de un movimiento socialista determinado, ni de una teoría socialista precisa, sino la concepción de una economía planificada, organizada para dar trabajo a todos y en la que las retribuciones se correspondían única y justamente con los servicios prestados.

3.2. Philippe Buchez (1796-1865)

Este discípulo de Saint Simon, nacido en Bélgica en 1796, pronto rompe con la doctrina saintsimoniana, rechaza el panteísmo que la caracteriza y vuelve a la fe católica, tratando de conciliar la doctrina católica ortodoxa con las teorías más democráticas. A pesar de su desconfianza hacia la Iglesia, se le considera iniciador del movimiento socialcristiano.

Fue un trabajador incansable, doctor en medicina, historiador, filósofo y político, considerado por algunos como el padre del cooperativismo francés y, en todo caso, como el fundador del cooperativismo de trabajo.

Expuso su programa para la industria pequeña o artesanal, difundiendo sus planteamientos en periódicos de gran influencia en el medio obrero, sobre la premisa de que la clase obrera debía ayudarse a sí misma, sin intervención de filántropos ni del Estado, asociándose para aportar las herramientas de que dispusieran y pequeñas sumas de dinero que pudieran economizar[18]. De esa forma, trabajadores de un mismo gremio podrían realizar la producción por cuenta propia y obtener los beneficios que en otro caso obtendría el empresario. En esa línea formuló unos principios que se corresponden estrechamente con los establecidos años después por los Pioneros de Rochdale (véase apartado 5), para el cooperativismo en general y para las cooperativas de consumo en particular. Tales principios podrían sintetizarse de la siguiente forma:

a) Los trabajadores son dueños de sus propias fuentes de trabajo.
b) Organización democrática: aconsejó que los asociados eligieran, entre ellos mismos, a aquellos que se desempeñarían como autoridades de la cooperativa.
c) Retorno cooperativo: destinó los excedentes a finalidades comunes y/o a la distribución entre los asociados en proporción al trabajo realizado por cada uno de ellos o a las respectivas operaciones con la entidad.

---

[18] Instituto Movilizador de Fondos Cooperativos Filial Cuyo (1999). *Teoría y práctica del cooperativismo. Compilación, síntesis y aportes*. Cuyo: Intercoop, p. 7. El sistema era sencillo: miembros de una misma profesión se asociarían, aportando todos los días una suma, que recibiría el empresario. A fin de año, el 80% de dicha suma, sería distribuido entre los integrantes de la sociedad en proporción a su trabajo y operaciones realizadas con la cooperativa y el 20% restante pasaría a formar parte del capital social, que constituiría un fondo inalienable e indivisible. En caso de disolverse la sociedad, dicho fondo no se distribuiría entre sus miembros, sino que sería donado a otra asociación, preferiblemente dentro del mismo ramo de la producción.

d) Destino desinteresado del patrimonio social en caso de disolución: debía ser un fondo «indivisible, indisoluble, e inalienable», que no se podría repartir entre los asociados sino destinarse a una obra de bien comunitario. Ésta fue la gran novedad introducida por Buchez en el sistema de organización cooperativa: la indisolubilidad del fondo inalienable, que sería administrado por un Banco de Trabajo del Estado y cuyo destino último sería el bien común[19].

En base a esas ideas Buchez elaboró su primer proyecto de cooperativa de producción en 1832, creando una ebanistería con las aportaciones de los trabajadores que, sin embargo, no obtuvo el éxito deseado. Dos años más tarde, surgió una cooperativa de joyeros que duró más de 40 años y mostraba claramente su inspiración neocristiana[20]. La distribución de los beneficios tenía un claro fin social: una parte se entregaba a los socios en proporciones iguales; la segunda, sin embargo, era para el mantenimiento de ancianos, enfermos e impedidos, así como para aliviar la crisis de organizaciones industriales semejantes; y una tercera, para proporcionar instrumentos de trabajo a los nuevos integrantes de la sociedad.

En suma, Buchez pretendió, mediante la generalización de estas cooperativas obreras de producción, arrojar las bases para una renovación de la sociedad a través del asociacionismo y, a pesar de que su plan tuvo una aplicación muy limitada, puede decirse que sus propuestas conformaron una de las bases del cooperativismo, que tuvo un gran desarrollo en Francia.

4. Pioneros del cooperativismo: utopía comunitaria. Experiencia de Rochdale (comienzos siglo xix)

Todas esas ideas solidaristas previas que, desde diferentes perspectivas y por diferentes vías, pretendían una mejora de las condiciones generales

---

[19] Möller E., *El cooperativismo como proceso de cambio…, op. cit.*, p. 56: esta filosofía social de Buchez estaba basada en sus fervientes creencias religiosas, que lo impulsaban a motorizar sus experimentos sociales en base a las ideas morales de la compasión por el explotado y el autosacrificio para su emancipación.

[20] Benevides Pinho, D. (1987). *Evolución del pensamiento cooperativista.* Buenos Aires-República Argentina: Intercoop, p. 69: menciona expresamente el preámbulo del contrato de los joyeros, indicando que «ya reflejaba el deseo de modificaciones sociales dentro de un marco religioso» e incluyendo algunos parágrafos significativos del mencionado preámbulo: […] «*Considerando que este modelo de asociación constituye una simple aplicación de los principios morales enseñados por el cristianismo, y que está perfectamente de acuerdo con los preceptos de la religión y de autorización de la ley civil*».

de vida y en especial de la de los más desfavorecidos, tuvieron un alcance y éxito limitados pero, a pesar de no conllevar una trascendencia inmediata, ejercieron una indudable influencia sobre los denominados verdaderos pioneros del cooperativismo, representados fundamentalmente por tres autores nacidos a finales del siglo XVIII: Owen (1771), Fourier (1772) y King (1786).

Efectivamente, si bien, tal y como hemos explicado, el movimiento cooperativo tiene sus antecedentes remotos en las experiencias mencionadas, los antecedentes más inmediatos se verifican a partir de fines del siglo XVIII y sobre todo durante el siglo XIX, cuando tras la Revolución industrial, en materia social y económica se difunden el individualismo, el liberalismo y el capitalismo[21].

La mencionada Revolución supuso, por una parte, notables e indiscutibles adelantos técnicos, así como un considerable incremento de la producción de bienes, pero, por otra, acarreó graves abusos e injusticias: como consecuencia de los avances técnicos se cerraron muchas empresas artesanales; la formación de fábricas cada vez más grandes conllevaba unas condiciones de trabajo inhumanas (jornadas agotadoras, bajos salarios, empleo abusivo de mujeres o niños...); las condiciones generales de vida eran también insufribles (hacinamientos de personas en viviendas insalubres, alimentación inadecuada, ausencia de cuidados sanitarios...); los desajustes entre la producción y el consumo originaban graves crisis económicas; la mayoría de la población se encontraba indefensa frente a la acción desaprensiva de intermediarios superfluos que compraban productos a agricultores y artesanos a precios irrisorios, mientras que les cobraban precios excesivos por las semillas o herramientas que necesitaran para sus labores, reduciendo aún más sus escasos salarios.

En ese ambiente de crispación y necesidad, se manifiestan las ideas y experiencias de los precursores del cooperativismo actual, entre quienes destacaremos a los mencionados Owen, Fourier y King[22], por su interesante labor doctrinaria a favor de una vida en comunidad basada en la ayuda mutua, aunque no tan directamente vinculada a creencias religiosas como en el caso de sus antecesores asociacionistas, así como por sus realizaciones prácticas, que a continuación detallaremos.

---

21 Vargas, Gadea y Sacristán sitúan el nacimiento del movimiento cooperativo moderno en la segunda mitad del siglo XIX, como reacción de las clases trabajadoras frente a los excesos del sistema capitalista. (Vargas C., Gadea E. y Sacristán F. (2015). *Derecho de las sociedades cooperativas. Introducción, constitución, estatuto del socio y órganos sociales.* Madrid: La Ley, p. 19).

22 Aunque en opinión de Paniagua, «los que denominamos como teóricos de la cooperación no tuvieron como objetivo la constitución de cooperativas, sino la fundación de comunidades integrales con una amplitud variable (*vgr:* las aldeas de Cooperación de Owen o los falansterios de Fourier)», Paniagua Zurera, M. (1997). *Mutualidad y lucro en la sociedad cooperativa.* Madrid: McGraw-Hill, p. 71.

4.1. *Robert Owen (1771-1858)*

Es considerado como el padre de la cooperación y del socialismo inglés, así como de la cooperación moderna en general. Los elementos que contextualizan la figura de Owen son la tradición judeo-cristiana, la modernidad y el industrialismo[23]. Esos elementos fueron asimilados desde su juventud, pero, tal y como a continuación expondremos, su pensamiento atravesó diferentes estadios[24], llegando incluso a cuestionar ciertos aspectos del cristianismo, dado que no compartía la pretensión de la Iglesia de poseer la verdad absoluta al margen de cualquier otra consideración.

Su gran período de influjo personal comenzó con la compra de la fábrica de algodón de New Lanark en 1800 y puede decirse que terminó cuando un grupo de discípulos fundó en 1844 la sociedad cooperativa de los *Rochdale Pioneers* (véase apartado 5).

El punto de partida de su ideario es que el hombre es un producto social fruto de las circunstancias que le rodean. Consideraba que el *carácter* del hombre[25] es el resultado del medio social y del azar de las circunstancias y no consecuencia de una naturaleza metafísica determinada. Quería mejorar el entorno del hombre para que fuera bueno y emergiera su bondad, con el convencimiento de que el hombre bueno trabajaría mejor voluntariamente. Ese pensamiento le llevó a batallar en dos frentes: por una parte, su opinión sobre la formación del carácter hizo que acusara a las iglesias cristianas de predicar una doctrina falsa y desmoralizadora; por otra, su hostilidad hacia la competencia sin limitaciones, hizo que atacara directamente tanto a economistas que ensalzaban sus virtudes como a patronos que las ponían en práctica. Además, la importancia que Owen

---

23 OWEN nació en Newtown, Gales, en 1771, en el seno de una familia modesta. Era un año mayor que Fourier (véase apartado 3.2) y once más joven que Saint Simon (2.1). Tenía un excepcional sentido de hombre de empresa, lo que, unido a su talento indiscutible, le permitió ascender vertiginosamente desde simple trabajador a los 9 años de edad, pasando por las responsabilidades de director a los 19 y convirtiéndose en propietario de su propia fábrica de tejidos a los 21 años. Esta experiencia personal le ayudó a comprender ampliamente las necesidades obreras, para las que buscó sus propias soluciones.

24 ÁLVAREZ LAYNA, J. R. (2011). «Religiones y democracia: Robert Owen y el owenismo en la década de los años treinta del siglo XIX», en *El Catoblepas: revista crítica del presente,* n.º 111, pp. 13: «La figura del hombre de negocios y pensador británico atraviesa por diferentes estadios en términos intelectuales y biográficos [...] Su evolución intelectual se presenta siempre ligada al ámbito de la Historia, dado que sus propuestas y experimentos sociales son proyección de su pensamiento en un momento determinado. Del mismo modo, Owen reacciona a las consecuencias de sus propias iniciativas experimentales repensando la propuesta en un sentido cada vez más profundo».

25 COLE, G.D.H., *Historia del pensamiento socialista..., op. cit.,* p. 95: por «carácter» del hombre entendía las formas de conducta y su escala de valores.

daba al medio le condujo a trabajar por la educación, como instrumento para transformar la calidad de la vida humana y por la reforma de las fábricas, y trataba de convencer a industriales, gobiernos y políticos, para que siguiesen el ejemplo que en la práctica había dado proporcionando educación y mejorando las condiciones de las fábricas.

Efectivamente, su experiencia práctica comienza cuando a los 19 se hace con la dirección de una famosa fábrica de tejidos, New Lanark, y a los 21 consigue ser asociado. Ahí pudo ver el estado de miseria de la clase obrera y comenzó a forjar sus planes de reforma social, con medidas prácticas. Observando que a las máquinas se les trataba con especial cuidado y a las personas con suma negligencia, se propuso actuar para mejorar el estado material y cultural de la clase obrera: redujo la jornada de trabajo de 14 a 10 horas diarias, aumentó los salarios, eliminó el trabajo infantil, creó escuelas, levantó viviendas para los operarios, abarató los artículos para el consumo, instaló comedores... Consiguió demostrar que las buenas condiciones no eran incompatibles con un negocio productivo, sino al contrario, favorecían resultados exitosos.

Posteriormente, cuando al finalizar las guerras napoleónicas se produjo una gran crisis y la consiguiente falta de trabajo, quiso demostrar que la sociedad disponía de medios para evitar que los «sin trabajo» fuesen una carga y presentó su propuesta para establecer las *aldeas de la cooperación*. En un principio serían simples proyectos de agricultura colectiva, lugares donde los desocupados pudieran ganarse la vida cultivando la tierra para obtener sus alimentos. Poco a poco se fue dando más margen a la producción industrial, hasta convertirse en cooperativas integrales, donde la producción y el consumo se efectuarían en común.

Así, toda la propiedad privada sería abolida. La comunidad tendría un edificio central en el que vivirían sus miembros, agrupados por familias. La producción y administración de la aldea o colonia se haría por grupos de personas de la misma edad, en un plano de igualdad, sin jefaturas de ningún tipo.

Para la difusión de estas *aldeas de la cooperación* Owen recurrió a funcionarios y filántropos, de los que, sin embargo, no obtuvo respuesta, por lo que llegó a la conclusión de que el «carácter» de la Gran Bretaña había sido corrompido por el error eclesiástico y por la competencia industrial, por lo que sería imposible instaurar allí el nuevo orden moral que pretendía. Este convencimiento le llevó a trasladarse a Estados Unidos, por considerar que eran tierras no tan contaminadas o corrompidas. Allí compró la aldea comunal de «New Harmony» y empezó a trabajar para establecer la primera de sus nuevas comunidades. Sin embargo esta comunidad marchó mal desde el principio. Acudieron muchos colonos atraídos por los anuncios de Owen llenos de confianza, pero era un grupo no seleccionado, sin ningún lazo de experiencias y necesidades comunes que los mantuviese unidos. Había mezcla de diferentes sensibilidades y cada grupo tenía sus propias ideas de cómo conducir la colonia. Owen finalmente se cansó de los continuos litigios y desavenencias y, convencido de que New Harmony no podía servir de comunidad modelo para el nuevo orden moral, decidió regresar a Gran Bretaña.

Su último experimento de vida en comunidad fue la aldea de Queenwood, en 1840, que también fracasó por disputas internas.

En suma la trascendencia de Robert Owen radica en que fue el primero en emplear y defender el término «cooperación», aunque con un sentido sustancialmente diferente al actual: él entendió la cooperación como término contrario al de «competencia» o rivalidad, y propuso que el sistema individualista de la competencia fuera sustituido por el sistema de cooperación mutual. En pocas palabras, sus ideas básicas fueron:

a) El carácter del hombre, es decir su forma de conducta y su escala de valores, depende de las condiciones que le rodean.
b) El sistema industrial forma malos caracteres, tanto por su lucha por la competencia, como por las malas condiciones físicas y morales en que se vivía desde muy joven.
c) La educación tiene una destacada importancia en el cambio de la calidad de la vida humana.

Sin embargo este precursor de las cooperativas confió demasiado en la ayuda exterior (Estado, filántropos) y en el supuesto espíritu desprendido de los capitalistas, lo que le llevó al fracaso. Ello sirvió para que, tras las experiencias fallidas, los realizadores del verdadero cooperativismo confiaran fundamentalmente en la ayuda mutua interna, surgida y fomentada entre los miembros de la asociación constituida, cuyos intereses y aspiraciones, así como derechos y obligaciones, serían comunes.

4.2. Charles Fourier (1772-1837)

Considerado, junto con Owen y King, como uno de los padres del cooperativismo, fue un mordaz crítico de la economía y del capitalismo de su época[26].

El punto de partida de su pensamiento era el individuo, lo que le agrada, su búsqueda de la felicidad, como un fin completamente legítimo. En esa línea, el trabajo tenía que ser agradable y atractivo en sí mismo, no sólo

---

26 Nació en Besançon, Francia, en 1772, en una familia de comerciantes de clase media. Perdió gran parte de su fortuna en una especulación, por lo que tuvo que vivir como modesto empleado de oficina y como viajante de comercio y escribir sus libros durante sus horas de ocio. Su vida equilibrada de pequeño burgués contrasta con su obra llena de fantasía audaz, que lo lleva a veces al borde de la locura. Sin embargo, no fue un hombre de acción como Owen y llevó una vida oscura y solitaria, esperando al capitalista que aportara recursos para la puesta en práctica de sus planes.

beneficioso en sus resultados. En lugar de gastar energías produciendo y fabricando cosas que cansaban y alimentaban necesidades imaginarias, Fourier consideraba que era mucho más eficiente trabajar fabricando productos que satisficieran necesidades reales y contribuyeran a su felicidad.

Por otra parte, mientras Saint Simon y sus seguidores optaban por ambiciosos planes que priorizaran una producción abundante y eficiente y una organización a gran escala, Fourier abogaba por lo contrario. Consideraba que las comunidades pequeñas eran más adecuadas para satisfacer las necesidades reales del hombre. Tampoco compartía la idea saintsimoniana de abolir la propiedad privada y la herencia, puesto que en su opinión el derecho a la herencia era algo natural y arraigado en la naturaleza de los hombres, por lo que criticó vehementemente aquella doctrina[27].

Él resaltaba el hecho de que la sociedad humana ideal no tenía que desviar sus deseos, sino hallar la forma de satisfacerlos, de manera que lograran la armonía y no la discordia. Consideraba que la mejor manera de lograrlo era haciendo las cosas por sí mismo y siguiendo los impulsos naturales. Para ello propuso la constitución de grupos o «falanges» que organizaran su vida en común y se instalaran en comunidades o colonias denominadas *falansterios*, su aportación más significativa. Estas comunidades tendrían un tamaño y estructura intermedios: ni demasiado pequeñas, para que cada miembro tuviera un margen suficiente para poder elegir sus ocupaciones, ni mayores de lo necesario para satisfacer esa necesidad[28]. Debían habitar en un gran edificio común o en un grupo de edificios, bien dotados de servicios comunes, incluidas las casas-cuna donde los niños/as pequeños/as serían atendidos comunalmente.

Desde el principio hasta el fin Fourier basó sus propuestas en la creencia de que estaban en sintonía con la naturaleza humana y, sobre todo, con la voluntad de Dios y rivalizó abiertamente con Owen en este ámbito[29]. Sostenía que Dios había creado al hombre para un orden social, para una vida con arreglo a un «plan de Dios» y que el problema radicaba

---

27 Cole, G.D.H., *Historia del pensamiento socialista…, op. cit.*, pp. 69 y 70. En una carta escrita en 1831 dijo: «*el domingo último asistí al servicio de los saintsimonianos. No puedo concebir como estos actores sacerdotales tienen tantos partidarios. Sus dogmas son inadmisibles; son monstruosidades ante las cuales tenemos que encogernos de hombros: ¡Que sea posible predicar en el siglo XIX la abolición de la propiedad y de la herencia*».

28 *Ibidem*, p. 73. Según sus cálculos, el número ideal era de 1600 personas cultivando alrededor de 5000 acres de tierra, aunque en sus últimos escritos admitía hasta 1800 personas.

29 López, Ch. y Cortés, O. (2006). *Charles Fourier: el falansterio*, Biblioteca virtual Antorcha, p. 6: Una de las causas de la difusión del ideario falansteriano tuvo su base, precisamente, en competencias ideológico-religiosas entre católicos y protestantes, produciéndose un «*choque de trenes*» entre las tesis del armonismo de Fourier y el cooperativismo de Owen. Ahora bien, mucho más allá de estas rivalidades de interpretación religiosa, la obra de Fourier ofrece datos sumamente importantes, que marcarán su huella en el devenir del pensamiento europeo, como, por ejemplo, la defensa a ultranza del derecho al trabajo.

simplemente en descubrir ese plan y cumplirlo. Si los hombres tienen deseos y pasiones es por obra de Dios y habrán sido dados para un fin bueno. No es necesario cambiar la naturaleza del hombre, sino su medio, y para poder habilitar ese cambio es necesario organizar la sociedad bajo el principio de asociación en sus *falansterios*.

Se trataba, pues, de una sociedad basada en el trabajo voluntario, que se financiaría asimismo por la acción voluntaria y no por el Estado u organismo público alguno[30]. De esa forma, Fourier constantemente pedía a los capitalistas que comprendieran el goce de vivir bajo su sistema y aportaran el dinero necesario para ello. Sin embargo, nadie respondió a esa petición y sólo después de su muerte unos pocos discípulos suyos estuvieron dispuestos a arriesgar sus fortunas en esta empresa.

Hasta el final de su vida Fourier tuvo pocos discípulos, pero en la década de 1820 un pequeño grupo se reunió a su alrededor, iniciándose interesantes discusiones entre sus partidarios y los saintsimonianos o los owenianos, a quienes acusaban de haber copiado las ideas de su maestro sin reconocerlo. Esta rivalidad entre escuelas hizo aumentar el número de conocedores y partidarios del fourierismo, de forma que su influencia se extendió fuera de Francia, llegando a Alemania, Inglaterra e incluso a los Estados Unidos.

Pero sin duda coincidimos con COLE[31] en la apreciación de que la aportación más interesante de la doctrina de Fourier fue la idea de intentar hacer feliz al hombre, satisfaciendo sus deseos naturales (dados por Dios con un fin bueno) en un medio social adecuado, en su caso el *falansterio*, y más concretamente, la idea de organización rotativa del trabajo, de manera que a nadie se le exigiese trabajar continuamente en el mismo trabajo. Él defendía que la variedad de empleos haría más feliz al trabajador, que la monotonía de una sola ocupación y ello redundaría en mejores resultados. Esta tesis es mantenida y defendida también en nuestros días desde algunos sectores de la psicología social, sin descartar, eso sí, la opción de la especialización, para aquellos perfiles que prefirieran optar por el mantenimiento y continuidad en la misma ocupación hasta obtener un completo dominio de la misma.

4.3. William King (1786-1865)

Este médico y periodista nacido en Brighton (Gran Bretaña) en 1786 fue discípulo y compañero de Robert Owen, aunque, a diferencia de éste, tuvo una formación profundamente religiosa y fueron precisamente sus

---

30 INSTITUTO MOVILIZADOR DE FONDOS COOPERATIVOS FILIAL CUYO. *Teoría ..., op. cit.*, p. 6: la reforma que Fourier proponía no era puramente cooperativa, dado que no debía realizarse mediante capital de los propios asociados, sino con el empleo de fondos proporcionados por filántropos. No tenía, por tanto, la idea de la «ayuda propia».

31 COLE, G. D. H., *Historia del pensamiento socialista..., op. cit.* p. 80.

divergencias en el plano religioso las que finalmente le distanciaron de él. Esa inspiración fundamentalmente religiosa hizo que King basara su teoría y experiencia en razones más bien morales que económicas o tendentes a modificar la estructura social.

Dirigió todo su esfuerzo personal y profesional a luchar contra la miseria de la clase trabajadora, por lo que también fue conocido como el «médico de los pobres». Creó sociedades benéficas para aliviar la decadente situación de los trabajadores. Los miembros de esas sociedades visitaban los hogares de los pobres y les animaban a ahorrar y a trabajar para evitar la miseria y la mendicidad.

Se le considera como uno de los padres del cooperativismo de consumo porque además de desarrollar una gran labor doctrinaria, logró llevar a la práctica sus ideas y creó una importante red de entidades con rasgos cooperativos dedicadas a actividades de consumo. Defendió la idea de organizar cooperativas de consumo, sin modificar la estructura individualista del régimen imperante.

Su primer experimento práctico tuvo lugar en 1827 cuando fundó la *Brighton Cooperative Benevolent Fund Association,* para que sus asociados, mediante una pequeña cuota semanal crearan un fondo que permitiera a los pobres organizar comunidades cooperativas y difundir el conocimiento del sistema cooperativo. Poco después organizó la *Brighton Cooperative Trading Association,* una tienda cooperativa, que prosperó durante el primer año, arrendando tierras y empleando a sus miembros en el cultivo de vegetales para la tienda, pero duró poco tiempo. Se crearon más sociedades de este tipo bajo su influencia, pero también fracasaron, fundamentalmente por razones financieras, por lo que llegó al convencimiento de que la comunidad cooperativa sólo se podía organizar si el conocimiento reforzaba la voluntad. Así, en 1829 fundó un periódico mensual, *El Cooperador,* en el que poder propagar el espíritu de la cooperación, siempre desde la óptica de la piedad religiosa[32]. Este periódico se convirtió en el canal de comunicación y órgano de difusión de unas 300 cooperativas.

Finalmente, retirado del movimiento cooperativo, murió en 1865 y no se reconoció su labor a favor del cooperativismo hasta principios del siglo xx, cuando el Dr. Hans Muller, Secretario de la Alianza Cooperativa Internacional, descubrió al realizar una investigación en la biblioteca del Museo Británico, una colección de *El Cooperador.*

En cualquier caso su mayor merito reside en su convicción profundamente humana y la reivindicación del cooperativismo, mutualismo y sindicalismo como formas de ayuda mutua para combatir la miseria. No

---

[32] Divar Garteiz-aurrecoa, J. (2013), «Las cooperativas: una alternativa económica y social frente a la crisis», en *Boletín de la Asociación Internacional de Derecho Cooperativo,* n.º 47, p. 259. En la mencionada revista King escribió «*Mis esperanzas consisten en tener fe en que un día los principios morales de Cristo, tal y como están incluidos en la verdadera cooperación, serán aplicados en la práctica*».

tenía concepciones revolucionarias, ni deseaba un cambio radical en la sociedad, pero tuvo la virtud de exaltar el valor de la ayuda mutua, base de la estructura cooperativa.

5. Los probos pioneros de Rochdale (1844)

Con todas esas doctrinas y experiencias previas, la teoría del cooperativismo se fue «amasando» lentamente como opción diferente, hasta que los denominados «pioneros de Rochdale» le dieron forma definida. Los pioneros se propusieron una transformación profunda de la realidad económica y social que les tocó afrontar, pero a diferencia de los ideólogos, pensadores y reformadores sociales expuestos, tuvieron el acierto de comenzar esa transformación por aquello que se encontraba al alcance de sus modestas posibilidades. Así, en lugar de esperarlo todo del libre juego de las leyes naturales, de la lucha de clases o de la acción benefactora de Estado y filántropos, se decidieron a encarar por sí mismos el logro de esa transformación.

De ahí que *La Sociedad de los Probos Pioneros de Rochdale* como se le conoce, haya sido tradicionalmente reconocida como la iniciadora del movimiento cooperativo moderno[33]. Sus fundadores fueron capaces de aprovechar los resultados de experiencias pasadas y reflejar las ideas de sus contemporáneos, pero su principal mérito radica en saber seleccionar y sistematizar las normas fundamentales que desde entonces han adoptado y puesto en práctica las cooperativas.

La cooperativa de Rochdale, cuya historia pasaremos a analizar en detalle a continuación[34], constituye sin duda un claro ejemplo de inicia-

---

[33] En muchos manuales, artículos y estudios monográficos se reconoce a los pioneros de Rochdale como «realizadores del cooperativismo». Entre otros, Möller E. (1986). *El cooperativismo como proceso de cambio..., op. cit.*, p. 23; Kaplan de Drimer, A. y Drimer B. (1981). *Las cooperativas. Fundamentos..., op. cit.*, p. 227; Mladenatz, G. (1969). *Historia de las doctrinas cooperativas,* Buenos Aires: Intercoop, p. 68; Uribe Garzón, C. (2001). *Bases del cooperativismo,* Colombia: Editorial Guadalupe Ltda, p. 68. No obstante, también hay opiniones en otro sentido. Carrasco, por ejemplo, puntualiza que «habría que aclarar que no fue la de los Pioneros de Rochdale la primera experiencia asociativa habida en la historia y que su carácter pionero se refiere más que a la experiencia en sí, a la elaboración por parte de sus promotores de unos estatutos propios». Carrasco Carrasco, M. (1991). «La Empresa Cooperativa actual: ni mutualidad ni ausencia del lucro. La justificación de una protección fiscal», en *CIRIEC-España, Revista de Economía Pública, Social y Cooperativa,* n.º 14, p. 2. En la misma línea Miranda señala que «el cooperativismo no nace en el año 1844: es el resultado de un proceso multisecular que se inicia en la cooperación primaria». Miranda, J. E. de (2012). *De la crisis de identidad al rescate de la génesis del cooperativismo.* Madrid: Dykinson, p. 140.

[34] Siguiendo a George Jacob Holyoake (1817-1906), periodista y escritor contemporáneo de los pioneros y gran propagandista de sus realizaciones, cuyo libro *Historia de los pioneros de Rochdale,* mundialmente conocido se editó por

tiva popular y esfuerzo espontáneo, puestos al servicio de las necesidades comunes.

Todo comenzó a finales de 1843, cuando en una situación socio-económica especialmente difícil, unos modestos trabajadores de Rochdale (condado de Lancashire, Inglaterra) decidieron alzar su voz y adoptar una actitud activa, nada conformista. En aquella época, cuando la industria textil se encontraba en su máximo apogeo como consecuencia de la denominada Revolución industrial y proporcionaba una gran actividad en las más importantes manufacturas del mencionado condado, las condiciones de vida de los obreros eran cada vez peores: salarios insuficientes, jornadas de trabajo insufribles, condiciones de vida insalubres, intervención sin escrúpulos de intermediarios que les abastecían de artículos de primera necesidad excesivamente caros..., por lo que se propusieron conseguir un aumento de salarios. Sorprendentemente, con el fin de encaminar el asunto por una vía práctica, una o dos fábricas concedieron a sus obreros un aumento de salarios, pero con la sabia condición de que ese aumento quedaría anulado si la mayoría del resto de patrones no lo concedían del mismo modo, por lo que finalmente, el aumento no fue mantenido.

En esas circunstancias, algunos tejedores influidos por las ideas de Robert Owen (quien defendía que son las circunstancias y el entorno social lo que hay que modificar, ya que patrones y obreros son esclavos de la misma organización industrial) y por su especial coyuntura (sin trabajo, casi sin pan y socialmente aislados) decidieron reunirse para encontrar alguna salida.

Se celebraron reuniones secretas y, finalmente, veintiocho tejedores establecieron las bases de la entidad y la registraron el 24 de octubre de 1844 con el nombre de *Rochdale Society of Equitable Pioneers*. El capital se venía formando mediante el ahorro de una modesta suma, de dos peniques al principio, y posteriormente, de tres peniques por asociado. El número de asociados pronto pasó de veintiocho a cuarenta y cuando consiguieron la cifra de 28 libras esterlinas, la sociedad alquiló un local en los bajos de una casa en Toad Lane (Callejuela de los Sapos, calle poco atrayente que hacía honor a su nombre), a razón de 10 libras esterlinas anuales con contrato por tres años. El 21 de diciembre de 1844 iniciaban sus operaciones, con unos objetivos y una filosofía novedosas y especialmente relevantes, dado que perduran hoy día, como aspiración de una parte del pensamiento cooperativo moderno.

---

primera vez en 1878, alcanzando después muchas reediciones en su lengua de origen y traducciones a numerosos idiomas. Según el autor, el libro recoge la lección de Rochdale «*a manera de un repertorio de enseñanzas sencillas y profundas al cual recurrir en busca de inspiración y de fe para la realización de una causa que no conoce otro artífice ni otro destinatario que el hombre entero que procura realizar la justicia en un clima de libertad*». HOLYOAKE, G.J. (1989). *Historia de los pioneros de Rochdale*, reproducción de la versión traducida por Bernardo Delom, Buenos Aires: Intercoop, p. 7.

En los estatutos originales se reglamentaron siete principios cardinales: la ayuda mutua, el control societario democrático, la gratuidad de los cargos, la libre adhesión y dimisión de los socios, la compraventa al contado, los intereses limitados al capital social y los retornos cooperativos. Estos estatutos sufrieron una modificación al año siguiente como consecuencia de tres enmiendas relativas a la limitación operativa de partícipes por establecimiento, al control democrático asambleario (un voto por socio) y al tipo de interés al capital (5%). También en 1854 hubo otra modificación de singular calado, referente a la política de excedentes (se admitieron las prestaciones a no socios, se estableció un fondo de obras sociales y se determinó el carácter también social de los fondos remanentes en caso de extinción de la sociedad).

A pesar de que los recursos iniciales eran realmente escasos, las aspiraciones y deseos de los pioneros eran ambiciosas: querían abarcar actividades variadas, comenzando por la distribución a los asociados de artículos de consumo habitual, para luego proveerlos a las casas, proporcionar esos productos y empleo mediante la organización de explotaciones fabriles y agrarias y, como fin último, constituir colonias autosuficientes.

Para ello, en un principio los tejedores tuvieron que luchar no sólo contra las miradas de recelo y burlas de los comerciantes del barrio que les veían como competencia, sino también contra otros inconvenientes mucho más serios: el escaso capital les obligaba a comprar sus mercaderías en pequeñas cantidades, en perjuicio del precio y de la calidad, lo que alejaba a algunos compradores que sólo buscaban el beneficio directo e inmediato. Sin embargo, nuestros tejedores no cejaron en su empeño y pronto comprendieron que era imprescindible educar a la gente de escasos recursos antes de poderla servir. Una progresiva mejora de la calidad, el peso justo, la medida exacta, las relaciones sinceras y equitativas en el comercio serían fuentes de satisfacción que una persona honrada y bien formada preferiría antes que el beneficio rápido de unos pocos centavos en detrimento de esas ventajas. Así, el pequeño almacén de Rochdale invirtió todos sus esfuerzos en mejorar el aspecto moral del comercio que en realizar grandes ganancias.

Gracias a esa fuerza moral de los lazos que ligaban entre sí a los asociados y sus esfuerzos, finalmente triunfó la cooperativa, frente a muchas opiniones pesimistas. Además la crisis económica que azotó el país durante esos años (1846-1848), demostró ya por aquel entonces, las ventajas de la acción cooperativa y se tradujo en un incesante aumento de asociados, de operaciones y de capital social. Alquilaron los tres pisos y el desván del edificio que ocupaban y destinaron uno de ellos a sala de reuniones o de lectura, organizaron una biblioteca social y establecieron una sección para venta de diarios y de libros.

En 1850 colaboraron en la creación de otra cooperativa, aportando socios y dinero. La nueva cooperativa, denominada *Sociedad del Molino*

Harinero del Distrito de Rochdale, tenía por objetivo proporcionar a los asociados harina de buena calidad. Sin embargo, debido al escaso capital que dificultaba la adquisición de buena materia prima y a la escasa cualificación de los técnicos encargados de molerla, el molino no daba provecho y hubo momentos de gran dificultad, que llevaron a hacer peligrar incluso la estabilidad de todo el movimiento. Con todo, gracias nuevamente al convencimiento y sacrificio de los pioneros, se salvó la situación, los asociados recuperaron la confianza en la entidad y comenzó a ser una empresa fuerte, que entró en una era de prosperidad.

Posteriormente, los pioneros creyeron que, visto el éxito de la cooperativa inicial, era el momento de ampliar miras y mejorar no sólo la situación de los consumidores, sino también de los trabajadores de empresas de producción vinculadas con la cooperativa, por lo que en 1855 crearon la *Sociedad Cooperativa Manufacturera de Rochdale,* para poner en práctica la participación de los obreros en los beneficios. Este nuevo sistema de reparto de beneficios, sin embargo, no funcionó, aunque la empresa siguió adelante.

La evolución de la actividad cooperativa era realmente positiva y ya se advertía una notable mejoría en las condiciones de vida de los asociados, pero en 1861, la Guerra de Secesión norteamericana trajo consigo una gran crisis industrial y financiera que duró cuatro largos años e hizo temer por el futuro de la cooperación. La restricción de suministro de la materia prima destinada a las fábricas británicas de tejidos de algodón haría paralizar la actividad de las mismas, y prácticamente imposibilitaría que los trabajadores sin trabajo ni pan sacaran fuerza para mantenerse unidos y sostener su empresa cooperativa. No obstante, una vez más, sin sucumbir ante la adversidad y aferrándose a su personalidad y sentido social, tanto los miembros de la cooperativa de consumo, como los del molino harinero o la manufactura de algodón fueron capaces de hacer frente a las pésimas circunstancias[35].

Tras esos difíciles momentos, el progreso de la cooperativa de Rochdale continuó sin cesar, impulsando la creación de nuevas cooperativas por todo el país, creando una entidad para la construcción de viviendas, concediendo préstamos especiales a los asociados, dotando a las bibliotecas e incidiendo de forma especial sobre la educación.

En suma, la cooperativa de los Pioneros de Rochdale ha resultado clave para el movimiento cooperativo mundial sin ningún género de

---

[35] *Ibidem,* p. 73: Ese tesón y personalidad especial de los cooperativistas, así como sus aspiraciones no lucrativas y sus preocupaciones morales se ven claramente reflejados en los consejos que publicaba el almanaque de la Sociedad en un período tan doloroso: «*1) Gastad vuestros salarios sólo en cosas de suma necesidad; 2) Emplead vuestros ahorros con parsimonia; 3) Utilizad el tiempo libre después del trabajo a favor de vuestro progreso industrial, pues para ello se han creado nuestras salas de lectura y nuestras bibliotecas; 4) Colaborad por el honor de nuestro movimiento, sabiendo esperar con paciencia tiempos mejores*».

dudas y entre sus aportaciones más meritorias cabe destacar las siguientes:

1) Haberse convertido en un claro y real ejemplo de iniciativa popular y espontánea, idealista pero práctica, capaz de hacer frente a las circunstancias más difíciles de forma sorprendente.
2) Establecer y sistematizar las bases y principios del movimiento cooperativo y defenderlos de forma firme y contundente en la práctica, por significativos que fuesen los inconvenientes[36]. La admiración que generaron se debe no sólo al valor de sus ideas novedosas, arriesgadas y atrevidas, sino también, y fundamentalmente, a su fidelidad para con esas ideas.
3) Enunciar por primera vez un programa completo de acción, con ambiciosos «planes» u objetivos a desarrollar, aunque no se cumplieran todos ellos.

6. De la imaginación utópica al practicismo mercantilista. La empresa cooperativa (segunda mitad del siglo xix)

Tal y como hemos visto hasta el momento, los movimientos ideológicos y doctrinarios iniciados en el siglo xvii con el establecimiento de sociedades de ayuda mutua de base religiosa, se desarrollaron como doctrinas utópicas, más o menos radicales en el xviii, se asentaron en la primera mitad del siglo xix, culminando con su fijación societaria a través de los estatutos de Rochdale. De esa forma, la sociedad cooperativa se presenta como posibilidad real y eficaz de gestión empresarial y va abriéndose hueco en el marco de la libre competencia con notorio éxito.

---

[36] Los estatutos rochdalianos modificados contienen ya los seis principios básicos de la cooperación, reglas operativas de la empresa cooperativa moderna: VOLUNTARIEDAD (las personas que lo desearan podían formar parte de la cooperativa mediante el sencillo trámite de la presentación de su candidatura con el apoyo de dos socios y su aprobación por la Asamblea); GESTIÓN DEMOCRÁTICA (La mencionada Asamblea, órgano superior para la toma de decisiones, tenía que celebrarse al menos cada tres meses en un principio —estatuto primitivo— o dos veces por mes —enmienda 1845— y en ella cada socio tendría un voto y no más; INTERÉS LIMITADO AL CAPITAL (el pago de sólo un interés limitado al capital accionario se estableció en un 3,5% anual en el estatuto primitivo; se elevó a un 5% en la enmienda de 1845 y se dejó en un tipo de interés variable que no superara el 5% en la enmienda de 1854; PARTICIPACIÓN EN EXCEDENTES (asignando justamente los beneficios a quienes más contribuyen a lograrlos); FOMENTO EDUCATIVO-ASISTENCIAL (creando bibliotecas, salas de lectura… y destinando el 2,5% de los beneficios anuales y el importe de las multas a un fondo especial para la educación); SOLIDARIDAD INTERCOOPERATIVA (promoviendo, como hemos visto, la creación de otras cooperativas y apoyando inicialmente su desenvolvimiento).

Así, en la segunda mitad del siglo XIX, puede verse en el cooperativismo el inicio de un claro practicismo mercantilista, de forma que la cooperativa es tratada ya como «empresa» en las técnicas económicas y se acepta su «mercantilidad» en el orden jurídico. La base fundamental de esa nueva entidad empresarial es la autofinanciación, dado que las experiencias previas habían demostrado una y otra vez que el recurso a la financiación estatal o a la buena voluntad de posibles filántropos resultaba arriesgado.

Esta autofinanciación se instrumentó de diferentes formas, pero destacaremos fundamentalmente tres de ellas, que se materializaron en Alemania: las cooperativas de crédito urbanas (Schulze), las cooperativas de crédito rurales (Raiffeisen) y el sistema intermedio del moderno cooperativismo agrícola (Haas). Todas estas figuras alcanzaron un desarrollo considerable, debido a las urgentes necesidades de modestos propietarios de campo, artesanos y pequeños comerciantes, que no disponían por lo general de dinero suficiente para adquirir los elementos necesarios para subsistir o producir y tenían que recurrir a créditos realmente onerosos.

Procederemos, a continuación, al análisis detallado de cada una de estas modalidades, a través de sus creadores.

6.1. Hermann Schulze-Delitzsch (1808-1883)

Este abogado y político alemán[37], responsable de la organización de las primeras cooperativas de crédito[38], pretendió desde un principio me-

---

[37] Nació en Delitzsch, Alemania (agregó a su apellido el nombre de su tierra natal para distinguirse de otros contemporáneos de apellido similar), en 1808, en el seno de una familia de magistrados, por lo que él mismo estudió la carrera de leyes y se dedicó a la magistratura, abandonando la profesión para introducirse en el mundo de la política. En 1848 fue diputado en la Asamblea Nacional Prusiana, dentro del grupo liberal demócrata de izquierda y aprovechó su cargo para legislar también en materia cooperativa, siendo el autor de la Ley de Cooperativas de 27 de marzo de 1867, promulgada en Prusia y adoptada por la Confederación Alemana del Norte en 1868.

[38] Como matiza VARGAS VASSEROT, catedrático de Derecho mercantil en la Universidad de Almería, pudo haber otros antecedentes, pero se considera a las cooperativas de crédito de Delitzsch las primeras de su género [VARGAS VASSEROT, C. (2015). «Las cooperativas de crédito y su posición dentro del modelo cooperativo. Integración frente a diferenciación en el marco de la reforma del sistema financiero», en *REVESCO, Revista de Estudios Cooperativos,* n.º 117, p. 68]: «Oficialmente la primera cooperativa de crédito que se constituyó en el mundo fue en 1843 en la ciudad alemana de Öhringen, que pertenecía al Reino de Wurtemberg, con el nombre de *Öhringer Privatspar- und Leihkasse*, con el objetivo de ofrecer a sus socios posibilidades de inversión de sus ahorros de forma rentable y segura y garantizarles el otorgamientos de préstamos. Para otros, la primera cooperativa de crédito se constituyó en Bélgica en 1848, aunque en esa fecha surgió también la primera cooperativa belga, que era de panaderos. No obstante, se suele considerar a las

jorar la decadente situación económica de la clase media urbana y, en especial de los pequeños comerciantes y de los artesanos. Para ello, propició la creación de organizaciones de ayuda social, de provisión de materias primas en común, de colocación de la producción y de crédito, pero las que alcanzaron un mayor desarrollo fueron estas últimas[39].

En un principio esas sociedades de crédito se valieron de los donativos de personas acomodadas, pero pronto se vió, una vez más, que la solución no estaba en la beneficencia, sino en la ayuda mutua de las personas que solicitaban los préstamos. El capital de estas entidades se formaría con las aportaciones de los asociados y para dar una garantía suficiente a los préstamos solicitados, se establecería un régimen de responsabilidad solidaria e ilimitada de sus miembros.

Esta modalidad de cooperativas de crédito urbanas creada por Schulze-Delitzsch, conocidas con el nombre de *Bancos Populares* (*Vorschussverein*) estaba basada en los principios cooperativos, que según él, no suponían una contradicción con las ideas liberales, sino que constituían un medio para conseguir los propósitos del liberalismo democrático, en el sentido de que en el cooperativismo los hombres toman conciencia de sus propios valores y adquieren la primera condición de la prosperidad económica, su independencia. El defendía que la autonomía económica era necesaria para lograr la autonomía en el seno del Estado y de la comunidad. Para cumplir su finalidad política la cooperación debía permanecer libre de toda influencia del Estado.

En general, las cooperativas de crédito fundadas por Schulze a partir de 1850 tenían las siguientes características:

1) Formación de capital social en base a las importantes aportaciones de los socios, excluyendo la ayuda estatal o de particulares filántropos. De esta forma se aseguraba la autonomía completa de la cooperativa por encima de todo tipo de influencias[40].
2) En los primeros tiempos, para atraer la confianza de los capitalistas, responsabilidad solidaria e ilimitada de los asociados (único

cooperativas de créditos populares, profesionales o urbanas patrocinadas por Schulze-Delitzsch, orientadas a servir a las necesidades de comerciantes, artesanos y pequeños industriales de las ciudades, como las primeras de su género y la denominada *Eilenburger Vorschussverein* constituida en 1850 en esta ciudad de Sajonia, la pionera entre éstas».

39 Möller, E., *El cooperativismo como proceso de cambio…, op cit.*, p. 82. Las primeras organizaciones creadas por Schulze fueron la Caja de Auxilios para Enfermedad y Defunción y la Asociación de Carpinteros y Ebanistas, ambas en 1849. Las primeras cooperativas de crédito inspiradas en su sistema surgieron a partir de 1850.

40 En este aspecto los Bancos Populares se asemejaban en su funcionamiento operativo a las empresas capitalistas a las cuales se oponían, dado que estas cooperativas son sociedades por acciones con un valor relativamente elevado (300-500 marcos) y por otro lado el capital social era la base más sólida de los mismos.

tipo de responsabilidad admitido por la legislación alemana) y luego predominio de la responsabilidad limitada (al amparo de una nueva legislación, a partir de 1867).

3) Creación de un fondo de reserva social, para garantía de la estabilidad financiera de la entidad, con una parte de los beneficios obtenidos y con los derechos de ingreso, hasta alcanzar una determinada proporción del capital suscrito. Este fondo sería devuelto a los asociados en caso de disolución.
4) Distribución del resto de los beneficios entre los asociados, no en proporción a las operaciones, sino al capital aportado, tal como ocurre en cualquier institución bancaria o en toda empresa capitalista. Schulze opinaba, siguiendo a Fourier, que incentivar las ganancias era la mejor forma de estimular la inversión de capitales.
5) Adecuación de las condiciones y plazos de los créditos a las necesidades de la clase media urbana y, con preferencia, otorgamiento de créditos a corto plazo con finalidades productivas.
6) Administración común realizada democráticamente por los asociados. No obstante, al pretender que el radio de acción de la institución fuera lo más amplio posible y no limitarse el número de miembros, en la práctica se produce una asociación libre de un número considerable de personas, que dificulta la gestión democrática[41].

Como puede observarse, el sistema de Schulze era eminentemente individualista con fuertes similitudes con otros tipos de sociedades por acciones. No obstante, a pesar de no tratarse de un sistema enteramente cooperativista, algunas inclinaciones hacia el reconocimiento del colectivismo para solucionar los problemas socio-económicos, lo hacen acreedor a un puesto entre los pioneros y realizadores del cooperativismo. La fundamentación cooperativista reside, pues, en sus objetivos económicos: la mejora de la situación material de sus socios a través de la puesta en común de los recursos de cada uno. También hay que destacar las bases democráticas de estas asociaciones, ya que cada cooperativista sólo podía tener una acción y todos los accionistas tenían los mismos derechos.

Por otra parte, los *Bancos populares* no controlaban el destino que los socios daban a los préstamos solicitados. Lo único que se comprobaba era la solvencia de los socios ante la petición de un préstamo.

---

[41] Martínez Soto, A. P. *El cooperativismo alemán entre 1860-1930: Sistemas y evolución,* p. 3 (www.seha.info; última consulta: 12-01-2015): Schulze entendía que cada cooperativa debía lograr altos niveles de solvencia de cara a guardar su independencia, así como un funcionamiento basado en la descentralización operativa. Cada entidad debía abarcar una circunscripción territorial lo más amplia posible de cara a recoger el máximo número de asociados.

En definitiva, Schulze no pretendía reemplazar el sistema capitalista, sino subsanar algunos de sus inconvenientes, recomendando la asociación de las personas económicamente débiles para poder competir exitosamente.

Mediante la realización de diversos congresos de bancos populares, la publicación de algunas obras y la edición de un periódico cooperativo, Schulze realizó una intensa tarea de promoción de este tipo de asociaciones y logró en poco tiempo que aumentaran considerablemente[42], mejorando de forma notoria las condiciones para los asociados (disminuyendo, por ejemplo, los porcentajes).

6.2. Friedrich Wilhelm Raiffeisen (1818-1888)

Si Schulze-Delitzsch fue el creador de las cooperativas de crédito, de aprovisionamiento y de venta en común adaptadas a las necesidades de la clase media de las ciudades, a Friedrich Wilhelm Raiffeisen, también alemán y contemporáneo de aquél, se le debe la creación de cooperativas de tipo rural y de marcado carácter caritativo.

Guiado por un profundo espíritu religioso y sus sentimientos humanitarios, aprovecha su cargo de alcalde[43] para propiciar diversas iniciativas filantrópicas en beneficio de los campesinos necesitados mediante la colaboración de las personas con más recursos.

Así, durante el invierno de 1847-48, la región padeció una difícil situación de hambre extrema, por lo que Raiffeisen invirtió gran parte de su modesta fortuna en la creación de la primera experiencia cooperativa, una sociedad cooperativa harinera y de panificación, a través de la cual organiza el aprovisionamiento de la harina y se preocupa de la fabricación del pan, que se vendía a dos precios: uno para ricos y otro para pobres (con la harina adquirida con el dinero puesto por los ciudadanos más pudientes de la población se hacía el pan que recibían los campesinos empobrecidos contra pagarés a intereses muy bajos). Esta cooperativa contribuyó a rebajar el precio del pan en toda la región, lo que animó

---

[42] De las 814 asociaciones de este tipo que existían en Alemania en 1880, se pasó a las 14.280 en 1903, cuando el desarrollo del sistema había alcanzado su máxima expresión.

[43] Raiffeisen nació en la ciudad alemana de Hamm, en 1818, en el seno de una familia numerosa y se quedó sin padre a la edad de cuatro años, por lo que, al no poder continuar con sus estudios, fue educado por el pastor de la comuna, al tiempo que ayudaba a su madre en los trabajos del campo. Ello contribuyó a la formación de dos cualidades clave para su futura actividad: el espíritu religioso y el amor por la agricultura del lugar. Desde muy joven ingresa como voluntario en el ejército, actividad que pronto debe abandonar por problemas de salud. Después se incorpora a la Administración pública y con 27 años es nombrado alcalde, cargo que ocupa durante muchos años en varias localidades.

a Raiffeisen a crear poco más tarde la *Sociedad de Socorros de Flammersfeld para la Ayuda a los Agricultores Necesitados,* para evitar fundamentalmente el comercio usurero del ganado. La sociedad adquiría las piezas de ganado y las cedía a los habitantes contra su pago anual, normalmente en 5 años. Sin embargo, los agricultores tenían más necesidades para cuya satisfacción carecían de medios, por lo que la sociedad comenzó a conceder crédito en dinero; para obtener los fondos necesarios se anexó una caja de ahorros. Así la institución se transformó en una organización de ahorro y crédito. Pero, como apunta VARGAS VASSEROT[44], el verdadero punto de partida de este movimiento cooperativo se produce en 1864 cuando entiende que los más necesitados se tienen que valer de su propio esfuerzo y que su subsistencia no pueden depender de donaciones, subsidios y caridad, por lo que transforma un establecimiento de beneficiencia de Heddesdorf, cerca de Neuwied, en una sociedad de crédito que tenía como objetivo ayudar a los agricultores a la adquisición de ganado, semillas, maquinaria y otros insumos agrícolas.

Todas estas experiencias indujeron a Raiffeisen a promover la organización de este tipo de entidades, en las que conservó, en un principio, el apoyo moral y económico de las clases pudientes, pero fue introduciendo poco a poco el esfuerzo propio de quienes iban a utilizar los préstamos, es decir, el principio de la propia ayuda[45].

De esta forma, en las primeras realizaciones prácticas de Raiffeisen no se llegó a establecer la igualdad de todos los asociados, sino que se distinguían dos tipos de miembros: los pobres (destinatarios de los préstamos a quienes se animaba a llevar sus ahorros a la cooperativa mediante la retribución de un interés apreciable) y los ricos (que tenían que realizar un mayor esfuerzo por su condición: efectuaban aportaciones que sólo devengaban el interés ordinario, aceptaban una responsabilidad solidaria e ilimitada y administraban gratuitamente la empresa en común. Para conseguir esa especial y desinteresada implicación se recurría a convicciones religiosas o altruistas y se hacía hincapié en las compensaciones de orden moral).

En esa primera fase, Raiffeisen partió de una máxima del cristianismo: la ayuda al prójimo en el sufrimiento[46]. Sin embargo, por el propio

---

[44] VARGAS VASSEROT, C. (2015). «Las cooperativas de crédito..., *op. cit.*, p. 59).

[45] MLADENATZ, G. *Historia de las doctrinas cooperativas, op. cit.*, p. 95. Su lema era: «¡Ayúdate, que el cielo te ayudará!»

[46] *Ibidem.*, p. 97. Hablando de los ensayos a favor del mejoramiento de las relaciones sociales dijo:

«*[...] Los que creen que por medio de las cooperativas puede crearse un golpe de estado de cosas mejor, se engañan gravemente. El espíritu debe resistir tenazmente y buscar las verdaderas flores y los verdaderos frutos; porque lo que vamos a decir ha sido confirmado, en gran medida, por las experiencias pasadas, nos parece necesario referirnos aquí al cristianismo... Puede admitirse muy bien la opinión de que las fuerzas morales, cuyo semillero es el cristianismo, son indispensables para resolver la*

devenir de los hechos, estas ideas originales van evolucionando y poco a poco pierde importancia el recurso a los más pudientes para ceder paso al esfuerzo propio y la ayuda mutua de los asociados[47]. De esta forma, Raiffeisen vió que se debía evolucionar hacia una asociación cooperativa como las que Schulze había fundado para los artesanos: quienes tenían necesidad de ayuda debían unirse para la ayuda mutua, de forma que quien solicitara ayuda de la asociación, debía, a su vez, estar dispuesto a participar en la ayuda ofrecida a otros y en la responsabilidad asumida solidariamente.

Estas cooperativas de crédito rurales presentaban las siguientes características:

1) Asociación libre de personas interesadas en la obtención de crédito en condiciones beneficiosas y de personas pudientes y desinteresadas con voluntad de ayudar por motivos religiosos y humanitarios[48]. De ahí que en estas cooperativas interesara de forma especial la cualidad del adherente, exigiendo ciertas convicciones morales, por lo que se hacía una encuesta sobre las cualidades morales del solicitante, para que pudiera ser admitido como aso-

---

cuestión social. Sin estas fuerzas morales, es decir, sin el conocimiento de los deberes con Dios y también para con nuestro prójimo, tal como lo enseña el cristianismo, y sin un esfuerzo sencillo para satisfacer tales deberes, un desarrollo productivo y eficaz de las cooperativas de crédito es, para decir la verdad, imposible. Por esta razón nosotros nos vemos obligados a repetir sin descanso esta afirmación. Es a los ricos, por su ingreso en la cooperativa, por su responsabilidad comprometiendo toda su fortuna, por tomar a su cargo gratuitamente la dirección de la empresa... a quienes toca, en primer lugar, la misión de colaborar en la forma más altruista y de ejercer al mismo tiempo su influencia sobre los miembros pobres por medio de la palabra y el ejemplo, fomentando en ellos el celo necesario para elevarse por sí mismos. Para ello se requieren el espíritu de sacrificio y la fuerza de resistencia, nociones que no pueden expresarse por la palabra usual: espíritu de solidaridad y amor al prójimo. Por eso insistimos sobre el amor cristiano a nuestro prójimo, que tiene su origen en el amor de Dios y en su deber también de cristiano del cual se nutre; y cuanto más es practicado, más fuerte y resistente se vuelve, dejando así una satisfacción moral que no puede ser sustituida por ninguna recompensa material, recompensa que rechaza con desdén.

47 Braumann, F. (1988). *Raiffeisen*, México: Confederación Mexicana de Cajas Populares, p. 248. Su propio cuñado y amigo le hizo reflexionar argumentando que «la ayuda proporcionada sin compromiso ni participación de parte de los socorridos termina por entumecer las voluntades y puede convertirse en un perjuicio, más que en un beneficio», por lo que Raiffeisen se convenció de que los indigentes no debían esperar pasivamente a que otro les ayudara y defendió el aforismo: «*Todos para uno, uno para todos*».

48 Mladenatz, G., *Historia de las doctrinas cooperativas, op. cit.*, p. 100. De hecho, se suelen mencionar dos pilares fundamentales, como síntesis del pensamiento raiffeiseniano, que aparecen de forma expresa en dos bajorrelieves de un monumento erigido en su honor: la ayuda propia (*Die Selbsthilfe*) y el amor al prójimo (*Die Nächstenliebe*).

ciado. Sólo se quería hombres dispuestos a poner toda su personalidad, económica y moral, al servicio del prójimo.

2) Limitación territorial. El radio de acción de la cooperativa quedaba limitado a una determinada zona rural (normalmente coincidente con la parroquia), que a su vez limitaba el número de asociados[49]. Ello permitía un mayor conocimiento y control entre los asociados, no sólo respecto a su actividad económica, sino también en su esfera personal y su forma de vida.
3) Ausencia de capital accionario ó integración por los asociados de acciones de valor reducido. La cooperativa raiffeiseniana carecía de capital propio formado por acciones suscritas y aportadas por los asociados: cualquier habitante que tuviera necesidad de los servicios de la empresa común y que satisficiera los requisitos de moralidad establecidos por la cooperativa, podía ingresar. No obstante, era requisito legal la obligación de configurar un capital social para la constitución de la cooperativa, por lo que se estableció que los asociados realizaran aportaciones mínimas, de algunos marcos e incluso centavos.
4) Responsabilidad solidaria e ilimitada de todos los asociados. Se trata de la máxima expresión del principio de solidaridad: cada uno responde por todos y todos responden por cada uno.
5) Creación de fondos de reserva indivisibles y no distribuibles entre los asociados, que constituyen la base financiera de este tipo de reservas. Los asociados no tienen derecho alguno sobre estos fondos, ni durante la vida activa de la cooperativa, ni en el momento de su liquidación, que pasaría a otra entidad del mismo tipo.
6) Ausencia total de ánimo de lucro. La cooperativa no persigue la obtención de beneficios. Los excedentes obtenidos se destinan a los fondos de reserva o a obras sociales.
7) Gratuidad de los cargos o funciones, excepto la del secretario-contador. Movido por sus fuertes convicciones cristianas, Raiffeisen opinaba que el cumplimiento de las respectivas funciones suponía un honor, que se vería empañado si se gratificaba con una remuneración.
8) Control estricto del destino de los préstamos concedidos. Se verifica con exactitud que los préstamos se inviertan en las finalidades productivas que justifican su concesión.
9) Apertura de actividades. Estas cooperativas se dedican, fundamentalmente, a realizar operaciones de crédito, pero también llevan a cabo actividades de aprovisionamiento y venta de producto, ya sea dentro de las mismas entidades o a través de otras cooperativas estrechamente vinculadas con las cooperativas de crédito.

---

[49] Mladenatz, G., *op. cit.*, p. 101: entre 600 y 3000 almas.

10) Centralización, basada en pequeñas unidades cooperativas. Existía una clara tendencia a crear entidades federativas regionales y nacionales con funciones financieras para compensar los fondos de las pequeñas cooperativas locales[50]. En ese sentido, Raiffeisen preconizó la creación de un banco central, que pudiera servir como medio de compensación de los fondos disponibles de las cooperativas adheridas. En las regiones en las que no existía federación económica independiente, el banco central realizaba también operaciones de aprovisionamiento y venta por cuenta de las cooperativas.

Estas cooperativas de crédito tuvieron gran difusión y aceptación en los medios campesinos y Raiffeisen llevó a cabo una agotadora labor de promoción de las mismas, desplazándose hasta sus últimos días a localidades vecinas para llevar a la práctica su sistema y organizar personalmente su constitución en muchos casos, publicando un libro en el que expuso los caracteres de este tipo de entidades y su experiencia de largos años, colaborando también en la creación de otras entidades dedicadas a funciones vinculadas con las actividades agrarias...

En 1948, después de la Segunda Guerra Mundial, se crea en Alemania Federal la Asociación Alemana Raiffeisen, con sede en Bonn, abarcando cooperativas que realizan actividades de crédito, de colocación de la producción, de provisión y de otros servicios vinculados con el mundo agrario. A partir de ese momento, crece de forma considerable el número de miembros, así como el volumen de actividades.

El movimiento logró una gran difusión también fuera de Alemania, dada la orientación cristiana y conservadora de su fundador, que hizo que la Iglesia católica lo adoptase como fórmula cooperativista afín a su nueva doctrina social (encíclica *Rerum Novarum* de León XIII) y en especial a su estrategia para controlar el mundo rural frente a las nuevas ideologías (socialismo, laicismo democrático radical, anarquismo...) que se acercaron a los pequeños y medianos agricultores. En algunos países este tipo de cooperativismo adoptó diferentes formas, adaptadas a las realidades agrarias correspondientes[51].

En suma, tal y como se ha podido ver en esta descripción, la moral cristiana ejerció una notable influencia en Raiffeisen y sus organizacio-

---

[50] Möller, E., *El cooperativismo como proceso de cambio..., op. cit.*, p. 87. En 1872 Raiffeisen constituyó la primera Federación de Cooperativas de Crédito de Renania con el nombre de Banco Cooperativo Agrícola, extendiendo este sistema a las localidades vecinas. En 1876 logró agrupar a todas estas Federaciones Regionales en el Instituto Central de Crédito Agrícola y en 1877 creó la Unión de Cooperativas Agrícolas de tipo Raiffeisen, que subsistió hasta 1930.

[51] En España el primer difusor del raiffeisianismo fue Joaquín Díaz de Rábago y la primera entidad fue fundada por Nicolás Fontes y Álvarez de Toledo en 1891 con el nombre de *Caja Rural de Socorros, Préstamos y Ahorros de Javalí Viejo* (Murcia).

nes. El eje matriz de su sistema es, efectivamente, la máxima cristiana de amor al prójimo, por lo que no es partidario de una propagación demasiado rápida de las cooperativas y defiende que sólo deben crearse allí donde existan fuerzas espirituales adecuadas. Mediante estas organizaciones pretende defender a los campesinos frente a la usura y otros abusos del capital, pero no pretende reemplazar sino preservar el orden social existente, fomentando el hábito del ahorro y otras cualidades morales y económicas en la población.

6.3. *Wilhelm Haas (1839-1913)*

Fue el fundador del tercer gran movimiento cooperativo alemán, que surgió como reacción ante la rigidez y el carácter marcadamente religioso del sistema de Raiffeisen. En ocasiones, se ha definido su sistema como un compromiso entre los principios de Raiffeisen y de Schulze-Delitzsch y, en otras, como una rama del grupo Raiffeisen, al que más tarde eclipsó y superó en número y tamaño de las cooperativas. Como veremos a continuación, Haas renuncia al carácter ético y cristiano de la organización cooperativa, para acentuar el aspecto económico de su acción, intentando dar respuesta a las necesidades de crédito y cobertura económica a los grupos cooperativos excluidos del movimiento raiffeisanista. Su principal característica será el espíritu eminentemente práctico, liberado de todo dogmatismo[52].

Inició su actividad cooperativa en 1872, creando una cooperativa local en Friedberg, a la que denominó «cooperativa de consumo», aunque en realidad se trataba de una cooperativa de aprovisionamiento de artículos necesarios para la agricultura. Al año siguiente se constituyó la *Unión de Cooperativas de Consumo* de la región de Hesse, que funcionó como una empresa mayorista de ventas en común, adoptando el nombre de *Unión de Cooperativas Agrícolas Alemanas* a partir de 1883, con sede central en Darmstadt.

Uno de los principios fundamentales de funcionamiento en estas uniones o federaciones, recogidos posteriormente en lo que se conocería como «Programa de Darmstadt», era la descentralización que permitía que cada cooperativa se desarrollara según sus propias necesidades y se pudiera especializar en un tipo determinado de actividad, frente a la con-

---

[52] Wilhelm Haas nació en Darmstadt en 1839. Fue funcionario público, desarrollando su labor como director civil del distrito de Offenbach, ciudad situada sobre el Maine, cerca de Francfort. Trabajó inicialmente con Raiffeisen, de quien se separó en 1873. Haas pertenecía al ala izquierda del liberalismo alemán, por lo que, consecuentemente con su ideología, desde un principio trató de evitar toda norma imperativa para las cooperativas, cualquier tipo de definición ideológica, y sólo marcó unos principios de funcionamiento económico muy amplios, siempre bajo forma de simples recomendaciones y con la suficiente flexibilidad para poder adaptarse a las diferentes circunstancias del entorno.

centración de Raiffeisen. Así, como objetivos de esta asociación cooperativa, se señalaron los siguientes[53]:

- Aumentar el crédito agrícola personal.
- Abastecimiento en común de artículos de calidad a precios razonables.
- Adquisición de implementos de trabajo, como por ejemplo, máquinas y herramientas.
- Transformación y venta de la producción rural de los socios.
- Seguro agrícola.
- Construcción de instalaciones para uso común y de todas las necesidades propias de esas explotaciones económicas.

Por lo tanto, podemos decir que las cooperativas Haas eran entidades dedicadas al sector agropecuario, pero con actividades diferentes (crédito, consumo, ventas y compras, producción…) que se realizaban a través de entidades cooperativas especializadas. Era una cooperación basada en el esfuerzo propio y la ayuda mutua de los agricultores asociados, pero sin excluir una eventual ayuda del Estado. Estas cooperativas locales o de primer grado tenían un radio de acción territorialmente limitado (principio de circunscripción restringida tomado de Raiffeisen), pero se integraban regionalmente a través de federaciones, que realizaban funciones comunes de carácter económico, y estas organizaciones regionales, a su vez, se agrupaban en una unión de carácter nacional.

A pesar de la especialización y de la diversidad de cooperativas, la función crediticia era fundamental también en estas entidades. Los créditos que se ofrecían a los asociados eran de plazo largo (2 años ampliables, con pagos a plazos vencidos. Eran plazos inferiores a los del sistema Raiffeisen, pero superiores a los de Schulze). También se tomó de Raiffeisen el principio de responsabilidad ilimitada.

Veamos, a través de un breve cuadro comparativo (tabla 1), las principales semejanzas y diferencias de estos tres modelos iniciales de cooperativas de crédito alemanas.

---

[53] Moller, E., *El cooperativismo como proceso de cambio, op. cit.*, pp. 92 y 93

Tabla 1

	RAIFFEISEN	HAAS	SCHULZE-DELITZSCH
Fundamento ideológico	Marcadamente religioso	Fundamentalmente económico	Ético y económico
Localización	Fundamentalmente rural	Fundamentalmente rural	Fundamentalmente urbana
Radio de acción	Restringido	Restringido	Amplio
Organización	Centralización	Descentralización	Descentralización
Capital	Reducido	Amplio, a través de acciones de asociados	Amplio, a través de acciones de asociados
Tipo socios	Cualquier miembro de la comunidad	Cualquier miembro de la comunidad	Se excluía a los solicitantes más pobres
Gestores de cooperativas locales	Único empleado pagado, un tesorero a tiempo parcial	Variable, pero normalmente sólo un tesorero pagado, a tiempo parcial	Grupo de profesionales remunerados
Duración de préstamos	Podía superar los 10 años	Podía superar los 10 años	Normalmente a corto plazo
Responsabilidad legal	Ilimitada	Ilimitada	A partir de 1889 limitada

*Fuente: elaboración propia

Con todo, la diversidad en el movimiento cooperativo alemán fue a veces fuente de conflicto interno, pero también una de sus grandes fortalezas. Este movimiento creció rápidamente a lo largo del siglo XX y sus resultados satisfactorios animaron a que fueran imitadas en otros países. La mayoría de las sociedades europeas de la época experimentaron problemas semejantes a los que en Alemania habían propiciado la aparición de este tipo de cooperativas. Incluso cuando el modelo alemán no fue adoptado, la experiencia germana sirvió de marco de referencia para encuadrar el debate en otras latitudes.

Tras esta inmersión en la historia del cooperativismo ha quedado patente, de forma más o menos acentuada, una preocupación constante de los diferentes precursores del cooperativismo por la situación de las clases más necesitadas (agricultores, artesanos, ciudadanos/as faltos de recursos básicos...). Se puede decir, por lo tanto, que la solidaridad cooperativa procede de la piedad religiosa, que se mantiene como una de las líneas doctrinales cooperativas constante en el tiempo. La idea de ayuda mutua, de preocupación por el prójimo que subyace de forma más o menos acentuada y con diferentes matices en todo este proceso evolutivo hace que frecuentemente se vincule el cooperativismo con el denominado *cristianismo social*.

CAPÍTULO SEGUNDO
LA DOCTRINA SOCIAL DE LA IGLESIA Y SU CONEXIÓN CON LOS VALORES Y PRINCIPIOS COOPERATIVOS

1. Introducción

El cristianismo social o la doctrina social cristiana es la posición humanista frente a la cuestión social, relativamente nueva en la historia de la humanidad, pues se inicia en el siglo XIX. Se actualiza constantemente en base a estudios, investigaciones, análisis e interpretaciones de la realidad, tomando siempre como eje la concepción cristiana de la vida. Así, las fuentes de la doctrina social cristiana están en la vida, pensamiento y acciones de Cristo, explicadas en la Biblia, con una experiencia de más de 2000 años de existencia activamente positivos.

Este cristianismo social centra su acción en el papel protagónico del hombre, pero no acepta el dogma económico del individualismo, defendido por el sistema capitalista. Se pretende reemplazar el egoísmo del individuo económico por un verdadero espíritu de solidaridad, basado en el amor cristiano al prójimo. Persiguen un nuevo «orden social» que no se puede conseguir mediante el simple cambio de las condiciones económicas, sino que exige una transformación del propio individuo. Son conscientes de que los preceptos cristianos no son realizables en el orden social existente, por lo que debe modificarse, y la fórmula cooperativa puede resultar adecuada para lograr la equidad social por diferentes motivos: las cooperativas tienen por finalidad responder a las necesidades materiales de sus miembros utilizando para ello sus propios medios, del mismo modo que las iglesias responden a sus necesidades espirituales; además, se considera que la cooperación elimina las dos grandes plagas del régimen económico del momento (capitalismo de libre mercado): la competencia y el beneficio.

La Doctrina Social Cristiana o cristianismo social del que hablamos se identifica normalmente con la Doctrina Cristiana de la Iglesia católica, dado que no hay una doctrina social protestante comparable en extensión e importancia a la de la Iglesia católica[1].

Uno de los caracteres de la Iglesia del siglo xix fue la actividad social, tanto en el dominio de las ideas como en el dominio de los hechos. La insoportable situación social a la que había llevado la industrialización dio lugar a toda una corriente de pensamiento católico cada vez más preocupado por las cuestiones sociales y las necesidades de los más desfavorecidos. Estas experiencias de seglares católicos y de miembros de la jerarquía eclesiástica constituyeron una original larva de elaboración doctrinal, reivindicando una actitud o manifestación católica social que implicaba una nueva conciencia del problema social como algo más que un problema de beneficencia y caridad. Tras un proceso de maduración, ese caldo de cultivo concluyó con la publicación de «Rerum Novarum», la primera encíclica «social», que constituyó, por una parte, el coronamiento de una evolución de ideas, larga, compleja e internacional, pero por otra supuso el prólogo e inauguración de un magnífico movimiento que se ha dado en denominar «*Doctrina Social de la Iglesia*».

La Doctrina Social de la Iglesia (en adelante DSI), expresión cuyo significado más o menos todos intuimos, ha sido siempre importante, pero ha recobrado especial relevancia en estos momentos, a causa de los planteamientos y respuestas que actualmente se están dando a niveles económicos, políticos, culturales y sociales. La crisis en la que, desafortunadamente, nos encontramos inmersos no es una crisis coyuntural de liquidez, sino que es mucho más compleja y depende de múltiples factores, entre los que adquieren especial significancia los de naturaleza ideológica y ética, por lo que en el presente trabajo pretendemos defender que es mucho lo que la DSI puede aportar.

Así pues, dada la singular trascendencia que la DSI puede alcanzar en este ámbito, resulta imprescindible, en primer lugar, delimitar su concepto y justificación, qué es la denominada *Doctrina Social de la Iglesia* y por qué la Iglesia siente el impulso y la obligación de proyectarse, de palabra y de obra, sobre los problemas sociales de nuestro tiempo, para después realizar un análisis temporal y material de sus fuentes y concluir cuál puede ser su conexión e influencia en el marco de la Economía social y más concretamente del cooperativismo.

---

[1] «*La doctrina social cristiana se identifica generalmente con la doctrina cristiana de la Iglesia católica. Del lado protestante se discute mucho si hay o puede haber una doctrina social protestante... o sólo hay y puede haber una ética social protestante. En las Iglesias orientales apenas si se dan atisbos o indicios de una doctrina social [...]*» (http:-/www.mercaba.org/Mundi/6/sociedad3.htm, p. 1; última consulta: 26-01-2015).

2. Concepto de DSI

Qué es y qué no es la DSI constituye una cuestión muy debatida, incluso en Teología. Nacida en el ámbito del derecho natural cristiano, con una presentación más filosófica que teológica, esta disciplina ha atravesado todas las concepciones imaginables: desde la idea de que pudiese constituir una tercera vía entre socialismo y capitalismo para organizar la sociedad, hasta la afirmación de que su misma existencia sería contradictoria con la misión religiosa de la Iglesia; desde una pretensión de universalidad que la llevaba a dejar en segundo plano los aportes de la fe, hasta la defensa de su especificidad cristiana y teológica.

En esta evolución entran en juego temas de gran calado teológico, pero como más arriba matizábamos, nos limitaremos a un acercamiento básico al concepto de DSI desde nuestra formación jurídica, para poder aprehender sus posibles aportaciones a la salida de la crisis y al sistema cooperativo.

La gran diversidad de expresiones: *«doctrina social de la Iglesia», «enseñanza social de la Iglesia», «magisterio social de la Iglesia», «pensamiento social cristiano», «doctrina social católica»...* hace necesario precisar los términos, dado que se han producido, además, notables cambios en los acentos y prioridades[2].

El propio CDSI[3] señala que la locución *doctrina social* se remonta a Pío XI y designa el *«corpus»* doctrinal relativo a temas de relevancia social que, a partir de la encíclica *«Rerum Novarum»*, de León XIII, se ha desarrollado en la Iglesia a través del Magisterio de los Romanos Pontífices y de los Obispos en comunión con ellos[4]. La cuestión social no ha tenido ciertamente inicio con ese documento, porque la Iglesia no se ha desinteresado jamás de la sociedad; sin embargo, *la encíclica «Rerum Novarum» da inicio a un nuevo camino*: injertándose en una tradición plurisecular, marca un nuevo inicio y un desarrollo sustancial de la enseñanza en campo social. En su continua atención por el hombre en la so-

---

[2] Tal y como más adelante expondremos, en los primeros años se partía de la idea de que los problemas sociales de la época moderna no podían resolverse sin tener presentes las orientaciones de la Iglesia y sin atenerse estrictamente a ellas, planteamiento de claro sesgo doctrinal, que reivindicaba la autoridad indiscutible de la Iglesia. Posteriormente, sin embargo, a partir del Concilio Vaticano II, se produjo un cambio de perspectiva, entendiendo que la atención a los problemas sociales no debe centrarse tan exclusivamente en la aportación doctrinal, sino que se debe abrir a todas las formas de presencia de la Iglesia y de sus diferentes miembros. Este cambio fue tan profundo que incluso se planteó que el término «Doctrina Social de la Iglesia» fuera definitivamente abandonado, aunque finalmente se ha mantenido por las razones que a continuación explicaremos en detalle.

[3] CDSI 87

[4] Efectivamente, Pío XI, en su encíclica *Quadragessimo Anno,* menciona las bondades de una *«doctrina sobre materia social y económica»* iniciada con León XIII (QA 18-22).

ciedad, la Iglesia ha acumulado así un rico patrimonio doctrinal. Éste tiene sus raíces en la Sagrada Escritura, especialmente en el Evangelio y en los escritos apostólicos, y ha tomado forma y cuerpo a partir de los Padres de la Iglesia y de los grandes Doctores del Medievo, constituyendo una doctrina en la cual, aun sin intervenciones explícitas y directas a nivel magisterial, la Iglesia se ha ido reconociendo progresivamente.

Recientemente se ha rechazado el término «*doctrina*» por sus connotaciones negativas de adoctrinamiento o «*aleccionamiento*», «*reeducación*»[5], en favor de la expresión «*pensamiento*», más neutra. Quienes proponen esta sustitución creen que la palabra «*doctrina*» suscita la idea de «*dogma*», mientras que las afirmaciones de la Iglesia en materia socio-económica son de naturaleza más contingente. Sin embargo, coincidimos con Blancarte en que no es necesario entender el término «*doctrina*» en su sentido más estricto, próximo al de dogma, sino que debe interpretarse, y así lo haremos en el presente trabajo, como sinónimo de «*enseñanza*» y más concretamente de enseñanza moral, que se diferencia del dogma en muchos aspectos, pero fundamentalmente en su alusión a situaciones contingentes[6].

También el profesor Camacho menciona que, a pesar de que hay quien defiende la conveniencia de abandonar la denominación «*Doctrina Social de la Iglesia*», sobre todo tras el Concilio Vaticano II por la novedad en la forma de entender las relaciones Iglesia-sociedad, no todo es nuevo en la Doctrina Social posconciliar, por lo que considera preferible mantener el término, subrayando, eso sí, la continuidad y la novedad[7]. Además, Camacho no admite la equiparación *doctrina social-pensamiento social*, dado que restringe el concepto de DSI, y entiende como tal sólo una parte del pensamiento social cristiano. Diferencia claramente ambos conceptos basándose en dos criterios: el alcance temporal y el contenido. Según el primero, el autor identifica el *pensamiento social cristiano* con toda la reflexión realizada a lo largo de los veinte siglos de historia de la Iglesia sobre las cuestiones relativas a la sociedad en cada época, incluyendo la herencia recibida de la etapa anterior, contenida en los libros del Antiguo Testamento; la *DSI*, por el contrario, se limitaría a la etapa que comienza con la industrialización en el marco más amplio de la modernidad, por lo que sus orígenes no se remontarían más allá del siglo xix. Atendiendo al contenido, por otra

---

[5] Si recurrimos al *DRAE*, la primera acepción del término «*doctrina*» es: «*enseñanza que se da para instrucción de alguien*» y en el mismo sentido «*adoctrinar*» significa «*instruir a alguien en el conocimiento y enseñanza de una doctrina, inculcarle determinadas ideas o creencias*», mientras que el vocablo «*pensamiento*» *es* más aséptico: ...«*conjunto de ideas propias de una persona o colectividad*».

[6] Blancarte, R. J. (2011). «La doctrina social del episcopado católico mexicano», en *El pensamiento social de los católicos mexicanos*, México, edición electrónica (https://books.google.es/books?isbn=6071607582; última consulta: 15-01-2015).

[7] Camacho, I. (1991). *Cien años de Doctrina Social de la Iglesia*. Fe y Secularidad, Santander: Editorial Sal Terrae, p. 27.

parte, mientras en la DSI tendrían una importancia muy destacada los documentos oficiales de la jerarquía eclesiástica (durante muchas décadas sólo las encíclicas o textos de rango parecido firmados por el Papa, aunque más recientemente se añaden documentos conciliares o sinodales), el pensamiento social cristiano se debe directamente a otros sujetos no jerárquicos que, desde su reflexión o desde su acción, han contribuido a elaborar la postura oficial de la Iglesia ante los problemas sociales[8]. También el profesor Sols Lucía se posiciona en el mismo sentido, entendiendo por *pensamiento social cristiano* la reflexión acerca de lo político, lo económico y lo social que intenta articular algunos de los problemas más importantes de un determinado período histórico con la tradición humanista cristiana, que tiene su germen en el Antiguo Testamento, nace con el Nuevo Testamento y recorre toda la historia de la Iglesia. Por *Doctrina Social de la Iglesia* entiende, sin embargo, esa misma reflexión, pero redactada con carácter oficial por papas, concilios o conferencias episcopales[9].

Teniendo en cuenta los diferentes elementos mencionados, podríamos finalmente definir la DSI como el *conjunto de principios, criterios y directrices de acción cuidadosamente formulados por la Iglesia a la luz de las Sagradas Escrituras y de la tradición cristiana, para dar respuesta a los problemas sociales de cada tiempo y conseguir, mediante su aplicación, un nuevo orden socio-económico, en que no sólo domine el criterio del lucro y lo material, sino que busque el bien común en la construcción de un sistema más acorde con el desarrollo de la dignidad humana.*

Delimitado el concepto de DSI, procederemos a continuación al análisis de las fuentes y documentos que la integran, para tener una visión de conjunto de los mismos en los tiempos modernos, pero tratando de situarlos en su contexto histórico, por lo que resulta fundamental el estudio de su evolución.

3. Fuentes

Al hablar del concepto de DSI hemos apuntado que la enseñanza social de la Iglesia nace del encuentro del mensaje evangélico y de sus exigencias con los problemas que surgen en la vida de la sociedad, por lo que puede concluirse que en la DSI confluyen dos fuentes: por una parte, la Revelación bíblica, es decir, la Sagrada Escritura y de forma especial el Evangelio, que es su coronación y cumplimiento; por otra, el análisis de las situaciones sociales, culturales, económicas y políticas que afectan a la comunidad humana en un momento dado.

---

[8] Camacho, I. (2000). *Doctrina Social de la Iglesia. Quince claves para su comprensión.* Bilbao: Ed. Desclée de Brouwer, S.A., pp. 15 y 16.

[9] Sols Lucía, J. (2014). *El pensamiento social cristiano abierto al siglo XXI. A partir de la encíclica Caritas in Veritate,* Cantabria: Editorial Sal Terrae, p. 11.

Por medio de un fecundo diálogo e intercambio entre ambas fuentes es como se ha ido formando el corpus de la DSI, como propuesta y llamada de la Iglesia y como su aportación específica al ordenamiento de la vida social y personal.

En un sentido amplio, que algunos identifican, como veíamos, con la expresión *pensamiento social cristiano,* ese corpus estaría integrado por todos los documentos emanados de las autoridades eclesiásticas (documentos conciliares, pontificios y de los obispos[10]) a lo largo de los veinte siglos de historia de la Iglesia sobre las cuestiones relativas a la sociedad en cada época, abarcando incluso la herencia recibida de la etapa anterior, contenida en los libros del Antiguo Testamento.

Sin embargo, en un sentido más estricto, que es el que manejaremos en el presente trabajo, tal corpus englobaría únicamente el período iniciado tras los acontecimientos vinculados a la revolución industrial, que trastornaron estructuras sociales seculares, ocasionando graves problemas de justicia y dando lugar a la primera gran cuestión social, la *cuestión obrera,* causada por el conflicto entre capital y trabajo. El verdadero nacimiento de la DSI puede interpretarse, pues, como el reconocimiento de la insuficiencia moral tradicional para responder a estos problemas nuevos. Por lo tanto, la DSI se desarrolla en el siglo XIX, cuando se produce el encuentro entre el Evangelio y la sociedad industrial moderna, sus nuevas estructuras para producción de bienes de consumo, su nueva concepción de la sociedad, del Estado y de la autoridad, sus nuevas formas de trabajo y de propiedad.

---

[10] En este punto conviene exponer brevemente las diferentes clases de documentos o pronunciamientos eclesiales, dado que, aunque no todos integrarían la categoría de DSI en sentido estricto, como expondremos más adelante, algunos de ellos han sido y serán mencionados en la presente obra: 1) DOCUMENTOS CONCILIARES: a) Constitución dogmática y pastoral: las Constituciones dogmáticas sobre la Iglesia (LG) y sobre la Revelación (DV) y las Constituciones pastorales sobre la Sagrada Liturgia (SC) y sobre la Iglesia en el mundo actual (GS), fundamentan y aclaran con toda precisión su naturaleza y misión universal; b) Decreto conciliar: sobre el Apostolado de los Seglares (AA) y sobre la actividad misionera de la Iglesia (AG), concretan, aclaran y explican la dimensión de la Iglesia. 2) DOCUMENTOS PONTIFICIOS: a) Encíclica: Carta pública y formal del Sumo Pontífice que expresa su enseñanza en materia de gran importancia y dirigida a la Iglesia Universal; sin embargo, cuando tratan cuestiones sociales, económicas o políticas, se dirigen no sólo a los católicos, sino a todos los hombres y mujeres de buena voluntad. Toman el nombre de las palabras con que comienza el documento latino; b) Exhortación apostólica: documento firmado por el Papa, normalmente tras un Sínodo de Obispos o por otros motivos; c) Carta apostólica: carta que el Papa escribe a una persona particular vinculada institucionalmente a un sector determinado de la Iglesia, para que la de a conocer a la Iglesia Universal, o en ocasiones dirigida a todos los fieles, acerca de un tema de notoria actualidad; d) Motu Proprio: decreto por el que el Papa modifica determinada cuestión disciplinar; e) Radiomensaje: mensaje papal transmitido por radio. Pío XII utilizó esta forma de comunicación con la Iglesia durante la Segunda Guerra Mundial. 3) DOCUMENTOS DE LOS OBISPOS: Carta Pastoral: carta de un Obispo o grupo de Obispos dirigida a los fieles encomendados a su cuidado.

Respecto a los documentos que integran ese corpus de la DSI, nos centraremos fundamentalmente en los documentos pontificios, dado que los Santos Padres reúnen la condición de intérpretes de excepción de las Sagradas Escrituras y de testigos privilegiados de la Tradición, y, más concretamente, en las Encíclicas, que constituyen el grupo más importante de los documentos pontificios, al constituir una forma de correspondencia epistolar de categoría canónica suprema. No obstante, también mencionaremos algún otro documento social por su trascendencia en este ámbito. Por ejemplo, abordaremos el estudio de la Constitución Pastoral *Gaudium et Spes,* promulgada por el Papa Pablo VI, dado que, a pesar de no tratarse de una Encíclica, se convierte en uno de los documentos más importantes en la tradición social de la Iglesia, revisando y actualizando la anterior enseñanza económica y social. Asimismo, expondremos el contenido del Radiomensaje *La Solennità,* puesto que, aunque Pío XII no publicó ninguna Encíclica social, en los estudios de la DSI se le suele conceder una atención casi similar a este Radiomensaje que el Papa dirigió a todo el orbe católico, con motivo del 50 aniversario de la RN. Por otra parte, para finalizar con el análisis de documentos sociales, incluiremos también las intervenciones sociales del actual Papa Francisco, a pesar de no tratarse de encíclicas sociales como las anteriores, por su especial talante y su contenido claramente social.

En suma, los documentos del Magisterio social que han sido fundamentales en el proceso de formación de la DSI y que analizaremos en este capítulo son los siguientes[11]:

1) ***RN:*** *RERUM NOVARUM.* León XIII. Encíclica. 15 de mayo de 1891.
2) ***QA:*** *QUADRAGESIMO ANNO.* Pío XI. Encíclica. 15 de mayo de 1931.
3) ***LS:*** *LA SOLENNITÀ.* Pío XII. Radiomensaje en el 50 Aniversario de la «Rerum Novarum». 1 de junio de 1941.
4) ***MM:*** *MATER ET MAGISTRA.* Juan XXIII. Encíclica. 15 de mayo de 1961.
5) ***PT:*** *PACEM IN TERRIS.* Juan XXIII. Encíclica. 11 de abril de 1963.
6) ***GS:*** *GAUDIUM ET SPES.* Concilio Vaticano II. Constitución Pastoral. 7 de diciembre de 1965.
7) ***PP:*** *POPULORUM PROGRESSIO***.** Pablo VI. Encíclica. 26 de marzo de 1967.

---

[11] Nos hemos centrado en los documentos más significativos, para evitar que la exposición resulte excesivamente farragosa, bien entendido que éstos no son los únicos, pero sí los más importantes. Constituyen los hitos principales del camino de la DSI desde los tiempos de León XIII hasta nuestros días. Esta sintética reseña se alargaría considerablemente si tuviésemos en cuenta todas y cada una de las intervenciones motivadas por un tema específico que tienen su origen en la preocupación pastoral por proponer a la comunidad cristiana los principios fundamentales para un sistema más acorde con la dignidad humana, pero hemos recogido las más influyentes.

8) ***OA:*** *OCTOGESIMA ADVENIENS.* Pablo VI. Carta Apostólica. 14 de mayo de 1971.
9) ***LE:*** *LABOREM EXERCENS.* Juan Pablo II. Encíclica. 14 de septiembre de 1981.
10) ***SRS:*** *SOLLICITUDO REI SOCIALIS.* Juan Pablo II. Encíclica. 30 de diciembre de 1987.
11) ***CA:*** *CENTESIMUS ANNUS.* Juan Pablo II. Encíclica. 1 de mayo de 1991.
12) ***CiV:*** *CARITAS IN VERITATE.* Benedicto XVI. Encíclica. 29 de junio de 2009.
13) ***LF:*** *LUMEN FIDEI.* Francisco. Encíclica. 29 de junio de 2013.
14) ***EG:*** *EVANGELII GAUDIUM.* Francisco. Exhortación apostólica. 24 de noviembre de 2013.
15) ***Ls:*** *LAUDATO SI´.* Francisco. Encíclica. 24 de mayo de 2015.

En el siguiente apartado procederemos al estudio de cada uno de esos documentos sociales, realizando un análisis temporal y material de los mismos. Para ello, mostraremos, por una parte, un proceso evolutivo de los diferentes documentos, dividiéndolos en tres grandes etapas; por otra parte, ofreceremos un estudio material o de fondo de cada uno de los documentos mencionados, abordando dos aspectos fundamentales:

a) su contenido, para sintetizar el mensaje y la estructura de cada documento, haciendo especial hincapié en las cuestiones sociales
b) las aportaciones o principales consecuencias que cada uno de estos textos ha conllevado.

Como fuente directa hemos utilizado la página web del Vaticano, a fin de ofrecer la versión oficial de los textos, por lo que al comienzo de cada uno de ellos se hará mención a la web de la que se han extraído todas y cada una de las citas que aparecen en las notas al pie o en el propio cuerpo del texto.

El objetivo final de este análisis tan extenso es la extracción de una serie de principios de la DSI para poder mostrar que aquella base solidarista y religiosa a la que hacíamos alusión en el capítulo primero al referirnos al precooperativismo, sigue vigente a través de la DSI y sus principios, alguno de los cuales han tenido especial incidencia en la doctrina cooperativa.

4. Evolución

Tal y como ha quedado expuesto, la DSI es una respuesta concreta a problemas sociales situados en un tiempo y una geografía concreta.

A la hora de realizar un análisis temporal de los mencionados documentos, se suelen establecer tres etapas marcadas por el Concilio Vaticano II como punto de inflexión, que supuso un «antes» y un «después» en la DSI, como hemos explicado al hablar de su papel en la sociedad actual o al tratar la objeción referente a su abstraccionismo y su metodología supuestamente deductiva y apriorística. Así, el Vaticano II fue un acontecimiento histórico que supuso un camino nuevo para la Iglesia, el de la reconciliación con la sociedad, por lo que en este recorrido, nos detendremos para dedicar especial atención al Papa que lo hizo posible (Juan XXIII) y los documentos sociales que publicó (MM y PT).

Conforme a lo dicho, abordaremos el estudio de los principales documentos que integran el *corpus* de la DSI distribuidos en tres grandes etapas:

1) *Etapa preconciliar.* Desde los orígenes hasta la convocatoria del Concilio Vaticano II: León XIII-Pío XII (RN, QA, LS).
   La Iglesia anterior al Concilio Vaticano II posee un aire de universalidad y sempiternidad. Se identificaba Iglesia y jerarquía, recalcando la dimensión magisterial y las potestades de la jerarquía eclesiástica, lo que se refleja en su discurso, dando lugar a una DSI polémica y abiertamente defensiva en sus inicios, elaborada en conflicto con las grandes corrientes de pensamiento (ideología) social de aquellos años: marxismo, fascismo, liberalismo, comunismo...
2) *Etapa conciliar.* Desde el Concilio Vaticano II hasta el pontificado de Juan Pablo II: Juan XXIII-Pablo VI (MM, PT, GS, PP, OA).
   El Concilio pretendía ofrecer una nueva imagen de la Iglesia, una puesta al día, revisando el fondo y la forma de todas sus actividades. Así, en esta segunda etapa se pretendía ofrecer un nuevo lenguaje conciliatorio frente a problemas actuales y antiguos, por lo que cambia el estilo doctrinal y la temática de la DSI. El discurso se distancia del anterior, renuncia a la condena abierta e introduce a la Iglesia en un pluralismo social hasta entonces desconocido. En lo que a temática se refiere, el mayor problema es el desequilibrio en el plano mundial entre países desarrollados y subdesarrollados. La cuestión social tiene como principales protagonistas a los pueblos (ricos y pobres) de la Tierra. En estos años se instaura definitivamente el Estado del bienestar en Occidente, se incrementa la intervención del Estado en la vida social mediante la función redistribuidora de la Hacienda pública, se acelera la descolonización y crece la planificación y las cotas de igualdad. Ése será el marco primordial de referencia de los sucesivos textos magisteriales.
3) *Etapa posconciliar.* Desde el pontificado de Juan Pablo II hasta la actualidad: Juan Pablo II-Francisco. (LE, SRS, CA, CiV, LF, EG, Ls).

Éste es un tiempo marcado por la perestroika, la caída del telón de acero y democratización del Este europeo, la crisis del Estado de bienestar, la irresoluta cuestión palestino-israelí y la Guerra del Golfo. La Iglesia se sintió conmocionada por la modernidad y la secularización. La evolución social de nuestro tiempo puede seguirse a través de estas encíclicas de Juan Pablo II: el valor del trabajo humano (*LE*), la dimensión mundial de la injusticia, agravada por el enfrentamiento de los bloques (*SRS*), el aumento de las desigualdades sociales, que se ha incrementado cuando se publica *Centesimus annus* (*CA*)...; todo ello permite vislumbrar un nuevo orden social en el que los cristianos deben participar.
Esta última etapa finalizaría con los Papas Benedicto XVI y Francisco, que, el 24 de mayo de 2015 ha dado a conocer Laudato Si´ (Ls), su última Encíclica, relacionada con la «crisis ecológica», pero en la que también se refiere a cuestiones sociales, como más adelante expondremos.

Procederemos, a continuación, al estudio de cada uno de los documentos distribuidos en esas tres grandes etapas, conforme a la sistemática mencionada (contenido, aportaciones).

4.1. Etapa preconciliar

Los documentos sociales de esta etapa se caracterizan, en primer lugar, por su tono condenatorio, tanto de las ideologías del momento (socialismo, liberalismo, totalitarismos), rechazándolas de plano o introduciendo en ellas correcciones significativas, como de las nefastas consecuencias de la industrialización; por otra parte, el discurso de los documentos es vehemente en la defensa de los más desfavorecidos (obreros).

4.1.1. «Rerum Novarum» (15.05.1891)

Carta Encíclica del Sumo Pontífice León XIII sobre la situación de los obreros.
(http://w2.vatican.va/content/leo-xiii/es/encyclicals/documents/hf_l-xiii_enc_15051891_rerum-novarum.html; última consulta: 15-01-2015).

León XIII es considerado el iniciador de la DSI. Su pontificado se desarrolló entre 1878 y 1903, siendo uno de los más largos. Su magisterio, además de esa larga duración en el tiempo, también se caracterizó por una temática variada y de honda intensidad en cuanto a contenidos docentes, y marcó un momento importante en el diálogo de la Iglesia con el mundo contemporáneo. Supo oir e interpretar la voz de la época y decir su palabra de maestro universal también en lo social. Cambió el énfasis del tono de las Encíclicas, hasta entonces predominantemente condenatorio. El comenzó a esbozar una idea rápida, de forma positiva, de cómo la Iglesia debía responder a problemas concretos, especialmente en el orden ético-social. El acercamiento innovador de León XIII popularizó las encíclicas como puntos de referencia, tanto para la doctrina católica, como para muchos programas de acción.

Sus primeras encíclicas versan sobre doctrina política, pero León XIII ha pasado a la historia por su gran y emblemática encíclica social, *Rerum Novarum*, que constituye un hito imprescindible en la DSI[12]. En ella se parte de una profunda inquietud ante la creciente miseria del mundo obrero[13] y se aportan pistas para afrontar la cuestión social, que suponen el rechazo frontal del socialismo de su época, pero también profundas correcciones al modelo vigente inspirado por el liberalismo. Se suele presentar este documento como la *carta magna* del catolicismo social moderno[14] y como la *primera* encíclica social, no porque antes la Iglesia no se hubiera ocupado de la cuestión social, como ya ha quedado expuesto, sino porque es el primer documento oficial del Magisterio pontificio que recoge y formula un cuerpo doctrinal que los sucesores de León XIII han ido actualizando y haciendo operante en cada época.

4.1.1.1. Contenido

Esta Encíclica se compone de 42 puntos, en los que el Papa describe la situación de forma objetiva y realista, mostrando tanto las consecuencias de la revolución industrial, como la concepción del Estado que no interviene en economía y la nueva forma de trabajo salarial, que prescin-

---

[12] En MM 16 se recalca el mérito de León XIII: «*Se ha de reconocer que la publicación de esta Encíclica demostró no poca audacia. Porque mientras algunos no tenía reparos en acusar a la Iglesia católica, como si ésta, ante la cuestión social se limitase a predicar a los pobres la resignación y a los ricos la generosidad, León XIII no vaciló en proclamar y defender abiertamente los sagrados derechos de los trabajadores*».

[13] RN 1: «... *Este tema [la cuestión obrera] ha sido tratado por Nos incidentalmente ya más de una vez, mas la conciencia de nuestro oficio apostólico nos incita a tratar en esta encíclica la cuestión por entero, a fin de que resplandezcan los principios con que poder dirimir la contienda conforme lo piden la verdad y la justicia...*»

[14] MM 26: «*Con toda razón, pues, ha sido y es reconocida hasta hoy la encíclica Rerum novarum como la Carta Magna de la instauración del nuevo orden social y económico*». En el mismo sentido, Monseñor de Andrea expuso muy gráficamente en su obra publicada en 1945 que «*León XIII, levantó hace cincuenta años su vuelo de águila y con mirada profética sondeó el porvenir del mundo [...]. Para ello dictó la norma*», refiriéndose posteriormente a ella como «*el más perfecto cuerpo de doctrina económico-social, cuya alma es la justicia*». ANDREA, M. DE (1945). *Obras completas, tomo IV. Catolicismo social.* Buenos Aires: Editorial Difusión., p. 24.

de de la dignidad del trabajador. Además, critica tanto la propuesta socialista, por no respetar la relación del hombre con la verdad o realidad personal, como la liberal capitalista, por dejar, so pretexto de la libertad de contrato, indefensa a la contraparte, la obrera, que es la más débil.

Por lo tanto, en lo que a contenido se refiere y a pesar de no aparecer epígrafes o apartados especiales, la RN podría estructurarse en tres bloques fundamentales: introducción (punto 1), en la que el Papa describe, a grandes rasgos, la situación a la que habían llegado los obreros a consecuencia del nuevo régimen económico y puntualiza la importancia de la cuestión; una primera parte (2-11) en la que se critica y rebate la solución socialista al problema social; y una segunda parte (12-42) en la que se aborda la solución católica y, más concretamente, qué deben hacer las partes implicadas: Iglesia, Estado e interesados (trabajadores y empresarios), que podría resumirse fundamentalmente en trabajar de forma conjunta.

Tal y como se ha señalado, el texto comienza con una breve parte introductoria en la que el Papa describe la situación a la que habían llegado los obreros tras la Revolución industrial. Se habla cada vez más de la «cuestión obrera», un drama muy doloroso, dado que la tecnología había relegado al trabajador a la categoría de máquina. Además, se acumulan las riquezas en pocas manos, la pobreza se extiende y se crea un gran malestar social[15]. Esos serían los orígenes y características de la crisis social que atraviesa Europa y se señala como principal causa de la misma al abandono de la fe[16]. La Iglesia no puede hacer oídos sordos ante unos derechos humanos que estaban siendo pisoteados y si su postura hasta ese momento se había limitado a las ayudas caritativas, la RN pretende ir más allá, hablando no sólo de «caridad», sino también de «justicia».

Tras esa concisa y clara introducción, León XIII rechaza frontalmente la solución propuesta por el socialismo. En tiempos de la RN, el socialismo era un vasto movimiento de masas que propugnaba una alternativa radical y violenta al sistema económico vigente, basada en la abolición de la propiedad privada de los medios de producción. La crítica al socialismo abarca toda la primera parte de la encíclica. En primer lugar se pre-

---

[15] RN 1: «*[...] Adelantos de la industria y de las artes, que caminan por nuevos derroteros; el cambio operado en las relaciones mutuas entre patronos y obreros; la acumulación de las riquezas en manos de unos pocos y la pobreza de la inmensa mayoría; la mayor confianza de los obreros en sí mismos y la más estrecha cohesión entre ellos... No sólo la contratación del trabajo, sino también las relaciones comerciales de toda índole, se hallan sometidas al poder de unos pocos, hasta el punto de que un número sumamente reducido de opulentos y adinerados ha impuesto poco menos que el yugo de la esclavitud a una muchedumbre infinita de proletarios*».

[16] RN 1: «*Disueltos en el pasado siglo los antiguos gremios de artesanos, sin ningún apoyo que viniera a llenar su vacío, desentendiéndose las instituciones públicas y las leyes de la religión de nuestros antepasados, el tiempo fue insensiblemente entregando a los obreros, aislados e indefensos, a la inhumanidad de los empresarios y a la desenfrenada codicia de los competidores[...]*».

senta una exacta descripción de los socialistas a los que la encíclica combate: son quienes, efectivamente, propugnan la abolición de la propiedad, pero también el recurso a la violencia (lucha de clases). Posteriormente enumera una serie de argumentos a través de los que rebate cada uno de esos dos principios.

En esta primera parte, el Papa se centra en la defensa del derecho de propiedad, dejando la lucha de clases para la segunda, al hablar de las competencias de la Iglesia y el Estado. Así, León XIII sostiene que la abolición de la propiedad privada perjudica al propio trabajador, dado que precisamente «*... el fin primordial que busca el obrero es procurarse algo para sí y poseer con propio derecho alguna cosa como suya*[17]», pero sin duda el argumento más importante y elaborado contrario a esa abolición es el que se apoya en la naturaleza del hombre, en comparación con la del animal, que configura el derecho de propiedad como un derecho dado al hombre por la naturaleza[18].

Tras desarrollar los argumentos en favor de la propiedad privada, RN los resume en un párrafo conclusivo con el que finaliza esa primera parte y en el que se afirma que la propiedad privada es la base inviolable del orden social (RN 11):

> *[...] De todo lo cual se sigue claramente que debe rechazarse de plano esa fantasía del socialismo de reducir a común la propiedad privada, puesto que daña a esos mismos a quienes se pretende socorrer, repugna los derechos naturales de los individuos y perturba las funciones del Estado y la tranquilidad común. Por lo tanto, cuando se plantea el problema de mejorar la condición de las clases inferiores, se ha de tener como fundamental el principio de que la propiedad privada ha de conservarse inviolable.*

No obstante, a pesar de ese impresionante esfuerzo por acumular argumentos para defender la propiedad privada, la encíclica tampoco cede incondicionalmente a ese derecho: aunque de forma menos tajante, en la segunda parte, la encíclica también critica la forma en que el liberalismo de su tiempo entendía la propiedad privada, viendo en ello una de las causas de la «cuestión social». Si RN es abiertamente antisocialista, no puede deducirse de ahí que sea proliberal. La propiedad privada no se debe suprimir, pero se debe tener presente que tal derecho no es absoluto sino condicionado necesariamente por otro derecho superior, el uso de todos los bienes por todos, por lo que el derecho de propiedad privada tiene inherente una función social que conlleva una serie de obligaciones, cuyo cumplimiento deberá garantizar el Estado.

---

[17] RN 3

[18] RN 4: «*[...] Y por esta causa de que es el único animal dotado de razón, es de necesidad conceder al hombre no sólo el uso de los bienes, cosa común a todos los animales, sino también el poseerlos con derecho estable y permanente*».

Efectivamente, la encíclica aborda en esta segunda parte las competencias de la Iglesia y del Estado en la solución del conflicto, así como la labor de trabajadores y empresarios para mejorar la situación, porque, efectivamente, es labor de la Iglesia mirar por el bien de la causa obrera, pero debe contar para ello con la contribución tanto de los gobernantes, como de aquéllos por los que se lucha, los proletarios. Sin embargo, la encíclica parte de un planteamiento realista del problema: la imposibilidad de superar totalmente las desigualdades sociales y las asperezas de la vida, por lo que se podrá mejorar la situación de la clase obrera, pero siempre habrá desigualdades, obstáculos que vencer. Ese es el segundo aspecto de la doctrina socialista que mencionábamos más arriba y que la RN no comparte: su concepción de las diferencias sociales y la necesidad de recurrir al enfrentamiento de clases (ricos y proletarios). La propuesta de la Iglesia contrapone armonía social a lucha de clases, pero dicha armonía exige en primer lugar el cumplimiento de los deberes de justicia de trabajadores y propietarios.

Además, en esta segunda parte cambia la orientación de la encíclica: si hasta ahora se había enfrentado a las tesis socialistas de fines del siglo XIX, ahora se distancia del liberalismo dominante, para el que la propiedad es un derecho sin restricciones. Para la RN el propietario está sujeto, como decíamos, a obligaciones que limitan su libertad de acción, y la primera y más importante consiste en compartir con el prójimo, tal y como establece la enseñanza cristiana representada por la Iglesia[19].

Respecto a los deberes del Estado, se menciona, en primer lugar su deber general de policía y fomento, para la defensa y promoción de la comunidad, deber que conlleva la configuración de un Estado no absolutista[20], pero que sí debe intervenir cuando sea necesario, con preferente atención a los más débiles[21] y, sobre todo, garantizar un salario justo y suficiente, que permita el ahorro. Aparece un concepto importante: el *salario justo.* Así, en consonancia con la importancia que concede la RN a la propiedad privada (derecho natural inviolable), se busca la forma de que efectivamente llegue a todos: atribuyendo al Estado la responsabilidad de que todo individuo, en especial los trabajadores, tengan acceso a

---

19 RN 16: «*Y si se pregunta cuál es necesario que sea el uso de los bienes, la Iglesia responderá sin vacilación alguna: en cuanto a esto, el hombre no debe considerar las cosas externas como propia, sino como comunes, es decir, de modo que las comparta fácilmente con otros en sus necesidades*[...] *Cuando se ha atendido suficientemente a la necesidad y al decoro, es un deber socorrer a los indigentes con lo que sobra*».

20 RN 26: «*No es justo, según hemos dicho, que ni el individuo ni la familia sean absorbidos por el Estado; lo justo es dejar a cada uno la facultad de obrar con libertad y hasta donde sea posible, sin daño del bien común*».

21 RN 27: *Los derechos, sean de quien fueren, habrán de respetarse inviolablemente; y para que cada uno disfrute del suyo deberá proveer el poder civil, impidiendo o castigando las injurias. Solo que en la protección de los derechos individuales se habrá de mirar principalmente por los débiles y los pobres.*

ella, mediante un salario suficiente que permita el ahorro[22]. Además, frente a la consideración general de que salario justo era el que fijaba el mercado, en virtud del libre juego de la oferta y la demanda, León XIII subraya, por el contrario, que un salario sólo es justo si responde a las necesidades del trabajador y es el Estado quien debe garantizar que así sea.

Otra gran preocupación de la Encíclica es velar por las condiciones físicas en que se desarrolla el trabajo y nuevamente se asigna al Estado la labor de asegurar unas condiciones dignas, frente a las que se venían dando hasta el momento: derecho al descanso, jornada diaria que no se prolongue más horas de las que permitan las fuerzas o trabajos adecuados para mujeres y niños.

Por último, una vez expresados la labor a desarrollar por la Iglesia y los principales deberes del Estado, esta segunda parte de la Encíclica finaliza abordando el derecho de asociación, como forma de protección de los intereses de los asociados y subrayando la fuerza de la unión de esfuerzos frente a las individualidades[23], lo que nos recuerda una de las esencias del cooperativismo. Propone la creación de organizaciones de socorro mutuo, fundamentadas en la solidaridad. León XIII aboga, efectivamente, por una auto-organización de la sociedad mediante una solidaridad que con asociaciones intermedias respetuosas de los valores de la persona impulsara el desarrollo económico humano. Uno de los méritos de la encíclica radica, precisamente, en que se incita a los trabajadores a la constitución de asociaciones profesionales, enseñándoles el modo de llevar esto a cabo. Con una gran oportunidad declaraba la encíclica RN que estas asociaciones «*se han de constituir y gobernar de tal modo que proporcionen los medios más idóneos y convenientes para el fin que se proponen, consistente en que cada miembro consiga de la sociedad, en la medida de lo posible, un aumento de los bienes del cuerpo, del alma y de la familia. Pero es evidente que se ha de tender, como a fin principal, a la perfección de la piedad y de las costumbres y, asimismo, que a este fin habrá de encaminarse toda la disciplina social*» (RN 39).

---

[22] RN 33: «*Si el obrero percibe un salario lo suficientemente amplio para sustentarse a sí mismo, a su mujer y a sus hijos, dado que sea prudente, se inclinará fácilmente al ahorro y hará lo que parece aconsejar la misma naturaleza: reducir gastos, al objeto de que quede algo con que ir constituyendo un pequeño patrimonio. Pues ya vimos que la cuestión que tratamos no puede tener una solución eficaz si no dando por sentado y aceptando que el derecho de propiedad debe considerarse inviolable. Por ello, las leyes deben favorecer este derecho y proveer, en la medida de lo posible, a que la mayor parte de la masa obrera tenga algo en propiedad.*

[23] RN 35: «*La reconocida cortedad de las fuerzas humanas aconseja e impele al hombre a buscarse el apoyo de los demás [...] En virtud de una propensión natural el hombre, igual que es llevado a constituir la sociedad civil, busca la formación de otras sociedades entre ciudadanos, pequeñas e imperfectas, es verdad, pero de todos modos sociedades*».

4.1.1.2. Aportaciones

A modo de resumen, los aspectos más destacados de la RN y que mayor trascendencia han tenido para el futuro son los siguientes:

- La defensa de la propiedad privada. Todos deben acceder a ella. Distingue entre propiedad y uso y defiende la función social de la propiedad.
- No acepta la lucha de clases
- Sobre el salario rechaza la ley oferta-demanda como criterio para establecer la cuantía y entiende como salario justo el que es suficiente para responder a las necesidades del trabajador. Propone las características del trabajo humano y digno.
- Defiende el derecho de asociación y la necesidad de asociaciones, ya sean de sólo obreros o de obreros y patronos, subrayando la importancia de la unión de fuerzas y recordando, en cierta manera, al cooperativismo.

Como conclusión, podemos decir que la RN se ha convertido en documento inspirador y de referencia de toda la actividad cristiana en el campo social. Tal y como mencionó Juan Pablo II en CA, la RN afrontó la *cuestión obrera* con un método que se convertirá en un «paradigma permanente»[24] para el desarrollo sucesivo de la doctrina social. Los principios afirmados por León XIII serán retomados y profundizados por encíclicas sociales sucesivas, de forma que toda la doctrina social se podría entender como una actualización, una profundización y una expansión del núcleo originario de los principios expuestos en la RN[25].

4.1.2. «Quadragesimo Anno» (15.05.1931)

> *Carta Encíclica de Su Santidad Pío XI sobre la restauración del orden social en perfecta conformidad con la Ley Evangélica al celebrarse el 40 aniversario de la Encíclica «Rerum Novarum» de Léon XIII.*
> (http://w2.vatican.va/content/pius-xi/es/encyclicals/documents/hf_p-xi_enc_19310515_quadragesimo-anno.html; última consulta: 15-01-2015).

Tras un paréntesis de dos pontificados (Pío X, más centrado en el tema del sindicalismo cristiano que en cuestiones sociales y Benedicto XV, absorbido por la Primera Guerra Mundial y sus urgencias), a comienzos de los años 30, a breve distancia de la grave crisis económica de 1929, Pío XI retoma la problemática social, al encontrarse una sociedad metida de

---

24 CA 5.4
25 CDSI 90

lleno en la crisis del capitalismo liberal, que vive una de las peores etapas de su historia con la mencionada crisis del 29 y su consecuente malestar social. El Papa relee el pasado a la luz de una situación económico-social en la que a la industrialización se había unido la expansión del poder de los grupos financieros, en el ámbito nacional e internacional.

La ocasión inmediata que dio lugar a la publicación de *Quadragesimo Anno* (QA) fue, como su propio nombre indica, el cumplimiento del 40 aniversario de la RN, la primera de una serie de conmemoraciones importantes. Pero la aparición de esta Encíclica, responde, sin duda, a razones más profundas. Era necesaria una nueva intervención del magisterio pontificio sobre cuestiones sociales y económicas, porque habían cambiado sustancialmente las circunstancias en las que apareció RN.

4.1.2.1. Contenido

La QA es un documento más extenso que la RN, con un total de 148 puntos, que en esta ocasión la propia Encíclica estructura en cuatro grandes apartados:

- Sumario o introducción (1-15). Se habla del motivo y objetivos de la encíclica.
- Primera parte. Beneficios de la Encíclica RN (16-40). Se expone la obra de la Iglesia, así como la labor del Estado y de las partes interesadas.
- Segunda parte. Autoridad de la Iglesia en materia social y económica (41-98). Es el apartado más extenso y en él se aclaran conceptos como el derecho de propiedad, capital y trabajo o salario justo...
- Tercera parte. Cambio profundo operado después de León XIII (99-148). En este último apartado, la Encíclica pretende perfeccionar el orden social, para lo que realiza una valoración crítica de las tres ideologías: capitalismo (100-110), socialismo (111-126) y totalitarismo (127-148).

A continuación analizaremos con mayor detenimiento cada uno de estos apartados.

La Encíclica comienza con una breve introducción en la que, tras hacer un resumen de las intervenciones anteriores de León XIII en los temas más sociales que abrieron el camino a la RN, elogia a ésta por su oportunidad[26], dado que la penetración de un nuevo sistema económico

---

[26] QA 2: «*[...] la encíclica RN tiene de peculiar entre todas las demás el haber dado al género humano, en el momento de máxima oportunidad e incluso de necesidad, normas, las más seguras, para resolver adecuadamente ese difícil problema de humana convivencia que se conoce bajo el nombre de «cuestión social»*».

y el desarrollo industrial habían producido una fuerte división de clases sociales[27]. Las soluciones que una y otra clase ofrecían a la situación por la que estaban pasando diferían grandemente: los potentados y muy ricos, pensaban que su situación se debía «a las leyes necesarias de la economía» y apelaban a la caridad, como solución de todos los males de la clase sufriente; los obreros, por el contrario, pensaban que las únicas soluciones pasaban por el desorden y el cambio radical. La misma encíclica recuerda el modo en que León XIII se hizo cargo del problema de los obreros sin pasar por el liberalismo ni por el socialismo, que se habían mostrado ineficaces en este ámbito, señalando los derechos y deberes de ricos y proletarios, lo que corresponde hacer a la Iglesia, a los poderes públicos y a los mismos interesados directamente en el problema. Esta parte introductoria finaliza señalando el triple objetivo de la QA: a) Recordar los frutos que había producido la RN; b) Aclarar ciertas dudas que surgieron en su interpretación (sobre la propiedad, el salario...), desarrollando más algunos puntos; c) Restaurar y perfeccionar el orden social (QA 15).

Tras la introducción, en la primera parte, Pío XI hace balance de los beneficios que se han seguido para toda la sociedad como consecuencia de las enseñanzas de León XIII en aquella encíclica. Comenzando por la labor realizada por la Iglesia, resalta su papel en la regeneración de las costumbres de las que nacieron obras e instituciones que a lo largo del tiempo supusieron estupendos beneficios para el obrero y para el mundo. Las enseñanzas de León XIII fueron seguidas y puestas en práctica, primero, por los pastores y obispos que actuando como padres, movidos únicamente por la caridad, aliviaron la precaria existencia de miles y miles de pobres y desheredados, pero también por personas ajenas a la Iglesia[28]. El principal beneficio de la RN fue la elevación espiritual de la clase obrera[29].

En relación con la labor del Estado, gracias a la RN muchos gobiernos «*pusieron pensamiento y corazón en promover una política social más fecunda*»[30], surgiendo una nueva rama del derecho que defiende los dere-

[27] QA 3: «*[...] una, ciertamente poco numerosa, que disfrutaba de casi la totalidad de los bienes que tan copiosamente proporcionaban los inventos modernos, mientras que la otra, integrada por la ingente multitud de los trabajadores, oprimida por angustiosa miseria pugnaba en vano por liberarse del agobio en que vivía*».

[28] Concretamente, fue seguido por... «*doctos varones, así eclesiásticos como seglares*» (QA 19)

[29] QA 23: «*[...] Labor constante emprendida para imbuir en los ánimos de los obreros el espíritu cristiano, que ayudó mucho también para darles a conocer su verdadera dignidad y capacitarlos, mediante la clara enseñanza de los derechos y deberes de su clase, para progresar legítima y prósperamente y aún convertirlos en guías de los demás*».

[30] QA 26

chos y la dignidad de los trabajadores y se preocupa por la mejoría de la condición general de los trabajadores.

Para finalizar este primer capítulo la Encíclica se refiere a la labor de las partes interesadas. Así, los mismos trabajadores se han ido acercando, gracias a la creación de numerosas asociaciones de obreros o mixtas, en las que también participaron patronos, aunque éstas últimas no llegaran a consolidarse.

En la segunda parte de QA se justifica la intervención y autoridad de la Iglesia para seguir abordando la cuestión social y económica, insistiendo en varios puntos de la RN, cuya interpretación había dado lugar a dudas (propiedad, capital y trabajo, salario justo).

Pio XI comienza reafirmando el derecho de la Iglesia a intervenir en estos temas, que ya León XIII había mencionado, subrayando, una vez más, los argumentos para ello: íntima relación entre el orden económico y el moral, de forma que el económico incluso depende del moral. Posteriormente la Encíclica aborda los mencionados temas de forma más concreta, comenzando por el derecho de propiedad.

En QA se reafirma la doctrina de León XIII, subrayando mejor el equilibrio entre la dimensión individual y social de la propiedad privada. Al buscar este equilibrio, se pretende huir tanto del individualismo como del colectivismo[31]. Ese doble carácter individual y social conlleva unas obligaciones inherentes al dominio, para el correcto ejercicio del derecho, respetando no sólo su «particular utilidad, sino también el bien común»[32]. Es el Estado quien debe establecer límites y armonizar la propiedad privada con las necesidades del bien común, pero sin actuar de forma arbitraria, ya que el hombre y la familia son anteriores al Estado. Se refuerza el derecho de propiedad insistiendo en que el uso incorrecto de ese derecho no justifica su desaparición. Tampoco se considera libre el destino de las ganancias[33], que según QA deben quedar para la práctica de la limosna, la beneficencia y la liberalidad, a disposición del bien común.

El segundo concepto controvertido es el de *capital* y *trabajo*. La Encíclica comienza afirmando que la riqueza es siempre fruto de la suma de capital y trabajo, por lo que resulta incorrecto e injusto equiparar las riquezas únicamente con el capital[34], pero que tampoco es acertada la tesis opuesta, según la cual quitando únicamente lo suficiente para amortizar y reconstruir el capital, todo el producto y el rendimiento restante corres-

---

[31] QA 46: «*[...] Pues igual que negando o suprimiendo el carácter social y público del derecho de propiedad se incurre en peligro de caer en el «individualismo», rechazando o disminuyendo el carácter privado e individual de tal derecho, se va necesariamente a dar en el «colectivismo» o, por lo menos, a rozar con sus errores*».

[32] QA 49

[33] Entendiéndose por «ganancia» los «*réditos libres*», es decir, «*aquellos que no le son necesarios para el sostenimiento decoroso y conveniente de su vida*» (QA 50).

[34] QA 54: «*[...] El capital reivindicaba para sí todo el rendimiento la totalidad del producto, dejando al trabajador apenas lo necesario para reparar y restituir sus fuerzas.*

ponde en derecho a los obreros. Por el contrario, debe buscarse una «justa distribución» a través de la llamada ley de «justicia social» que «*prohíbe que una clase excluya a la otra en la participación de los beneficios*»[35] y «*ordena que a cada cual debe dársele lo suyo*»[36]).

En esa misma línea, la Encíclica reinterpreta otro de los conceptos claves de la DSI: el *salario justo*. Pío XI sostiene que el trabajo asalariado o por cuenta ajena no es injusto, pero tampoco es el modelo que mejor atiende a las exigencias de la condición humana, por lo que propone que se introduzcan algunos elementos nuevos del contrato de sociedad, que tal y como se ha podido comprobar en algunos lugares beneficia a patronos y obreros[37]. La exigencia de una participación del trabajador en la empresa aparece en germen, aunque no llega a ser explicitada (lo será con Juan XXIII). En cualquier caso, el sistema de trabajo asalariado debe funcionar bajo la premisa de un salario justo. Ya la RN había dejado claro que hay que atender a la justicia del salario. Ahora, sin embargo, se elaboran mejor los criterios para que un salario sea justo. Se mencionan tres: que alcance a cubrir el sustento del obrero y de su familia, evitando así el trabajo de niños y mujeres (QA 71); que tenga en cuenta las condiciones de la empresa y del empresario, de forma que ante una eventual crisis intenten superar las dificultades a través de un esfuerzo conjunto entre patronos y obreros (QA 72 y 73); y que considere también la necesidad del bien común, fijándose los salarios en función del progreso común de la humanidad, sin que se rebajen o se eleven en demasía (QA 74). Tras estos criterios hay una consideración macroeconómica, que permite enfocar el salario, no sólo como el objeto de un contrato individual entre el trabajador y quien lo contrata, sino como una variable que incide sobre todo el conjunto de la economía, sobre el nivel de empleo y sobre el bienestar de toda la clase trabajadora.

Para finalizar esta segunda parte, la QA reitera que uno de sus principales objetivos es la restauración del orden social. Logrados la equitativa distribución de los bienes y el justo salario, hay que intentar restaurar el orden social, cometido que se llevará a cabo mediante la «*reforma de las instituciones y la enmienda de las costumbres*»[38]. En este punto se vuelve a atacar al liberalismo que, además de haber propiciado la caída de las asociaciones, ha trasladado el Estado toda la carga que anteriormente llevaban a término las más diversas asociaciones y se esboza el principio de subsidiariedad: al Estado le compete la función subsidiaria de dejar y propiciar que las asociaciones pequeñas e intermedias lleven a cabo las

[35] QA 57

[36] QA 58

[37] QA 65: «*[...] De este modo, los obreros y empleados se hacen socios en el dominio o en la administración y participan, en cierta medida, de los beneficios percibidos*».

[38] QA 77

funciones sociales que les pertenecen por su propia naturaleza. Así, la restauración del orden social[39] pasa por la superación de la lucha de clases y por la colaboración entre profesionales a través de agrupaciones, que «*llegarán a ser consideradas por muchos, si no como esenciales, sí, al menos, como connaturales a la sociedad civil*»[40].

En el tercer capítulo o último gran bloque de la QA se estudian los profundos cambios que se han producido en la economía, en el orden social, político y económico desde la publicación de la RN, realizando una valoración crítica de las grandes ideologías imperantes hasta el momento.

Comenzando por el capitalismo, algunos expertos han calificado a la QA como el documento donde más duramente se critica esa ideología[41]. Se considera que el sistema capitalista ha sido injusto y engañador: predicaba la libertad y ha producido una dictadura. Se ha producido una acumulación de poder, como consecuencia del principio de libre competencia, aplicado sin freno ni control. Se refleja, pues, una situación diferente de la de los tiempos de la RN: ahora la libre competencia de entonces ha dado lugar a una concentración de poder que se manifiesta en forma de dictadura económica[42].

Respecto al socialismo, a diferencia de la RN, Pío XI distingue dos bloques: uno, más violento (comunismo), y otro, más moderado. Descalifica y condena al comunismo por su oposición a la enseñanza de la Iglesia en dos puntos básicos: la propiedad y la violencia. El socialismo moderado, por el contrario, ha eliminado los radicalismos del comunismo y ha acercado sus puntos de vista a los de la Iglesia en ambos aspectos, aunque le separa de ella su visión del hombre y de la sociedad, pero muchos católicos se preguntan si ese socialismo no es compatible con una visión cristiana de la vida. Sin embargo, la encíclica responde negativamente, afirmando que el socialismo moderado es inaceptable desde una perspectiva cristiana por dos cuestiones: su falta de apertura a lo trascendente y por subordinar la persona a la sociedad. Por ello concluye que «*nadie puede ser a la vez buen católico y verdadero socialista*»[43].

En lo referente al totalitarismo, la crítica de Pío XI es más matizada. En 1929 ha firmado con Mussolini los Pactos Lateranenses que resuelven la cuestión romana —la pérdida de los Estados Pontificios—, aunque será

---

39 La «*curación total*», en palabras de la QA (83)

40 QA 83.

41 Camacho, I., *Doctrina Social de la Iglesia..., op. cit.*, p. 45.

42 QA 106: «*Dominio ejercido de la manera más tiránica por aquéllos que, teniendo en sus manos el dinero y dominando sobre él se apoderan también de las finanzas y señorean sobre el crédito y por esta razón administran, diríase, la sangre de que vive toda la economía y tienen en sus manos así como el alma de la misma, de tal modo que nadie puede ni aún respirar contra su voluntad*».

43 QA 120

muy crítico con él en otra encíclica posterior, fechada solo seis semanas más tarde que QA. En QA presenta sus reservas ante el totalitarismo, exponiendo, dentro de su plan de restauración del orden social, el principio de subsidiariedad, una de las grandes aportaciones de Pío XI.

En suma, frente a las tres ideologías Pío XI expone tres principios:

- La ilicitud moral de la ley oferta-demanda, frente al capitalismo.
- La colaboración frente a la lucha de clases del socialismo y comunismo.
- El principio de subsidiariedad frente al totalitarismo.

El modelo que Pío XI insinúa es el solidarismo o corporativismo. Mussolini había puesto en marcha un tipo especial de sistema corporativo, QA dedica varios párrafos (91-94) a exponerlo: el sindicato es la persona jurídica que representa a obreros o patronos; los colegios o corporaciones están constituidos por delegados de ambos sindicatos; las huelgas están prohibidas y si las partes no llegan a un acuerdo, interviene magistratura[44]. Posteriormente, el Papa emite su valoración al respecto (95-97): el sistema comporta numerosos beneficios[45], pero se corre el riesgo de que esa nueva organización sindical y corporativa sea excesivamente burocrática y política y que sirva más a particulares fines políticos que a la restauración del orden social. Para evitarlo, habrá que asegurar que el personal encargado tenga la suficiente pericia técnica, profesional y social y, sobre todo, habrá que conceder la debida importancia a la aportación de los principios católicos.

4.1.2.2. Aportaciones

En general, la principal aportación de QA es que actualiza la reflexión de la DSI a los problemas actuales y sitúa la cuestión social en los sistemas existentes que, además, están enfrentados. Esa es una diferencia de orden temático entre la RN y la QA: mientras aquélla trata la cuestión obrera del naciente capitalismo industrial, la QA se extiende a todo el orden social. Contempla la evolución del socialismo y las nuevas estructuras sociales después de la Primera Guerra Mundial. Se necesitaba una visión orgánica y ética del orden económico-social a nivel mundial.

---

[44] En cualquier caso, hay que subrayar que lo que el Papa expone en esas líneas es la descripción del modelo mussoliniano, no su propio pensamiento, matización que cobra importancia en lo referente a la huelga.

[45] Tales como la *colaboración pacífica de las diversas clases, la represión de las organizaciones socialistas, la supresión de desórdenes o una magistratura especial ejerciendo una autoridad moderadora.*

Más concretamente, las principales novedades que QA aporta son:

- Sobre la propiedad, la clara afirmación de su función social.
- Insinuación (no se explicita) del principio de participación del trabajador, planteando la creación de formas asociativas laborales que superen el enfrentamiento entre capital y trabajo (cooperativas de producción).
- Unión de capital y trabajo en el proceso productivo, para la obtención de riquezas y reparto equitativo de las mismas.
- Acerca del salario, sugerencia del contrato de trabajo, que después será ampliamente desarrollado en la doctrina social de Papas posteriores, como veremos.
- La distinción entre socialismo y comunismo es importante y matizada, aunque termina invitando a los católicos que se han pasado a las filas socialistas a que vuelvan a ámbitos más cercanos a la Iglesia.
- Finalmente, frente a los totalitarismos de su tiempo, propugna por primera vez el principio de subsidiariedad, que será clave para la democracia.

4.1.3. «La Solennità» (1.06.1941)

> *Radiomensaje de Su Santidad Pío XII en el 50 Aniversario de la «Rerum Novarum».*
> (http://w2.vatican.va/content/pius-xii/es/speeches/1941/documents/hf_p-xii_spe_19410601_radiomessage-pentecost.html; última consulta: 15-01-2015).

Pío XII no publicó ninguna encíclica social, pero en los estudios de DSI se suele conceder una atención casi similar a la de las encíclicas sociales de otros pontífices, al radiomensaje que emitió el 15 de Junio de 1941, titulado *La Solennità* y dirigido a todo el orbe católico para conmemorar el 50 aniversario de la RN. La Solemnidad a la que se refiere es la de Pentecostés o celebración del Espíritu Santo, por considerarlo un momento propicio para lanzar un mensaje de amor y esperanza en plena situación bélica.

4.1.3.1. Contenido

Este radiomensaje es un texto lógicamente más breve que el de las Encíclicas, pero no por ello menos significativo y contundente. Consta tan sólo de 27 puntos o parágrafos, cuya exposición sintetizaremos a continuación. En general, Pío XII lanza un mensaje de esperanza y de alabanza, sobre todo a la figura de León XIII, pero también a la de su predecesor inmediato, Pío XI, que se emite durante la Segunda Guerra Mundial, por lo que hace continua alusión a la paz en una fecha muy señalada, la festividad de Pentecostés.

Sintéticamente, la estructura del radiomensaje se puede dividir en cinco apartados:

- Se inicia con una pequeña introducción (1-3)
- A la que sigue la reafirmación de la competencia de la Iglesia en materia social y una alabanza y reconocimiento de las dos encíclicas anteriores (4-11)
- Posteriormente se procede al análisis de los tres valores fundamentales de la vida social:
  — el uso de los bienes materiales (12-18)
  — el trabajo (19-21)
  — la familia (22-25)
- Para finalizar con un llamamiento a la cooperación de los católicos en el ordenamiento de la sociedad y en especial de la vida económica (26, 27).

Según lo indicado, comienza la disertación con una breve parte introductoria en la que se explica el motivo, la finalidad y el momento en que el Papa dirige su mensaje. En plena guerra mundial, se ha escogido la festividad de Pentecostés, glorioso nacimiento de la Iglesia de Cristo, para lanzar esta invitación a la unión y a la esperanza, con un mensaje de amor, aliento y consuelo, frente al ambiente generalizado de exasperación, acrimonia, escisión y lucha, aprovechando precisamente el 50 aniversario de la publicación de la RN.

Posteriormente, Pío XII reafirma y alaba la enseñanza contenida en las dos encíclicas de sus predecesores (León XIII y Pío XI) sobre cuestión social[46], a la vez que resalta el deber y el derecho de la Iglesia en intervenir en el llamado problema social dado que el mismo tiene un conjunto de aspectos morales que no son ajenos al fin de la Iglesia[47].

---

[46] LS 8: «*[...] la RN [...] ofreció prescripciones y medios para una reconstrucción social exuberante de frutos, ya que a causa de ella surgieron en el campo católico numerosas y variadas instituciones benéficas y centros florecientes de socorros mutuos para bien propio y de los otros*»; LS 9: «*[...] No pararon aquí las ventajas la RN, acercándose al pueblo, que abrazaba con estima y amor, penetró en los corazones y en las inteligencias de la clase obrera y les infundió sentimiento cristiano y dignidad civil, de tal manera que la potencia de su activo influjo, con el correr de los años, fue desarrollándose y difundiéndose tan eficazmente, que sus normas llegaron a ser como patrimonio común de la familia humana*».

[47] LS 5: «*Es, en cambio, a no dudarlo, competencia de la Iglesia, allí donde el orden social se aproxima y llega a tocar el campo moral, juzgar si las bases de un orden social existente están de acuerdo con el orden inmutable que Dios Creador y Redentor ha promulgado por medio del derecho natural de la revelación*».

A continuación el Radiomensaje se centra en tres aspectos, considerados los valores fundamentales de la vida social: el uso de los bienes materiales, el trabajo y la familia.

En lo que se refiere a los bienes materiales, Pio XII desarrolla una doctrina que se puede decir nueva en cuanto que reconoce la existencia de un principio dentro del Derecho natural conforme al cual las personas, por el hecho de ser hijos de Dios, tienen derecho al uso y disfrute de todos los bienes de la tierra. Todas las personas son dignas a los ojos de Dios y esta dignidad intrínseca les permite disfrutar de todos los bienes de la tierra, por lo que tales bienes deben estar distribuidos de tal forma *«que lleguen con equidad a manos de todos y cada uno de los hombres, de acuerdo con los principios de la justicia y la caridad»*[48].

Este derecho sobre los bienes es un derecho primario de forma que muchos otros derechos, como el mismo de la propiedad privada, ó como el derecho y la obligación del Estado a la intervención y regulación de los deberes y derechos de las personas, deben estar sometidos a este derecho primordial. La función del Estado en este esquema es la de coordinar todos los entes que componen la sociedad para tender al bien común. Sin embargo, el Estado debe respetar la libertad individual y no inmiscuirse excesivamente en temas particulares, pues para Pío XII era la familia y no el Estado la raíz y grandeza de la nación[49].

En esa misma línea, la verdadera riqueza de los pueblos no está en la producción y posesión de la cantidad de bienes que poseen, sino en que los mismos, muchos o pocos, estén distribuidos de tal forma que cumpla con el principio de que los bienes han sido creados por Dios para todos.

Con relación al trabajo LS recuerda las propiedades que la RN atribuyó al trabajo, su carácter personal y necesario, y afirma que, en cualquier caso, el trabajo es un medio para entrar en la posesión y uso de los bienes materiales[50]. La forma como se ha de utilizar este medio la deben determinar los trabajadores y los empresarios, sin que por ello se excluya la intervención del Estado que, como decíamos, tiene la obligación de velar por el bien común, siempre que la regulación del trabajo por sus verdaderos protagonistas no se realice de acuerdo con los fines que tiene el trabajo humano. Una vez más, se reconoce que la misión del Estado es, también en este aspecto, esencialmente subsidiaria.

---

[48] LS 12

[49] LS 15: «*Tutelar el campo intangible de los derechos de la persona humana y hacerle llevadero el cumplimiento de sus deberes, deber ser oficio esencial de todo poder público [...]* Pero *deducir extensión tan grande del poder del cuidado del bien común significaría atropellar el sentido mismo del bien común y caer en el error de afirmar que el fin propio del hombre en la tierra es la sociedad*».

[50] LS 19: «*[...] Al deber personal del trabajo impuesto por la naturaleza corresponde y sigue el derecho natural de cada individuo a hacer del trabajo el medio para proveer a la vida propia y de los hijos*».

En cuanto a la familia subraya la íntima relación que existe entre el derecho a la posesión y uso de los bienes y el derecho a la formación y conservación de la familia que es considerada como la base sobre la que se asienta la sociedad humana[51].

El mensaje termina invitando a los católicos a que desarrollen su obligación y derecho a intervenir en la construcción temporal y material de una sociedad más humana, mencionando un «*deber moral de cooperar al ordenamiento de la sociedad, y en modo especial de la vida económica*»[52], como deber sagrado de todo cristiano.

4.1.3.2. Aportaciones

Al publicarse con motivo del 50 aniversario de la RN, LS presenta aspectos de continuidad y de renovación. La continuidad se subraya en un clima de gratitud, de recuerdo, alabando los beneficios de la encíclica y de profundización, buceando en algunos de sus aspectos básicos. La renovación podría resumirse en los siguientes puntos: el derecho de los hombres al uso de todos los bienes, la idea de que la riqueza de una sociedad no ha de medirse meramente en términos cuantitativos, la defensa de la familia con mayor fuerza que León XIII, como fuente de estabilidad y prosperidad social, pero todo ello con el mismo objetivo que su predecesor: la creación de un nuevo orden social que supere los enfrentamientos entre las personas, basado en la solidaridad, y que tienda al bien de todos los hombres.

4.2. Etapa conciliar

Esta etapa se caracteriza por un cambio en el lenguaje (más cercano y dirigido no sólo «*a los cristianos*» sino «*a todas las personas*») y en la temática (se amplía el ámbito de la cuestión social, que adquiere una dimensión mundial).

4.2.1. «Mater et Magistra» (15.05.1961)

Carta Encíclica de Su Santidad Juan XXIII sobre el reciente desarrollo de la cuestión social a la luz de la doctrina cristiana.
(http://w2.vatican.va/content/john-xxiii/es/encyclicals/documents/hf_j-xxiii_enc_15051961_mater.html; última consulta: 15-01-2015).

---

51 LS 24: «*[...] sólo la estabilidad que radica en un terreno propio hace de la familia la célula vital más perfecta y fecunda de la sociedad, pues reúne admirablemente con su progresiva cohesión las generaciones presentes y futuras*».

52 LS 26

Juan XXIII, cuya bondad y optimismo le hicieron cercano a personas de todas las creencias, desarrolló una dilatada labor apostólica, dando vida, entre otros muchos proyectos a dos encíclicas, que se convirtieron en documentos señeros que marcaron el papel de la Iglesia católica en el mundo actual: *Mater et Magistra* (MM) en 1961 y *Pacem in Terris* (PT) dos años después. No obstante, el punto culminante de su trabajo apostólico fue su iniciativa personal de convocar y poner en marcha el XXI Concilio ecuménico de la Iglesia católica, denominado Vaticano II, que fue, sin duda, el acontecimiento eclesial más importante del siglo XX, modificando las relaciones entre Iglesia y sociedad[53].

En cualquier caso en el presente trabajo nos centraremos única y exclusivamente en su magisterio social, comenzando por la primera de estas encíclicas: *Mater et Magistra.*

Juan XXIII publica MM a principios de la década de los 60 y el título del documento muestra claramente la toma de conciencia del magisterio sobre los cambios que se habían llevado a cabo en el mundo después de finalizada la Segunda Guerra Mundial. La Iglesia se encontró ante una situación nueva en muchos aspectos: la «cuestión social» restringida inicialmente a la clase obrera sufrió un proceso de universalización que implicó a todas las clases sociales, a todos los países y a la misma sociedad internacional en la que afloraba cada vez más el drama del Tercer Mundo.

Es una encíclica-puente con los planteamientos anteriores al Concilio Vaticano II: además de tratar, actualizándolos, temas antiguos como el salario, las estructuras de producción y justicia, y la economía, introduce la *socialización* o «incremento de las relaciones sociales» como nota característica de la época y tema nuevo en la DSI. Además, MM es la encíclica que da la vuelta al método de lectura hasta entonces asumido en los textos del Magisterio: se asume expresamente el método inductivo *ver-juzgar-actuar*, conforme al cual «ver» sería examinar y analizar la realidad social, «juzgar» supondría interpretar esa realidad y valorar qué es justo e injusto y «actuar» equivaldría a comprometerse en actuaciones concretas para superar las injusticias observadas. Por otra parte, MM examina tres grandes fenómenos de desequilibrio: el que existe entre la agricultura y los otros sectores productivos, entre zonas ricas y pobres del mismo país y entre naciones económicamente desarrolladas y naciones en vías de desarrollo. Los protagonistas son los agricultores y las transformaciones agrícolas en el campo.

Pero veamos la Encíclica con mayor detenimiento.

---

[53] El Concilio constó de cuatro sesiones, la primera de ellas presidida por el mismo Papa en 1962, falleciendo un año después por lo que no pudo concluirla. Las otras tres fueron convocadas y presididas por su sucesor, Pablo VI, hasta su clausura en 1965.

4.2.1.1. Contenido

MM es la más completa de las encíclicas analizadas hasta el momento, con 264 puntos, estructurados de la siguiente forma, como el propio Juan XXIII expuso en el discurso de presentación ofrecido el día anterior a su publicación ante los trabajadores de todo el mundo, con motivo del 70 aniversario de la RN[54]:

> *Así, pues, el solemne documento, que dentro de pocas semanas será alegría de vuestros ojos, alimento sano y substancial de vuestras almas, se divide en cuatro partes bien diferenciadas:*
>
> *Primera. Síntesis de las enseñanzas de los Papas León XIII, Pío XI y Pío XII.*
>
> *Segunda. La presentación de un primer grupo de problemas de acción social que todavía sigue urgiendo desde hace setenta años a esta parte.*
>
> *Tercera. El planteamiento de problemas nuevos graves y a veces peligrosos, de esta época reciente contemporánea nuestra.*
>
> *Cuarta. Por último, el mejoramiento de las relaciones de la convivencia social a la luz de la enseñanza de la Santa Iglesia.*

Siguiendo la sistemática empleada hasta el momento, procederemos a continuación al análisis de cada una de esas partes.

En la primera de ellas sintetiza las enseñanzas sociales de los pontífices anteriores: León XIII, Pio XI y Pio XII (10-50). Comienza con la RN, volviendo a recordar la situación económica y social que motivó su publicación, así como sus principios fundamentales (derecho al trabajo, a poseer bienes, a un salario justo conforme a las leyes de justicia y equidad, función tuitiva del Estado y derecho natural de los trabajadores de formar asociaciones). Le sigue una mención a la QA, haciendo notar los profundos cambios acaecidos en la sociedad durante los 40 años desde la RN y resumiendo el pensamiento de Pío XI en dos principios fundamentales: prohibición absoluta de que en materia económica se establezca como ley suprema el interés individual y establecimiento de un orden jurídico que permita a los hombres dedicados a las tareas económicas armonizar su propio interés con el bien común. Para finalizar, se refiere a la LS, en la que Pío XII aprovecha el 50 aniversario de la RN para profundizar en tres cuestiones fundamentales: el uso de los bienes sociales, la familia y el trabajo. También se enumeran una serie de importantes cambios en la década de los 60 que motivaron la nueva Encíclica MM, cambios de todo orden, a saber:

---

[54] Discurso dirigido por el Papa Juan XXIII a los trabajadores de todo el mundo, el 14 de mayo de 1961, con motivo del 70 aniversario de la RN.

(http://w2.vatican.va/content/john-xxiii/es/speeches/1961/documents/hf_j-xxiii_spe_19610514_nuova-enciclica.html; última consulta: 15-01-2015).

- cambios en el orden científico-técnico (MM 47): uso de la energía atómica para fines pacíficos; en química, producciones sintéticas; automatización; modernización de la agricultura; casi desaparición de distancias entre los pueblos; inicio de la carrera espacial
- en el campo social (MM 48): seguros sociales; responsabilidad sindical; elevación del nivel de vida y de instrucción; cambio de trabajo por las nuevas tecnologías; pero, simultáneamente, desequilibrios entre sectores económicos, entre zonas de un país y entre países
- y en el campo político (MM 49): acceso al poder de todas las clases sociales; creciente intervención del Estado en la vida nacional; independencia de las colonias de Asia y África, aunque siguen existiendo formas sutiles de colonialismo y dependencia; crecimiento en número y prestigio de las organizaciones internacionales.

En general, el fin de la Guerra Fría y el auge económico contribuyeron a un cierto ambiente de optimismo al que sin duda colaboró Juan XIII, quien en el último párrafo de esta primera parte justificaba la publicación de MM de la siguiente forma: «*Juzgamos, por tanto, necesaria la publicación de esta nuestra encíclica, no ya solo para conmemorar justamente la Rerum Novarum, sino también para que, de acuerdo con los cambios de la época, subrayemos y aclaremos con mayor detalle, por una parte, las enseñanzas de nuestros predecesores, y, por otra, expongamos con claridad el pensamiento de la Iglesia sobre los nuevos y más importantes problemas del momento*»[55].

Ese es precisamente el objetivo de la segunda parte (51-121): puntualizar y desarrollar las enseñanzas sociales de los Pontífices anteriores, abordando diferentes apartados.

En primer lugar, habla de la iniciativa privada y el poder público en la economía (51-58), considerando que la economía es obra ante todo de la iniciativa privada, pero que, al mismo tiempo, es necesaria la intervención del poder público que «*fomenta, estimula, ordena, suple y completa, pero siempre fundamentada en el principio de la función subsidiaria formulado por Pío XI en la Encíclica QA*»[56].

Acto seguido, el Papa nos habla del fenómeno de la *socialización* (59-67), que define como «*la progresiva multiplicación de las relaciones de convivencia, con la formación consiguiente de muchas formas de vida y actividad asociada*»[57]. Al realizar una valoración al respecto, Juan XXIII entiende que este fenómeno produce ventajas y beneficios, pero al mismo tiempo tiene consecuencias negativas, porque se reduce el radio de acción de la libertad individual ya que estas actividades son cada vez más, debido a su complejidad, reguladas por ordenamientos jurídicos. Por ello es importante que los gobernantes profesen un «*sano concepto*» *del bien*

---

[55] MM 50
[56] MM 53
[57] MM 59

común, que define como «*conjunto de condiciones sociales que permitan a los ciudadanos el desarrollo expedito y pleno de su propia perfección*»[58].

Por otra parte, en muchas naciones persiste el fenómeno de los salarios injustos e insuficientes «*que llevan a los trabajadores y a sus familias a unas condiciones de vida totalmente infrahumanas*»[59], por lo que el tema de la remuneración del trabajo también acapara la atención del Pontífice (68-81). Considera que la fijación del salario no puede quedar en manos de los poderosos, repitiéndose la doctrina tradicional de la Iglesia, que establece que salario justo es «*aquel cuyo importe permita al trabajador mantener un nivel de vida verdaderamente humano y hacer frente con dignidad a sus obligaciones familiares*», pero añadiendo otros importantes criterios reguladores: «*la efectiva aportación de cada trabajador a la producción económica; la situación financiera de la empresa en que se trabaja, las exigencias del bien común de la respectiva comunidad política, principalmente en orden a obtener el máximo empleo de la mano de obra de toda la nación y, por último, las exigencias del bien común universal, o sea de las comunidades internacionales, diferentes entre sí en cuanto a su extensión y a los recursos naturales de que disponen*»[60].

Juan XXIII advierte también que el desarrollo económico y el progreso social han de ir juntos a fin de que todos los ciudadanos puedan beneficiarse en el aumento de la riqueza nacional, dando un paso más, al señalar como un deber de justicia «*hacer que los trabajadores, en la forma y grado que parezcan más oportunos, puedan llegar a participar poco a poco en la propiedad de la empresa donde trabajan*»[61], afirmación especialmente importante por ser la primera vez que se menciona de forma expresa el principio de participación del trabajador en la empresa, anteriormente esbozado en QA.

El Pontífice continua en esa incipiente línea que podría considerarse el primer vínculo destacable entre la DSI y la empresa cooperativa como sistema de gestión que propicia esa participación del trabajador, al hablar de *Estructuras económicas* (82-103). Consideramos fundamental esta parte de la Encíclica, dado que el Papa afirma taxativamente que dichas estructuras deben ajustarse a la dignidad humana y estimular el sentido de responsabilidad en el trabajador, propiciando su presencia activa en la empresa. En ese sentido, aun reconociendo que no es posible definir de manera genérica en materia económica las estructuras más acordes con esa finalidad, sí menciona expresamente entre ellas a la empresa artesana y la empresa cooperativa[62], que deben asegurarse y promoverse, de acuer-

---

[58] MM 65

[59] MM 68

[60] MM 71

[61] MM 77

[62] Sin embargo no es la primera vez que se mencionan dichas modalidades de empresa como acordes a esos objetivos, dado que, como el propio Juan XXIII

do con las exigencias del bien común y las posibilidades del progreso técnico. Insistimos en la importancia de esta idea a efectos de nuestra investigación, dado que ya en aquélla época el Pontífice dedica seis párrafos (85-90) a enumerar las bondades de estas formas de empresa: «*son categorías laborales creadoras de auténticos bienes y contribuyen eficazmente al progreso de la cultura; los artesanos y cooperativistas con su trabajo pueden despertar cada día más en todas las clases sociales el sentido de la responsabilidad y el espíritu de activa colaboración y encender en todos el entusiasmo por la originalidad, la elegancia y la perfección del trabajo*». En esa misma línea, se mencionan también dos de los principios cooperativos tradicionales, el de la formación y la cooperación[63].

A continuación Juan XXIII reclama esa presencia activa de los trabajadores en todo tipo de empresa (grande y pequeña) y en todos los niveles (dándoles la posibilidad de expresar su parecer e interponer su influencia fuera del ámbito de la empresa y concretamente en todos los órdenes de la comunidad política). En otras palabras, se considera que los trabajadores de una empresa no deben ser meros ejecutores silenciosos de las políticas y estrategias de los directivos, sino que deben ser agentes activos y con esa acción conjunta entre empresarios, directivos y trabajadores se tenderá a que la empresa sea una «*auténtica comunidad humana, cuya influencia bienhechora se deje sentir en las relaciones de todos sus miembros y en la variada gama de sus funciones y obligaciones*»[64]. Todo este planteamiento recuerda directamente la filosofía cooperativa, aunque no se mencione expresamente, máxime cuando en el párrafo siguiente se enumeran las claves que han de regir las relaciones mutuas entre empresarios y dirigentes, por una parte, y trabajadores por otra: «*respeto mutuo, estima, comprensión, leal y activa colaboración e interés de todos en la obra común*»[65].

Finaliza este segundo bloque con una alusión al derecho de propiedad (104-121), reafirmándose como derecho que debe extenderse a todas las clases sociales, aunque nuevamente se recuerda que al derecho de propiedad le es «*intrínsecamente inherente*» una función social[66].

---

menciona en esta Encíclica, ya su predecesor, Pío XII, habló de ellas en el Radiomensaje emitido el 1 de septiembre de 1944, en el V aniversario del comienzo de la guerra (30): «*[...] deben ser garantizadas y fomentadas la pequeña y mediana propiedad en agricultura, en las artes y oficios, en el comercio y en la industria; las uniones cooperativas deben asegurarles las ventajas de la gran hacienda; donde la gran empresa (agrícola) aún hoy se manifiesta más productiva, debe ofrecerse la posibilidad de suavizar el contrato de trabajo con un contrato de sociedad*».

[63] MM 88: «*[...] de aquí la conveniencia de dar a unos y otros* (artesanos y cooperativistas) *formación idónea, tanto en el aspecto puramente técnico como en el cultural, y de que ellos mismos se agrupen en organizaciones de tipo profesional*».

[64] MM 91

[65] MM 92

[66] MM 119

El tercer apartado es el más extenso (122-211) y en él el Papa aborda los aspectos recientes más importantes de la cuestión social, destacando los siguientes:

- Las relaciones entre los distintos sectores de la economía (123-149). Pone el énfasis en la agricultura como sector deprimido y la necesidad de una adecuada política económica en materia agraria. Igualmente pide que en el campo se dé un adecuado desarrollo de los servicios públicos más fundamentales. Todos estos procesos deben realizarse de manera gradual, observando la debida proporción entre los diversos sectores productivos. En este apartado nuevamente se menciona la empresa cooperativa de forma expresa, cuando el Papa alaba el esfuerzo de quienes intentan crear empresas cooperativas para que quienes cultiven la tierra, y el resto de ciudadanos, disfruten de un nivel de vida adecuado y de una justa dignidad social[67].
- Las relaciones entre zonas de desigual desarrollo en un país (150-156). Es importante establecer una regulación equitativa de la economía de un país, de manera que los tres sectores de la producción se desarrollen, en lo posible, simultánea y proporcionalmente.
- Las relaciones entre países de desigual desarrollo económico (157-184). Este es un enfoque nuevo de la Encíclica. Se plantea el problema social a nivel mundial, y no sólo, como en anteriores documentos, en un sector geográfico del mundo. Además, el Papa afirma que el mayor problema de nuestros días es, concretamente, *«el que atañe a las relaciones que deben darse entre las naciones económicamente desarrolladas y los países que están aún en vías de desarrollo económico»*[68]. Como solución, el Papa clama por un despertar de la conciencia de los países ricos para venir en ayuda de los subdesarrollados, de modo que permitan el desarrollo científico, técnico y económico de dichos países, pero todo ello sin incurrir en una nueva forma de colonialismo y dominación[69].
- El incremento demográfico y el desarrollo económico (185-199). Se constata el dato de que, según cálculos estadísticos, la humanidad, dentro de algunos decenios, alcanzará una cifra total de población muy elevada, mientras que la economía avanzará con mucha

---

[67] MM 148

[68] MM 157

[69] MM 171 y 172: *«Es necesario, asimismo, que las naciones económicamente avanzadas eviten con especial cuidado la tentación de prestar su ayuda a los países pobres con el propósito de orientar en su propio provecho la situación política de dichos países y realizar sí sus planes de hegemonía mundial. Si en alguna ocasión se pretende llevar a cabo este propósito, débese denunciar abiertamente que lo que se pretende, en realidad, es instaurar una nueva forma de colonialismo, que, aunque cubierto con honesto nombre, constituye una visión más del antiguo y anacrónico dominio colonial».*

mayor lentitud. Para superar esa desproporción entre crecimiento de la población y medios indispensables de subsistencia, se han lanzado en ocasiones argumentos tan controvertidos y dudosos como el de evitar la concepción, pero el Pontífice subraya que «*estos problemas deben resolverse de modo que no recurra el hombre a métodos y procedimientos contrarios a su propia dignidad*»[70] y aporta soluciones más acordes con el orden moral cristiano, tales como: un desarrollo económico y social que conserve y aumente los verdaderos bienes del individuo; la colaboración mutua de todos los pueblos, organizándose entre las naciones un intercambio de conocimientos, capitales y personas; o la educación de las nuevas generaciones inculcándoles un profundo sentido de responsabilidad en todas las manifestaciones de la vida y, por tanto, también en orden a la constitución de la familia y a la procreación y educación de los hijos.

- La colaboración en el plano mundial (200-211). Juan XXIII constata el hecho de que, debido a los adelantos científicos y técnicos, la interdependencia entre los pueblos es cada vez mayor y los problemas fundamentales en esos y otros ámbitos, rebasan a menudo las posibilidades de un solo país. Sin embargo, en la práctica, hay una tendencia natural al rechazo a una colaboración excesiva por recíprocas desconfianzas: cada país teme que el otro abrigue propósitos de dominación o supremacía y aceche el momento oportuno de conseguirlos, por lo que se emplea más energía y recursos en la autodefensa que en la cooperación. Aun así, el Papa culmina este tercer gran apartado mencionando «*síntomas esperanzadores*» y confiando en que *tanto los individuos como las naciones lleguen por fin a un acuerdo para prestarse múltiple y eficacísima ayuda mutua*»[71].

En la cuarta y última parte de la encíclica (212-264), Juan XXIII plantea la reconstrucción de las relaciones de convivencia en la verdad, en la justicia y en el amor, tres palabras clave que el Papa utiliza para caracterizar los elementos esenciales de la DSI. Comienza mencionando la existencia de *ideologías defectuosas y erróneas* que han surgido para regular de forma equilibrada las relaciones sociales del ciudadano, pero que fallan porque no consideran la total integridad del ser humano, olvidando su parte más importante: el sentido religioso natural del hombre[72]. Por el contrario, el Pontífice considera que la Iglesia enseña y proclama una

---

[70] MM 191

[71] MM 211

[72] MM 215: «*Por lo cual, por grande que llegue a ser el progreso técnico y económico, ni la justicia ni la paz podrán existir en la tierra mientras los hombres no tengan conciencia de la dignidad que poseen como seres creados por Dios... El hombre, separado de Dios, se torna inhumano para sí mismo*».

doctrina de la sociedad y de la convivencia humana que posee una eficacia perenne, precisamente porque el hombre es el principio capital, *fundamento, causa y fin de todas las instituciones sociales*[73]. Pero esta doctrina tan eficaz no debe ser simplemente expuesta, sino que se ha de poner en práctica y para hacer realidad ese deseo el Papa habla de una *Instrucción* y de una *educación social católica*[74]. Por otra parte la encíclica especifica que es responsabilidad de los seglares mostrar la eficacia de esta doctrina, probando, mediante la aplicación de los principios y normas sociales de la Iglesia en la vida diaria, que pueden resolver los problemas sociales del momento. Para esa puesta en práctica, se recomienda la metodología del *ver, juzgar y actuar,* como apropiada para abordar todas estas cuestiones: así, en una primera fase se realiza el *«examen completo del verdadero estado de la situación»;* en la segunda, procede la *«valoración exacta de esta situación a la luz de los principios»;* y, finalmente, en una tercera, tendría lugar la *«determinación de lo posible o de lo obligatorio para aplicar los principios de acuerdo con las circunstancias de tiempo y lugar»*[75].

A continuación el Papa pone de manifiesto el contraste que se da en la sociedad moderna: inmenso progreso en las ciencias y técnicas, frente al asombroso retroceso en el sentido de la dignidad humana, es decir, enormes avances científicos y tecnológicos, pero, al mismo tiempo, gran olvido del hombre[76].

Para finalizar, el Papa afirma que *«la perfección cristiana y el dinamismo temporal son compatibles»*, es decir, que pueden conjugarse la propia perfección personal y la presencia activa en el mundo, no hay que apartarse de la actividad terrena para lograr la perfección cristiana. Al contrario, exhorta a los cristianos, y en especial a los seglares[77], a que tengan en cuenta los principios cristianos en su medio concreto de vida, alcanzando su propia perfección mediante el ejercicio de su trabajo diario[78], es decir, que sean conscientes de la nobleza y dignidad que tie-

---

[73] MM 219

[74] MM 223: *«Exhortamos en primer lugar a que se enseñe* (la DSI) *como disciplina obligatoria en los colegios católicos de todo grado y, principalmente, en los seminarios [...] y también en los programas de enseñanza de las parroquias y de las asociaciones de apostolado de los seglares y se divulgue también por todos los procedimientos modernos de difusión»*

[75] MM 236

[76] Para evidenciar aún más ese contraste, cita unas gráficas palabras pronunciadas por su predecesor, Pío XII, en un radiomensaje navideño el 24 de diciembre de 1943: *«La obra maestra y monstruosa, al mismo tiempo, de esta época ha sido la de transformar al hombre en un gigante del mundo físico a costa de su espíritu, reducido a pigmeo en el mundo sobrenatural y eterno»* (MM 243).

[77] MM 259: *«A nuestros hijos de todo el mundo, tanto del clero como del laicado»*.

[78] MM 256: *«La iglesia pide sobre todo la colaboración de los seglares, que están obligados a trabajar de tal manera en la resolución de los problemas temporales, que,*

nen por ser hijos de Dios y lo reflejen en sus empresas temporales, aplicando la DSI.

4.2.1.2. Aportaciones

En opinión del P. Villain, experto exegeta de la enseñanza social de la Iglesia que ocupó durante muchos años la cátedra de Doctrina Social de la Iglesia en el Instituto de Estudios Sociales de las Facultades católicas de París, MM difiere mucho de sus grandes antecesoras. Juan XXIII se encuentra con una doctrina ya elaborada en sus principios esenciales; a él le toca hacer memoria de ellos y profundizarlos cuando precise, para proyectarlos con todo rigor a las realidades económico-sociales del momento[79].

Como novedad importante podemos señalar que MM amplía de forma significativa el ámbito de la cuestión social y lo extiende a los problemas derivados de los desequilibrios entre sectores económicos y regiones dentro de un país y entre las naciones ricas y pobres, con lo que adquiere una dimensión mundial.

Además, aporta una nueva perspectiva del *bien común,* que se define como la creación de igualdad de posibilidades para que cada persona pueda desarrollar al máximo sus capacidades. No es el bien de la mayoría, ni la igualdad de todos, sino que consiste en respetar las peculiaridades de cada persona, es decir, que las personas, como somos distintas, podamos buscar la mayor realización porque contamos con las mismas oportunidades.

Por otra parte, tiene muy en cuenta a los fieles laicos, que no pueden ser sólo usufructuarios y ejecutores pasivos de la DSI, sino que deben convertirse en protagonistas en el momento vital de su actividad. La verdad, el amor y la justicia son los criterios fundamentales en esa actividad, y, en general, para superar los desequilibrios sociales y culturales.

Pero sin duda la gran aportación de esta Encíclica en lo referente a esta obra es el concepto de empresa. Se concibe como una comunidad de personas en la cual deben abrirse espacios cada vez más amplios a la participación de los trabajadores, y se mencionan expresamente la empresa artesana y la empresa cooperativa como sistemas de gestión adecuados que favorezcan esa participación y que deben «asegurarse y pro-

---

al cumplir sus obligaciones para con el prójimo, lo hagan en unión espiritual con Dios».

[79] Villain, J., SJ., (1961). «Aportación doctrinal de la Encíclica Mater et Magistra» («L'encyclique Mater et Magistra: son apport doctrinal»), en *Rev. de l'Action Populaire,* 151, pp. 897.

(http://www.seleccionesdeteologia.net/selecciones/llib/vol1/1/001_villain.pdf; última consulta: 15-01-2015).

moverse». De esta forma, MM abriría una vía para la defensa de las cooperativas como una de las piezas clave de un posible nuevo orden económico más justo.

4.2.2. *«Pacem in Terris» (11.04.1963)*

Carta Encíclica de Su Santidad Juan XXIII sobre la paz entre todos los pueblos, que ha de fundarse en la verdad, la justicia, el amor y la libertad. (http://w2.vatican.va/content/john-xxiii/es/encyclicals/documents/hf_j-xxiii_enc_11041963_pacem.html; última consulta: 15-01-2015).

Juan XXIII publicó esta encíclica dos años más tarde de MM, entre la primera y la segunda sesión del Concilio Vaticano II, coincidiendo con la celebración de Jueves Santo, 53 días antes de su fallecimiento. Es la última de sus ocho encíclicas y con ella completa su fundamental aportación a la historia de la Iglesia.

4.2.2.1. Contenido

PT lleva un subtítulo programático: *«Sobre la paz entre todos los pueblos, que ha de fundarse en la verdad, la justicia, el amor y la libertad»*, que enuncia el tema clave: la paz. Se trata, como decíamos, de un llamamiento del Sumo Pontífice a todos los seres humanos de todas las naciones para luchar juntos en la consecución de la paz en medio del clima hostil generado por la Guerra Fría. En MM el Papa proponía la reconstrucción de las relaciones de convivencia basándose en la verdad, la justicia y el amor. En este caso añade un cuarto elemento: la libertad. Además, por primera vez en la historia de las encíclicas pontificias, Juan XXIII no la dirige sólo a obispos y fieles católicos, sino *«a todos los hombres de buena voluntad»*[80]. Efectivamente, desde el saludo inicial, Juan XXIII quiere establecer diálogo con todos los hombres de buena voluntad, al margen de sus convicciones religiosas, convencido de que la construcción de la paz es una tarea a la que deben contribuir hombres de todas las ideologías.

Centrándonos en su contenido, PT consta de 172 números, con una introducción, cinco partes bien diferenciadas y un epílogo. Según CAMACHO[81], en las cuatro primeras contiene una síntesis de la doctrina política de la Iglesia, de la que no existía una presentación sistemática de carácter

---

[80] RN carece de mención expresa al respecto; QA y MM, por su parte, se dirigían a *«los venerables hermanos patriarcas, primados, arzobispos, obispos y demás ordinarios del lugar, en paz y comunión con esta sede apostólica, a todos los sacerdotes y fieles del orbe católico»*.

[81] CAMACHO, I. (1998): *La Doctrina Social de la Iglesia: una aproximación histórica*, Madrid, Ediciones Paulianas, p. 256.

positivo, bien actualizada y que estuviera a la altura de lo que se había hecho con la doctrina socio-económica. La quinta parte desciende a las directrices pastorales para que los creyentes participen en la vida pública.

Por lo tanto, la encíclica, que analizaremos detenidamente a continuación, se estructura de la siguiente manera:

- Introducción (1-7)
- Primera parte (8-45): Ordenación de las relaciones civiles
- Segunda parte (46-79): Ordenación de las relaciones políticas
- Tercera parte (80-129): Ordenación de las relaciones internacionales
- Cuarta parte (130-145): Ordenación de las relaciones mundiales
- Quinta parte (146-172): Normas para la acción temporal del cristiano

Haremos a continuación el respectivo análisis de cada una de esas partes, si bien de forma más breve que en ocasiones anteriores, ya que, a pesar de que el eje central lo constituye la consecución y mantenimiento de la paz, únicamente haremos hincapié en las cuestiones estrictamente sociales.

La primera parte comienza refiriéndose a las relaciones civiles, es decir, a la convivencia humana. La columna vertebral de la Encíclica es la afirmación de la dignidad y el respeto a los derechos de la persona, que constituyen los cimientos de esa convivencia humana y de todo el orden de paz, tanto a nivel nacional como internacional. Estos derechos naturales del hombre se enumeran en este primer bloque (11-27): a la existencia y a un nivel de vida digno; a la buena fama y a la búsqueda de la verdad; a la cultura y a la enseñanza en todos los grados; al sostenimiento de la familia y la educación de los hijos; a la libre iniciativa en lo económico, al trabajo, al salario justo y a la propiedad privada; a la libre asociación; a la emigración; a la participación activa en la vida pública. Tal y como señala CAMACHO[82], esta enumeración ofrece algunas diferencias con la Declaración de las Naciones Unidas de 1948, pero ello no obsta para que el Papa, a diferencia de Pío XII, haga una clara alabanza de esta institución y la anime a cumplir sus importantes funciones para la paz en el mundo[83].

Tras los derechos, en esta primera parte se citan los deberes naturales del hombre: deber de conservar la vida; de reconocer y respetar los derechos ajenos; de colaborar para facilitar el ejercicio de los derechos y para

---

[82] CAMACHO, I., *Cien años de Doctrina Social de la Iglesia, op. cit.*, p. 19.

[83] PT 144 y 145: «*No se nos oculta que ciertos capítulos de esta Declaración han suscitado algunas objeciones fundadas. Juzgamos, sin embargo, que esta Declaración debe considerarse un primer paso introductorio para el establecimiento de una constitución jurídica y política de todos los pueblos del mundo [...] ¡Ojalá llegue pronto el tiempo en que esta Organización pueda garantizar con eficacia los derechos del hombre!*».

conseguir la prosperidad; de proceder responsablemente en todas las esferas de la vida. Además se añade un cuarto elemento a los tres que tradicionalmente constituían la base de la convivencia social (verdad, justicia y amor): la libertad.

Juan XXIII finaliza esta primera parte con un breve y positivo análisis de la realidad socio-económica de la época, resumida en tres características[84]: presencia activa de los trabajadores en el campo económico-social; ingreso de la mujer en la vida pública; independencia de los pueblos afroasiáticos y acentuación del principio de igualdad de todos los hombres (todos los pueblos han conseguido ya la libertad o están a punto de conseguirla).

La segunda parte versa sobre las relaciones políticas, es decir, sobre las relaciones entre los poderes públicos y el ciudadano. Se parte de la afirmación de la autoridad es necesaria en toda sociedad, pero entendida como *«facultad de mandar según la recta razón»*[85], y no como sometimiento al inferior sin más. La justificación de esta autoridad es de orden moral, dimana de Dios, pero es perfectamente compatible con la democracia[86]. Así, nos encontramos ante un rasgo importante de esta encíclica: para organizar la convivencia de los pueblos, Juan XXIII opta por el régimen democrático y la separación de poderes: el legislativo debe atender a la moral y a la realidad del momento al redactar las normas, el ejecutivo debe aplicar la ley con sentido realista y el judicial debe proceder con independencia.

También retoma el concepto del bien común, básico en la DSI, configurándolo como razón de ser de la autoridad, que obliga a ciudadanos y gobernantes y cuyo contenido está ligado a la naturaleza humana. Para concluir esta segunda parte, Juan XXIII solicita una Carta de los derechos del hombre, abogando por que los Estados redacten *«con fórmulas concisas y claras un compendio de los derechos fundamentales del hombre para incluirlo en la constitución general de cada Estado»*[87], dado que como más arriba indicábamos, acepta y alaba la Declaración universal de los derechos del hombre de 1948, pero como primer paso introductorio para el establecimiento de una constitución jurídica y política de todos los pueblos del mundo.

En la tercera parte la Encíclica aborda la ordenación de las relaciones internacionales o entre Estados. Nuevamente, el Papa afirma que dichas relaciones deben basarse en la verdad (86-90), la justicia

---

84 PT 39-45

85 PT 47

86 PT 52: *«Ahora bien, del hecho de que la autoridad proviene de Dios no debe, en modo alguno, deducirse que los hombres no tengan derecho a elegir a los gobernantes de la nación, establecer la forma de gobierno y determinar los procedimientos y los límites en el ejercicio de la autoridad»*.

87 PT 75

(91-97), la solidaridad activa (98-119) y en la libertad (120-125). La verdad en las relaciones internacionales conlleva reconocer la igualdad entre los pueblos y la no discriminación racial. La justicia supone el reconocimiento de mutuos derechos y el cumplimiento de los respectivos deberes, pero se menciona con especial sensibilidad el tema de las minorías étnicas: la justicia demanda que *«los gobernantes se consagren a promover con eficacia los valores humanos de dichas minorías, especialmente en lo tocante a su lengua, cultura, tradiciones, recursos e iniciativas económicas»*[88]. El tercer elemento fundamental para la convivencia suele ser el amor, pero en el caso de las relaciones entre Estados, se ha sustituido ese concepto por el de solidaridad activa, que propicia la colaboración, los intercambios y las asociaciones. Por último la libertad exigiría el reconocimiento efectivo de la autonomía que tienen todos los pueblos.

A continuación el Papa aborda las relaciones mundiales, instando al establecimiento de una comunidad mundial operativa, para lo que resulta imprescindible la creación de una autoridad mundial que defienda y promueva el bien común universal. De constituirse esa autoridad mundial, se impondría el respeto al principio de subsidiariedad que regularía las relaciones entre la autoridad mundial y las autoridades nacionales. Además, en esta cuarta parte se alude también a la Organización de las Naciones Unidas, alabando su creación y funciones, así como la Declaración universal de los Derechos del hombre de 1848, con los matices señalados más arriba.

Llegamos así a la quinta y última parte en la que se recogen una serie de recomendaciones pastorales bajo la rúbrica *«Normas para la acción temporal del cristiano»*. El Papa comienza exhortando a los católicos *«a participar activamente en la vida pública y colaborar en el progreso del bien común de todo el género humano y de su propia nación»*[89], penetrando en las instituciones y actuando desde dentro. Para ello, sin embargo, es imprescindible una suficiente competencia profesional, con un elevado índice científico y técnico, que sólo se logrará mediante una adecuada formación. Además, el Papa reitera la idea de que no es la revolución la que arregla los problemas, sino que, muy al contrario, hay que buscar las soluciones por la vía de la paz.

---

[88] PT 96. Sin embargo Pío XII ya adelantó esta idea en defensa de las minorías, en el radiomensaje navideño de 24 de diciembre de 1941: *«[...] es sin embargo indiscutible el derecho de éstas* (naciones pequeñas y más débiles) *al respeto de su libertad en el campo político (19) [...] En el campo de un nuevo orden fundado sobre principios morales no hay lugar para la opresión abierta o encubierta de las peculiaridades culturales y lingüísticas de las minorías nacionales, para la obstaculización o reducción se su propia capacidad económica»* (20).

[89] PT 146

4.2.2.2. Aportaciones

En general, hablar de la PT es hablar de los derechos del hombre y de la paz en el mundo. Se hace una profunda reflexión sobre las condiciones que han de imperar para que haya una verdadera paz en el mundo, porque sin ese requisito previo, ninguna demanda social ni política será posible.

En el ámbito político, una de las principales novedades y bondades de esta Encíclica consiste en ofrecer una concepción global y sistemática de la doctrina política sobre la convivencia entre las personas y los pueblos. También puede destacarse la admisión expresa de los principios políticos que rigen los regímenes democráticos occidentales: la división de poderes, la Constitución como forma de organización jurídica de los Estados. Todo ello sin olvidar la defensa de las minorías étnicas y de sus peculiaridades, la independencia de los jóvenes Estados con respecto al poder colonial o el reconocimiento de una autoridad mundial.

Así, tres años después de la publicación de PT, concretamente el 16 de diciembre de 1966, la Asamblea General de las Naciones Unidas adoptó dos pactos fundamentales, el Pacto Internacional de Derechos Civiles y Políticos y el Pacto Internacional de Derechos Económicos, Sociales y Culturales, que en la línea indicada primero por MM y después por PT, vinieron a reforzar la Declaración Universal de los Derechos Humanos de 1948.

En el plano social, la novedad más interesante y llamativa es la mención al ingreso de la mujer en el mundo laboral, además de la férrea defensa de los derechos del ser humano y los principios y enseñanzas tradicionales de la DSI: dignidad y sociabilidad innata del ser humano, bien común universal, principio de subsidiariedad, participación de los ciudadanos en la vida política…

En suma, hoy día, la PT puede seguir leyéndose como una carta abierta dirigida a todas las personas del siglo XXI, porque continúa pendiente el reto de conseguir una paz perpetua.

4.2.3. «Gaudium et Spes» (07.12.1965)

> *Constitución Pastoral sobre la Iglesia en el mundo actual.*
> (http://www.vatican.va/archive/hist_councils/ii_vatican_council/documents/vat-ii_const_19651207_gaudium-et-spes_sp.html; última consulta: 15-01-2015).

En este caso no se trata de una Encíclica más. GS es una *Constitución pastoral*[90] promulgada por el Concilio Vaticano II el 7 de diciembre de

---

[90] Las Constituciones conciliares se dividen tradicionalmente en *Dogmáticas*, sobre materias solemnes o enseñanzas definitivas como La Iglesia o la Revelación, y

1965 y considerada como uno de los documentos más importantes de la tradición social de la Iglesia. Efectivamente, el Concilio Vaticano II (1962-1965) y, en particular, la constitución pastoral *Gaudium et Spes* (1965) supusieron un revulsivo enorme en la Iglesia Católica y en la sociedad de aquel tiempo. La razón de ser de este documento no se encuentra en la obligación de conmemorar ningún acontecimiento, ni en nuevas transformaciones sociales, ni en la obligación del Concilio de pronunciarse sobre los problemas sociales del mundo secular. Al contrario, hasta entonces ningún Concilio se había manifestado sobre tales cuestiones. El objeto es *«anunciar a todos cómo entiende el Concilio la presencia y la acción de la Iglesia en el mundo actual» [...]* a la vez que *«dialogar con la familia humana acerca de los problemas y aclarárselos a la luz del Evangelio»*[91]. Por lo tanto, cincuenta años después de la publicación de esta constitución pastoral (1965-2015), consideramos que merece un espacio para su análisis en la presente obra, a pesar de no tratarse de una encíclica.

4.2.3.1. Contenido

La Constitución GS es el documento más extenso del Concilio Vaticano II con 93 puntos sistemáticamente estructurados. Consta de un breve *Proemio* y una *Exposición preliminar* tal y como acabamos de mencionar, a la que siguen una primera parte en la que la Iglesia expone su doctrina del hombre, del mundo y de su propia actitud entre ambos, y una segunda parte, en la que se consideran con mayor detenimiento diversos aspectos de la vida y de la sociedad del momento y particularmente ciertas cuestiones y problemas que son más urgentes en esta materia.

Ésta sería la estructura concreta y perfectamente definida de GS:

- Introducción: 1-10. Con un proemio (1-3), en el que se afirma que la Iglesia no está separada del mundo, sino íntimamente unida a toda la familia universal, por lo que el texto se dirige a toda la humanidad; y una exposición preliminar (4-10) en la que, como decíamos, se detallan las circunstancias que rodean al hombre del momento.
- Primera parte: la Iglesia y la vocación del hombre (11-45)
  1. Capítulo I: La dignidad de la persona humana (12-22)
  2. Capítulo II: La comunidad humana (23-32)
  3. Capítulo III: La actividad humana en el mundo (33-39)
  4. Capítulo IV: Misión de la Iglesia en el mundo contemporáneo (40-45)

Pastorales, que hablan del propósito perseguido, en este caso, expresar la actitud de la Iglesia ante el mundo y el hombre contemporáneo, como se explica en una nota introductoria al principio del texto.

[91] GS 2 y 3

- Segunda parte: Algunos problemas más urgentes (46-93)
  1. Capítulo I: Dignidad del matrimonio y de la familia (47-52)
  2. Capítulo II: El sano fomento del progreso cultural (53-62)
  3. Capítulo III: La vida económico-social (63-72)
  4. Capítulo IV: La vida en la comunidad política (73-76)
  5. Capítulo V: El fomento de la paz y la promoción de la comunidad de los pueblos (77-90)
  6. Conclusión: 91-93

Procederemos a continuación al análisis de cada una de las partes, incidiendo fundamentalmente en cuestiones sociales. En los tres primeros capítulos de la primera parte se expone la doctrina sobre el hombre (antropología cristiana), por lo que, entendiendo que se trata de una visión más teológica y doctrinal, que, como anteriormente hemos señalado, no constituyen el objeto de esta obra, no ahondaremos en ella. Simplemente destacaremos que se vuelve a subrayar la dignidad de la persona humana, dedicando todo un capítulo a esta cuestión y considerando que el discurso conciliar sobre las realidades políticas, económicas o sociales no tiene otro fin que el de hacer posible un orden que «*sirva mejor al hombre y permita a cada uno y a cada grupo afirmar y cultivar su propia dignidad*»[92]. También mencionaremos el planteamiento que GS hace sobre las relaciones entre la sociedad y la Iglesia. Aunque toda la actividad humana debe estar últimamente subordinada a Dios, eso no niega la autonomía de esa realidad, que tiene sus propias leyes. En palabras de CAMACHO, «la subordinación a Dios no supone subordinación a la autoridad de la Iglesia. En esto se ha dado un paso decisivo en relación con la doctrina vigente desde antiguo y reafirmada con fuerza en el siglo XIX»[93].

La segunda parte, por el contrario, resulta mucho más práctica y relacionada con la realidad del momento, considerando los problemas del ser humano, desde los más particulares, como la familia, hasta los más generales que interesan a toda la humanidad, como la paz o la guerra. También se trata el tema de la cultura, entendida no como posesión de conocimientos, sino como manera de pensar y de expresarse el ser humano en los diferentes momentos de la historia. Es un tema nuevo, no tratado en el magisterio pontificio anterior. Se describe la situación de la cultura en aquel momento, se mencionan algunos principios para promocionarla, así como algunas tareas urgentes de los cristianos respecto a ese tema.

Pero desde el punto de vista social, sin duda el capítulo más interesante de esta segunda parte es el tercero, referente a la vida económico-social. Se hace referencia al desarrollo, más concretamente al alcance ético del desarrollo: no debe buscarse un desarrollo casi circunscrito al crecimiento económico, que tendría efectos nocivos sobre los pueblos menos

---

92 GS 9

93 CAMACHO, I., *Doctrina Social de la Iglesia. Quince claves...*, *op. cit.*, p. 195.

desarrollados e incrementaría las desigualdades, sino que ha de perseguirse un desarrollo que llegue a todo el hombre y a todos los hombres[94]. También se mencionan conceptos tan importantes como el trabajo y la participación en la empresa. Respecto al primero de ellos se habla de la ética del trabajo, en torno a dos principios fundamentales: la dignidad del trabajo, por ser una actividad humana y el reconocimiento del derecho al trabajo, por ser un medio ordinario de subsistencia. En relación con la participación, ésta se extiende a las instancias superiores, donde se toman las decisiones que afectan a la economía nacional[95]. Además se ofrece una presentación más acabada de la doctrina sobre la propiedad, colocando en primer término el destino universal de los bienes de la tierra, que es el que da sentido y marca los límites de la propiedad privada. Este principio tiene una doble consecuencia social muy importante: los bienes privados deben emplearse en ayudar a los más necesitados[96]; la inversión de esos recursos ha de hacerse responsablemente previendo sus efectos sobre los demás[97]. Esta segunda consecuencia nos sitúa ya en una perspectiva mucho más actualizada de la doctrina sobre la propiedad, que contempla, no sólo la posibilidad de transferir recursos propios a otro (limosna, donación) sino la necesidad de someter a criterio ético cualquier uso productivo de capital.

En el capítulo IV la GS aborda el tema de la vida en la comunidad política. Es el capítulo más corto de la segunda parte. Se considera que la autoridad es necesaria en la comunidad política, eso sí, sometido en su ejercicio al orden moral y al legítimo orden jurídico. El eje básico de esa vida en la comunidad política debe ser la colaboración en ella de todos, también de los cristianos, y el derecho y deber de todo ciudadano de ejercitar su voto libre, para promover el bien común, es decir se está hablando de democracia. Las dos condiciones básicas para una democracia que se mencionaban en PT (división de poderes y participación ciudadana) están también recogidas en GS, pero en orden inverso. Por último este capítulo finaliza con la cuestión de las relaciones entre la comunidad

---

[94] Al hombre «*integral*», como menciona GS, en GS 64: «*La finalidad fundamental de esta producción no es el mero incremento de los productos, ni el beneficio, ni el poder, sino el servicio del hombre, del hombre integral, teniendo en cuenta sus necesidades materiales y sus exigencias intelectuales, morales, espirituales y religiosas; y de todo hombre, de todo grupo de hombres, sin distinción de raza o continente*».

[95] GS 68: «*[...] Con todo, como en muchos casos no es a nivel de empresa, sino en niveles institucionales superiores, donde se toman las decisiones económicas y sociales de las que depende el porvenir de los trabajadores y de sus hijos, deben los trabajadores participar también en semejantes decisiones por sí mismos o por medio de representantes libremente elegidos*».

[96] GS 69: «*[...] El hombre, al usar los bienes, no debe tener las cosas exteriores que legítimamente posee como exclusivamente suyas, sino también como comunes, en el sentido de que no le aprovechen solamente a él, sino también a los demás*».

[97] GS 70: «*Las inversiones deben orientarse a asegurar posibilidades de trabajo y beneficios suficientes a la población presente y futura*».

política y la Iglesia. El contexto de tales relaciones lo constituyen las sociedades pluralistas y la base sobre la que pivoten deben ser la mutua autonomía y sana colaboración. La Iglesia no pide privilegios, sino libertad para su misión. En este punto puede observarse una clara analogía con las cooperativas que se constituyen como entidades autónomas e independientes[98], analogía que analizaremos más detenidamente en el apartado final de este capítulo.

El quinto y último capítulo versa sobre el fomento de la paz y la promoción de la comunidad de los pueblos. En primer lugar se delimita el concepto de paz, que no debe entenderse como ausencia de guerras, sino como equilibrio entre adversarios. También se aborda el tema de la guerra, mencionando el derecho de gentes, principios éticos y tratados internacionales.

La GS concluye afirmando que mucho de lo expuesto ha de ser desarrollado en el futuro. Existe la necesidad de que la Iglesia mantenga abierto el diálogo y la cooperación en la construcción del mundo, que es un deber para los cristianos.

4.2.3.2. Aportaciones

En GS se reafirma uno de los objetivos del Concilio Vaticano II, que ya se había atisbado con Juan XXIII en MM y PT: una nueva forma de autocomprenderse la Iglesia y de contemplar su relación con el mundo. Para algunos autores[99], constituye un documento sin precedentes, en el tono, en el lenguaje, en los temas tratados y en la forma abierta de presentar las ideas. La novedad inicialmente más llamativa es que por primera vez un documento conciliar se dirige no solo a los cristianos, sino a todas las personas. Hasta ese momento todos los concilios dirigían sus enseñanzas a los hijos de la Iglesia católica, pero con este texto se franquearon las fronteras del cristianismo para entablar un diálogo con toda la humanidad.

---

[98] La nueva Declaración de la Identidad Cooperativa adoptada por la II Asamblea General de la ACI en Manchester en 1995 incluye la idea de autonomía tanto en la definición como entre los principios cooperativos: «*Definición. Una cooperativa es una asociación **autónoma** de personas que se han unido de forma voluntaria para satisfacer sus necesidades y aspiraciones económicas, sociales y culturales en común mediante una empresa de propiedad conjunta y de gestión democrática. Cuarto principio: Autonomía e independencia. Las cooperativas son **organizaciones autónomas** de autoayuda, gestionadas por sus socios. Si firman acuerdos con otras organizaciones, incluidos los gobiernos, o si consiguen capital de fuentes externas, lo hacen en términos que aseguren el control democrático por parte de sus socios y mantengan su autonomía cooperativa*», *Declaración de la Alianza Cooperativa Internacional sobre la Identidad Cooperativa* (1996). Vitoria-Gasteiz: Consejo Superior de Cooperativas de Euskadi, p. 7.

[99] Segovia Bernabé, J.L., *Gaudium et Spes: nueva mirada sobre el mundo*, p. 3 (http://www.academia.edu; última consulta: 15-01-2015).

En suma, la constitución más larga del Vaticano II constituye un intento serio de la Iglesia por enunciar las vías concretas para garantizar a todas las personas la posibilidad de construir una vida más digna y en coherencia con la voluntad de Dios, respondiendo a las grandes preguntas y necesidades del pueblo creyente.

Sin embargo, el mensaje o palabra final de GS es un mensaje altamente humilde, porque reconoce sus límites, tal y como se ve claramente en sus últimas palabras: «*Ante la inmensa variedad de situaciones y de formas culturales que existen hoy en el mundo, esta exposición, en la mayoría de sus partes, presenta deliberadamente una forma genérica; más aún, aunque reitera la doctrina recibida en la Iglesia, como más de una vez trata materias sometidas a incesante evolución, deberá ser continuada y ampliada en el futuro*»[100].

4.2.4. «Populorum Progressio» (26.03.1967)

> *Carta Encíclica del Papa Pablo VI a los obispos, sacerdotes, religiosos y fieles de todo el mundo y a todos los hombres de buena voluntad sobre la necesidad de promover el desarrollo de los pueblos.*
> (http://www.vatican.va/holy_father/paul_vi/encyclicals/documents/hf_p-vi_enc_26031967_populorum_sp.html; última consulta: 15-01-2015).

Ya GS había tocado de modo general el tema del desarrollo de los pueblos, pero era necesario descender a temas concretos y sus implicaciones y ése era el objetivo de Pablo VI. La encíclica está, por lo tanto, en estrecha continuidad con GS.

Pretende ser una interpelación a los pueblos opulentos, frente al drama de los pueblos subdesarrollados. Las diferencias económico-sociales entre los pueblos lejos de disminuir iban en aumento, por lo que los países del denominado Tercer Mundo comienzan a tomar conciencia y a organizarse para construir un frente común ante los países desarrollados.

4.2.4.1. Contenido

PP se compone de 87 números, divididos en un preámbulo y dos ejes principales: el desarrollo integral del hombre y el desarrollo solidario de la humanidad. La encíclica termina con un llamamiento final.

PP interpreta el tiempo actual y focaliza su pensamiento, en orden a promover el progreso de los pueblos más pobres, de favorecer la justicia social entre las naciones. Se hace énfasis en los pueblos como constructores de su propio desarrollo, pero nunca lo conseguirán en el aislamiento.

---

[100] GS 91

La estructura concreta del documento sería la siguiente:

- Preámbulo (1-5)
- Primera parte: El desarrollo integral del hombre (6-42)
  1. Los datos del problema (6-11)
  2. La Iglesia y el desarrollo (12-21)
  3. Acción que debe emprenderse (22-42)
- Segunda parte: El desarrollo solidario de la humanidad (43-80)
  1. Asistencia a los pueblos débiles (45-55)
  2. La justicia social en las relaciones comerciales (56-65)
  3. La caridad universal (66-80)
- Llamamiento final: (81-87)

Analizaremos con más detenimiento cada una de estas partes, centrándonos, una vez más, en el objeto de la presente investigación: la cuestión social.

En el preámbulo, se recuerda que la Iglesia sigue con atención el desarrollo de los pueblos y se preocupa por el de los más necesitados, proyectando, como lo ha hecho siempre, la luz del Evangelio sobre los problemas sociales. Pero la cuestión social ha adquirido una dimensión mundial y es necesaria una acción concreta para el desarrollo integral del hombre y el desarrollo solidario de la humanidad.

En su primera parte, PP se ocupa precisamente del desarrollo integral del hombre. Señala como dato que la aspiración natural de todo ser humano de los hombres de hoy es «*hacer, conocer, tener más para ser más*»[101], pero para muchos ese deseo es inalcanzable, por las condiciones precarias en que viven. El desequilibrio entre naciones va creciendo hasta alcanzar, como decíamos, dimensiones mundiales, por lo que es necesaria «*una acción de conjunto que tenga como punto de partida una clara visión de todos los aspectos, sociales, culturales y espirituales*»[102]. De esa forma se conseguiría el pleno desarrollo del hombre, pero entendiendo que el desarrollo no es el simple crecimiento económico, sino que ha de ser integral, que afecte a todo el hombre y a todos los hombres. En este desarrollo integral cada hombre, a pesar de sus limitaciones, es el responsable de su propio crecimiento. Queda claro que el desarrollo no es cuestión meramente técnica o económica, sino inequívocamente moral. El verdadero desarrollo se identifica con poder pasar «*de condiciones de vida menos humanas a condiciones más humanas*»[103], especificándose, además, qué se entiende por condiciones más o menos humanas[104]:

---

[101] PP 6
[102] PP 13
[103] PP 20
[104] PP 21

> *«Menos humanas: las carencias materiales de los que están privados del mínimum vital y las carencias morales de los que están mutilados por el egoísmo. Menos humanas: las estructuras opresoras que provienen del abuso del tener o del abuso del poder, de la explotación de los trabajadores o de la injusticia de las transacciones. Más humanas: el remontarse de la miseria a la posesión de lo necesario, la victoria sobre las calamidades sociales, la ampliación de los conocimientos, la adquisición de la cultura. Más humanas: el aumento en la consideración de la dignidad de los demás, la orientación hacia el espíritu de pobreza, la cooperación en el bien común, la voluntad de paz».*

A continuación, Pablo VI recuerda algunos aspectos que ya forman parte del patrimonio doctrinal de la Iglesia en materia social:

- La propiedad privada y el bien común. La propiedad privada no constituye para nadie un derecho incondicional y absoluto, por lo que no hay que reservarse en uso exclusivo lo que supera la propia necesidad cuando a los demás les falta lo necesario[105]. Por eso, en ocasiones, el bien común justifica incluso la expropiación, cuando una posesión excesiva perjudique la prosperidad colectiva.
- Industrialización y capitalismo. Se describen como fenómenos diferentes y contrapuestos. La industrialización es benéfica y necesaria para el desarrollo, pero no el capitalismo que le acompaña y sus excesos, que hay que evitar. Así, tal y como señala Camacho[106], hacer del lucro el motor esencial de la economía, de la competencia su ley suprema, de la propiedad privada de los medios de producción un derecho absoluto, conduce a una acumulación de poder que ya denunció Pío XI en QA.
- El trabajo: PP recuerda la necesidad de restituir al trabajador su dignidad, reiterando la idea de participación activa del trabajador y de empresa como comunidad de personas, que ya mencionaba MM.
- Las injusticias sociales: pueden hacer caer en la tentación de recurrir a la violencia para superarlas, pero *«no se puede combatir un mal real al precio de un mal mayor»*[107], por lo que se propone afrontar la situación valerosamente, con transformaciones audaces e innovadoras. Los poderes públicos han de programar y planificar estas transformaciones, imponiendo objetivos, estimulando a todas las fuerzas agrupadas en esta acción común y actuando siempre al servicio de la persona.
- La educación: fundamental para alcanzar el progreso social. El crecimiento económico depende del progreso social y no hay progreso

---

105 PP 23: «*El derecho de propiedad no debe jamás ejercitarse en detrimento de la utilidad común, según la doctrina tradicional de los Padres de la Iglesia*».

106 Camacho, I., *Doctrina Social de la iglesia. Quince claves..., op. cit.*, p. 48.

107 PP 31

social sin educación. La educación básica debe convertirse en el primer objetivo de un plan de desarrollo y esta idea se evidencia con una frase irrepetible: «*el hambre de instrucción no es menos deprimente que el hambre de alimentos: un analfabeto es un espíritu subalimentado*»[108]. La importancia que PP concede a la educación nos recuerda nuevamente a uno de los principios motores del movimiento cooperativo, que se ha convertido en uno de los pilares sobre los que se fundamenta, la formación, al que dedicaremos su espacio en el apartado final de este capítulo, cuando expongamos los principios de la DSI y su posible conexión con los principios y valores cooperativos.

- Problema demográfico: el crecimiento demográfico acelerado dificulta el pleno desarrollo de todos los hombres y los poderes públicos pueden y deben intervenir adoptando las medidas adecuadas, pero sin menoscabar el derecho inalienable al matrimonio y a la procreación. El Papa traslada la responsabilidad a los padres con unas elocuentes y sabias palabras: «*Al fin y al cabo es a los padres a los que les toca decidir, con pleno conocimiento de causa, el número de sus hijos, aceptando sus responsabilidades ante Dios, ante los hijos que ya han traído al mundo y ante la comunidad a la que pertenecen*»[109].

Sin embargo, este desarrollo integral del hombre abordado en la primera parte, sería imposible sin un desarrollo solidario de la humanidad, al que se refiere la segunda parte de PP. Hay que conseguir una verdadera comunión entre todas las naciones y las más favorecidas deberían ser las primeras en ayudar, en base a un deber de solidaridad, de justicia social y de caridad universal.

El problema más acuciante y dramático es el del hambre que en ocasiones llega a comprometer el desarrollo físico y mental de niños y adultos. Pero no se trata simplemente de vencer el hambre o hacer retroceder la pobreza, sino de «*construir un mundo donde todo hombre, sin excepción de raza, religión o nacionalidad, pueda vivir una vida plenamente humana*»[110]. Ya GS subrayaba la obligación de los pueblos ya desarrollados de ayudar a los países en vías de desarrollo y PP reitera que debe ponerse en práctica esa enseñanza conciliar. Los países ricos deberían deshacerse de «lo superfluo» en favor de los pobres[111], estableciendo para ello programas concertados. Se propone incluso la creación de un Fondo Mundial, dotado con parte de los gastos militares[112].

---

108 PP 35

109 PP 37

110 PP 47

111 PP 49

112 Declaración de Pablo VI a los periodistas, durante su viaje a la India, el 4 de diciembre de 1964: «*Ojalá que las naciones pudieran poner fin a la carrera de*

Por otra parte, la regla de libre cambio no puede seguir rigiendo las relaciones internacionales sin ninguna limitación, dado que mientras las naciones industrializadas exportan productos elaborados, que gracias al progreso técnico aumentan rápidamente de valor y encuentran mercado, las economías poco desarrolladas sólo pueden vender productos agrícolas y materias primas que, lejos de aquella plusvalía progresiva, sufren continuas y bruscas variaciones de precio. Para remediarlo, el libre cambio se ha de someter a la justicia social, que exige cierta igualdad de oportunidades y que, además, ya se viene aplicando en las economías nacionales de los países desarrollados o en las relaciones comerciales entre países desarrollados[113]. Simplemente se trataría de aplicar esos mismos criterios a las relaciones comerciales entre países ricos y pobres.

En cualquier caso, para lograr esa solidaridad universal, se han de salvar dos obstáculos de peso: el nacionalismo, que en lugar de ayudar, aísla a los pueblos en contra de lo que es su verdadero bien, y el racismo, que no hace sino fomentar el odio en el seno mismo de los Estados. Frente a estos dos fenómenos, debe primar la colaboración y la solidaridad.

La segunda parte de PP finaliza con la constatación de una falta de fraternidad entre los hombres y entre los pueblos, por lo que se recuerda que hay que favorecer la hospitalidad de los hombres, sobre todo con los estudiantes que emigran en busca de una mejor formación y con los trabajadores que lo hacen para mejorar su perspectiva laboral.

Para concluir, Pablo VI nuevamente hace un llamamiento a la iniciativa y responsabilidad de los laicos[114] en la búsqueda de soluciones y en el posterior compromiso respecto a ellas, sin esperar que la jerarquía eclesiástica les dé consignas y directrices, llamamiento que extiende a todos los cristianos y creyentes y, en general, a todos los hombres de bue-

---

armamentos, y dedicar sus recursos y energías a la ayuda fraterna de los países en desarrollo! Ojalá que todas las naciones, con «pensamientos de paz y no de aflicción y guerra», contribuyeran con una parte de sus gastos para armas a un gran fondo mundial para el alivio de los muchos problemas de nutrición, vestido, vivienda y atención médica que afectan a tantos pueblos!»

Texto original en inglés: http://www.vatican.va/holy_father/paul_vi/speeches/1964/documents/hf_p-vi_spe_19641204_press_en.html (última consulta: 15-01-2015): «*[...] Would that the nations could cease the armaments race, and devote their resources and energies instead to the fraternal assistance of the developing countries! Would that every nation, thinking «thoughts of peace and not of affliction» and war, would contribute even a part of its expenditure for arms to a great world fund for the relief of the many problems of nutrition, clothing, shelter and medical care which affect so many people!*».

[113] PP 60: «*Los países desarrollados a menudo sostienen su agricultura a costa de sacrificios impuestos a los sectores económicos más favorecidos ó, en el interior de un mercado común, su política financiera, fiscal y social se esfuerza por procurar a industrias concurrentes de prosperidad desigual, oportunidades semejantes*».

[114] PP 81

na voluntad[115]. En las últimas líneas de PP, el Papa lanza esta pregunta, a modo de «grito de angustia»[116]:

> *«Si el desarrollo es el nuevo nombre de la paz ¿quién no querrá trabajar con todas sus fuerzas para lograrlo?».*

4.2.4.2. Aportaciones

La Encíclica hace un llamamiento a las naciones para interpretar la situación del momento, con el uso de los bienes, con la participación como ciudadanos, con la propia actuación a nivel nacional e internacional, sobre la base de las medidas inspiradas en la solidaridad.

La idea fundamental, que hoy día se sigue manteniendo, es que el desarrollo integral de los individuos no puede darse sin el desarrollo solidario de la humanidad, pero vemos que esta solidaridad sigue fallando. Habrá que volver la mirada a esta encíclica y analizar qué no hemos hecho y qué debemos hacer en adelante, antes de que los pueblos no desarrollados desaparezcan o se rebelen, dado que sin nuestra participación solidaria negaremos a esos pueblos la posibilidad de llegar a ser artífices de su propio destino.

En lo que a nuestro ámbito más cercano respecta, el hombre de empresa, como actor eminente de creación de riqueza, ha de actuar en la justa producción y distribución de los bienes y servicios que están bajo su dominio, para poder lograr ese desarrollo solidario de la humanidad, y con ello, del hombre.

4.2.5. «Octogesima Adveniens» (14.05.1971)

> *Carta apostólica de su Santidad el Papa Pablo VI al señor cardenal Mauricio Roy, presidente del Consejo para los Seglares y de la Comisión Pontificia «Justicia y Paz», en ocasión del LXXX aniversario de la Encíclica «Rerum Novarum».*
> (http://www.vatican.va/holy_father/paul_vi/apost_letters/documents/hf_p-vi_apl_19710514_octogesima-adveniens_sp.html; última consulta: 15-01-2015).

Al igual que matizábamos en GS, tampoco OA es una encíclica, sino una Carta apostólica[117]. Utilizando las palabras de los profesores Iri-

---

[115] PP 83
[116] PP 87
[117] La Carta Apostólica es un documento cuya autoridad reviste menor solemnidad que la de una encíclica y puede versar sobre asuntos doctrinales o tratarse de la promulgación de un acto papal.

BARREN y GUTIÉRREZ GARCÍA[118], «es una comunicación que podríamos calificar como doméstica, interior, que presenta un carácter eminentemente práctico y cuya dosis doctrinal es sensiblemente inferior a la de encíclicas anteriores del propio Pablo VI». Aun así, este documento viene siendo tradicionalmente considerado como clave dentro de la DSI, por el momento en que se publica, la novedad del contenido, su extensión y la repercusión que tuvo. Los propios expertos arriba mencionados continúan su discurso apuntando que «OA está llamada a provocar repercusiones de onda larga en muchos aspectos de la vida pública e incluso en el campo de las relaciones entre la Iglesia y el Estado»[119].

4.2.5.1. Contenido

Esta Carta Apostólica es un documento más breve que las Encíclicas hasta ahora comentadas. Consta de 52 números, distribuidos en una introducción y cuatro partes, de la siguiente manera:

- Introducción (1-7)
- Primera parte: Nuevos problemas sociales (8-21)
- Segunda parte: Aspiraciones fundamentales y corrientes ideológicas (22-41)
- Tercera parte: Los cristianos ante los nuevos problemas (42-47)
- Cuarta parte: Llamamiento a la acción (48-52)

En el apartado introductorio OA reitera que el mensaje último sigue siendo el mismo que en RN: inspirar la acción en favor de la justicia social. En aquel entonces, RN denunciaba la escandalosa situación de los obreros en la naciente sociedad industrial, pero la evolución histórica ha dado lugar a otras dimensiones de la justicia social, y QA extiende el problema a todo el orden social; MM amplía aún más la cuestión, introduciendo el concepto de desequilibrio entre sectores, regiones o naciones; PT hace una férrea defensa de los derechos del ser humano y PP subraya que la cuestión social ha adquirido proporciones mundiales y se preocupa por el desarrollo de los pueblos. Con esos antecedentes, cuando se publica OA, por una parte, en el mundo se están dando rápidas y profundas transformaciones que hacen que la humanidad se pregunte por su futuro, y, por otra parte, entre las naciones se siguen dando grandes diferencias en lo referente al desarrollo económico, cultural y político, que reclaman una mayor justicia social. Por lo tanto, la gran aspiración del momento es lograr esa justicia, pero dando prioridad a las cuestiones

---

[118] IRIBARREN, J. y GUTIÉRREZ GARCÍA, J.L., *Once grandes mensajes, op. cit.*, p. 493.
[119] IRIBARREN, J. y GUTIÉRREZ GARCIA, J. L., loc. cit.

más complejas o urgentes planteados por la economía moderna en un contexto más amplio de civilización nueva[120].

A continuación, en la primera parte, OA menciona de forma más concreta esos «nuevos» problemas sociales:

- La urbanización y los «cristianos en la ciudad». El crecimiento industrial conlleva un éxodo rural permanente y un crecimiento demográfico continuo. Los nuevos medios de publicidad lanzan nuevos productos y atraen a los consumidores, mientras amplísimos estratos de la población no pueden satisfacer sus necesidades primarias. Por otra parte, se trastornan los modos de vida y estructuras tradicionales (familia, comunidad cristiana...) y el hombre se encuentra solo en medio de una muchedumbre anónima. Pero los cristianos, *no deben perder el ánimo en la inmensidad amorfa de la ciudad*[121] y deben crear nuevos modos de proximidad y de relaciones para volver a recuperar la fraternidad perdida.
- Los jóvenes y las mujeres en la sociedad que está surgiendo. En el caso de los jóvenes, la transformación de la vida urbana supondrá problemas en el seno de las familias, en cuanto a las formas de autoridad, transmisión de valores... que habrá que intentar superar. En referencia a la mujer, OA defiende una legislación que *«reconozca su independencia como persona y la igualdad de sus derechos a participar en la vida económica, social, cultural y política»*[122].
- Los trabajadores. Se reconoce el derecho de todo ser humano al trabajo y la función importante que en ese ámbito desempeñan los sindicatos. Sin embargo, con el crecimiento demográfico el grupo de desempleados irá en aumento, *a no ser que un estremecimiento de la conciencia humana provoque un movimiento general de solidaridad por una política eficaz de inversiones, de organización de la producción y de los mercados, así como de la formación adecuada*[123].
- Discriminación. Un problema social que aparece con toda su crudeza es el de la discriminación por razón de raza, origen, color, cultura, sexo o religión, frente a lo que OA reitera que todos los miembros de la humanidad participamos de la misma naturaleza por lo que tenemos la misma dignidad que se traduce en iguales derechos y obligaciones. Esta discriminación también se da en el caso de los trabajadores emigrados, dado que su condición de extranjeros hace

---

[120] OA menciona expresamente las siguientes: *«condiciones humanas de la producción, equidad en el comercio y en la distribución de las riquezas, significación e importancia de las crecientes necesidades del consumo y participación en las responsabilidades»* (OA 7).

[121] OA 12

[122] OA 13

[123] OA 18

más difícil cualquier reivindicación social. Frente a esto, los pueblos han de dotarse de legislaciones que reconozcan el derecho a la emigración y favorezcan la integración de los emigrados.

- Los medios de comunicación social. Ejercen cada vez mayor influencia en la sociedad, por lo que están llamados a *ejercer su propia función positiva para el bien común, alentando toda expresión constructiva, apoyando a cada ciudadano y a los grupos en la defensa de los valores fundamentales de la persona y de la convivencia humana*[124].
- El medio ambiente. OA advierte que se está llevando a cabo una explotación inconsiderada de la naturaleza, con el riesgo de destruirla y de crear para generaciones futuras un ambiente que podría resultar intolerable.

En la segunda parte, Pablo VI aborda las principales aspiraciones y corrientes ideológicas del momento y se puede colegir una clara apuesta por la democracia. En la medida en que accede a la información y a la educación, el hombre tiene una doble aspiración: a la igualdad y a la participación, y esta doble aspiración trata de promover un tipo de sociedad democrática. Sin embargo, no todas las formas de democracia se presentan como igualmente aceptables, por lo que es necesario un discernimiento, pero, en cualquier caso, el cristiano tiene la obligación de participar en esa búsqueda de un modelo aceptable de democracia. Respecto a las corrientes ideológicas, el Papa también advierte de la necesidad de un «atento discernimiento» para no dejarse llevar por las ideologías marxista o liberal, que se oponen en puntos sustanciales a su fe y concepción del hombre, ni por la ideología omnipresente del progreso ilimitado, dado que el verdadero progreso está *«en el desarrollo de la conciencia moral»*[125].

A continuación, en la tercera parte se analiza la situación del cristiano ante los nuevos problemas. El cristiano tiene por delante el reto de permanente lucha por una mayor justicia y la actividad económica puede contribuir a ello, dependiendo siempre de la actuación política, dado que *«en los campos social y económico, tanto nacional como internacional, la decisión última corresponde al poder político»*[126]. Ese poder político debe tener como finalidad la realización del bien común y ejercitarse, por lo tanto, al servicio de la sociedad y no de intereses particulares, aunque, con gran dosis de realismo, se reconoce que el poder político no siempre está en condiciones de ofrecer respuesta y solución para todo. En cualquier caso, Pablo VI otorga gran importancia a la política, decantándose nuevamente por un sistema democrático, tal y como refleja el último

---

[124] OA 20
[125] OA 41
[126] OA 46

párrafo de esta tercera parte, al relacionarlo con la aspiración del hombre por la participación. A medida que aumenta el nivel cultural y se desarrolla el sentido de la libertad, el hombre exige una mayor participación en las responsabilidades y en las decisiones, por lo que hay que inventar una democracia moderna que, frente a una tecnocracia creciente dé a cada hombre *«no solo la posibilidad de informarse y de expresar su opinión, sino de comprometerse en una responsabilidad común»*[127], de forma que los grupos humanos se transformen poco a poco en comunidades de participación y de vida.

Al igual que en las Encíclicas anteriores, en la última parte de esta Carta Apostólica Pablo VI hace un llamamiento a la acción a cada cristiano, analizando lo realizado hasta el momento y lo que queda por realizar. El Papa es contundente al afirmar que de nada sirve denunciar las injusticias y hacer declaraciones programáticas al respecto, si posteriormente no se pasa a la acción o se deja esa responsabilidad en manos de terceros[128]; por lo tanto, cada cristiano es importante y debe asumir una posición activa, sin «mirar los toros desde la barrera».

4.2.5.2. Aportaciones

En el LXXX aniversario de la RN, Pablo VI, a través de esta Carta Apostólica trata de ampliar la DSI, dando respuesta a problemas emergentes, que no se habían planteado hasta entonces: nuevas formas de pobreza y marginación como consecuencia de un creciente y desordenado urbanismo, la situación de la mujer, la emigración, los peligros de una degradación ecológica irreversible... También se ha destacado como novedad, el análisis de las ideologías y movimientos históricos del momento, abogando por un modelo de gestión participativo y democrático, basado en proyectos relacionados con la vocación humana y sus expresiones en la sociedad, pero sin imponer ninguna ideología. Se advierte sobre la «doble cara» del progreso, de la que no siempre somos conscientes. Pero, sin duda, una de las principales aportaciones de OA es el llamamiento a la participación activa de todos los cristianos, que no deben simplemente observar y denunciar las injusticias, sino que han de hacerse responsables de un destino, el de todos los hombres en común, y pensar de qué manera actuar para lograr que mejore en la línea apuntada. Pablo VI

---

[127] OA 47

[128] OA 48: *«[...] No basta recordar principios generales, manifestar propósitos, condenar las injusticias graves, proferir denuncias con cierta audacia profética; todo ello no tendrá peso real si no va acompañado en cada hombre por una toma de conciencia más viva de su propia responsabilidad y de una acción efectiva. Resulta demasiado fácil echar sobre los demás la responsabilidad de las presentes injusticias, si al mismo tiempo no nos damos cuenta de que todos somos también responsables, y que, por tanto, la conversión personal es la primera exigencia».*

subraya en este documento la importancia de que el cristiano, con las orientaciones de la DSI, tome las oportunas decisiones.

4.3. Etapa posconciliar

Esta etapa comprende los pontificados de Juan Pablo II, Benedicto XVI y el iniciado por el Papa Francisco.

Con Juan Pablo II comienza, para la DSI, una nueva etapa que ya venía gestándose, dinamizada, sobre todo, por la reflexión pastoral del Vaticano II y el especial carisma de Juan XXIII y Pablo VI. Pero desde el inicio de su Pontificado, Juan Pablo II postuló un vínculo profundo entre Doctrina Social (a la que también llamó indistintamente «enseñanza», «magisterio», «ética», «doctrina»..., superando discusiones estériles en cuanto a la terminología) y la acción evangelizadora de la Iglesia. Facilitó las claves axiológicas para construir un mundo mejor, más justo, más fraterno y feliz. Él puso en diálogo a la Iglesia con todas las realidades sociales del nuevo tiempo e hizo a la DSI más Pastoral e indispensable en el camino del hombre y de la Iglesia.

Los documentos pontificios e intervenciones de Juan Pablo II recogen momentos sumamente importantes entre los que destacan sus aportaciones sociales, que expondremos más detalladamente, pero que a continuación enumeramos:

- La Encíclica *Laborem Exercens,* que habló del trabajo humano 90 años después de la RN.
- La Encíclica *Sollicitudo Rei Socialis,* que retoma el tema de PP en su vigésimo aniversario, pero con un lenguaje actualizado en el que se reflexiona sobre el papel de la ética solidaria en la consecución del desarrollo.
- La Encíclica *Centesimus Annus,* con motivo del centenario de la RN, en la que Juan Pablo II analiza magistralmente los numerosos factores que determinaron el fin del paradigma socialista europeo.

Sin embargo, a pesar de no tratarse de una encíclica, mencionaremos brevemente uno de los documentos más transcendentales de Juan Pablo II: se trata de un discurso pronunciado entre la primera y segunda encíclica, concretamente en mayo de 1986, en la sede de la Cooperativa de Productores Agrícolas de la ciudad de Faenza (Italia), en el que elogia notoriamente las cooperativas, que califica como «*ricas experiencias de trabajo comunitario [...] que aseguran el enriquecimiento humano, social, cultural y moral de los participantes*»[129].

---

[129] Discurso pronunciado por el Papa Juan Pablo II en la sede de la Cooperativa de Productores Agrícolas de la ciudad de Faenza (Italia), el 10 de mayo de 1986 (3).

Hecha esa matización, comenzaremos el análisis de la primera encíclica de Juan Pablo II, utilizando el esquema habitual.

4.3.1. «Laborem Exercens» (14.09.1981)

Carta Encíclica del Sumo Pontífice Juan Pablo II a los venerables hermanos en el episcopado, a los sacerdotes, a las familias religiosas, a los hijos e hijas de la Iglesia y a todos los hombres de buena voluntad sobre el trabajo humano, en el 90 aniversario de la «Rerum Novarum».
(http://www.vatican.va/holy_father/john_paul_ii/encyclicals/documents/hf_jp-ii_enc_14091981_laborem-exercens_sp.html; última consulta: 15-01-2015).

Nuevamente, la Encíclica «*Laborem Exercens*» obedece a una conmemoración de RN, en este caso el 90 Aniversario. Como su propio título indica LE está centrada monográficamente en el trabajo. Habían transcurrido 10 años desde OA y en ese tiempo el dato económico más significativo fue la crisis del petróleo a partir de 1973, que supuso un crecimiento incontenible del paro, por lo que era absolutamente necesario abordar el tema.

4.3.1.1. Contenido

Utilizando las palabras que el profesor GUERRERO[130] emplea en la Introducción a la Encíclica recogida en la obra *Once Grandes Mensajes*[131], LE «constituye la «Carta Magna del Trabajo», concebido éste como clave esencial de toda la cuestión social. Es un verdadero tratado, denso y profundo [...] del trabajo, entendido éste, sin sentido reduccionista, como «toda actividad humana en el mundo», desde la actividad manual a las actividades intelectuales, en sus múltiples facetas, y a las actividades de organización y de dirección... Es un documento de síntesis, que integra las experiencias sociales y económicas de Occidente, desde cuya óptica

---

Texto original en italiano: «*La Chiesa è sempre stata favorevole a tali ricche esperienze di pratica comunitaria, [...] assicurino anche la crescita umana, sociale, culturale e morale degli aderenti*» (http://w2.vatican.va/content/john-paul-ii/it/speeches/1986/may/documents/hf_jp-ii_spe_19860510_agricoltori-faenza.html; última consulta: 15-01-2015).

[130] FERNANDO GUERRERO. Abogado y juez en excedencia, fue profesor de la Facultad de Ciencias Políticas y Sociología de la Universidad de Salamanca y durante años ejerció como secretario de Acción Social Empresarial, así como de la Confederación Católica Nacional de Padres de Familia, dado que la empresa y la familia son dos campos en los que Fernando Guerrero se ha implicado con enorme dedicación.

[131] IRIBARREN, J. y GUTIÉRREZ GARCÍA, J. L., *Once grandes mensajes, op. cit.*, pp. 529 y 531.

habían sido escritas fundamentalmente las encíclicas sociales anteriores, con las experiencias de los países del Este —y también con los del Tercer Mundo— y que se refleja en posiciones más realistas y matizadas ante ciertas formas de propiedad colectiva de bienes de producción... La LE aborda problemas de actualidad laboral, siguiendo la línea argumental del trabajador como sujeto activo del trabajo: desempleo; salario justo y prestaciones de seguridad *social;* función de los sindicatos; trabajo agrícola; los minusválidos y el trabajo; los trabajadores emigrantes; trabajo y familia; trabajo y sociedad. Y termina con un capítulo sobre la «espiritualidad del trabajo»».

Todo ese contenido tan magistralmente sintetizado, se expone a lo largo de tan solo 27 puntos, lo que erróneamente nos puede hacer pensar que se trata de un documento mucho más breve que los anteriores, no siendo así, dado que cada uno de los 27 números es significativamente más extenso que las seriaciones anteriores. El texto se divide en cinco partes, de la siguiente forma:

- Introducción (1-3)
- El trabajo y el hombre (4-10)
- Conflicto entre trabajo y capital en la presente fase histórica (11-15)
- Derechos de los hombres del trabajo (16-23)
- Elementos para una espiritualidad del trabajo (24-27)

En la parte introductoria se justifica la elección del trabajo como tema monográfico del documento. Se menciona que 90 años después de la publicación de la RN, el trabajo sigue siendo el centro de la cuestión social, a la que prácticamente desde sus orígenes se dirigen de modo especial las enseñanzas de la Iglesia: se recoge, de manera sintetizada, la línea principal de desarrollo de los documentos del supremo Magisterio de la Iglesia y se observa que el problema del trabajo es un elemento permanente tanto de la vida social como de las enseñanzas de la Iglesia, en principio planteado como problema «de la clase obrera», para pasar a ser en época más reciente el problema «del mundo»[132]. Por lo tanto, LE no pretende recoger y repetir lo que ya se encuentra en las enseñanzas de la Iglesia, sino poner de relieve que el trabajo humano es la clave de toda la cuestión social.

En el siguiente apartado se habla precisamente del «trabajo humano», es decir, del trabajo y el hombre, partiendo de la convicción teológica de que el trabajo constituye una dimensión fundamental de la existencia del hombre en la tierra: el hombre ha sido creado «a imagen de Dios» y ha recibido el mandato de trabajar, aunque sea de forma indirecta[133]. Tal y

---

[132] LE 2

[133] Gén 1, 28: *Procread y multiplicaos y «henchid la tierra»; «sometedla».*

como explica el profesor CAMACHO[134], lo más destacado del tratamiento del trabajo en LE es la distinción entre dimensión objetiva y dimensión subjetiva del trabajo que se hace en esta primera parte, dando prioridad a esta última. El trabajo objetivamente considerado se presenta como el proceso de *«someter la tierra»*[135], hoy en día entendido como actividad más amplia que incluye trabajo técnico o mecánico. La dimensión objetiva se refiere, pues, al dominio efectivo, al hecho en sí de la transformación de la naturaleza, donde la industrialización y la técnica son simples instrumentos de la producción para un trabajo más eficaz y donde el hombre sigue siendo el sujeto del trabajo. Por el contrario la dimensión subjetiva hace alusión a la relación entre el trabajo y su sujeto, la persona que está detrás de todo trabajo, independientemente del tipo de trabajo de que se trate. En este ámbito LE establece un principio ético fundamental: la supremacía y prioridad del trabajo subjetivo sobre el objetivo[136]. Además LE advierte del peligro que puede suponer una concepción materialista y economicista del trabajo, propia de la era industrial, que lo considera como «mercancía» que el trabajador entrega al empresario. Este error puede repetirse si olvidamos la verdadera dignidad del trabajo humano, tal y como está ocurriendo actualmente.

En la tercera parte, LE reitera el principio de la supremacía de la dimensión subjetiva del trabajo sobre la dimensión objetiva, pero en este caso traduciéndola a supremacía del trabajo sobre el capital, contrariamente a lo que se defendía en la era de la industrialización. El trabajo es siempre una causa eficiente, mientras que el capital (conjunto de medios de producción) es sólo un instrumento, al servicio de esa causa. El Papa reclama un sistema nuevo, que conceda el protagonismo a la causa eficiente y devuelva al capital su condición de mera herramienta. Este principio conlleva también un nuevo planteamiento del derecho de propiedad. Si en los primeros documentos sociales se afirmaba la propiedad privada, excluyendo prácticamente la propiedad pública, en LE lo decisivo no es que la propiedad sea privada o pública, sino que esté al servicio de la persona que trabaja, especialmente en el caso de la propiedad de los medios de producción. *«El único título legítimo para su posesión, sea en forma de propiedad privada o pública, es que sirvan al trabajo»*[137].

A continuación, en la cuarta parte se mencionan los derechos de los trabajadores, que se cuentan entre los más importantes derechos sociales y forman parte del conjunto de derechos del hombre. En relación con ellos, LE introduce un nuevo concepto: *empresario directo* e *indirecto*, que

---

[134] CAMACHO, I., *Once claves…*, *op. cit.*, pp. 111 y 112.

[135] LE 5

[136] LE 6: *«[…] Es cierto que el hombre está destinado y llamado al trabajo; pero, ante todo, el trabajo está «en función del hombre» y no el hombre «en función del trabajo»*.

[137] LE 14

condiciona la organización del trabajo y la posibilidad de establecer relaciones justas o injustas. El empresario directo sería la persona o institución con la que el trabajador estipula directamente el contrato de trabajo. El empresario indirecto, por el contrario, haría referencia a un concepto mucho más amplio, que engloba el conjunto de factores que configuran el ordenamiento de la política laboral (instituciones, contratos colectivos, principios establecidos por esas instituciones...). Se puede aplicar a toda la sociedad y, en primer lugar, al Estado, que es quien debe establecer una política laboral justa.

Este concepto de empresario indirecto se relaciona con el principal problema en el ámbito laboral, *«encontrar un empleo adecuado para todos los sujetos capaces de él»*[138], ya que para lograrlo será el empresario indirecto quien deba llevar a cabo una política laboral justa. Otros derechos laborales fundamentales, como el salario justo y las prestaciones sociales surgen del vínculo contractual, es decir, de las relaciones entre el trabajador y el empresario directo. Se considera salario justo el que permita a los trabajadores acceder a los bienes destinados al uso común, y en el caso de trabajadores con responsabilidades domésticas, *«el que sea suficiente para mantener dignamente una familia»*[139]. Habla después del *salario familiar*, como aquel *«salario único dado al cabeza de familia por su trabajo y que sea suficiente para las necesidades de la familia, sin necesidad de hacer asumir a la esposa un trabajo retribuido fuera de casa»*[140]. Además a través de las prestaciones sociales se ha de facilitar al trabajador el acceso a la asistencia sanitaria, regular el derecho al descanso (semanal, al menos el domingo y vacaciones una vez al año o, eventualmente, varias veces por períodos más breves), el derecho a la pensión, al seguro de vejez... y, en general, el derecho a trabajar en ambientes y condiciones que no supongan perjuicio para la salud física o integridad moral de los trabajadores.

Otro derecho fundamental mencionado en esta cuarta parte es el derecho de asociación. LE resalta la labor de los sindicatos, a los que se refiere como *«protagonistas de la lucha por la justicia social»*[141], que pueden servirse del método de la huelga en sus reivindicaciones, ya que, aunque sea un medio extremo y no se deba abusar de él, es un derecho[142],

---

[138] LE 18

[139] LE 19

[140] *Ibidem.*

[141] LE 20

[142] Este importante derecho laboral, hoy reconocido como un derecho esencial de los trabajadores y recogido en la mayoría de los ordenamientos internos y en tratados internacionales específicos, ya fue expresamente defendido por la DSI, especialmente en esta Encíclica: *«es un derecho que debe legalmente garantizarse en la práctica, pero que está limitado por la situación general de la economía nacional y por el respeto al bien común en el caso de servicios esenciales para la sociedad»* (LE 20). También Pablo VI en OA hablaba de una huelga ilícita cuando tiene fines políticos y

pero también les atribuye una función educativa y de promoción socio-cultural.

Finalmente esta cuarta parte de la Encíclica menciona la dignidad del trabajo agrícola, reclamando el justo reconocimiento para la agricultura, como base de una sana economía, así como la especial situación de los minusválidos[143], que tienen derecho al trabajo según sus posibilidades, y de los emigrantes[144], que no han de estar en situación de desventaja respecto a los derechos laborales.

La quinta y última parte de la Encíclica es la de mayor contenido netamente teológico, por lo que la expondremos sumariamente. En ella se trata la espiritualidad del trabajo, centrándose en la idea de que el hombre, mediante su trabajo, participa en la obra del Creador, y de que con su acción, no sólo puede transformar las cosas y la sociedad, sino que se perfecciona a sí mismo.

4.3.1.2. Aportaciones

LE tiene como tema central el trabajo y el hombre y su principal novedad radica, precisamente, en el tratamiento monográfico del trabajo como objeto de una encíclica, con un enfoque integral y orgánico, así como en la importancia inédita del trabajo en la cuestión social.

La Encíclica desarrolla conceptos antes sólo esbozados e introduce otros sumamente novedosos. Así, habla de los derechos de los trabajadores dentro del conjunto de los derechos humanos recordando su dignidad (salario justo, prestaciones sociales, legitimidad del derecho a la huelga, aunque sea como recurso extremo y con ciertos límites), establece como principio ético que se convierte en eje de toda la encíclica la prioridad del trabajo sobre el capital, expone algunos puntos que favorecen la espiritualidad del trabajo, pero lo que más llama la atención es la introducción de nuevos términos conceptuales como trabajo objetivo y subjetivo, empresario directo e indirecto ó salario familiar.

En suma LE trata de mostrar que el trabajo humano es una clave, quizás la clave esencial, de toda la cuestión social. Si el objetivo es hacer

---

hablaba del respeto debido a los servicios esenciales de la sociedad como límite al derecho de huelga (OA 14).

[143] LE 22: «*Corresponde a las diversas instancias implicadas en el mundo laboral, al empresario directo como al indirecto, promover con medidas eficaces y apropiadas el derecho de la persona minusválida a la preparación profesional y al trabajo, de manera que pueda integrarse en una actividad productora que le sea idónea*».

[144] LE 23: «*Lo más importante es que el hombre que trabaja fuera de su país natal, como emigrante o como trabajador temporal, no se encuentre en desventaja en el ámbito de los derechos concernientes al trabajo, respecto a los demás trabajadores de aquella determinada sociedad.[…] En la relación de trabajo con el trabajador inmigrado, deben valer los mismos criterios que sirven para cualquier otro trabajador de aquella sociedad*».

la vida más humana, el trabajo adquiere una importancia fundamental y decisiva.

LE nació en tiempos de crisis con muchas similitudes a la actual crisis económica en la que no cesa la continua destrucción de puestos de trabajo, por lo que, si hubiera verdadera voluntad política, un repaso a sus contenidos podría ofrecer valiosas aportaciones aplicables al actual contexto.

4.3.2. *«Sollicitudo Rei Socialis» (30.12.1987)*

> *Carta Encíclica del Sumo Pontífice Juan Pablo II a los obispos, a los sacerdotes, a las familias religiosas, a los hijos e hijas de la Iglesia, así como a todos los hombres de buena voluntad al cumplirse el vigésimo aniversario de la «Populorum Progressio».*
> (http://www.vatican.va/holy_father/john_paul_ii/encyclicals/documents/hf_jp-ii_enc_30121987_sollicitudo-rei-socialis_sp.html; última consulta: 15-01-2015).

Esta Encíclica, como su propio título indica, se escribió para conmemorar la PP y propone el valor de la solidaridad, ante la cuestión social del momento, que sigue siendo el problema del desarrollo.

4.3.2.1. Contenido

Tal y como se especifica en el apartado introductorio, SRS tiene un doble objetivo: por una parte, rendir homenaje a la PP y a la importancia de su enseñanza; y por otra, afirmar la continuidad de la DSI junto con su constante renovación.

Ese doble objetivo se desarrolla en 48 números, estructurados de la siguiente forma:

- I. Introducción (1-4)
- II. Novedad de la encíclica «Populorum Progressio» (5-10)
- III. Panorama del mundo contemporáneo (11-26)
- IV. El auténtico desarrollo humano (27-34)
- V. Una lectura teológica de los problemas modernos (35-40)
- VI. Algunas orientaciones particulares (41-45)
- VII. Conclusión (46-48)

La introducción comienza recordando el permanente interés de la Iglesia por los problemas sociales, reflejado en las aportaciones del Magisterio, y subraya la doble finalidad del texto arriba mencionado.

En relación con la primera de esas finalidades, homenajear la PP y su trascendencia, Juan Pablo II subraya en el segundo apartado que la mencionada encíclica llamó la atención en su momento, veinte años atrás, por su novedad, dentro de la continuidad de la DSI, novedad que quedó plasmada en tres aspectos fundamentales: a) señalar el carácter ético del desarrollo y la necesidad de la intervención de la Iglesia; b) hacer universal la cuestión social, señalando la responsabilidad de todos; y c) hacer ver la trascendencia del desarrollo, nuevo nombre de la Paz.

Posteriormente, en el apartado III, SRS describe el panorama del mundo contemporáneo, especificando sus aspectos negativos (el contexto social del momento seguía siendo exactamente igual que veinte años atrás, por lo que la esperanza del desarrollo se había apagado; una multitud ingente vivía en la miseria; se agudizaba el abismo entre Norte y Sur; existía un analfabetismo alarmante), pero también mencionando aspectos positivos (conciencia de la dignidad humana, respeto de los derechos, convicción de interdependencia y solidaridad, conciencia de que la paz es indivisible).

El siguiente capítulo, apartado IV, constituye el corazón de la Encíclica, dado que versa sobre el desarrollo, «el auténtico desarrollo humano». Juan Pablo II expresa su propio concepto del desarrollo: un adecuado equilibrio entre el «ser« y el «tener». No es la mera acumulación de bienes, sino la justa posesión, que no genere desequilibrio: quien «tiene» demasiado, no llega a «ser», a realizarse como persona, por estar obsesionado por poseer cada vez más; pero tampoco puede «ser» quien no tiene o no posee lo indispensable[145].

Por otra parte, SRS establece ciertos requisitos, para que ese desarrollo sea realmente eficaz: en primer lugar debe ser colaborativo, «*de todos para con todos*» (hombres y mujeres, sociedades y naciones, en todas las partes del mundo)[146]; además, debe ser digno del hombre y para ello ha de respetar y promover los derechos humanos, incluidos los derechos de las naciones y de los pueblos; por último, también ha de respetar la naturaleza del cosmos, tomando mayor conciencia de la naturaleza de cada ser y su lugar en un sitio ordenado, teniendo en cuenta la limitación de los recursos naturales y cuidando la calidad de vida, sobre todo en zonas industrializadas[147].

---

145 SRS 28: «*[...] Este es pues el verdadero cuadro: están aquellos —los pocos que poseen mucho— que no llegan verdaderamente a «ser», porque, por una inversión de la jerarquía de los valores, se encuentran impedidos por el culto del «tener»; y están los otros —los muchos que poseen poco o nada—, los cuales no consiguen realizar su vocación humana fundamental al carecer de los bienes indispensables*».

146 SRS 32: «*De lo contrario, si se trata de realizarlo en una sola parte o en un solo mundo, se hace a expensas de los otro*».

147 SRS 34: «*Una justa concepción del desarrollo no puede prescindir de estas consideraciones —relativas al uso de los elementos de la naturaleza, a la renovabilidad*

A continuación, en el apartado V, Juan Pablo II procede a realizar una lectura teológica de los problemas modernos, porque considera que si durante las dos décadas transcurridas desde la PP no se ha logrado el desarrollo o se ha logrado de forma escasa e irregular, probablemente las razones no sean solamente económicas o políticas, sino también de orden moral. Así, considera que el afán de ganancia y la sed de poder son males morales (o *«actitudes de pecado»*, en palabras de Juan Pablo II[148]), que se dan no sólo en los individuos, sino también en las naciones e incluso en los bloques, y condicionan ciertas decisiones aparentemente inspiradas sólo por la economía o la política. Para superarlo y poder seguir avanzando hace falta un sistema de relaciones en el mundo actual basado en la solidaridad, entendida como *la determinación firme y perseverante de empeñarse por el bien común*[149], que supondrá un camino hacia la paz y el verdadero desarrollo. Por lo tanto, en este apartado se reitera un concepto fundamental en la DSI: la solidaridad, como actitud moral que complementa a la justicia y que será de vital importancia en un mundo cada vez más interdependiente.

En el apartado VI se ofrecen algunas orientaciones particulares. Juan Pablo II recuerda que la DSI no es un tercera vía entre el capitalismo liberal y el colectivismo marxista, sino que tiene una categoría propia, el de la teología moral, que debe orientar la conducta de las personas, adquiriendo todos y cada uno de nosotros un compromiso por la justicia, según nuestras respectivas circunstancias. Esta DSI, así entendida, debe abrirse a las realidades internacionales y volver a reflexionar sobre las enseñanzas tradicionales del Magisterio, subrayando el amor preferencial por los pobres. Además, se requieren acciones concretas: reforma del sistema internacional de comercio (en aquel momento favorece productos de industrias incipientes en países en vías de desarrollo, mientras que desanima a productores de materias primas), reforma del sistema monetario y financiero mundial (excesiva fluctuación de los métodos de intercambio y de interés), intercambio de tecnologías (se estaba negando el envío de tecnología a países en vías de desarrollo)...; en general, se necesita una revisión de las estructuras de las organizaciones internacionales, renunciando a la voluntad de instrumentalizarlas dado que su único objetivo debe ser el bien común. Pero todas esas acciones no se harán realidad sin la colaboración de todos, especialmente de la comunidad internacional, basándose en un principio reiterado por la DSI: la solidaridad, entre las naciones en vías de desarrollo, pero también, y sobre todo, con los países más marginados.

SRS finaliza con un último apartado en el que concluye de la siguiente manera: la búsqueda del pleno desarrollo está íntimamente ligada a la

---

de los recursos y a las consecuencias de una industrialización desordenada—, las cuales ponen ante nuestra conciencia la dimensión moral que debe distinguir el desarrollo».

148 SRS 37

149 SRS 39

liberación de pueblos e individuos, pero un desarrollo solamente económico no libera al hombre, sino que lo esclaviza aún más. El desarrollo ha de ser completo, abarcando la dimensión cultural, trascendente y religiosa, para que el ser humano pueda orientar sus objetivos en la dirección adecuada.

4.3.2.2. Aportaciones

La temática de esta encíclica tiene una vigencia extraordinaria. El hombre de empresa no puede permanecer indiferente a los problemas de marginación y de miseria. Debe reconocer el nexo orgánico entre desarrollo, solidaridad y liberación. Quizá la nota más destacada de SRS sea, precisamente, el profundo estudio que hace de la solidaridad y el puesto central que asigna a este principio en las relaciones sociales e internacionales y en la solución de los problemas de subdesarrollo.

Además la Encíclica recuerda que desarrollo no significa el mito del progreso casi automático e ilimitado de la humanidad, tampoco es el desarrollo una realidad simplemente económica, ni puede consistir, menos aún, en acumular bienes. SRS insiste, por el contrario, en los aspectos morales del desarrollo: hay que evitar ciertos males morales (ansia de lucro y sed de poder) mediante la conversión de los corazones, con su consiguiente efecto de solidaridad, también internacional. Por último, cabe señalar la mención de los problemas ecológicos y la especial consideración de las consecuencias de un desarrollo no responsable y amoral: escasa disponibilidad en el futuro de unos recursos limitados, contaminación derivada de una industrialización descontrolada..., problemas que hoy día, en pleno siglo XXI, recobran protagonismo.

4.3.3. «Centesimus Annus» (1.5.1991)

> *Carta Encíclica del Sumo Pontífice Juan Pablo II a sus hermanos en el Episcopado, al clero, a las familias religiosas, a los fieles de la Iglesia católica, y a todos los hombres de buena voluntad en el centenario de la «Rerum Novarum».*
> (http://www.vatican.va/holy_father/john_paul_ii/encyclicals/documents/hf_jp-ii_enc_01051991_centesimus-annus_sp.html; última consulta: 15-01-2015).

La Encíclica CA se presenta como una relectura, aplicación y extensión de otra encíclica, RN, transcurrido un siglo desde su publicación y, de alguna forma, es el cierre de un ciclo de pensamiento de Juan Pablo II, iniciado en materia social con LE. El proceso transcurrido desde la RN a la CA muestra un ensanchamiento del horizonte de análisis y de preocupación, que se refleja en la propia terminología empleada: en RN el problema central era la *cuestión obrera*, la situación infrahumana de hombres, mujeres y niños como consecuencia de la industrialización; posteriormente, ese horizonte inmediato de la industrialización y de las masas en el trabajo afectará a toda la sociedad, convirtiéndose en *cuestión social* (QA y MM); avanzando en el tiempo, llegará un momento en que la relación obreros-empresarios, ricos-pobres adquiera un contexto más amplio, tanto en temática como en extensión geográfica, de forma que los nuevos problemas serán la paz, el desarrollo y la justicia mundial y estaremos ante la *cuestión económica* (PT, PP, SRS)

Por consiguiente, desde León XIII a Juan Pablo II el horizonte ha cambiado: los problemas no son sólo los de los obreros, sino los de todos los hombres en cuanto tales; no son los de Europa, sino los del mundo; no son sólo las situaciones de trabajo, sino también las realidades y relaciones del ser humano en general.

4.3.3.1. Contenido

CA es un documento extenso integrado por 62 números distribuidos de la siguiente manera:

- Introducción (1-3)
- Capítulo I: Rasgos característicos de la RN (4-11)
- Capítulo II: Hacia las cosas nuevas de hoy (12-21)
- Capítulo III: El año 1989 (22-29)
- Capítulo IV: La propiedad privada y el destino universal de los bienes (30-43)
- Capítulo V: Estado y cultura (44-52)
- Capítulo VI: El hombre es el camino de la Iglesia (53-62)

CA comienza en su apartado introductorio mencionando el objetivo de la encíclica: hacer una relectura de RN, para reconocer la validez de los principios allí formulados, revisar las cosas nuevas de los últimos decenios y mirar al futuro.

A continuación, en el Capítulo I, Juan Pablo II recuerda y subraya las características esenciales de la RN: a finales del siglo pasado se habían producido un conjunto de cambios radicales en los ámbitos político (nueva concepción de la sociedad y de la autoridad), económico (nueva forma de propiedad: el capital; y nueva forma de trabajo: el trabajo asalariado) y social (sociedad dividida en dos clases, trabajadores y empresarios, separados por un enorme abismo), que hicieron que León XIII interviniera con un documento que afrontaba de manera orgánica la cuestión obrera.

En ese documento se establecieron importantes principios, aún hoy vigentes, y que revelan el valor permanente de las enseñanzas sociales: dignidad del trabajo humano y derecho a la propiedad privada; derecho a la asociación y a unas condiciones de trabajo dignas; derecho a un salario justo; nueva concepción de Estado: se critican tanto el socialismo como el liberalismo, abogando por un sistema que atienda a todos los ciudadanos, y en especial a los pobres.

En el Capítulo II, Juan Pablo II lanza una mirada a la situación del momento: la historia del socialismo, sus repercusiones, el movimiento obrero, las sucesivas realizaciones del capitalismo y los logros de la conciencia humana en la articulación entre capital y trabajo, movimientos sindicales y Estado. Se analizan, sobre todo, los efectos las dos guerras mundiales y el militarismo, que si bien supusieron la división del mundo, la destrucción de la identidad y la memoria histórica de los hombres, también trajeron un *«esfuerzo positivo por reconstruir una sociedad democrática inspirada en la justicia social»*[150]. En el mismo período tiene lugar un proceso de descolonización, por el que algunos países consiguen o recuperan su independencia, pero sectores decisivos de la economía siguen en manos de fuerzas extranjeras, que impiden el verdadero desarrollo de esos paíeses. Con todo, se produce un desplazamiento del centro de la cuestión social del ámbito nacional al plano internacional.

El Capítulo III se centra como decíamos en todos los acontecimientos acaecidos en el año 1989 y sus consecuencias. Se produce la caída de los regímenes totalitarios y el nacimiento de nuevas formas de democracia, con la ayuda de la Iglesia[151]. Pero los factores que han conducido a esa caída de los regímenes opresores son: la violación de los derechos fundamentales, la ineficiencia del sistema económico y el vacío espiritual provocado por el ateísmo. Todo ello ha supuesto una serie de consecuencias: en primer lugar, para la propia Iglesia, que adquiere el compromiso de combatir la marginación y el sufrimiento; en segundo lugar, para algunos pueblos de Europa, para los que comienza una dura posguerra, con una radical reestructuración de sus economías.

El Capítulo IV resulta más interesante desde el punto de vista social, ya que trata directamente sobre la propiedad privada y el destino universal de los bienes, mencionando expresamente conceptos tan importantes como el de la «empresa» o la «economía de mercado». En general, llama la atención un nuevo concepto de propiedad: la propiedad privada no es ante todo la tierra, sino que es *«la propiedad del conocimiento, de la técnica, del saber»*[152]. Casi todo ha sido transferido del orden de la naturaleza

[150] CA 19

[151] CA 22: *«[...] Una ayuda importante e incluso decisiva la ha dado la Iglesia, con su compromiso en favor de la defensa y promoción de los derechos del hombre»*.

[152] CA 32: *«[...] Si en otros tiempos el factor decisivo de la producción era la tierra y luego lo fue el capital, hoy día el factor decisivo es cada vez más el hombre mismo, es*

al orden de la cultura, que se convierte en el imperativo más urgente y es específicamente abordado en el capítulo siguiente. En ese contexto se ubica el concepto de *empresa*. Hay que aceptar que el desarrollo de las cuestiones relativas a la empresa no es en esta encíclica excesivamente amplio, pero se mencionan algunos elementos relacionados con el saber, el conocimiento y la inteligencia, que coinciden con el concepto moderno de empresa (capacidad de transformación, creatividad, capacidad de iniciativa y de espíritu emprendedor). En ese sentido, se reconoce, por ejemplo, que muchos hombres no disponen de medios para entrar en el sistema de empresa porque «*no tienen posibilidad de adquirir los conocimientos básicos que les ayuden a expresar su creatividad y desarrollar sus capacidades*»[153].

Con respecto a la *economía de mercado*, CA legitima el libre mercado, aunque la encíclica deja muy claro que no se le puede abandonar a sus propias fuerzas, porque él solo no cubre las necesidades personales y sociales[154]. Frente al sistema económico que asegura el predominio absoluto del capital, se propone «*una sociedad basada en el trabajo libre, en la empresa y en la participación. Esta sociedad tampoco se opone al mercado, sino que exige que éste sea controlado oportunamente por las fuerzas sociales y por el Estado, de manera que se garantice la satisfacción de las exigencias fundamentales de toda la sociedad*»[155].

En otro orden de cosas, en este capítulo IV, CA también se preocupa por la cuestión ecológica, con una perspectiva interesante: hay que evitar la destrucción irracional del medio ambiente natural, pero también y sobre todo, del «*ambiente humano*», dado que también hay que adoptar medidas para «*salvaguardar las condiciones morales de una auténtica ecología humana*» [156] y la familia es el primer elemento a proteger para conseguir esa ecología humana, por lo que se denuncian las campañas en contra de la natalidad.

En el capítulo siguiente se analizan, como decíamos, dos conceptos importantes: el Estado y la cultura. Se necesita una forma de Estado adecuada para un normal desenvolvimiento de las actividades humanas. No son válidas las fórmulas totalitarias, sino el Estado de Derecho, en el que es soberana la ley y no la voluntad arbitraria de algunos hombres y se posibilita la participación democrática. En el ámbito económico el

---

decir, su capacidad de conocimiento, que se pone de manifiesto mediante el saber científico».

153 CA 33

154 CA 34: «*[...] Existen numerosas necesidades humanas que no tienen salida en el mercado. Es un estricto deber de justicia y de verdad impedir que queden sin satisfacer las necesidades humanas fundamentales [...].Por encima de la lógica de los intercambios a base de los parámetros y de sus formas justas, existe algo que es debido al hombre porque es hombre, en virtud de su eminente dignidad*».

155 CA 35

156 CA 38

Estado debe garantizar la seguridad, vigilando y encauzando el ejercicio de los derechos humanos e interviniendo cuando situaciones de monopolio puedan suponer obstáculos para el desarrollo, pero siempre bajo el principio de subsidiariedad. Respecto a la cultura, se recalca que toda actividad humana se materializa dentro de una determinada cultura, con la que tiene especial relación. Según establece CA, «*para una adecuada formación de esa cultura se requiere la participación directa del hombre*»[157], con su creatividad, su inteligencia y su conocimiento del mundo.

CA finaliza con un último capítulo en el que se vuelve a insistir sobre la importancia del hombre para la Iglesia, cuyo objetivo y misión es precisamente la atención al hombre. En ese sentido, el camino inspirado por la DSI es la preocupación por los derechos humanos, pero esa doctrina no ha de ser considerada como simple teoría, sino que se ha de aplicar, tiene que convertirse en estímulo para la acción[158], teniendo en cuenta su opción preferencial por los pobres, incluyendo además de la pobreza material o económica, la cultural y religiosa.

4.3.3.2. Aportaciones

Con motivo del centenario de la RN, CA expone la visión personal de Juan Pablo II, una significativa reflexión social del catolicismo reciente. Su intención es esclarecer y animar a asumir una responsabilidad moral frente a nuestra historia futura aprendiendo de la tragedia vivida en aquel siglo: guerras, dictaduras ideológicas, desequilibrio del mundo, negación de Dios.

En lo que a nuestro ámbito respecta, cabe resaltar el nuevo concepto de propiedad y el protagonismo de la cultura. Además, CA ofrece la novedad de que en ella se considera a la empresa de una manera más explícita y positiva que en los documentos anteriores, aunque el tratamiento sea aún poco decidido. Se considera a la empresa como una entidad que no es exclusivamente tecnoestructural, una configuración del mercado, sino que es es una realidad cultural, una expresión de la forma de vida de un conjunto de personas, una comunidad humana de trabajo organizado. También subrayaremos la aceptación explícita del sistema de economía de mercado, aunque en la medida en que éste no cubra las necesidades personales y sociales habrá que complementarlo con un contexto jurídico que garantice la libertad humana.

[157] CA 51

[158] CA 57: «*[...] Hoy más que nunca la Iglesia es consciente de que su mensaje social se hará creíble por el testimonio de las obras antes que por su coherencia y lógica interna*».

4.3.4. *«Caritas in Veritate» (29.06.2009)*

> *Carta Encíclica del Sumo Pontífice Benedicto XVI a los obispos, a los presbíteros y diáconos, a las personas consagradas, a todos los fieles laicos y a todos los hombres de buena voluntad sobre el desarrollo humano integral en la caridad y en la verdad.*
> (http://www.vatican.va/holy_father/benedict_xvi/encyclicals/documents/hf_ben-xvi_enc_20090629_caritas-in-veritate_sp.html; última consulta: 15-01-2015).

Con CiV, Benedicto XVI pretendía conmemorar el 40 aniversario de la PP, en su opinión tan importante como la RN de León XIII[159]. Sin embargo, cuando la Encíclica estaba prácticamente terminada estalló una crisis económica global de tal envergadura que cuestionaba muchos principios del pensamiento económico dominante y el Papa decidió retomar el texto para responder más adecuadamente a la nueva situación. Por ese motivo CiV apareció en realidad 42 años después de la PP.

El tema central es el desarrollo, pero no entendido en sentido estrictamente económico, sino el desarrollo integral del ser humano, prestando especial atención a las nuevas cuestiones surgidas desde la PP.

4.3.4.1. Contenido

La Encíclica CiV consta de 79 números, divididos en una introducción, seis capítulos y una conclusión, de la siguiente forma:

- Introducción (1-9)
- Capítulo I: El mensaje de la *Populorum Progressio* (10-20)
- Capítulo II: El desarrollo humano en nuestro tiempo (21-33)
- Capítulo III: Fraternidad, desarrollo económico y sociedad civil (34-42)
- Capítulo IV: Desarrollo de los pueblos, derechos y deberes, ambiente (43-52)
- Capítulo V: La colaboración de la familia humana (53-67)
- Capítulo VI: El desarrollo de los pueblos y la técnica (68-77)
- Conclusión (78, 79)

Con la intención de conmemorar y actualizar la PP y retomando también temas sociales de la SRS, CiV se propone profundizar en el concepto del desarrollo humano integral desde la perspectiva de los nuevos acontecimientos (crisis económica y financiera, globalización, ecología,

---

[159] CiV 8: *«[...] manifiesto mi convicción de que la PP debe ser considerad como la RN comtemporánea».*

bioética, medios de comunicación social...), estableciendo principios éticos y morales generales desde la perspectiva de la caridad y la verdad. Generalmente, el nombre de una encíclica sólo permite saber cuáles son las primeras palabras del texto original latino. En este caso, CiV no es sólo el nombre de la encíclica, sino también su leitmotiv, que aparece una y otra vez: Benedicto XVI considera que sólo uniendo la caridad y la verdad puede alcanzarse el verdadero desarrollo.

Efectivamente, en la introducción el Papa recuerda que la caridad es la vía maestra de la DSI, entendida como «amor», una fuerza extraordinaria, *«que mueve a las personas a comprometerse con valentía y generosidad en el campo de la justicia y de la paz»*[160], pero advierte que esa caridad se ha de entender y practicar a la luz de la verdad para poder incidir en la vida social, ya que sin verdad la caridad es mero sentimentalismo.

El primer capítulo está dedicado al *«Mensaje de la PP»*. El Pontífice vuelve a recordar que las causas del subdesarrollo no son principalmente de orden material, sino que están en la voluntad y en el pensamiento y sobre todo en la falta de fraternidad entre los hombres y los pueblos. El desarrollo humano integral supone, además, la libertad responsable de la persona y exige que se respete la verdad. Si no es *«de todo el hombre y de todos los hombres»* no es verdadero desarrollo[161].

En el capítulo segundo se aborda el tema del *«desarrollo humano en nuestro tiempo»*. En este sentido, Benedicto XVI adopta la visión articulada de desarrollo de Pablo VI, que se vuelve a recordar de forma muy gráfica: un desarrollo cuyo objetivo era *«que los pueblos salieran del hambre, la miseria, las enfermedades endémicas y el analfabetismo. Desde el punto de vista económico, eso significaba participación activa y en condiciones de igualdad en el proceso económico internacional; desde el punto de vista social, su evolución hacia sociedades solidarias y con buen nivel de formación; desde el punto de vista político, la consolidación de regímenes democráticos capaces de asegurar libertad y paz»*[162]. Ahora, 42 años después, se trata de comprobar hasta qué punto se ha conseguido ese objetivo y el Papa reconoce que se ha de revisar el camino, aprovechando las experiencias positivas y rechazando las negativas, para redescubrir valores sobre los que asentar un futuro mejor.

El tercer capítulo, junto con el cuarto, constituyen el pilar de la encíclica. En el primero de ellos se habla de *«fraternidad, desarrollo económico y sociedad civil»*. El desarrollo ha de basarse en la unidad del género humano, en la fraternidad, para que sea real[163]. La actividad económica no puede resolver los problemas sociales utilizando simplemente la lógi-

---

160 CiV 1

161 CiV 18

162 CiV 21

163 CiV 35: *«[...] Sin formas internas de solidaridad y de confianza recíproca, el mercado no puede cumplir plenamente su propia función económica»*.

ca mercantil, sino que ha de aplicar también criterios de justicia social. La vida económica es una realidad de múltiples dimensiones, pero en todas ellas ha de haber un respeto a la reciprocidad fraterna. Además, se menciona un concepto importante en relación con el objetivo de este estudio: la gratuidad, que fomenta la solidaridad y la responsabilidad por la justicia y el bien común, haciendo un guiño a las empresas de economía social, como forma de hacer frente a las distorsiones y disfunciones de las dinámicas internacionales del momento[164]. Por último, respecto a la sociedad civil, en este tercer apartado se subraya que la empresa no puede tener únicamente en cuenta el interés de sus propietarios, sino los de toda la sociedad civil, configurada tanto por los otros sujetos vinculados a la empresa (trabajadores, proveedores, clientes...), como por la propia comunidad en la que desarrolla su actividad.

El cuarto capítulo hace referencia a los derechos y deberes que supone el desarrollo, y en especial a los deberes para con el medio ambiente. Se considera que la mencionada solidaridad, que es un hecho y un beneficio para todos, es también el primer deber. CiV aclara que a menudo nos centramos en la reivindicación de determinados derechos, por ser de nuestra titularidad, pero nos olvidamos que el desarrollo debe ser integral, es decir, propio y ajeno[165] y recuerda que, por el contrario, compartir los deberes recíprocos moviliza mucho más que la mera reivindicación de derechos. Entre esos derechos/deberes estarían los relacionados con el crecimiento demográfico: la procreación responsable es un derecho y un deber fundamental en aras al desarrollo integral, así como el respeto a los valores humanos también en el ejercicio de la sexualidad. También se menciona el crecimiento económico, redundando en la idea anteriormente mencionada de que la economía no vive al margen de la ética y los aspectos sociales. Al contrario, la economía necesita la ética para su correcto funcionamiento. En ese sentido se menciona un nuevo y significativo concepto: la «*finanza ética*» ó «*business ethics*», es decir, la ética en el campo económico, bancario y empresarial, de la que se empieza a hablar, de forma cada vez más recurrente. Así, se desarrolla una finanza ética, «*sobre todo mediante el microcrédito y, más en general, mediante la microfinanciación. Dichos procesos son apreciados y merecen un amplio apoyo*»[166]; además, constituyen medidas que hoy día vuelven a estar de moda.

---

[164] CiV 38: «*[...] Junto a la empresa privada, orientada al beneficio, y los diferentes tipos de empresa pública, deben poderse establecer y desenvolver aquellas organizaciones productivas que persiguen fines mutualistas y sociales...*»; CiV 40: «*...Uno de los mayores riesgos es sin duda que la empresa responda casi exclusivamente a las expectativas de los inversores en detrimento de su dimensión social*».

[165] CiV 41: «*[...]Hoy se da una profunda contradicción. Mientras, por un lado, se reivindican presuntos derechos, de carácter arbitrario y superfluo, con la pretensión de que las estructuras públicas los reconozcan y promuevan, por otro, hay derechos fundamentales y elementales que se ignoran y violan en gran parte de la humanidad*».

[166] CiV 45

En la misma línea, se trae a colación la relación entre empresa y ética, distinguiendo las empresas destinadas al beneficio y las organizaciones sin ánimo de lucro, y una zona intermedia, con empresas tradicionales que suscriben pactos de ayuda a países atrasados, considerando que la pluralidad de formas de empresa da lugar a un mercado *«más cívico y al mismo tiempo más competitivo»*[167]. Pero, sin duda, otra de las cuestiones más llamativas de este capítulo y de la encíclica en su conjunto es el amplio tratamiento dedicado a cuestiones medioambientales. Ya en encíclicas anteriores (OA, CA) se había mostrado la inquietud por el medio ambiente, pero CiV realiza un profundo análisis del problema. El desarrollo está íntimamente unido a los deberes que nacen de la relación del hombre con el ambiente natural. Revisten especial importancia los problemas energéticos, que revelan la urgente necesidad de una renovada solidaridad en este ámbito entre países desarrollados y países en vías de desarrollo. Pero también cada hombre debe gobernar responsablemente la naturaleza, porque actualmente estamos inmersos en un excesivo consumismo, sin preocuparnos por las consecuencias que ello podría acarrear[168].

En el quinto apartado se habla de la *«colaboración de la familia humana»*, utilizando expresiones como *«lo que implica ser una familia»*, *«interacción entre los pueblos del planeta»*[169], porque el desarrollo requiere la integración de todos los pueblos en una única familia humana, volviendo a recordar los conceptos de solidaridad y fraternidad, pero desde una perspectiva más teológica. No obstante, conviene destacar una concreción de esa solidaridad, cifrada en las denominadas «ayudas internacionales al desarrollo», que han de conjugar esa solidaridad con la subsidiariedad, entendida como *«ayuda a la persona, a través de la autonomía de los cuerpos intermedios»*[170]. Se propone incluso una *«subsidiariedad fiscal, que permitiría a los ciudadanos decidir sobre el destino de los porcentajes de impuestos que pagan al Estado»*[171]. Otros problemas dignos de mención en relación con el desarrollo integral y la familia humana son el fenómeno del turismo internacional, que en lugar de ser un factor de desarrollo económico puede convertirse en una forma de explotación, como es el caso del turismo sexual, ó el fenómeno de la migración, difícil de gestionar y que evidencia la necesidad de adecuadas normativas internacionales. Por último, CiV, a pesar de no reservar un capítulo para el tema del trabajo, sí incluye párrafos que constituyen un válido soporte para un análisis crítico y constructivo de las actuales políticas de trabajo. Así, este quinto capítulo menciona una serie de consideraciones importantes. Es-

---

[167] CiV 46

[168] CiV 51: *«[...] es necesario un cambio efectivo de mentalidad que nos lleve a adoptar nuevos estilos de vida»*.

[169] CiV 53

[170] CiV 57

[171] CiV 60

tablece que el trabajo debe considerarse como conjunto de actividades necesarias para el crecimiento humano, para poder vencer la plaga de la desocupación. Hace un llamamiento expreso a las organizaciones sindicales para que se hagan cargo de los nuevos problemas de la sociedad. Se necesitan políticas activas de trabajo, que requieren intervenciones sobre las reglas de organización de los tiempos, inversiones en las investigaciones, innovaciones e incluso *«una coalición mundial a favor del trabajo decente»*[172]. El Papa solicita una urgente reforma de la Organización de las Naciones Unidas y de la estructura económica y financiera internacional, para dar voz a las naciones más pobres.

El capítulo sexto está dedicado al desarrollo y la técnica. Se afirma que el desarrollo no es sólo una cuestión tecnológica, sino que implica también a la persona y a la libertad humana. La atracción por la técnica sólo debe llevar al hombre a tomar decisiones que sean fruto de una reflexión y responsabilidad morales.

Finalmente, en la conclusión, aparece el marco teológico de todo el discurso, con afirmaciones sobre la necesidad de la presencia divina, para que el hombre no se pierda y de la presencia cristiana, para lograr un verdadero desarrollo.

4.3.4.2. Aportaciones

CiV pretende ser un homenaje a PP, recuperando muchas de sus enseñanzas 42 años después, pero introduce significativas novedades acordes con los tiempos, en un texto propositivo, que no carga las tintas de la condena y el reproche, aunque no renuncia a denunciar las insuficiencias e injusticias del modelo de desarrollo del momento. Entre esas novedades podemos destacar las siguientes, en lo que a nuestro ámbito de investigación respecta.

En primer lugar, CiV supera la obsoleta dicotomía entre la esfera de lo económico y lo social. Hasta ese momento imperaba la idea de que para poder operar en el campo de la economía era indispensable buscar el beneficio y moverse por el propio interés, de forma que no se era empresario si no se perseguía la maximización del crecimiento y de los beneficios; en ese caso, se forma parte de la esfera de lo social. CiV, por el contrario, afirma que se puede hacer empresa también cuando se persiguen fines de utilidad social y que una gestión económica que no incorpora la dimensión de lo social no sería éticamente aceptable. Coherentemente con este punto de vista, el Pontífice esboza un modelo de economía social, entendida como pluralidad de formas de empresa, no sólo de tipo capitalista, todas al servicio del bien común universal. Además, menciona expresamente la

---

[172] CiV 63

cooperación solidaria, basada en la fraternidad, que no se limita a formas de empresa, sino que se considera como la forma ideal de relacionarse entre distintos actores económicos. Esta aportación nos parece interesante, porque muestra que la actividad económica va más allá de la utilización de recursos materiales y técnicos, mediante un reconocido compromiso ético, que podríamos decir se traduce en actitudes de servicio, de responsabilidad, de confianza en el otro, de fidelidad a la palabra dada...

Una segunda cuestión, no tan novedosa en el contenido importante, pero sí en la contundencia con la que se solicita, es el llamamiento del Pontífice a una urgente reforma de la Organización de las Naciones Unidas, por la imperiosa necesidad de una verdadera autoridad política mundial, con poder efectivo. Benedicto XVI defiende la necesidad de esa reforma de las Naciones Unidas, en virtud del principio de injerencia humanitaria, para dar voz a los países más pobres.

En tercer lugar, llama la atención la preocupación por el medio ambiente. Tampoco en esta ocasión se trata de un tema novedoso, pero sí lo es su tratamiento, mucho más profundo: por primera vez, el medio ambiente se asocia sistemáticamente al derecho a la vida del ser humano y no se considera a la naturaleza en sentido simplemente materialista.

Por otra parte el capítulo VI, relativo al «desarrollo de los pueblos y la técnica» es una novedad porque relaciona el progreso tecnológico y el desarrollo humano y denuncia la conversión de la técnica en una «ideología» y los riesgos deshumanizadores que conlleva. Además, se incorporan de manera decisiva las cuestiones de la vida, la bioética y las biotecnologías a la DSI.

También cabe destacar que, por primera vez en una encíclica social, el derecho a la vida encuentra una consistente posición en relación al desarrollo. La procreación y la sexualidad, el aborto y la eutanasia se valoran como problemas sociales de principal importancia y se subraya que ya no será posible implementar programas de desarrollo sólo de tipo económico-productivo, si no se tienen sistemáticamente en cuenta la dignidad de la mujer, de la procreación y de la familia.

4.3.5. «Lumen Fidei» (29.06.2013)

> *Carta Encíclica del Sumo Pontífice Francisco a los obispos, a los presbíteros y diáconos, a las personas consagradas y a todos los fieles laicos sobre la Fe.*
> (http://w2.vatican.va/content/francesco/es/encyclicals/documents/papa-francesco_20130629_enciclica-lumen-fidei.html; última consulta: 15-01-2015).

Se trata de la primera encíclica del Pontificado de Francisco. En realidad es un texto cuya redacción comenzó su predecesor, Benedicto XVI con motivo del Año de la Fe, pero que no pudo terminar al renunciar a su Pontificado. El Papa Francisco la firmó, el 29 de junio de 2013, tras la introducción de algunas aportaciones.

LF versa sobre la fe, por lo que no se trata de una encíclica estrictamente social. Aun así, la incluimos en este estudio porque en el cuarto y último capítulo, se expone el sentido social de la fe, presentándola como un bien común que no es ajeno a las necesidades de nuestro tiempo. Además, el especial talante del Papa Francisco, que ha sorprendido a propios y extraños y su constante preocupación por cuestiones como el auténtico desarrollo, la superación de las desigualdades, su opción por los pobres... justifican la necesidad de prestar especial atención a sus encíclicas.

Estructurada en una introducción y cuatro capítulos, solamente haremos una breve referencia al último de ellos, por el motivo arriba explicado.

LF consta de 60 puntos, y el capítulo IV, titulado «*Dios prepara una ciudad para ellos*»[173], comprende los diez últimos. En general, la encíclica centra su tema en la fe, completando lo que Benedicto XVI ya había escrito sobre la esperanza y la caridad, las otras dos virtudes teologales, pero este último capítulo analiza la relación entre la fe y el bien común, refiriéndose al modo de organizar la sociedad según los criterios de la fe, con detalles sobre el modo de vivirla en la familia fundada sobre el matrimonio entre un hombre y una mujer, en las relaciones sociales, en el respeto a la naturaleza y en los difíciles momentos del sufrimiento y la muerte.

Así, la fe se relaciona con el bien común, haciendo fuertes los lazos entre los hombres y poniéndose al servicio concreto de la justicia, el derecho y la paz. El Papa advierte que sin esa fe, la unidad entre los hombres se basaría únicamente en el interés individual, por lo que la fe ayuda al ser humano a edificar la sociedad. Concretamente, LF en ese capítulo IV menciona ámbitos que son iluminados por la fe: la familia, los jóvenes, la muerte y el desarrollo, pero también las relaciones sociales y la naturaleza, cuestiones estrictamente vinculadas con nuestro tema de estudio.

En cuanto a las relaciones sociales, LF subraya que la fe da un nuevo significado a la fraternidad universal entre los hombres, que no es una simple igualdad, sino que los considera a todos como hermanos, hijos de Dios. Si se pierde ese prisma, esa visión de las relaciones sociales basadas en la fraternidad, se corre el riesgo de que el hombre prescinda de su responsabilidad moral y se autoatribuya un poder que no le corresponde[174].

---

[173] Cf. *Hb* 11,16

[174] LF 54: «*[...] En el centro de la fe bíblica está el amor de Dios... Cuando se oscurece esta realidad... éste (el hombre) pierde su puesto en el universo, se pierde en la naturaleza, renunciando a su responsabilidad moral, o bien pretende ser árbitro absoluto, atribuyéndose un poder de manipulación sin límites*».

Refiriéndose a la naturaleza, el Papa Francisco señala que la fe anima a respetarla y a buscar modelos de desarrollo que no se basen sólo en la utilidad y el provecho[175].

4.3.6. *«Evangelii Gaudium» (24.11.2013)*

> *Exhortación apostólica del Santo Padre Francisco a los obispos, a los presbíteros y diáconos, a las personas consagradas y a los fieles laicos sobre el anuncio del Evangelio en el mundo actual.*
> (http://w2.vatican.va/content/francesco/es/apost_exhortations/documents/papa-francesco_esortazione-ap_20131124_evangelii-gaudium.html; última consulta: 15-01-2015).

EG es el segundo texto pedagógico importante elaborado por el Papa Francisco, pero el primero realmente escrito por él, ya que el anterior, la encíclica LF, fue obra casi exclusiva del Papa Benedicto XVI antes de renunciar, como hemos señalado más arriba, y él tan sólo aportó algunos matices.

En este caso, no se trata de una encíclica, sino de una exhortación apostólica[176]; tampoco es un texto estrictamente social[177], pero lo incluimos entre los documentos sociales, porque aborda dos cuestiones fundamentales: la inclusión social de los pobres y la paz y el diálogo social.

EG se compone de 288 números y está estructurada en una introducción y cinco capítulos, pero sólo estudiaremos el capítulo IV (números 177-258), por ser el que aborda la cuestión social, bajo el título «La dimensión social de la evangelización».

El capítulo comienza recordando el valor de las enseñanzas de la Iglesia sobre cuestiones sociales y la necesidad de concretar los grandes principios *«para que no se queden en meras generalidades que no interpelan a nadie»*[178]. Se centra en dos aspectos fundamentales que determinarán el

---

[175] LF 55: *«[...] La fe nos invita a buscar nos invita a buscar modelos de desarrollo que no se basen sólo en la utilidad y el provecho, sino que consideren la creación como un don del que todos somos deudores; nos enseña a identificar formas de gobierno justas, reconociendo que la autoridad viene de Dios para estar al servicio del bien común»*.

[176] La exhortación apostólica es el documento por el que el Papa comunica a la Iglesia las conclusiones de un sínodo. En este caso, la XIII Asamblea General Ordinaria o Sínodo de obispos, sobre la nueva evangelización para la transmisión de la fe cristiana, fue clausurada el 28 de octubre de 2012, tras siete días de intenso trabajo. Sin embargo, no se había hecho una Exhortación Apostólica al respecto porque Benedicto XVI renunció con anterioridad y fue el Papa Francisco quien tomó la iniciativa de elaborar ese documento.

[177] Así lo reconoce el propio Pontífice en EG 184.

[178] EG 182

futuro de la humanidad: por una parte, la inclusión social de los pobres, y por otra, la paz y el diálogo social.

La gran y constante preocupación por los pobres, por el desarrollo integral de los más abandonados, que ocupan también un lugar preferente en el corazón de Dios, es un rasgo característico del Papa Francisco, al que no en vano se denomina *el Papa de los pobres*. Francisco considera que los planes asistenciales, que atienden ciertas urgencias, son sólo respuestas pasajeras, pero que existe una acuciante necesidad de resolver las causas estructurales de la pobreza[179], objetivo que podría conseguirse mediante la cooperación, pero también mediante gestos simples de solidaridad, que no son actos esporádicos de generosidad, sino que supone «*crear una nueva mentalidad que piense en términos de comunidad, de prioridad de la vida de todos sobre la apropiación de los bienes por parte de algunos*»[180]. En ese sentido, la solidaridad reconoce la función social de la propiedad y el destino universal de los bienes como realidades anteriores a la propiedad privada. Sólo tiene sentido la posesión privada de los bienes como medio de cuidarlos y acrecentarlos para que sirvan mejor al bien común y, más concretamente, la solidaridad conllevaría la decisión de devolver al pobre lo que le corresponde, identificando la expresión «lo que les corresponde» no sólo con asegurar a todos la comida, sino con que «*todos tengan prosperidad, sin exceptuar bien alguno*»[181].

Con respecto a la paz social, el Papa Francisco en primer lugar delimita el concepto, qué es y qué no es la paz: no es la mera ausencia de violencia lograda por la imposición de un sector sobre los otros; por el contrario, la paz debe surgir como fruto del desarrollo integral de todos y para ello, el Papa Francisco menciona cuatro principios, que deben orientar la convivencia social y la construcción de un pueblo donde las diferencias se armonicen en un proyecto común:

a) *El tiempo es superior al espacio* (222-225), es decir, hay que trabajar a largo plazo y no obsesionarse por los resultados inmediatos.
b) *La unidad prevalece sobre el conflicto* (226-230): el conflicto existe, pero no hay que mirar a otro lado, sino asumirlo, resolverlo y transformarlo, desarrollando una comunión entre las diferencias basada en la solidaridad.
c) *La realidad es más importante que la idea* (231-233): ambas están íntimamente ligadas, dado que la idea no es más que la «*captación,*

---

179 EG 202: «*[...] Mientras no se resuelvan radicalmente los problemas de los pobres, renunciando a la autonomía absoluta de los mercados y de la especulación financiera y atacando las causas estructurales de la inequidad, no se resolverán los problemas del mundo y en definitiva ningún problema*».

180 EG 188

181 En este punto EG trae de nuevo a colación lo que MM entendía por «*necesidades que la vida diaria plantea*» (MM 3).

comprensión y conducción de la realidad»[182], pero debe primar la realidad, porque una idea desconectada de la realidad sólo lleva a idealismos que no conducen a ninguna parte.

d) *El todo es superior a la parte* (234-237): aquí se apunta a la eterna tensión entre globalización y localización. El Papa Francisco opta por la amplitud de miras: «*no hay que obsesionarse demasiado por cuestiones limitadas y particulares. Siempre hay que ampliar la mirada para reconocer un bien mayor que nos beneficiará a todos*»[183].

Por último, EG en la parte final del cuarto capítulo aborda la cuestión del diálogo social, necesario para la consecución de la paz.

4.3.7. «Laudato Si´» (24.05.2015)

> *Carta Encíclica del Santo Padre Francisco sobre el Cuidado de la Casa Común.* (http://w2.vatican.va/content/francesco/es/encyclicals/documents/papa-francesco_20150524_enciclica-laudato-si.html: última consulta: 22-07-2015).

A pesar de que técnicamente se trata de la segunda encíclica de su pontificado, en realidad es la primera confeccionada en exclusiva por el Papa Francisco. Tampoco en este caso nos encontramos ante una encíclica estrictamente social. El tema central es la protección del medio ambiente, por lo que ha recibido el apelativo de «Encíclica verde». Así, bajo el sugerente título *Sobre el cuidado de la casa común,* el documento desarrolla una propuesta ecológica integral basada en la defensa de la justicia social, planteando una advertencia sobre la fragilidad del medio ambiente y haciendo una llamada de atención al ser humano sobre el actual modo de vida y sus consecuencias en nuestro planeta.

Así, a lo largo de 246 números estructurados en 6 capítulos, la Encíclica subraya las «raíces humanas» del deterioro ambiental que vivimos y aborda la problemática ecológica a través de una óptica original: la íntima relación entre los pobres y la fragilidad del planeta; la convicción de que en el mundo todo está conectado; la crítica al nuevo paradigma y a las formas de poder que derivan de la tecnología; la invitación a buscar otros modos de entender la economía y el progreso; el valor propio de cada criatura; la grave responsabilidad de la política internacional y local; y, en definitiva, la propuesta de un nuevo estilo de vida.

En lo que al presente estudio respecta, resulta especialmente interesante el capítulo III, titulado «Raíz humana de la crisis ecológica», donde nuevamente se destaca el valor del trabajo humano, al igual que se hicie-

---

[182] EG 232

[183] EG 235

ra en LE: «*En cualquier planteo sobre una ecología integral, que no excluya al ser humano, es indispensable incorporar el valor del trabajo, tan sabiamente desarrollado por san Juan Pablo II en su encíclica Laborem Exercens*»[184]. Se insiste en el derecho al trabajo y en la posibilidad de que se convierta en un recurso para que los más desfavorecidos puedan salir de esa situación: «*No debe buscarse que el progreso tecnológico reemplace cada vez más el trabajo humano, con lo cual la humanidad se dañaría a sí misma. El trabajo es una necesidad, parte del sentido de la vida en esta tierra, camino de maduración, de desarrollo humano y de realización personal. En este sentido, ayudar a los pobres con dinero debe ser siempre una solución provisoria para resolver urgencias. El gran objetivo debería ser siempre permitirles una vida digna a través del trabajo*»[185].

En el capítulo IV, de nuevo se hace hincapié en principios como el del bien común, la solidaridad, el destino universal de los bienes o la dignidad de todas las personas, en este caso los pobres, para evocar una sociedad más justa que tenga en cuenta a los más desfavorecidos, recordando su Exhortación Apostólica EG: «*En las condiciones actuales de la sociedad mundial, donde hay tantas inequidades y cada vez son más las personas descartables, privadas de derechos humanos básicos, el principio del bien común se convierte inmediatamente, como lógica e ineludible consecuencia, en un llamado a la solidaridad y en una opción preferencial por los más pobres. Esta opción implica sacar las consecuencias del destino común de los bienes de la tierra, pero, como he intentado expresar en la Exhortación apostólica «Evangelii Gaudium», exige contemplar ante todo la inmensa dignidad del pobre a la luz de las más hondas convicciones creyentes. Basta mirar la realidad para entender que esta opción hoy es una exigencia ética fundamental para la realización efectiva del bien común*»[186].

Pero cabe destacar, sobre todo, la mención expresa, una vez más, al papel de las cooperativas en el capítulo V, cuando se apuntan «algunas líneas de orientación y acción». El Papa señala textualmente que «*en algunos lugares, se están desarrollando cooperativas para la explotación de energías renovables que permiten el auto-abastecimiento local e incluso la venta de excedentes*»[187]. Remarca luego que «*este sencillo ejemplo indica que, mientras el orden mundial existente se muestra impotente para asumir responsabilidades, la instancia local puede hacer una diferencia. Pues allí se puede generar una mayor responsabilidad, un fuerte sentido comunitario, una especial capacidad de cuidado y una creatividad más generosa, un entrañable amor a la propia tierra, así como se piensa en lo que se deja a los hijos y a los nietos*»[188]. De lo anterior, concluye sobre la necesidad de que

---

184 Ls 124

185 Ls 128

186 Ls 158

187 Ls 179

188 *Ibidem*

la población ejerza presión a través de sus organizaciones y asociaciones sobre las autoridades nacionales, regionales y locales.

En definitiva, este documento considera que la causa de la crisis ecológica es la globalización del paradigma tecnocrático: la tecnología al servicio de los más poderosos y ricos. Por ello se aboga por una nueva política que piense con visión amplia y no se deje someter a los poderes financieros, por una economía que subordine la propiedad privada al destino universal de los bienes y por un nuevo estilo de vida más sobria, capaz de gozar con poco.

Con todo, consideramos que tanto LF, EG como Ls merecían su hueco en este espacio de análisis de documentos sociales, porque a pesar de no serlo stricto sensu, tratan algunas cuestiones claramente sociales y son documentos escritos de manera directa, fácil y comunicativa, de forma que llegan al corazón y a la mente de las personas, abriendo una nueva etapa, desde la continuidad y la sencillez.

Posteriormente, también en otras intervenciones recientes el Papa Francisco se ha manifestado abiertamente a favor de la empresa cooperativa[189].

Tras este recorrido por los documentos sociales más importantes del «Magisterio de los Romanos Pontífices y de los Obispos en comunión con ellos», utilizando la terminología del CDSI, hemos comprobado que la Iglesia católica se pronuncia expresamente sobre los problemas sociales y, de manera puntual, se aproxima al cooperativismo, con menciones más o menos cercanas a la fórmula cooperativa, pero, sobre todo, a través de sus principios, tal y como expondremos en el siguiente apartado. No obstante, finalizaremos este punto, con una pequeña síntesis de esas menciones puntuales, que consideramos importantes:

— 1891, RN: León XIII defiende el derecho de asociación de los trabajadores y propone la creación de organizaciones de socorro mutuo.

---

[189] En octubre de 2013, por ejemplo, en una reunión mantenida con los más altos representantes de la Alianza Cooperativa Internacional, el Papa Francisco apoyó la cooperativa como sistema de empresa, ante el evidente fracaso del modelo económico actual, mencionando que «*el cooperativismo tiene un largo camino futuro para recorrer bregando por colocar en el centro de la escena al hombre y a la mujer y no al dinero*» (Alianza Cooperativa Internacional para Las Américas. «La ACI con el Papa Francisco», en el *Boletín Electrónico Mensual*, n.º 109, octubre 2013. http://www.inaise.org/sites/default/files/u192/ACI%20-%20BOLETIN%20DEL%20MES%20DE%20OCTUBRE.pdf (última consulta, 1-03-2015). En esa misma línea, en febrero de 2015, al recibir en audiencia a los miembros de la Confederación de Cooperativas Italianas, alentó su trabajo a favor del bien común y afirmó que las cooperativas constituyen «*la memoria viva de un gran tesoro de la Iglesia italiana*», dado que en el origen del movimiento cooperativo italiano, muchas cooperativas agrícolas y de crédito, en el siglo xix, fueron sabiamente fundadas y promovidas por sacerdotes y pastores («Cuando el dinero es un ídolo, arruina y condena al hombre, advierte el Papa Francisco». https://www.aciprensa.com/noticias/cuando-el-dinero-es-un-idolo-arruina-y-condena-al-hombre-advierte-el-papa-francisco-92922/; última consulta: 1-03-2015).

— 1931, QA: Pío XII propone la constitución de formas asociativas laborales (cercanas a las cooperativas de producción).
— 1944: en esta ocasión a través de un radiomensaje, Pío XII impulsa las uniones cooperativas a efectos de organizar la pequeña y mediana propiedad en la agricultura, las artes, el comercio y la industria.
— 1961, MM: Juan XXIII aboga expresamente por la promoción de las cooperativas como sistema adecuado para mejorar las condiciones de vida de los trabajadores.
— 1986, Juan Pablo II pronuncia un discurso en la sede de las Cooperativas de Productores Agrícolas de Faenza, Italia, en el que también elogia de forma expresa y clara las cooperativas.
— 1996, también por indicación de Juan Pablo II, el Pontificio Consejo «Cor Unum» presenta el documento *«El hambre en el mundo, un reto para todos: el desarrollo solidario»*[190], que pretendía ser una contribución al compromiso de los cristianos de compartir las angustias del hombre del momento. En él se menciona a las cooperativas como instrumento para la justicia cooperativa, especialmente en el ámbito agropecuario[191] y se alaban las iniciativas comunitarias, reconociendo expresamente el mérito iniciático de las Uniones cooperativas fundadas en el siglo XIX por «promotores del bien común», que se inspiraron en el espíritu del Evangelio y en la solidaridad social. El texto cita directamente a Plockboy, Owen o Ketteler, cuya aportación resultó esencial para asociaciones posteriores y abrió un hueco a la esperanza de poder recoger los frutos en el porvenir[192].
— 2013, Francisco apoya la cooperativa como sistema de empresa, ante los más altos representantes de la Alianza Cooperativa Internacional.
— 2015, febrero: el Papa elogia y alienta el trabajo en favor del bien común de las cooperativas, concretamente al recibir en audiencia a los miembros de la Confederación de Cooperativas italianas.
— 2015, mayo, Ls: Francisco subraya la virtualidad de las cooperativas para la explotación de las energías renovables y de la instancia local para reforzar el sentido comunitario.

5. Los principios de la DSI y su conexión con los valores y principios del cooperativismo

Tras el análisis realizado podemos afirmar que cada encíclica social es una respuesta histórica de la Iglesia a los problemas del momento, pero

[190] http://www.vatican.va/roman_curia/pontifical_councils/corunum/documents/rc_pc_corunum_doc_04101996_world-hunger_sp.html; última consulta: 26-07-2016.
[191] *«El hambre en el mundo...»*, 21.
[192] *«El hambre en el mundo...»*, 34.

partiendo siempre de unos principios de valor permanente y universal. En otras palabras, del Magisterio Social de la Iglesia se pueden extraer una serie de principios y valores para la organización de la vida social, que se articulan y complementan mutuamente. Son proposiciones o criterios doctrinales que fundan una visión cristiana sobre la persona y la sociedad humana e inspiran todos los documentos de la DSI implícita o explícitamente. Aparecen enunciados en el CDSI[193] y son: el principio de la *dignidad de la persona humana*, en el que cualquier otro principio y contenido de la DSI encuentra fundamento; el principio del *bien común*; el *destino universal de los bienes*; el principio de *subsidiariedad;* la *participación*; y el principio de *solidaridad*. Estos principios pretenden orientar nuestra conducta con el objetivo último de construir entre todos una sociedad mejor y más justa, a través de una visión humanista de la economía. Además de estos principios que deben presidir la edificación de una sociedad digna del hombre, la DSI indica también una serie de valores fundamentales, que expresan «*el aprecio que se debe atribuir a aquellos determinados aspectos del bien moral que los principios se proponen conseguir [...]*»[194]. Estos valores, inherentes a la dignidad de la persona humana cuyo desarrollo favorecen, serían: la verdad, la libertad, la justicia y el amor. Sin embargo, tratándose más de conceptos de orden moral, nos centraremos fundamentalmente en los principios, cuya practicidad es más directa.

También en el caso de las organizaciones y empresas cooperativas existen una serie de principios y valores que constituyen sus elementos diferenciadores y que han ido evolucionando e incorporando nuevos matices para una mejor interpretación de las circunstancias de cada momento, siempre bajo la supervisión de la Alianza Cooperativa Internacional[195]. Como bien señala el profesor Martínez Charterina[196], «los principios coo-

---

[193] Desde la RN a la MM sólo hay referencias aisladas a estos principios y su formulación expresa no aparecerá hasta la publicación en 1971 de OA, donde se habla de «*principios de reflexión, normas de juicio y directrices de acción*» (OA 4), aunque sigue sin señalarse ninguno de estos principios de forma específica. En 1986, la *Congregación para la Doctrina de la Fe*, comienza el complicado trabajo de resumir los principios, pero sólo terminará enunciando alguno de ellos (dignidad de la persona, solidaridad y subsidiariedad). Actualmente aparecen recogidos en el CDSI (160-196. Capítulo IV, pp. 81-106).

[194] CDSI 197

[195] Alianza Cooperativa Internacional, en adelante ACI, organización no gubernamental independiente, fundada en Londres en 1985, que reúne, representa y sirve a organizaciones cooperativas en todo el mundo, y uno de cuyos objetivos fundamentales es «*promover y defender los valores y principios cooperativos*», tal y como establece el artículo 2 b) de su Estatuto, aprobado por la Asamblea General el 6 de junio de 2008, para aplicar el 1 de enero de 2009 y revisado por la Asamblea General el 20 de noviembre de 2009 (http://www.aciamericas.coop/IMG/pdf/aci_estatutos.pdf; última consulta: 5-02-2015).

[196] Martínez Charterina, A. (1995). «Los valores y los principios cooperativos», en *REVESCO, Revista de Estudios Cooperativos,* n.º 61, p. 35.

perativos heredados de la tradición cooperativa a partir de la experiencia de Rochdale y administrados con posterioridad por la Alianza Cooperativa Internacional, han sido elementos identificadores de las cooperativas que han permitido delimitarlas, diferenciándolas de otras realidades sociales y empresariales en el tiempo». GADEA, SACRISTÁN y VARGAS[197], hablan del valor normativo de tales principios y de su discutida vigencia, señalando que «las cooperativas, en tanto sociedades en las que rigen los principios cooperativos, son una realidad objetiva». Apuntan, no obstante, que en la práctica existen dos fenómenos antagónicos: las «falsas cooperativas», sociedades con forma jurídica de cooperativa que, sin embargo, se apartan de sus rasgos configuradores, y las «cooperativas de hecho, pero no de Derecho», entidades que cumplen voluntariamente con los principios cooperativos, pero por diferentes razones (régimen legal, fiscalidad...) han preferido constituirse en otro tipo legal. Con todo, concluyen que «el modelo empresarial patrocinado por las cooperativas, aún con defectos, funciona. Sobre todo en momentos como los actuales de crisis financiera internacional, en los que hace más falta que nunca empresas conducidas por valores y con una ética diferente».

En los primeros documentos oficiales de la ACI no se hablaba de valores, pero no porque se considerara irrelevante o se quisiera obviar el tema, dado que la doctrina ha estado continuamente trabajando sobre ellos, sino porque su configuración requería un proceso de oportuna maduración[198]. Actualmente, la Declaración de Identidad Cooperativa adop-

---

197 GADEA E., SACRISTÁN F., VARGAS C. (2009). *Régimen jurídico de la sociedad cooperativa del siglo XXI: realidad actual y propuestas de reforma.* Madrid: Dykinson, pp. 42-45.

198 En el XIII Congreso de la ACI (Viena, 1930) se planteó una definición de los principios cooperativos que no mencionaba los valores. Posteriormente, el XV Congreso (Paris, 1937) aprobó un informe que proclamaba los principios cooperativos, divididos en cuatro principios primarios, imprescindibles para que una entidad fuera considerada cooperativa (libre adhesión, control democrático, distribución de excedentes a prorrata de las transacciones realizadas e interés limitado al capital), y tres adicionales, recomendables pero no imprescindibles (neutralidad política y religiosa, compra-venta al contado y promoción de la educación), pero seguía sin hablarse de valores. Pasado el tiempo, se volvió a estudiar una eventual reforma de los principios cooperativos que fue aprobada por el XXIII Congreso (Viena, 1966), de forma que quedaron aprobados seis principios vigentes hasta el Congreso de Manchester (libre adhesión, gestión democrática, interés limitado al capital, reparto de excedentes en proporción a las transacciones efectuadas, educación y cooperación entre cooperativas). No obstante, desde hacía tiempo se estaba tratando la cuestión de los valores. Así, en el XXIX Congreso (Estocolmo, 1988) se presentó el informe *Cooperativas y valores básicos,* que hacía una llamada a la identidad cooperativa: las cooperativas deben hacer un especial esfuerzo para ahondar en sus valores y poder desempeñar un papel importante en beneficio de la comunidad, dadas las adversas circunstancias del momento. Se crea un clima de interés y participación doctrinal, pero sin dar una respuesta final. Con todo, queda claro que los valores constituyen el fundamento de los principios, por lo

tada por la II Asamblea General de la ACI en septiembre de 1995 en Manchester con motivo del Centenario de la Alianza, incluye una nueva definición de cooperativa y una revisión del sistema de principios que había funcionado durante más de siglo y medio, distinguiendo de forma expresa los valores y principios cooperativos. Esta Declaración consta de dos partes: la primera, titulada «Declaración de la Alianza Cooperativa Internacional sobre la Identidad Cooperativa», recoge la definición de cooperativa, el listado de valores, agrupándolos en valores básicos (*autoayuda, autorresponsabilidad, democracia, igualdad, equidad y solidaridad*) y valores éticos (*honestidad, transparencia, responsabilidad* y *vocación social*), así como la definición y enunciado de los principios cooperativos: «*los principios cooperativos son pautas mediante las cuales las cooperativas ponen en práctica sus valores*», y son siete: *adhesión voluntaria y abierta*; *gestión democrática* por parte de los socios; *participación económica* de los socios; *autonomía e independencia*; *educación, formación e información*; *cooperación entre cooperativas*; e *interés por la comunidad*)[199]. La segunda, «Informe sobre la Declaración de la Alianza Cooperativa Internacional sobre la Identidad Cooperativa», explica, profundiza y aclara el contenido anterior. Coincidimos con la apreciación de Martínez Charterina, cuando afirma que «independientemente del grado de reforma operado en Manchester, la incorporación explícita de los valores al estudio y al documento aprobado, revaloriza los principios cooperativos y los llena de sentido pragmático»[200].

A la vista de los principios de la DSI y de los principios y valores de la doctrina cooperativa, se puede observar una clara conexión entre ellos, en ocasiones de forma directa, en otras de forma indirecta, a través de la analogía o de la búsqueda de soluciones en planos paralelos (el universal ecuménico y el cooperativo, también universal).

A continuación analizaremos esa posible conexión e interrelaciones entre ambos ámbitos, tomando como referencia los principios de la DSI.

5.1. La primacía del hombre en virtud de la sagrada dignidad de la persona humana

La *dignidad de la persona* es el eje sobre el que se organiza toda la DSI y del que derivan el resto de principios que orientan y regulan la vida social. Se trata del concepto teológico de dignidad (dejando al margen la

---

que la ACI decide ocuparse primero de los valores y a su luz elaborar la reforma de los principios, decisión que toma forma en la II Asamblea General de la ACI, celebrada en Manchester en 1995.

199 *Declaración de la Alianza Cooperativa Internacional sobre la Identidad Cooperativa... op. cit.*, pp. 16-19.

200 Martínez Charterina, A. (1995). «Los valores ...», *op. cit.*, p. 45.

dignidad ontológica y la ética), conforme al cual el ser humano tiene una dignidad que le viene dada por el hecho de ser creado a imagen y semejanza de Dios, por el hecho de establecer con él una alianza de amor y de amistad y de orientarse existencialmente hacia Dios[201]. Así, se afirma la primacía de la persona por su sagrada condición de «Hijo de Dios», por lo que las estructuras e instituciones sociales sólo tiene razón de ser si se orientan a la promoción y desarrollo integral de la persona humana. *«Creyentes y no creyentes están generalmente de acuerdo en este punto: todos los bienes de la tierra deben ordenarse en función del hombre, centro y cima de todos ellos»*[202]. Además, esa dignidad es igual para todos los seres humanos y ninguna persona es más digna que otra, tal y como establece el propio CIC (1934): *«Creados a imagen del Dios único y dotados de una misma alma racional, todos los hombres poseen una misma naturaleza y un mismo origen. Rescatados por el sacrificio de Cristo, todos son llamados a participar en la misma bienaventuranza divina: todos gozan por tanto de una misma dignidad»*. Según señala Torralba, esta idea de dignidad guarda algunas concomitancias con la denominada dignidad ontológica, porque aunque la dignidad teológica tiene su raíz en Dios y no en el *ser* humano, es una dignidad que, como en el caso de la ontológica, se dice de todo ser humano[203].

Tal y como hemos visto en el precedente análisis de diferentes documentos sociales, el principio de dignidad humana tiene un amplio reconocimiento y concreción, con importantes consecuencias: la reclamación de la dignidad del trabajador en RN, QA, OA, LE o CA; el rechazo a la superpoblación y el subdesarrollo en MM; su consideración como punto de partida y cimiento de la convivencia humana y de todo orden de paz, en PT; su expreso desarrollo y análisis antropológico en GS; y, sobre todo, en lo que al objeto de la presente investigación respecta, la mención, en MM, de la empresa cooperativa y de sus bondades, como estructura que mejor se ajusta a esa dignidad.

En suma, este primer principio supone que el ser humano, como persona, debe ser sujeto activo y responsable de su propio proceso de crecimiento, junto con la comunidad de la que forma parte y no puede estar al servicio de proyectos de carácter económico, social o político impuestos, ni siquiera en aras al presunto progreso de la comunidad.

El principio de dignidad humana también se encuentra claramente presente en el ámbito cooperativo, aunque no se explicite como tal, desde el momento en que el hombre, en este caso el socio cooperativo, constituye el eje fundamental sobre el que gira la entidad cooperativa y todo su funcionamiento. La dignidad humana constituye, en realidad, la esen-

---

201 Torralba Roselló, F. (2011). *¿Qué es la dignidad humana? Ensayo sobre Peter Singer, Hugo Tristram Engelhardt y John Harris.* Barcelona: Herder, p. 91.

202 GS 12

203 Torralba, *op. cit.*, p. 91.

cia de la doctrina cooperativa, de la que se desprenden el resto de principios y valores cooperativos, comenzando por el de Adhesión libre y voluntaria, que permite la entrada, en condiciones de igualdad, a toda persona que acepte la responsabilidad que supone la pertenencia a la entidad y respete sus postulados. Para mostrar el papel central que ocupa la dignidad humana dentro del cooperativismo, basta con remontarse a sus orígenes. Tal y como explicábamos en el capítulo I, este movimiento surgió en el marco de la Revolución industrial, como reacción a un modelo que favorecía a unos pocos y condenaba a la miseria a la mayoría, por lo que su objetivo fundamental era el restablecimiento de la dignidad humana de aquellas personas que vivían en condiciones pésimas. En ese sentido, la profesora Luberti resalta la característica del cooperativismo que doctrinal e históricamente consiste en la «*búsqueda de la justicia, la libertad, la educación y la democracia, a través de un sistema que tiende a satisfacer y reafirmar la dignidad del ser humano y sus derechos*»[204]. Pablo VI reconoció expresamente esta vinculación entre dignidad humana y cooperativismo en el Discurso pronunciado ante los participantes en la Conferencia Mundial sobre el papel de las cooperativas agrícolas en el desarrollo social y económico, celebrado el 25 de mayo de 1972: «*[...] Tal importancia se basa ante todo, en el modo admirable en que estas cooperativas responden a las exigencias básicas de la dignidad humana [...]. Es parte de la dignidad humana el ser no mero espectador, sino participante activo en la vida social y económica. Las cooperativas agrícolas capacitan a los agricultores a tomar parte activa en las decisiones que afectan su trabajo y sus vidas. Es también parte de la dignidad humana, e incluso un derecho, unirse libremente con otros para formar asociaciones. El hombre es esencialmente social, y su desarrollo depende de su cooperación y colaboración con otros [...]*»[205]. Podría afirmarse que en esta declaración el Papa vincula directamente la dignidad humana con el principio cooperativo de *gestión democrática por parte de los socios,* según el cual los socios han de participar activamente en la fijación de sus políticas y en la toma de decisiones, así como con los valores de la *democracia* y de la *igualdad,* en cuanto que esa participación ha de desarrollarse en condiciones de igualdad (un socio, un voto). Sin embargo, además de esa conexión directa, insistimos en la idea de que el principio de dignidad humana se encuentra en la base de toda la doctrina cooperativa, constituyendo también, además de fundamento directo de los principios mencionados.

---

[204] Marta Isabel Luberti, cátedra Doctrina e Historia del Cooperativismo de la Facultad de Ciencias Económicas de la Plata, «Derechos Humanos y Cooperativismo» (http://www.econo.unlp.edu.ar/uploads/docs/cooperativasderechoshumanos.pdf; última consulta: 8-02-2015).

[205] http://w2.vatican.va/content/paul-vi/es/speeches/1972/may/documents/hf_p-vi_spe_19720525_cooperazione-agricola.html (última consulta: 8-02-2015).

5.2. *El bien común*

Tal y como establece el CDSI «*de la dignidad, unidad e igualdad de todas las personas deriva, en primer lugar, el principio del bien común, al que debe referirse todo aspecto de la vida social para encontrar plenitud de sentido*»[206]. Este bien común, que debe erigirse en fundamento del orden sociopolítico, puede definirse de múltiples formas, pero las sintetizaremos en estas dos acepciones expresamente recogidas en los documentos analizados. MM menciona un «sano concepto» de bien común, entendido como el «*conjunto de condiciones sociales que permitan a los ciudadanos el desarrollo expedito y pleno de su propia perfección*»[207]. En la misma línea, GS lo define como «*conjunto de condiciones de la vida social que hacen posible a las asociaciones y a cada uno de sus miembros el logro más pleno y más fácil de la propia perfección*»[208].

Según el CIC[209], ese bien común supone:

- *el respeto a la persona* en cuanto tal, por lo que las autoridades deben respetar los derechos fundamentales e inalienables de la persona
- *el bienestar social y el desarrollo* del grupo mismo, de forma que la autoridad decida entre los diferentes intereses particulares en juego, a la vez que facilite a cada uno lo que necesite para llevar una vida verdaderamente humana
- *la paz*, es decir, la estabilidad y seguridad de un orden justo, por lo que la autoridad debe asegurar la seguridad de la sociedad y la de sus miembros.

Por otra parte, a pesar de tratarse de un concepto relativamente amplio, también tiene una aplicación práctica más concreta, dado que MM lo menciona como criterio regulador para la justa remuneración salarial (71) e incluso para la determinación de la proporción entre la retribución del trabajo y los beneficios de la empresa (78-80). La materialización de ese bien común compete, en primer lugar a la autoridad política, que debe buscarlo ajustando sus normas jurídicas a la situación real de las circunstancias, y por otra, a cada individuo, que debe cumplir el fin que los gobernantes han establecido en aras a ese bien común.

Con respecto a la conexión entre este principio y el ámbito cooperativo, puede decirse que en todo el mundo y en los sectores económicos más diversos hay empresas basadas en el bien común y el modelo cooperativo podría constituir uno de sus más claros exponentes. La crisis ha puesto en el punto de mira el modelo de negocio hasta ahora predominante,

---

206 CDSI 164

207 MM 65

208 GS 26

209 CIC 1907-1909

obsesionado por el beneficio monetario a toda costa. En sentido contrario aparecen corrientes que intentan cambiar este paradigma por otro en que las ganancias no solo se midan por los números, sino también por el impacto en la sociedad, el medio ambiente y la cultura, y que se han dado en denominar *«economía del bien común»*, término acuñado por el economista austríaco Christian Felber. Este experto en economía sostenible y alternativas para los mercados financieros, ha trabajado en este nuevo modelo económico según el cual, en el ámbito microeconómico de la empresa, el éxito económico debe medirse no tanto en función del beneficio obtenido, sino en términos de bien común, tales como la dignidad humana, la solidaridad, la sostenibilidad, la justicia social, la participación democrática y la transparencia, todo ello en relación a los stakeholders. Según Felber «el marco de incentivos para los individuos activos en la economía tiene que cambiar radicalmente de la búsqueda de beneficios y la competencia a la búsqueda del bien común y la cooperación» [210]. Además, insiste el profesor Felber en que este nuevo modelo económico no es una utopía y, realizando un recorrido por diferentes partes del mundo, cita varios ejemplos, entre los que se encuentran algunas cooperativas[211]: Corporación Mondragón, Sekem (cooperativa egipcia de comercio justo) ó Cecosesola (multicooperativa venezolana). En esa misma línea, el profesor Martínez Charterina señala que «el enlace de la cooperativa, poseedora de una identidad de valores y principios de comportamiento en los que la propiedad conjunta y al gestión democrática forman parte esencial de la misma, con la economía del bien común es absoluto»[212].

Por lo tanto, a pesar de que tampoco la idea del bien común está explícitamente recogida como principio o valor en la Declaración de la ACI de 1995, constituye el fundamento de toda cooperativa y está presente en la conciencia de quienes la integran, que entienden que defender el interés individual es imposible, si no va implícita la unión de esfuerzos y la defensa del bien común. La cooperativa surge como fórmula de autoayuda, pero no se agota en sí misma, sino que se extiende al grupo y, más allá, al entorno en el que se ubica. La profesora Gómez Urquijo[213] menciona las preocupaciones y acciones de la ACI que conforman las «aspiraciones de conquista del cooperativismo», mostrando el interés de la fórmula cooperativa en transformar la sociedad en beneficio de todos, mediante acciones en favor del desarrollo, actividad educativa, el avance de la sa-

---

210 Felber, Ch. (2012). *La economía del bien común.* Traducción de Silvia Yusta. Barcelona: Deusto, Grupo Planeta, p. 47.

211 *Ibidem,* cap. VII, pp. 189-213.

212 Martínez Charterina, A. (2013). «Cooperativismo y economía del bien común», en *Boletín de la Asociación Internacional de Derecho Cooperativo,* n.º 47, pp. 196.

213 Gómez Urquijo, L. (1998). *La Alianza Cooperativa Internacional. Su desarrollo como institución y en especial como instrumento transformador de la sociedad,* Vitoria-Gasteiz: Consejo Superior de Cooperativas de Euskadi, pp. 123-321.

tisfacción de necesidades básicas a la consecución de una mínima calidad de vida, política en favor de la mujer, atención especial a la juventud y la infancia, o la actividad en favor de la paz.

Por lo tanto, la presencia del interés supraindividual y la preocupación por el bien común es evidente en la doctrina cooperativa. Utilizando las palabras del precursor del cooperativismo vasco, D. José María Arizmendiarrieta, cuya figura y pensamiento analizaremos en el próximo capítulo «*Los hombres y los pueblos, lo mismo que las flores y otras especies de seres, sobreviven y triunfan no en solitario, sino en bloque*»[214]. En el mismo sentido se pronuncia el profesor Martínez Charterina, afirmando que «los valores y principios de las cooperativas, a los que ajustan su funcionamiento, les conducen a una constante preocupación y atención por su entorno, tanto por las personas como por el mismo medio ambiente en el que están emplazadas y desarrollan su actividad. Esto lo tiene en cuenta la ACI tanto en la custodia e interpretación de la identidad cooperativa, como en las llamadas aspiraciones de conquista del cooperativismo que le vinculan con pretensiones que trascienden el ámbito de la cooperativa y su entorno para buscar una transformación social hacia un mundo mejor y más justo»[215].

5.3. *El destino universal de los bienes*

El destino universal de los bienes es una máxima en la tradición cristiana[216]. El CIC establece que *«el destino universal de los bienes continúa siendo primordial, aunque la promoción del bien común exija el respeto de la propiedad privada, de su derecho y de su ejercicio»*[217].

El principio de la destinación universal de los bienes de la tierra se halla, pues, en el corazón mismo de la justicia social. Generación tras generación, debemos considerarnos como administradores transitorios de los recursos de la tierra y del sistema de producción. El derecho a la propiedad privada no es un derecho absoluto, sino que, en virtud de su función social, está subordinado al destino universal de los bienes.

La DSI exhorta a reconocer la función social de cualquier forma de posesión privada, en base a las exigencias del bien común (GS, CA, EG, SRS). El individuo debe actuar de forma que persiga, además de las ventajas personales y familiares, también el bien común. No obstante, la

---

[214] Arizmendiarrieta, J. M. (1999). *Pensamientos.* Navarra: Otalora. Gráficas Lizarra, S.L., p. 129.

[215] Martínez Charterina, A. (2013). «Cooperativismo...», *op. cit.*, pp. 196 y 197.

[216] Al comienzo Dios confió la tierra y sus recursos a la administración común de la humanidad para que tuviera cuidado de ellos, los dominara mediante su trabajo y se beneficiara de sus frutos (cf *Gn* 1, 26-29).

[217] CIC 2403

operatividad de este principio varía en los diferentes contextos culturales y sociales, por lo que tal y como establece el CDSI, implica una precisa definición de los modos, los límites y los objetos.[218].

Por lo tanto, una vez más, la plena efectividad de la enseñanza social de la Iglesia, en este caso del principio del destino universal de los bienes, requiere un comportamiento activo: acciones a nivel nacional e internacional e iniciativas programadas por parte de todos los países.

También en el mundo cooperativo se tiene la conciencia de este destino universal de todo bien y de nuestro carácter de meros «administradores transitorios de los mismos», como bien reza la DSI. En ese sentido, y aunque no aparezca expresamente recogido como principio, en el ideario cooperativo siempre ha estado latente el espíritu de conservación del medio ambiente. Los valores de ayuda mutua, autogestión, solidaridad... junto con el interés por la comunidad son esenciales para lograr conjugar economía rentable con responsabilidad ecológica y social. La ACI ha explicitado la necesidad de velar por el medio ambiente desde las cooperativas cuando al enunciar el séptimo principio cooperativo de *«interés por la comunidad»*, se menciona que las cooperativas trabajan para conseguir *«el desarrollo sostenible»* de sus comunidades. Por lo tanto, los socios tienen la responsabilidad de trabajar respetando la naturaleza y teniendo siempre en mente la protección medioambiental de sus respectivas comunidades. Así, la protección de la biodiversidad, el uso adecuado de tecnologías, la educación ecológica y la protección de los bosques y entornos naturales son temas fácilmente encuadrables en organizaciones cooperativas y la razón es sencilla: como se controlan democráticamente y operan según valores y principios como la responsabilidad social y el cuidado de las comunidades, desarrollan su actividad con el objetivo de servir a sus miembros, no sólo en términos económicos, sino también en un ámbito más amplio, que abarca lo social, lo cultural y también lo ambiental.

5.4. *La solidaridad*

El término solidaridad es frecuentemente utilizado en situaciones extremas de guerra o desastres naturales, pero también en contextos difíciles como el que actualmente estamos viviendo. Como bien señala el profesor Velasco, hoy día la solidaridad es aceptada desde perspectivas y concepciones de la vida muy diferentes, razón por la que puede ser punto

---

[218] CDSI 173: *«Destino y uso universal no significan que todo esté a disposición de todos [...]. Si bien es verdad que todos los hombres nacen con el derecho al uso de los bienes, no lo es menos que, para asegurar un ejercicio justo y ordenado, son necesarias intervenciones normativas, fruto de acuerdos nacionales e internacionales, y un ordenamiento jurídico que determine y especifique tal ejercicio»*.

de encuentro en el ámbito de los derechos humanos y de las responsabilidades sociales[219].

En los documentos analizados, puede decirse que la esencia de la solidaridad aparece ya con León XIII en RN, cuando, sin mencionarla expresamente, reconoce la cortedad de las fuerzas humanas y anima al hombre a *«buscarse el apoyo de los demás»*[220]. También Pío XII, en LS, recoge el espíritu de la solidaridad al reclamar una justa y solidaria distribución de los bienes materiales. Siguiendo la misma línea, en el papado de Juan XXIII fue constante el recurso a la solidaridad, como clave para la defensa de los derechos de los más necesitados. Pero fue MM la encíclica que, entre otros muchos aspectos, como ya se ha señalado, también modificó este concepto y estudió la solidaridad desde perspectivas diferentes a las del magisterio pontificio precedente, presentándola como una alternativa a las ideologías incapaces de resolver los problemas de la humanidad. Como apunta Velasco, «Juan XXIII concibe la solidaridad como concepto ético que debe hacerse realidad concreta en el momento presente para humanizar la vida social, no simplemente como algo en lo que pensar. Ser solidario significa actuar conforme a las exigencias de la responsabilidad individual y colectiva que toda persona tiene por pertenecer al género humano»[221]. En PT, afirma que la construcción de la paz en el mundo ha de basarse en la verdad, la justicia, el amor y la libertad, pero al abordar las relaciones entre Estados, sustituye el término *amor* por el de *solidaridad activa,* que propicia la colaboración, los intercambios y las asociaciones, o dicho de otra forma, la solidaridad se convierte en aval de autenticidad de la verdad y la justicia en las relaciones internacionales. También aparece el término solidaridad en GS, en diferentes momentos: al hacer referencia a los problemas que en aquel momento amenazan a la humanidad, constatando que existe, pero amenazada por fuerzas contrapuestas; al exponer su fundamentación teológica, entendiendo que es algo valioso porque favorece la unión de todas las personas y el reconocimiento de Dios; y, por último, al hablar de los principios relativos a la promoción de la cultura, GS hace referencia expresa al sentido de la solidaridad internacional, haciendo un llamamiento a la conciencia de responsabilidad de la comunidad científica y rechazando cualquier expresión de la cultura que se manifieste como poder excluyente. LE desarrolla la idea de solidaridad en referencia al trabajo, rechazando la concepción meramente instrumental del mismo. Pero, sin duda, es la encíclica PP la que en más ocasiones y de forma más contundente menciona el término solidaridad, como deber para con los pueblos subdesarrollados, procla-

---

219 Velasco Gogenola, J. M. de (2003). *La bioética y el principio de solidaridad. Una perspectiva desde la ética teológica,* Bilbao: Universidad de Deusto, p. 207.

220 RN 35

221 Velasco, J. M., *La bioética y..., op. cit.* p. 256.

mando la necesidad de llevar a cabo acciones solidarias que promuevan el desarrollo. En la misma línea, SRS incide una y otra vez en el principio de solidaridad como la única vía de solución para el problema del subdesarrollo, llegando a considerarla como la «encíclica de la solidaridad»[222], porque quizá su nota más destacada sea, precisamente, el puesto central que asigna a este principio en las relaciones sociales e internacionales. Más recientemente, también el Papa Francisco aborda, con su especial sello, el principio de solidaridad, considerándolo como *«el tesoro de los pobres»*[223] y haciendo constantes llamamientos a los que más tienen para recordar esa palabra, *«a menudo olvidada u omitida porque es incómoda»*[224]. Así, además de mencionar y definir expresamente la solidaridad en su primera exhortación apostólica EG, tal y como hemos explicado, también se refiere a ella recurrentemente en sus frecuentes alocuciones, animando a expertos financieros y a gobernantes a realizar una reforma financiera que sea ética y solidaria y que vele también por los intereses de los más desfavorecidos.

Ha sido precisamente el Papa Francisco quien, a través de este principio de solidaridad, ha establecido una conexión directa entre DSI y doctrina cooperativa. En el videomensaje en el que recuerda la palabra solidaridad, hace seguidamente una reflexión sobre el sistema cooperativo alabando sus bondades, al considerar que la cooperación *«representa un elemento importante para asegurar la pluralidad de presencias entre los empleadores del mercado (…). Creo que no considerar actual esta forma de presencia en el mundo productivo constituye un empobrecimiento (…) que no promueve las diferencias y la identidad»*[225].

Por lo tanto, tal y como señala el Papa Francisco el principio de solidaridad ampliamente recogido y reconocido por la DSI, ha tenido un claro influjo en el ámbito cooperativo, en el que se integra como valor básico[226], siendo a su vez causa y consecuencia de la autoayuda y la ayuda mutua, dos de los conceptos fundamentales del corazón de la filosofía cooperativa. Tal y como mencionábamos en el capítulo inicial del presente trabajo, el cooperativismo ha estado precedido de diferentes movi-

---

[222] Velasco, J.M, recordando a M. Vidal, *op. cit.* p. 297.

[223] Discurso del Santo Padre Francisco a los embajadores de Kirguistán, Antigua y Barbuda, Luxemburgo y Bostwana, el 16 de mayo de 2013 (https://w2.vatican.va/content/francesco/es/speeches/2013/may/documents/papa-francesco_20130516_nuovi-ambasciatori.html; última consulta: 15-01-2015).

[224] Videomensaje del Santo Padre Francisco con ocasión del Tercer Festival de la DSI. Verona, 21 de noviembre de 2013 (http://w2.vatican.va/content/francesco/es/messages/pont-messages/2013/documents/papa-francesco_20131121_videomessaggio-festival-dottrina-sociale.html; última consulta: 15-01-2015).

[225] *Ibidem*

[226] Hasta tal punto que Uribe Garzón llega a afirmar que «la cooperación es sinónimo de solidaridad». Uribe Garzón, C. (2001). *Bases del cooperativismo,* Colombia: Editorial Guadalupe Ltda, p. 37.

mientos e ideologías de clara base solidarista y religiosa. En palabras del profesor Divar, «La solidaridad cooperativa procede de la piedad religiosa, espíritu que se mantiene como una de las líneas doctrinales cooperativas constante en el tiempo»[227].

Como más arriba mencionábamos, actualmente la Declaración de la Alianza Cooperativa Internacional sobre la Identidad Cooperativa diferencia los «*valores en que están basadas las cooperativas*» entre los que se encuentra la solidaridad, junto con la autoayuda, la autorresponsabilidad, la democracia, la igualdad y la equidad, y los «*valores éticos que los socios cooperativos hacen suyos*», tales como la honestidad, la transparencia, la responsabilidad y la vocación social. Posteriormente, en la segunda parte del documento, el Informe sobre la Declaración, al explicar cada uno de los valores y principios, se refiere a la solidaridad como «el último valor operativo, un valor con una historia larga y consagrada dentro el movimiento cooperativo [...]. Una cooperativa es más que una asociación de socios; es también una colectividad [...]. En cierta forma, representa un activo financiero y social que pertenece al grupo, un activo que es el resultado de energías y participación conjuntas [...]. Además la «solidaridad» significa que los cooperativistas y las cooperativas se mantienen unidos. Aspiran a la creación de un movimiento cooperativo unido, local, nacional, regional e internacionalmente [...]»[228]. También el profesor Martínez Charterina apunta que «el valor de la solidaridad hace que la cooperativa sea más que una agrupación de socios una colectividad, y como tal sus intereses trascienden el capítulo de lo personal para atender el interés general, la justicia en el trato a los socios, a los empleados y a las personas relacionadas con la cooperativa»[229]. En nuestro entorno más cercano, el espíritu solidario religioso fue el leitmotiv de Arizmendiarrieta, quien, como expondremos en el próximo capítulo, sostuvo que la educación y el trabajo pueden transformar al ser humano, por lo que llevó a la juventud de Mondragón al estudio y a la acción empresarial solidaria.

En suma, podría decirse que la solidaridad se encuentra en el ADN cooperativo y supone, en primer lugar, el apoyo y cooperación en la solución de los problemas de socios, empleados y personas directamente vinculadas a la cooperativa, pero también de personas y realidades ajenas a la misma, siendo la base de otros principios y valores cooperativos, como el interés por la comunidad o la cooperación entre cooperativas. Según señala el profesor Martínez de Larrinoa, «La solidaridad confiere particular relieve a la intrínseca sociabilidad de la persona humana, a la igual-

---

227 Divar Garteiz-aurrecoa, J. (2013). «Las cooperativas: Una alternativa económica y social frente a la crisis», en *Boletín de la Asociación Internacional de Derecho Cooperativo,* n.º 47, p. 259.

228 *Declaración de la Alianza Cooperativa Internacional ..., op. cit.,* p. 39.

229 Martínez Charterina, A. (1995). «Los valores...», *op. cit.,* p. 45.

dad de todos en dignidad y derechos, al camino común de los hombres y de los pueblos hacia una unidad cada vez más convencida»[230].

5.5. *El principio de subsidiariedad*

El principio de subsidiariedad completa al de solidaridad, ya que protege a la persona humana, a las comunidades locales y a los grupos intermedios del peligro de perder su legítima autonomía. Ambos principios regulan la vida social, pero incidiendo más el primero en la acción política. El CDSI señala que *«conforme a este principio de subsidiariedad, todas las sociedades de orden superior deben ponerse en una actitud de ayuda («subsidium») —por tanto de apoyo, promoción, desarrollo— respecto a las menores»*[231], con una doble vertiente: un aspecto positivo (derecho a ser ayudado en el ámbito económico, institucional, legislativo por las entidades de orden superior); y otro negativo (derecho a que no se restrinja el espacio vital de las células menores y, sin embargo, esenciales de la sociedad). Por lo tanto, la subsidiariedad implica que: a) las instancias superiores no deben sustituir a las inferiores, sino actuar sólo cuando éstas sean incapaces de hacerlo; y b) que las instancias superiores deben ayudar a las inferiores para que puedan conseguir mejor sus objetivos.

La subsidiariedad se encuentra entre las directrices más constantes y características de la DSI. Está presente en gran parte de las encíclicas sociales (MM, PT, CiV, EG), pero es subrayado por Pío XI en QA, como principio esencial de la «filosofía social», mediante la siguiente reflexión: *«como no se puede quitar a los individuos y dar a la comunidad lo que ellos pueden realizar con su propio esfuerzo, tampoco es justo quitar a las comunidades menores e inferiores lo que ellas pueden hacer y proporcionar y dárselo a una sociedad mayor y más elevada…»*[232].

En suma, en virtud de la subsidiariedad ni el Estado ni sociedad alguna deberán jamás sustituir la iniciativa y la responsabilidad de las personas y de los grupos sociales intermedios en los niveles en los que éstos puedan actuar, ni destruir el espacio necesario para su libertad. La subsidiariedad protege a las personas e instancias intermedias de los abusos de instancias sociales superiores (principalmente del Estado) y mediante una adecuada aplicación de este principio, se consigue, por una parte, evitar en la práctica limitaciones o exclusiones de la iniciativa privada, incluso económica y, por otra, luchar contra las formas de centralización, de burocratización y de presencia excesiva e injustificada del Estado. Esa

---

230 Martínez de Larrinoa, G. (2014). «La empresa inclusiva. Su significado y retos en un mundo complejo». Club de Roma, Bilbao, 28 de marzo de 2014 (http://www.clubderomagv.org/debates/20140328/20140328pres.pdf; última consulta: 11-02-2015).

231 CDSI 186

232 QA 79

defensa de la iniciativa privada, constante en la DSI, es más evidente, si cabe en MM[233] y en QA[234], y se extiende al ámbito internacional en PT, reconociendo la autonomía e iniciativa de las autoridades de cada nación, frente a instancias superiores. En esa línea, actualmente el principio de subsidiariedad se considera fundamental para el funcionamiento de las instituciones supranacionales y para la toma de decisiones en ese ámbito[235].

No obstante lo dicho, y a pesar de la gran importancia del principio de subsidiariedad, incluso en el ámbito internacional, algunas circunstancias pueden aconsejar que el Estado ejercite una función de suplencia. En cualquier caso, cuando esto ocurra, esta suplencia institucional no debe prolongarse y extenderse más allá de lo estrictamente necesario, dado que encuentra justificación sólo en lo excepcional de la situación.

En el ámbito cooperativo la subsidiariedad tiene su reflejo en el principio de autonomía e independencia, según el cual *«las cooperativas son organizaciones autónomas de autoayuda, gestionadas por sus socios. Si firman acuerdos con otras organizaciones, incluidos los gobiernos, o si consiguen capital de fuentes externas, lo hacen en términos que aseguren el control democrático por parte de sus socios y mantengan su autonomía cooperativa»*[236].

Por lo tanto, así como la DSI reclama un espacio de libertad e independencia para la iniciativa privada de personas y grupos sociales, también las cooperativas pueden resultar muy afectadas en sus relaciones con el Estado, en cuanto que son los gobiernos los que determinan el marco legislativo dentro del que funcionarán las cooperativas y pueden perjudicarlas con sus políticas fiscales, económicas y sociales, por lo que

---

[233] MM 51, 52: *«[...] la economía debe ser obra, ante todo de la iniciativa privada de los individuos».*

[234] QA 55: *«[...] el principio de que la intervención de las autoridades públicas en el campo económico, por dilatada y profunda que sea, no sólo no debe coartar la libre iniciativa de los particulares, sino que, por el contrario, ha de garantizar la expansión de esa libre iniciativa, salvaguardando, sin embargo, incólumes los derechos esenciales de la persona humana»*; QA 55: *«[...] porque cuando falta la actividad de la iniciativa particular, surge la tiranía política».*

[235] En Derecho comunitario el principio de subsidiariedad fue formalmente consagrado por el artículo 5 del Tratado de la Unión Europea (TUE. Maastricht, 1992) y en la actualidad aparece recogido en el apartado 3 del artículo 3ter del Tratado de Lisboa, que sustituye al artículo 5 del TUE, aunque manteniendo su formulación: *«En virtud del principio de subsidiariedad, en los ámbitos que no sean de su competencia exclusiva, la Unión intervendrá sólo en caso de que, y en la medida en que, los objetivos de la acción pretendida no puedan ser alcanzados de manera suficiente por los Estados miembros, ni a nivel central ni a nivel regional y local, sino que puedan alcanzarse mejor, debido a la dimensión o a los efectos de la acción pretendida, a escala de la Unión»* (https://www.boe.es/legislacion/enlaces/documentos/ue/Trat_lisboa.pdf; última consulta: 15-01-2015).

[236] *Declaración de la Alianza Cooperativa Internacional..., op. cit.*, Cuarto principio, p. 19.

se reclama cierta autonomía para ellas, semejante al que puedan tener las empresas capitalistas en su trato con los gobiernos. Por otra parte, en el actual entorno de globalización, resulta cada vez más frecuente que las cooperativas participen en proyectos conjuntos con empresas privadas ú otro tipo de entidades, lo que sin duda resulta beneficioso, pero a la hora de negociar este tipo de acuerdos, se establece la cautela de que mantengan su independencia y la libertad de controlar su propio destino. En otras palabras, las cooperativas deben crear y fortalecer sus relaciones con el respectivo gobierno, en sus diferentes niveles, así como con la empresa privada ú organización correspondiente, con el objetivo de buscar más y mejores condiciones de todo tipo en beneficio común de sus socios. Así, con los gobiernos podrá colaborar en el análisis y emisión de leyes que favorezcan la práctica cooperativa o en el acercamiento de programas sociales que faciliten el contacto de la cooperativa con la comunidad; en las relaciones con la empresa privada, por el contrario, se buscarán convenios y acuerdos que abaraten o faciliten la adquisición de servicios comunes a favor de sus socios y familiares, pero al entablar este tipo de relaciones, en virtud de este principio de autonomía e independencia, las cooperativas deberán estar alertas para que su libertad de acción no resulte coartada, sometiendo o condicionando a los socios de alguna forma.

5.6. El principio de participación y la democracia

La participación es consecuencia directa de la subsidiariedad, así como de la dignidad humana y de la igualdad. Supone que el ciudadano, directamente o por medio de sus representantes, sea parte activa de la vida cultural, económica, política y social de la comunidad a la que pertenece. El CIC define la participación como *«el compromiso voluntario y generoso de la persona en los intercambios sociales. Es necesario que todos participen, cada uno según el lugar que ocupa y el papel que desempeña, en promover el bien común. Este deber es inherente a la dignidad de la persona humana»*[237].

La DSI, inicialmente centrada en la denominada «cuestión obrera», se preocupa en primer lugar por la participación del trabajador en la empresa (MM)[238], para después ampliar el concepto a otros ámbitos de la vida social: participación en la vida pública (PT), en la cultura (CA), en la economía (CiV), en la vida política (GS)... De esta forma, hoy se considera que la participación no puede ser delimitada o restringida a algún

[237] CIC 1913

[238] Ya con anterioridad había mencionado tímidamente la necesidad de «participación de todos los hombres de buena voluntad» en orden al «bien social y económico» (QA 147), pero es en MM donde se menciona expresamente como principio por primera vez.

contenido particular de la vida social, sino que debe comprender todos los aspectos mencionados, desde los ámbitos básicos de participación del trabajador en la empresa, o del ciudadano en la vida política, hasta los niveles superiores, de participación de los pueblos en la construcción de una comunidad internacional solidaria.

El sistema político que mejor garantiza la participación es la democracia. En ese sentido, la DSI se muestra contraria a los regímenes totalitarios o dictatoriales y abiertamente favorable al sistema democrático en varias encíclicas (PT, GS, OA, CiV), recogiéndolo de forma expresa en CA 46: «*La Iglesia aprecia el sistema de la democracia en la medida en que asegura la participación de los ciudadanos en las opciones políticas y garantiza a los gobernados la posibilidad de elegir y controlar a sus propios gobernantes, o bien la de sustituirlos oportunamente de manera pacífica*».

Por otra parte este principio de participación sirve para establecer el que podría considerarse primer vínculo expreso y reconocido entre la DSI y la empresa cooperativa como sistema de gestión, ya que, tal y como veíamos al analizar la encíclica, el Papa Juan XXIII menciona en MM la empresa cooperativa (junto con la empresa artesana) como la estructura más acorde con la finalidad de ajustarse a la dignidad humana y estimular el sentido de responsabilidad en el trabajador, destacando algunos de sus aspectos positivos y haciendo alusión expresa a otros principios cooperativos tradicionales, como son la formación y la cooperación.

Cabe destacar que el principio de participación es el que más claramente muestra la íntima conexión entre la DSI y la filosofía cooperativa, dado que entronca con los pilares sobre los que tradicionalmente se ha asentado el sistema cooperativo desde sus inicios rochdaleanos[239]: el principio de participación (en este caso económica) y la gestión democrática. Ambos están expresamente reconocidos en la Declaración sobre la Identidad Cooperativa[240]. Con respecto a la participación, se trata de un prin-

---

[239] En los Estatutos de Rochdale ya se reconocía la igualdad participativa de sus socios fundadores constituyendo así un «control democrático societario». Esta regla de oro de la democracia cooperativa sigue actualmente vigente en toda la legislación cooperativista mundial, como norma jurídica que asienta a la vez el control democrático de los socios cooperativos y la igualdad participativa de todos ellos, con independencia de sus participaciones personales o de capital suscrito.

[240] *Declaración de la Alianza Cooperativa Internacional..., op. cit.*, pp. 17 y 19. Segundo Principio: *Gestión Democrática por Parte de los Socios* Las cooperativas son organizaciones gestionadas democráticamente por los socios, los cuales participan activamente en la fijación de sus políticas y en la toma de decisiones. Los hombres y mujeres elegidos para representar y gestionar las cooperativas son responsables ante los socios. En las cooperativas de primer grado, los socios tienen iguales derechos de voto (un socio, un voto), y las cooperativas de otros grados, están también organizadas de forma democrática. Tercer Principio: *Participación Económica de Los Socios* Los socios contribuyen equitativamente al capital de sus cooperativas y lo gestionan de forma democrática. Por lo menos parte de ese capital normalmente es propiedad común de la cooperativa. Normalmente, los socios reciben una compensación, si la

cipio consustancial. Nuestras leyes cooperativas, tanto la estatal como las autonómicas, configuran la participación de los socios en la actividad cooperativizada como un derecho y como una obligación del socio de la cooperativa. Tal y como apuntan VARGAS, GADEA y SACRISTÁN, «el lugar preferente que ocupa el derecho de participación en los listados de derechos básicos de los socios, que se suele situar entre los primeros que mencionan las leyes cooperativas, demuestra la importancia del mismo en el marco general del estatuto jurídico del socio»[241]. En relación con la democracia, el Informe que sigue al listado de principios de la Declaración sobre la Identidad Cooperativa establece que, en el ámbito cooperativo la «democracia» tiene un significado amplio: significa fomentar el espíritu de la democracia dentro de las cooperativas, involucrándose activamente los socios en la fijación de políticas y en la toma de decisiones claves. En palabras del profesor ATXABAL, «la democracia es uno de los valores consustanciales a la naturaleza de las cooperativas, desde una doble dimensión: hacia dentro de la cooperativa, donde la propiedad, el control y la gestión de las cooperativas se lleva a cabo por los socios de manera democrática; y hacia afuera de la cooperativa, donde el socio cooperativista participa en la economía y organiza los factores de producción a través de una empresa basada en la persona y no en el capital»[242].

A través del principio de «participación económica de los socios» se logra, por otra parte, que el capital sea el sirviente y no el amo de la organización cooperativa, siendo ese capital aportado de forma equitativa por los socios[243].

El profesor DIVAR resume magistralmente la importancia de este principio cuando señala que una característica destacada del cooperativismo es, precisamente, su ideario participativo, tan propio de la lucha contra la exclusión económica, de manera que se trata de un «movimiento empresarial que es la punta de lanza de la llamada Democracia Económica[244]». Constituye, además, una de las notas diferenciadoras respecto al ámbito de la empresa capitalista, en cuanto que este espíritu participativo, eje central del cooperativismo, conllevó la limitación en el reparto de

---

hay, limitada sobre el capital entregado como condición para ser socio. Los socios asignan los excedentes para todos o alguno de los siguientes fines: el desarrollo de su cooperativa, posiblemente mediante el establecimiento de reservas, de las cuales una parte por lo menos serían irrepartibles; beneficiando a los socios en proporción a sus operaciones con la cooperativa; y el apoyo de otras actividades aprobadas por los socios.

[241] VARGAS C., GADEA E. y SACRISTÁN F. (2015), *Derecho de las sociedades cooperativas. Introducción, constitución, estatuto del socio y órganos sociales.* Madrid: La Ley, p. 236.

[242] ATXABAL RADA, A. (2014). «Democracia y jóvenes. Una aproximación desde las cooperativas», en *REVESCO, Revista de Estudios Cooperativos,* n.º 116, p. 62.

[243] *Declaración de la Alianza Cooperativa Internacional ..., op. cit.,* pp. 53-55.

[244] DIVAR GARTEIZ-AURRECOA, J. (2013). «Las cooperativas: Una alternativa...», *op. cit.,* p. 261.

los excedentes económicos entre los socios, de manera que las cuotas de atribución se establecieron sobre baremos personales y nunca sobre el prorrateo capitalista (cooperativización del beneficio).

Aquí finaliza el análisis de los principios de la DSI expresamente listados por el CDSI, pero no la conexión DSI-cooperativas, porque existen otra serie de conceptos e ideas que abordaremos a continuación que siguen poniendo de manifiesto esa íntima interrelación.

5.7. *La primacía del trabajo sobre el capital*

EL CDSI establece taxativamente que, *«el trabajo, por su carácter subjetivo o personal, es superior a cualquier otro factor de producción. Este principio vale, en particular, con respecto al capital»*[245].

La relación capital-trabajo ha sido en sus orígenes injusta y por ende conflictiva. En la época del desarrollo industrial el problema del trabajo se planteó como conflicto entre el «mundo del capital» y el «mundo del trabajo», es decir, entre el grupo restringido, pero influyente, de los empresarios, propietarios o poseedores de los medios de producción y la más vasta multitud de gente que no disponía de esos medios y que participaba en el proceso productivo exclusivamente mediante el trabajo. Los trabajadores ofrecían sus fuerzas para el trabajo y las ponían a disposición de los empresarios y éstos, guiados por el principio del máximo rendimiento, trataba de establecer el salario más bajo posible para el trabajo realizado por los obreros.

Así, hemos podido comprobar que la DSI se ocupa de la cuestión laboral desde la primera gran encíclica social, RN, en la que el Papa León XIII se refería a una serie de aspectos de la realidad laboral descrita, que han sido replanteadas en sucesivas encíclicas y que, en algún caso, incluso hoy pueden considerarse vigentes (salario justo, limitación de jornada laboral, legislación protectora de los derechos de los trabajadores...). Una vez reivindicados los requisitos mínimos, la DSI ha abordado las relaciones entre trabajo y capital, destacando la prioridad del primero sobre el segundo, contrariamente a lo que se defendía en la era de la industrialización. Pero ha sido la encíclica LE la que más claramente se ha pronunciado al respecto, afirmando que el trabajo es siempre una causa eficiente, mientras que el capital (conjunto de medios de producción) es sólo un instrumento, al servicio de esa causa y reclamando un sistema nuevo, que conceda el protagonismo a la causa eficiente y devuelva al capital su condición de mera herramienta.

No obstante, LE reconoce al mismo tiempo la necesaria complementariedad y compenetración entre ambos aspectos[246], sobre todo teniendo

---

[245] CDSI 276

[246] LE 13

en cuenta las importantes transformaciones de nuestro tiempo, dado que el binomio trabajo-capital adquiere diferentes caracteres en cada contexto social y económico. ¿Tiene, por lo tanto, sentido la afirmación de la DSI sobre la primacía del trabajo en la actual realidad socio-económica? Con el paso del tiempo resulta cada vez más evidente que el verdadero valor reside en los conocimientos del trabajador, en su creatividad, carácter emprendedor, capacidad de trabajo en grupo..., nuevos paradigmas que conllevan un cambio de perspectiva en las relaciones trabajo-capital, de forma que cobra especial relevancia la dimensión subjetiva del trabajo. Por otra parte, los progresos científicos y tecnológicos junto con la globalización de los mercados conllevan nuevas circunstancias que pueden tener un doble perfil, tal y como Juan Pablo II expresó gráficamente: «*la sociedad está sometida a múltiples transformaciones, en función de los avances científicos y tecnológicos, así como de la globalización de los mercados; se trata de elementos que pueden ser positivos para los trabajadores, ya que son fuente de desarrollo y progreso; pero también pueden implicar numerosos riesgos a las personas, poniéndolas al servicio de los engranajes de la economía y de la búsqueda desenfrenada de productividad*»[247]. Por lo tanto, nos atrevemos a decir que el principio de la primacía del trabajo vuelve a estar totalmente de actualidad.

Por otra parte, refiriéndonos al ámbito cooperativo, la relación es clara, dado que la piedra angular de la cooperativa la constituye la persona, el socio, por cuyos intereses se vela, y no el capital. Las cooperativas funcionan de forma que el capital es el sirviente y no el amo de la organización. En palabras de Martínez Charterina, «esta subordinación del capital en la cooperativa se pone de manifiesto a través del interés limitado al capital»[248]. A diferencia de la sociedad capitalista, la cooperativa no concede al capital derecho político alguno. El capital es un mero instrumento para la consecución del fin social de la cooperativa.

El CDSI ha afirmado que «*la relación entre trabajo y capital se realiza también mediante la participación de los trabajadores en la propiedad, en su gestión y en sus frutos*»[249], rasgos definidores del cooperativismo. Efectivamente, tal y como se ha expuesto anteriormente, el sistema cooperativo permite materializar esa relación entre trabajo y capital a través de la participación económica de los socios y de la gestión democrática, dado que se trata de un modelo económico desarrollado a partir de la planificación colaborativa y que se basa en la democracia económica di-

---

[247] Discurso del Papa Juan Pablo II a la Asamblea Plenaria de la Academia Pontificia de Ciencias Sociales, el 6 de marzo de 1999, 2. (http://www.clerus.org/bibliaclerusonline/es/hsf.htm#bmw; última consulta: 15-01-2015).

[248] Martínez Charterina, A. (1996). «La cooperativa como empresa y los principios cooperativos tras el congreso centenario de la ACI de Manchester», en *Evolución del escenario económico. Homenaje a D. José Mª Solozábal Barrena*. Bilbao: Universidad de Deusto, p. 221.

[249] CDSI 21

recta o inclusiva. El profesor Atxabal subraya, como decíamos, este valor desde su doble dimensión: democracia hacia dentro, materializada en el control y la gestión llevada a cabo por el socio, y hacia afuera, dado que el socio cooperativista participa en la economía organizando los factores de producción a través de una empresa cuyo epicentro no es el capital, sino la persona[250]. Así, la economía se planifica en el trato directo entre personas en círculos democráticos y subsidiarios abiertos a toda la población en igualdad de condiciones utilizando las nuevas tecnologías y el empoderamiento social, donde se llega a un acuerdo de necesidades y recursos antes de producirse, de forma que los cooperativistas son parte directa en la gestión y sus resultados.

5.8. *La educación y la intercooperación*

Juan XXIII menciona tangencialmente estos dos principios cuando en MM aborda la cuestión del incremento demográfico y el desarrollo económico, resaltando la importancia de la educación en la responsabilidad de las futuras generaciones[251], y al mencionar la cuestión de la colaboración a nivel mundial[252].

Estos principios aparecen expresamente recogidos en la Declaración sobre la Identidad Cooperativa: la formación y la cooperación, en este caso entre cooperativas[253].

La formación o educación tiene una importancia vital dentro de las cooperativas, ya que desde siempre ha representado algo más que la mera distribución de conocimientos técnicos. En más de una ocasión se ha calificado la educación como «regla de oro del cooperativismo»[254]. En la misma línea, la profesora Arnáez menciona que el quinto principio es «*una de las reglas de oro del cooperativismo,* con cuya realización se aspi-

---

250 Atxabal Rada, A. (2014). «Democracia y jóvenes...», *op. cit.*, p. 62.

251 MM 195

252 MM 203

253 *Declaración de la Alianza Cooperativa Internacional ..., op. cit.*, p. 19: Quinto Principio: *Educación, Formación e Información* Las cooperativas proporcionan educación y formación a los socios, a los representantes elegidos, a los directivos y a los empleados para que puedan contribuir de forma eficaz al desarrollo de sus cooperativas. Ellas informan al gran público, especialmente a los jóvenes y a los líderes de opinión, de la naturaleza y beneficios de la cooperación. Sexto Principio: *Cooperación entre Cooperativas*. Las cooperativas sirven a sus socios lo más eficazmente posible y fortalecen el movimiento cooperativo trabajando conjuntamente mediante estructuras locales, nacionales, regionales e internacionales.

254 Jaime Cuadros, M. P. (2007: *Plan Nacional Decenal de Educación para el Sector de la Economía Solidaria. 2006-2016. «Solidaridad con educación. Estrategia hacia la competitividad»*. Bogotá: Universidad Cooperativa de Colombia, p. 55) ó Carrasco Monteagudo, I. (2009: *Diccionario de Economía Social, volumen 6.* Madrid: Ecobook-Editorial del economista, p. 252), entre otros.

ra a que tanto los socios, los directivos, representantes y empleados de las cooperativas, así como los poderes públicos y la sociedad en general, comprendan, y cuando menos conozcan, cuáles son los fundamentos y el sentido del Movimiento Cooperativo: sus valores, sus derechos y responsabilidades y el papel que ha desarrollado a lo largo de la historia»[255]. De esta forma se podrá entender la complejidad y riqueza del pensamiento y acción cooperativos, logrando un doble objetivo: en primer lugar, que quien esté implicado en la cooperativa, desarrolle las habilidades necesarias para llevar a cabo su labor de forma eficaz; por otra parte, que la sociedad en general, y los jóvenes en especial como gestores del futuro[256], conozcan las bondades del sistema cooperativo y su virtualidad para la transformación del entorno en el que se ubican, especialmente en un contexto de crisis económica y financiera como el que actualmente nos está tocando vivir. Tal y como hemos sostenido desde el comienzo de esta obra, tras unos años de consumismo desmedido, la crisis ha puesto en evidencia el empobrecimiento de la mayor parte de la población: una clase media de trabajadores, productores y pequeños empresarios que tratan de sobrevivir… Consideramos que en ese contexto, debe valorarse la forma en que la realización de los valores y principios cooperativos pueden beneficiar a la sociedad del siglo XXI y para ello resulta fundamental la labor educativa y de formación, máxime teniendo en cuenta que la educación cooperativa destaca por tratarse de una formación humanista, ideológica y basada en valores éticos como los que en este apartado intentamos poner de manifiesto.

Con respecto al otro principio, hemos de señalar que la cooperación entre cooperativas se ha aplicado con distinto énfasis a lo largo de la historia cooperativa, recobrando especial intensidad a partir de la década de los 90. La principal razón para la formulación expresa de este principio fue que el sector cooperativo veía cómo crecía la dimensión media de las empresas con las que las cooperativas tenían que competir y mediante la intercooperación, las cooperativas podían aumentar su dimensión, obtener financiación, compartir dificultades y, en suma, competir mejor. Sin embargo, coincidimos con Martínez Charterina en la apreciación de que el surgimiento de este principio no obedece a simples cuestiones coyunturales de necesidad, sino a la propia evolución del principio de solidaridad: «este principio viene a acabar un proceso de solidaridad, según el cual la solidaridad interna, que se realiza dentro de la cooperativa en

---

255 Arnáez Arce, V. (2014). «Educación, Formación e Información. El compromiso cooperativo con la juventud», en *Difusión de los valores y principios cooperativos entre la juventud.* Madrid: Dykinson S.L., pp. 187 y 188.

256 El profesor Martínez Etxebarría habla de la juventud como *valor cooperativo en las sociedades mercantiles coopertivas del siglo XXI,* en su artículo. Martínez Etxebarria, G. (2014). «La juventud como valor corporativo en las sociedades mercantiles cooperativas del siglo XXI», en *Difusión de los valores y principios cooperativos entre la juventud.* Madrid: Dykinson S.L., p. 68.

cuyo seno se lleva a cabo un proceso de autoayuda por el que los socios tratan de satisfacer sus comunes necesidades de forma conjunta, se prolonga en la solidaridad externa, es decir, en la cooperación entre cooperativas [...]. Si en la cooperativa las personas cooperan unas con otras hacia un fin común, esa cooperación debe prolongarse entre las cooperativas para alcanzar los fines compartidos del cooperativismo»[257].

Avanzando un poco más, podría afirmarse que la intercooperación es en realidad el resultado genuino de la cooperación. Desde el comienzo del cooperativismo moderno, el movimiento cooperativo persigue, a través de las uniones, federaciones y confederaciones, su reforzamiento y una mayor representación en la sociedad. Actualmente, las cooperativas reconocen la necesidad de reforzar sus organizaciones mediante la cooperación, a fin de mejorar y maximizar su impacto, con el objetivo último de promocionar la «vía cooperativa». Contamos con un claro ejemplo de ello en nuestro entorno más cercano: la Experiencia Cooperativa de Mondragón. Como señala KORTABARRÍA[258], «la intercooperación ha sido una constante histórica en la Experiencia Cooperativa de Mondragón, como se ha puesto de manifiesto en la promoción de nuevas cooperativas, en la creación de entidades de cobertura en el área financiera, educativa y de investigación, y en la ejecución de proyectos comunes en el área social y empresarial. Y seguirá siendo una estrategia clave en el futuro»[259]. En la misma línea se pronuncian ATXA, quien añade que «no solo tenemos que pensar en la intercooperación en momentos difíciles, también hay que impulsarla en periodos de éxito. Intercooperar no es *ayúdame a ir*, es *vamos juntos*», o BASURKO, para quien «la intercooperación está en nuestro ADN (refiriéndose al Grupo Mondragón, aunque entendemos que puede hacerse extensivo al cooperativismo en general) [...]. Se trata de aunar las capacidades y competencias de todas y cada una de las cooperativas en beneficio del conjunto del grupo, intensificar la cooperación empresarial entre todos los negocios para tener un catálogo amplio de servicios y productos que permitan ofrecer soluciones globales competitivas en diferentes mercados»[260].

---

257 MARTÍNEZ CHARTERINA, A. (2014). «El sexto principio: la cooperación entre cooperativas», en *Colección Estudios Cooperativos,* volumen I: *Las cooperativas como alternativa económica: Una visión de México y España*. Madrid: Dykinson S.L., p. 86.

258 Belén Kortabarria, directora de gestión financiera de Mondragón.

259 KORTABARRÍA, B. (2013). «La fuerza de la intercooperación», en *TU Lankide,* enero-febrero 2013, p. 24.

260 La intercooperación es uno de los principales retos estratégicos de MONDRAGON para el periodo 2013-2016. Con el objetivo de profundizar en dicho desafío y tratar de analizarlo, *TU lankide* organizó una Mesa Redonda en Otalora reuniendo para ello a AINARA BASURKO, directora de Azaro fundazioa; MIKEL OROBENGOA, director de ISEA; JAVIER SOTIL, vicepresidente de Innovación, Promoción y Conocimiento de MONDRAGON; y VICENTE ATXA, director de la Escuela Politécnica Superior de Mondragon Unibertsitatea, para celebrar. Las intervenciones y resulta-

Por lo tanto las bondades de la intercooperación son innegables (mayor volumen de transacciones, mejor división del trabajo, menores costos unitarios de producción, más posibilidades de rebajar los precios de los artículos al por menor, racionalidad en la utilización de equipos técnicos y humanos...), por lo que se ha convertido en uno de los principios cooperativos actualmente en auge, bien entendido como aplicación concreta del principio de solidaridad y como requisito de eficacia empresarial.

A modo de síntesis, podemos destacar que existe una clara conexión entre los principios de la DSI y los propios de la doctrina cooperativa y que, como bien explica el Informe sobre la Declaración de la ACI, incluso dentro del propio ámbito cooperativo, también los principios y valores cooperativos están relacionados entre sí[261]. Por lo tanto, reflejaremos a través de una tabla esta miscelánea de nexos, a fin de ofrecer una visión gráfica y clarificadora de los mismos (tabla 2).

dos de esta ponencia fueron publicados en el número arriba mencionado de la revista (pp. 26-29) y en este trabajo hemos reflejado algunas de ellas.

[261] *Declaración de la Alianza Cooperativa Internacional ..., op. cit.*, p. 45: «*2. Los principios, que constituyen el centro de las cooperativas, no son independientes el uno del otro. Están unidos sutilmente; cuando se pasa uno por alto, todos se resienten. No hay que evaluar las cooperativas exclusivamente en base a un principio dado; más bien, deben ser evaluadas en base a cómo se adhieren a los principios en su totalidad*».

Tabla 2

DSI	DOCTRINA COOPERATIVA	
Principios	*Principios*	*Valores*
Dignidad humana (RN, QA, OA, LE, CA, PT, GS, MM)	—Adhesión libre y voluntaria —Gestión democrática	—Igualdad —Democracia
Bien común (MM, GS)	—Interés por la comunidad	—Vocación social
Destino universal de los bienes (GS, CA, EG, SRS)	—Interés por la comunidad (interés por el desarrollo sostenible de la comunidad: preocupación por el medio ambiente)	—Ayuda mutua —Solidaridad —Vocación social
Solidaridad (RN, LS, MM, PT, GS, PP, SRS, EG)	—Interés por la comunidad —Cooperación entre cooperativas	—Solidaridad —Autoayuda y ayuda mutua
Subsidiariedad (QA, MM, PT, CiV, EG)	—Autonomía e independencia	
Participación (QA, MM, PT, CA, CiV, GS)	—Gestión democrática —Participación económica	—Igualdad —Democracia
Primacía del trabajo sobre el capital (RN, LE)	—Participación económica —Gestión democrática	—Igualdad —Democracia
Educación e intercooperación (MM)	—Educación, formación e información —Cooperación entre cooperativas	—Solidaridad

*Fuente: elaboración propia

Para finalizar, una vez analizados los principios más relevantes de la DSI y su posible conexión con los principios y valores cooperativos, hemos de matizar que se trata, en cualquier caso, no sólo de dictar principios, sino de desarrollar acciones concretas a través de su aplicación. Efectivamente, tras exponer la parte teórica de la DSI y en virtud de la dinámica metodológica *Ver-juzgar-actuar* establecida a partir de MM, cobra especial relevancia la parte práctica, el *actuar.* En ese sentido, la DSI propone actuaciones concretas, trabajar para eliminar las barreras de las desigualdades, las estructuras y los mecanismos de injusticia; crear condiciones, factores, grupos, comunidades, movimientos, para influir en la transformación de la sociedad en la dirección elegida: la justicia social, la solidaridad, la paz. Pero esta última parte del procedimiento, para su materialización, exige nuestro comportamiento activo. Corresponde ahora a cada uno de nosotros/as (y no solo a los poderes públicos), en nuestros países, ciudades, barrios, elegir las mejores opciones políticas, los mejores proyectos para proceder a ese cambio de valores y favorecer la transformación de la sociedad, hacia un modelo más justo y una de las vías de acción podría ser, sin duda, a través del sistema cooperativo, a la luz de las conexiones entre ambos sectores.

Por lo tanto, expuestos los principios más importantes de la DSI y visto que ésta ha servido, en cierta forma, de sustento al cooperativismo, podemos decir que ambas doctrinas o pensamientos, por una parte, constituyen guías a tener en cuenta para la acción, ya que comparten valores que otorgan al ser humano la centralidad en la organización de la empresa y de la sociedad y, por otra, se reconocen mutuamente, dado que el cooperativismo ha recogido de forma expresa alguna de las enseñanzas del magisterio social y la Iglesia, a su vez, ha subrayado la virtualidad positiva de las cooperativas por su capacidad de promover cambios cualitativos en el sistema económico. En esa línea, el Papa Francisco, en el más reciente de los textos analizados, la Exhortación Apostólica EG, hace un llamamiento urgente a transformaciones estructurales que superen las injusticias del actual sistema económico, a la vez que, en diferentes alocuciones, apuesta por la cooperativa como forma de gestión empresarial.

En suma, divulgar y extender el magisterio de la Iglesia, reforzar algunos de sus principios a través de la acción cooperativa podría ayudar a plantear, con referencias reales, las reformas y líneas de mejora que se propugnan, desde una visión humanista de la economía. Tenemos un claro y revelador ejemplo de esa visión en nuestro entorno más cercano: D. José María Arizmendiarrieta y el movimiento cooperativo que representa. Por su organización humanista y por la dimensión alcanzada se ha convertido en un símbolo internacional y en un «capital simbólico» que no se puede desperdiciar. Por ello, en el siguiente capítulo abordaremos el influjo de la DSI en el cooperativismo vasco y, en especial, la figura de Arizmendiarrieta.

CAPÍTULO TERCERO
LA DOCTRINA SOCIAL DE LA IGLESIA Y EL COOPERATIVISMO VASCO

1. Introducción

En el capítulo anterior hemos puesto de manifiesto la conexión existente entre la DSI y el movimiento cooperativo en general, relacionando los principios básicos de la DSI y los valores y principios cooperativos. En esta ocasión pretendemos dar un paso más, centrándonos en el cooperativismo vasco en particular: ¿qué influencia ha tenido la DSI en el cooperativismo vasco? ¿Se mantiene esa influencia en la actualidad? En realidad, el espíritu comunitario y solidarista ha estado siempre presente en la sociedad vasca, como lo muestran algunas instituciones de carácter consuetudinario, basadas fundamentalmente en la comunidad vecinal, pero ¿cuándo se ha transformado ese sentimiento solidarista en espíritu cooperativista propiamente dicho? y lo que resulta más importante a efectos de este estudio ¿cuándo y cómo ha penetrado la DSI en el cooperativismo vasco?

Efectivamente, tal y como menciona Gorroño, «El espíritu de cooperación no resulta históricamente ajeno al carácter vasco, según lo demuestran el arraigo y expansión geográfica de costumbres como el «*hauzo-lan*» o la «*lorra*», ligadas a la realización de labores agrícolas periódicas y suficientemente estudiadas por los antropólogos Echegaray[1] y Caro

[1] El antropólogo y escritor vasco D. Bonifacio de Echegaray explica con claridad estas instituciones vascas de carácter consuetudinario, que constituyen una manifestación de solidaridad social y consisten en la aportación de trabajo personal o bienes materiales, de forma desinteresada, en beneficio de la comunidad vecinal: «*Auzolan*: La etimología de esta palabra es clara y expresiva; procede de *auzo*, vecindad o barrio, y *lan*, trabajo. Obliga la prestación a todos los vecinos. Los casos más frecuentes en que se impone son aquellos que se refieren al trazado, limpieza y arreglo de caminos. *Lorra*: palabra vasca que significa acarreo, transporte; lo mismo que *lorreta* [...]. Por extensión, *lorra* denota, además, aportamiento (entre otros,

Baroja. Como materialización de ese espíritu surgieron las Cofradías, administradoras de bosques y pastos comunitarios, expresión legalizada de compromisos vecinales en la comunidad rural. Estas instituciones cooperativas, cuya función económica en nuestros días es prácticamente nula, llegaron no obstante a poseer un peso específico considerable en la economía tradicional del país»[2].

Por lo tanto, el cooperativismo vasco se remonta a tiempos pasados e incluso la fórmula cooperativa más similar a la que hoy conocemos en el País Vasco tiene una historia centenaria. Así, en Euskadi el cooperativismo se manifestó a finales del siglo XIX, a través de las primeras cooperativas de consumo nacidas al auspicio de grandes industrias como Altos Hornos de Bilbao[3]. Posteriormente surgirían sucesivas formas de aplicar el ideario cooperativo a todos los sectores económicos y fueron apareciendo cooperativas agrarias y de crédito, más tarde las de vivienda, las de trabajo asociado[4]..., siempre con el objetivo común de mejorar la calidad de vida de los socios. La paternidad ideológica de estas cooperativas fue plural, pero se suelen señalar básicamente tres grandes influencias: el socialismo, el nacionalismo y, desde la óptica que interesa a este estudio, la DSI, que se refleja sobre todo en el cooperativismo agrario. Se crearon también cooperativas que no se inscriben en ninguna de estas orientaciones ideológicas y que simplemente siguieron el ideario de Rochdale, intentando preservar su neutralidad política.

---

zimaur-lorra o aportamiento de estiércol; *zur-lorra*: aportamiento de madera; *bildotx-lorra*: aportamiento de ovejas)». Echegaray Corta, B. de (1932). «La vecindad: relaciones que engendra en el País Vasco», en *RIEV, Revista Internacional de los Estudios Vascos*, tomo XXIII, pp. 391 y 386, respectivamente (https://www.eusko-ikaskuntza.org; última consulta: 5-03-2015).

2 Gorroño, I. (1975). *Experiencia cooperativa en el País Vasco*. Durango: Leopoldo Zugaza, Editor, p. 43.

3 Roussell, C. y Albóniga, N. (1994). *Historia de las cooperativas de consumo vascas*, Vitoria-Gasteiz, Federación de Cooperativas de Consumo de Euskadi, pp. 6 y 7: El día 1 de julio de 1884 se constituyó la Sociedad Cooperativa de Obreros de Barakaldo, primera cooperativa de consumo de Euskadi. Esta cooperativa nació al amparo de Altos Hornos de Bilbao y sus socios fueron los trabajadores de la empresa. Tenía un local en Barakaldo en el que trabajaban 17 empleados y que disponía de carnicería, algo poco habitual en las cooperativas que se habían creado hasta entonces, tanto en España como en el resto de Europa. La forma de pago también resultaba curiosa, ya que se efectuaba el día en que los obreros recibían su paga, bien quincenal o mensualmente, existiendo ocasiones en las que las deudas llegaban a ser perdonadas si se justificaban alegando desgracias familiares o enfermedad. (http://www.ekkf-fecoe.coop/files/publicaciones/historia_coop_consumo.pdf; última consulta: 5/03/2015).

4 El cooperativismo de trabajo asociado es el que ha cuajado con más fuerza en la sociedad vasca, y su primera manifestación fue la cooperativa eibarresa ALFA, creada en 1920, cuyas actividades han proseguido y han ido creciendo, pasando por mejores y peores momentos, hasta convertirse en lo que es hoy, el Grupo Alfa, uno de los principales grupos industriales de Euskadi.

Toda esta diversidad de orígenes y de orientaciones se refleja también en la multiplicidad de organizaciones asociativas a que da lugar, lo que demuestra sin duda el gran dinamismo y la destacada capacidad de auto-organización que han caracterizado al movimiento cooperativo vasco pero que, aunque no faltaron algunos intentos, no vio su culminación en una mayor integración o unidad en ese período. Con la Guerra Civil y la implantación del Régimen Franquista quebró todo este proceso y dinámica cooperativista, comenzando una larga travesía del desierto, que duraría hasta la aparición de la denominada «Experiencia Cooperativa de Mondragón» (que analizaremos expresamente en la parte final de este capítulo) de la mano de Don José María Arizmendiarrieta. Su vocación cristiana, su entrega sin límites a favor de las personas, su comunión con la DSI, su actitud de servicio en favor de una sociedad local dividida y empobrecida por la Guerra Civil, llevó de nuevo el ánimo a aquella población. La áspera posguerra trajo el racionamiento, hambre, miseria, enfermedades, hacinamiento y la purga social de los vencidos por los vencedores, pero en ese contexto tan hostil y negativo, Arizmendiarrieta comenzó a promover el apostolado social en el mundo del trabajo, seleccionando a una pequeña élite de jóvenes e inculcándoles los valores clásicos de la DSI, centrados en la realidad social local: el entusiasmo por el trabajo, la austeridad en la vida social, el esfuerzo y sacrificio por ideales comunitarios, la esperanza en obras sociales, la autoexigencia personal en tareas colectivas... Eran las bases éticas de la futura cultura del cooperativismo de Mondragón.

Con aquella enorme ilusión y esfuerzo se reactivó la dinámica cooperativista y, hoy día, hablar de cooperativismo vasco es, sin duda, hablar de Don José María Arizmendiarrieta y la Experiencia Cooperativa de Mondragón, uno de los modelos más estudiados a nivel internacional por sus exitosos resultados sociales y empresariales.

¿Cómo fue posible que en pleno franquismo un sacerdote, ex republicano y euskaldun, impulsara un sorprendente y novedoso experimento social, basado en el desarrollo comunitario y en el cooperativismo, en un pequeño pueblo socialmente deprimido y políticamente derrotado, que se convertiría a la postre en un nuevo epicentro industrial? Intentando responder a esa pregunta, nos vienen a la mente unas palabras de Molina[5]

---

5 Fernando Molina Aparicio, doctor en Historia, profesor e investigador en el Departamento de Historia Contemporánea de la Universidad del País Vasco, se enfrentó al gran reto de redactar la biografía de D. José María Arizmendiarrieta, por petición de dos de sus colaboradores y cofundadores de la Experiencia Cooperativa de Mondragón: D. Alfonso Gorroñogoitia y D. José María Ormaetxea. A los pocos días de fallecer José María Arizmendiarrieta comenzó a formarse su memoria colectiva. Él jamás escribió un libro, porque como bien se apunta en una publicación conmemorativa aparecida en 1997, «su pensamiento queda en frases, en eslóganes, pero, sobre todo, en las mentes de quienes compartieron sus afanes y sus proyectos. Don José María, sobre todo, escribió en los corazones y en las mentes; esas fueron sus

quien, al trazar el perfil biográfico de D. José María se refiere al joven seminarista como *«paradoja de las paradojas»*.

Así, para poder comprender este enigma y desentrañar esa gran paradoja, analizaremos en profundidad la figura de este sacerdote, su vida, pensamiento y obra, que cobran especial relevancia en estos momentos, coincidiendo con el reciente centenario de su nacimiento y con su nombramiento como «Venerable» por el Papa Francisco el 15 de diciembre de 2015, tras un largo proceso de canonización en el que obtuvo el voto favorable por unanimidad del Congreso Peculiar[6].

2. D. Jose María Arizmendiarrieta: su vida (1915-1976)

Al analizar la figura de D. José María Arizmendiarrieta resulta imprescindible comenzar hablando de su vida, sus orígenes y entorno, que for-

cuartillas» (AA.VV. 1997: *Introducción a la Experiencia Cooperativa de Mondragón*. Aretxabaleta: Otalora, pp. 14 y 15). No obstante, a pesar de dejar huella fundamentalmente en los corazones, también se conservan testimonios escritos (artículos, conferencias, sermones, apuntes, fichas...), que comenzaron a recopilarse para poder dar a conocer su pensamiento, obteniendo como fruto, en 1984, la maravillosa obra *El hombre cooperativo: pensamiento de Arizmendiarrieta*, de Joxe Azurmendi, que comentaremos más adelante y a la que hemos recurrido en más de una ocasión para poder elaborar este capítulo. Pero quedaba pendiente su biografía. Desde 1989, Ormaetxea y Gorroñogoitia promovieron la recopilación de testimonios sobre la vida de su maestro, pero necesitaban a un experto para dar forma a todo el material conseguido y mostrar la imagen fiel de José María. Seleccionaron a Fernando Molina Aparicio, quien acababa de defender brillantemente su tesis para acceder al doctorado en Historia el mismo mes en que se acordó iniciar el proyecto.

Molina aceptó el gran reto y, tras recurrir al archivo personal de Arizmendiarrieta, a su biblioteca, a los testimonios de sus discípulos y personas que convivieron con él, publicó en 2005 la magnífica biografía que nos ha servido de manual de referencia en este capítulo, por lo que la mencionaremos en más de una ocasión. En el prólogo de la misma, describe la compleja figura del biografiado con esa singular frase, «paradoja de las paradojas», que después desarrolla: «La misma paradoja que entraña la vida de un hombre que busca la emancipación social del individuo mediante su concepción como ser comunitario. Paradoja del hombre que combate con pasión la misma cultura burguesa a la que pertenecen algunos de sus más queridos amigos; que lucha contra el consumo montando empresas que sirven a éste; que busca promover el movimiento social cristiano en mitad del mayor proceso de secularización de la historia del País Vasco; que pretende modernizar la identidad vasca en el tiempo en que más ha sido perseguida políticamente; que concede a la nación vasca su primer instrumento efectivo de autogestión y lo funda no en criterios políticos e independentistas, sino económicos e interdependientes», Molina, F. (2005). *José María Arizmendiarrieta (1915-1976). Biografía.* Mondragón: Caja Laboral-Euskadiko Kutxa, p. 30.

6 El proceso de canonización de Arizmendiarrieta se inició en 1999, cuando algunos de sus discípulos, fundamentalmente los ya mencionados Ormaetxea y Gorroñogoitia, entendieron que había que enaltecer su comportamiento ejemplar, principalmente con el objetivo de actualizar la esencia de su legado desde el pensamiento cristiano, posibilitando su permanencia en el tiempo y su aplicación a futuro.

jaron una personalidad de inclinación reflexiva y recogida, que le irían decantando hacia una futura carrera sacerdotal. A pesar de que él resumió su propio curriculum vitae de forma muy humilde en escasas palabras en 1972[7], creemos que merece especial atención este tránsito más detenido por su espacio vital, distinguiendo fundamentalmente su etapa infantil en el entorno del caserío, su etapa formativa, para finalizar con su actividad como sacerdote.

2.1. Los primeros años en Barinaga (1915-1919)

El 22 de abril de 1915, nacía, en el caserío Iturbe del barrio Barinaga de Markina, un niño al que ese mismo día bautizaron con el nombre de José María Arizmendiarrieta Madariaga, mientras las campanas de la torre anunciaban la noticia a los caseríos de la parroquia, como era costumbre. Fue el primogénito del matrimonio formado por José Luis Arizmendiarrieta Acha, natural de Barinaga, y Tomasa Madariaga Careaga, nacida en la villa de Markina. El matrimonio tuvo tres hijos más: Patxi (1917), María (1918) y Jesús (1921). Todos convivían en el caserío, junto con dos jóvenes criados, lo que denotaba cierta prosperidad.

---

[7] *Mi «curriculum vitae» tiene poco que consignar y lo resumo en lo siguiente:*

- *José Mª de Arizmendi-Arrieta y Madariaga, nacido en Marquina, Vizcaya, abril de 1915. Estudios hasta verano 1936;1936-39, milicias vascas, prisión y servicio militar. 1940 estudio y retiro en Seminario de Vitoria.*
- *Desde principios de 1941 Coadjutor y Consiliario de Jóvenes en Mondragón; por extensión, de padres de familia y hombres, cargo y nombramiento únicos que poseo hasta la fecha.*
- *Dedicación preferente y prevalente: la formación social y problemática de promoción y transformación social y actividades fundamentalmente atendidas desde Centros de capacitación profesional y técnica hasta 1956.*
- *Desde esta fecha, en el marco más amplio de instituciones y entidades socioeconómicas, sin responsabilidades ejecutivas; en planos de estudio y reflexión compartidos con protagonistas y promotores de las aludidas entidades y comprometido en las mismas en aras de postulados humanos y sociales comunitarios.*
- *Nunca he sido capaz de hacer nada en solitario, y por ello, si existe algún mérito que se me imputara, ello comporta una verdad a medias, que es peor que una falsedad, en cuanto con ello se mixtifican las versiones.*
- *Ésta es la verdad, toda la verdad y la REALIDAD: Que soy un sacerdote secular, que liberado más o menos siempre de tareas menos apetecibles para mí, he podido dedicarme a una especie de sana afición con compromiso también muy llevadero. Sin desvincularme de las atenciones ordinarias he podido disfrutar de periodos que he aprovechado tanto para mi propia formación como para atender a otros requerimientos que los interpretaba se debían correspondencia.*
- *Un abrazo y nada más. 26-04-72*

(www.tulankide.com, enero-febrero 2015, n.º 592, p. 21; última consulta: 20-04-2015).

Como bien apunta Oyarzábal «el niño es un proyecto de hombre que se va perfilando en la vida poco a poco. Diríase que ya en los primeros años comienza a aflorar el código genético de una persona, tanto en el aspecto físico como en el temperamental y caractereológico»[8], por lo que, consideramos oportuno dedicar cierto tiempo a recordar los primeros años de la vida de Arizmendiarrieta.

Su infancia transcurrió en el espacio físico y humano del caserío Iturbe, en el característico ambiente sacrificado del agro vasco, en el que el exigente trabajo cotidiano quedaba regido por el ritmo de las estaciones que ordenaban las faenas agrícolas y ganaderas. Toda la vida familiar se hallaba estrechamente ligada a la casa, personificada en la figura del padre. José Luis, sin embargo, no coincidía con el perfil de «baserritarra» típico de la época[9]: estaba poco apegado a la vida tradicional del caserío y era más afín a las formas de vida y relaciones sociales urbanas. Era un hombre de ideas avanzadas para la época, con capacidad de liderazgo en cuestiones comunitarias, en la toma de decisiones sobre asuntos que afectaran a la vida colectiva del barrio, carácter que, en opinión de Molina, influiría claramente en la mentalidad inquieta de su hijo[10]. Cumplidos los deberes básicos para procurar el bienestar de la familia, el padre delegaba la gestión de la economía familiar en su mujer, Tomasa, que únicamente salía del caserío para participar en las relaciones sociales estrictamente necesarias y cumplir con los deberes religiosos. La «modernidad» del padre quedaba, así, equilibrada por la tradición personalizada en su mujer, que era el motor silencioso de la vida familiar y representaba ante los hijos los valores humanos vinculados al trabajo rural. En otras palabras, si de su padre recibió una creciente inquietud por la realidad social que superaba el estrecho marco del caserío e incluso de la anteiglesia (tenían parientes en Eibar y Bilbao a los que visitaba con cierta frecuencia), de su madre recibió la educación en los valores cristianos y una estricta moral en la que trabajo y fe constituían dos valores asociados y esenciales. Esta moral era renovada diariamente con el rezo del rosario antes de la cena y con la participación en los sacramentos de la vecina Iglesia de San Pedro de Barinaga[11].

---

[8] Oyarzábal, A. (1989). *D. José María Arizmendiarrieta visto por sus condiscípulos*. Gipuzkoa: IKASBIDE, Grupo Cooperativo Mondragón, p. 9.

[9] Para la descripción del carácter y semblanza del padre de José María, Molina se ha basado fundamentalmente en fuentes orales: testimonios recogidos en numerosísimas entrevistas realizadas a familiares, vecinos, parroquianos, amigos y discípulos de José María y catalogadas al final de la obra bibliográfica.

[10] «Capacidad de liderazgo en asuntos que implicaban unas formas de pensamiento comunitario que el primogénito hubo de detectar en el padre desde la infancia», *Ibidem*, p. 46.

[11] En un artículo recientemente publicado en *TU Lankide* con motivo del centenario del nacimiento de Arizmendiarrieta, su sobrino Jesús Mari Arizmendiarrieta cuenta que su tío asistía regularmente a misa desde los 5 años y que sus propios

2.2. *Su formación (1919-1940)*

Hemos dividido su tiempo de estudio en dos períodos: la etapa escolar, anterior a su entrada en el Seminario, en la que recibió sus primeras nociones de cultura general en euskera, así como clases de religión católica en la catequesis; y la etapa de seminarista, primero en el Seminario Menor de Castillo Elejabeitia, donde estudió asignaturas de cultura general y latín, y posteriormente, en el Seminario de Vitoria, donde estudió filosofía y teología, con un período intermedio interrumpido por la guerra civil.

Veamos con más detenimiento cada una de esas dos etapas, porque en ambas existieron personas decisivas para el futuro de Don José María.

2.2.1. *Etapa escolar (1919-1927)*

En ese entorno fue creciendo y forjando su personalidad José María[12], en un ciclo vital definido por un calendario vinculado a las labores del caserío y a las festividades religiosas. A la edad de cuatro años fue enviado a la escuela, una escuela de barriada fruto de una iniciativa privada surgida por la inquietud de los vecinos de instalar en la parroquia para la alfabetización de sus hijos/as[13], improvisada en un local anexo a la Iglesia de San Pedro y sostenida con las aportaciones de los caseros que enviaban a sus hijos a ella. El responsable era Mariano Careaga, el cantor y sacristán de la parroquia, quien, según relata Molina, «en sesiones de mañana y tarde, con un largo descanso a mediodía en el que los niños volvían a casa para comer, impartía una educación muy cercana a la de los maestros de despoblado que, en el siglo XIX, en caseríos y ermitas, habían educado en euskera a los hijos de los campesinos más aislados, sostenidos por el alimento o el módico sueldo que les entregaban los caseros [...]. En Barinaga el instrumento pedagógico era el euskera y el fin

---

hermanos le tomaban el pelo por esa afición (www.tulankide.com, enero-febrero 2015, n.º 592, p. 32; última consulta: 20-04-2015).

[12] A la edad de tres años sufrió un accidente grave y perdió el ojo izquierdo al golpearse con una piedra. Fue un desgraciado incidente que trastocó a la familia, pero como apunta su hermana María en otra conversación mantenida con el mencionado Larrañaga, «quizá este hecho haya podido influir en su vida, pero jamás hemos notado nada en su carácter. Es posible que nuestra madre le protegiera instintivamente, pues sentía hacia él un especial afecto». LARRAÑAGA, J.: *Don José María Arizmendiarrieta y la experiencia... op. cit.*, p. 20.

[13] Los caseríos de la anteiglesia de Barinaga se agrupaban en el auzoa (barrio, en euskera), que era un espacio de gestión cooperativa para la comunidad campesina ó, en palabras de Molina, «una comunidad autónoma sustentada por la cooperación entre todos los vecinos, destinada a resolver las necesidades colectivas más urgentes mediante el trabajo comunitario: la construcción de caminos, la traída de aguas, o, en este caso, la escuela». MOLINA, F., *José María Arizmendiarrieta... op. cit.*, p. 53.

fundamental alfabetizar a los hijos/as de los caseros en esa lengua, la propia de su comunidad local, y mediante unas mínimas nociones, en castellano, idioma que Careaga dominaba con mucha dificultad»[14]. José María pronto destacó como uno de los mejores estudiantes de la escuela.

En 1924 esta improvisada escuela de párvulos de Mariano Careaga fue clausurada, mientras se terminaba de construir una de las cien Escuelas de Barriada que la Diputación Provincial de Bizkaia había provisto para todo el territorio vizcaíno. José María tenía diez años cuando se terminó de construir este centro, en 1925. Una de las asignaturas principales era la «*Instrucción religiosa y moral*», es decir, la doctrina católica, que en Barinaga, era impartida a los niños/as en euskera, por la profesora Patrocinio Uranga. El resto de asignaturas se enseñaban en castellano, con la ayuda de las profesoras ante las dificultades de comprensión que presentaba el nuevo idioma. En cualquier caso, la escritura y la lectura se realizaban sólo en castellano y el euskera quedaba relegado a mero soporte del castellano, utilizado sólo de forma oral. Por lo tanto, fue a partir de los diez años cuando José María empezó a adquirir una cierta capacidad bilingüe, basada en un débil castellano, muy euskerizado. Dos años más tarde, gracias a su esfuerzo y tesón, así como al apoyo de su profesora, obtuvo uno de los cuatro diplomas escolares que la escuela otorgaba al final de cada curso, puesto que había logrado un buen control de la comprensión y la expresión escrita y oral del nuevo idioma.

Esa habilidad con las letras y el dibujo, su afán por el conocimiento, su carácter reservado y reflexivo modificaron el destino que de forma natural le hubiese correspondido como primogénito de la familia, a saber, hacerse cargo del caserío cuando sus padres fallecieran, para dirigir sus pasos hacia la otra salida natural en una sociedad intensamente piadosa como era la rural vizcaína: el Seminario. Normalmente eran los que no tenían derecho a la herencia de la casa solar los destinados a la carrera eclesiástica, pero Tomasa había comprendido instintivamente que las inquietudes intelectuales de su hijo y su piedad infantil no lo orientaban a ser un «baserritarra», sino que apuntaban hacia fines más elevados.

2.2.2. El Seminario (1927-1940)

En el verano de 1927, José María, a la edad de doce años y una vez superados los exámenes de la escuela de barrio, realizó, junto con compañeros de barrios cercanos, las pruebas para acceder al Seminario Menor de Castillo-Elejabeitia, que era el que les correspondía como vizcaínos, aunque geográficamente estuviera más cerca el Seminario de Saturrarán. Superadas las pruebas sin excesiva dificultad, José María

---

[14] *Ibidem*, p. 55.

abandonaba el entorno del caserío, cediendo el mayorazgo al siguiente hermano, Patxi, para ingresar en el Seminario. Allí estudió cuatro cursos, adquiriendo la formación cultural previa a la filosófica y teológica que se impartía en el Seminario Mayor[15]. A pesar de que las lenguas oficiales en el Seminario eran el castellano y el latín, nunca abandonó su lengua materna, para lo que adquirió un manual de doctrina, piedad y liturgia en euskera, obra del jesuita Cándido Basabe, titulado *Eleiz Liburuchoa*, que se convirtió en su libro de cabecera. De esa forma, comenzó a leer por su cuenta en euskera y pudo profundizar en sus inquietudes y aspiraciones espirituales utilizando su lengua materna.

El 28 de septiembre de 1930 se inaugura el nuevo Seminario Conciliar de Vitoria con un gran acto político y la presencia de las máximas autoridades, a cuyo frente se sitúa el rey Alfonso XIII. José María se traslada a este Seminario Mayor en 1931, empalmando con los estudios de Filosofía y Teología. Su paso por esta institución fue determinante en su ciclo vital, como veremos más detenidamente al exponer su pensamiento.

Ese mismo año se proclamó la II República y el país entró en efervescencia política y social. Los republicanos se pronunciaban activamente en contra de la Monarquía y de la Iglesia[16] e incitaban a la violencia anticlerical, sugiriendo la quema de edificios religiosos para arrebatarles el poder que, supuestamente, habían ostentado a costa del pueblo. José María se convertía en testigo curioso e inquieto de la politización de la sociedad que la República trajo consigo y que también afectó a la convivencia en el Seminario. La cuestión social explotaba tras ocho años de dictadura y de represión de las libertades. El ambiente había cambiado y se acusaba al Seminario de ser semillero de la clase que frenaba la innovación y el progreso. La evolución social y cultural presionaba y el Seminario acusó el impacto de las nuevas corrientes, que le empujaron al cambio.

En ese recuadro ambiental se sitúa José María. Nuevas ideas, nuevas maneras, controversias políticas... En el plano pedagógico el cambio trajo consigo un nuevo perfil de profesor, que explicaba de forma breve y con claridad, aportando bibliografía sobre la materia y encomendando el resto del trabajo al alumno. Entre el profesorado de esos años

---

15 Los comienzos fueron difíciles (enfermedad durante el primer curso que le mantuvo en cama varias semanas y le hizo descolgarse de sus compañeros, limitación del castellano, estudio de lenguas muertas como el latín, del que sólo tenía breves nociones adquiridas en los años de monaguillo en su parroquia natal...), pero gracias a su carácter disciplinado y estudioso logró sacar el primer curso con una media de notable que mantuvo en los cursos siguientes y superó con creces el último curso, plagado de sobresalientes.

16 «Era enorme la avalancha de libros, folletos y diarios de la izquierda que se propusieron, día tras día, minar el prestigio de la Iglesia y atacar puntos doctrinales básicos del cristianismo con alardes de ciencia y cultura», Goicoecheaundia Pagola, J. (1983). *Antecedentes históricos del Movimiento Sacerdotal de Vitoria*, [S.l.]: [s.n.], p. 143.

sobresalieron dos nombres esenciales para la formación intelectual del joven marquinés: José Miguel Barandiarán y Manuel de Lekuona. En el siguiente apartado expondremos con más detenimiento su influencia en el pensamiento de José María, por lo que simplemente mencionaremos ahora que el primero, etnógrafo de talla mundial e investigador singular, le enseñó la importancia de la observación crítica, mientras que Lekuona, le guió en el renacimiento de la cultura euskaldun a través de su participación en *Kardaberaz*[17]. Oyarzábal describe que «las aficiones que más polarizaron sus afanes, giraron en torno al estudio de la cultura vasca, centrado principalmente en el euskera, señalándose como alumno muy aventajado de la Academia Kardaberaz. Supo asimilar como pocos el genio de la lengua y dominó como un auténtico especialista los secretos de la filología, en especial la morfología del verbo, convirtiéndose pronto en un perfecto estilista»[18]. De esta forma, perfeccionando su conocimiento de la lengua vasca, José María pudo reflejar mejor la intensa y nueva espiritualidad que iba experimentando en el seminario vitoriano. No era una espiritualidad abstracta y retórica, sino una espiritualidad encarnada, que partía del conocimiento de Dios y se abría a la sociedad, mediante la apuesta por el compromiso integral (material y espiritual) con los seres humanos y sus necesidades socio-económicas. Existía un nexo de relaciones e inquietudes comunes en torno al problema social que unía a varios de los profesores más importantes en la formación intelectual de José María (y que expondremos con detalle en el siguiente apartado al hablar del *«Movimiento Sacerdotal de Vitoria»)*, que serían claves en su futura orientación sacerdotal e hicieron que, desde un principio, Arizmendiarrieta sintiera la necesidad de ensamblar la pastoral sacramental con la pastoral social, como podremos comprobar.

Así, transcurren sus años de formación en el Seminario, con tiempo para sus reflexiones sociales y para la metafísica del amor a Dios[19]. Sin embargo, los estudios se vieron truncados temporalmente por la irrupción de la Guerra Civil en julio de 1936, coincidiendo con la época de

---

[17] Agrupación de escritores euskaldunes fundada en Vitoria en 1924 y que se llamó en aquel tiempo *Academia del V. Cardaveraz* o *Kardaberaz-Akademia*, siendo su director Manuel Lekuona, en el Seminario de Vitoria. (http://www.euskomedia.org/aunamendi/54380?idi=es; última consulta: 22-04-2015).

[18] Oyarzábal, A., *Don José María Arizmendiarrieta..., op. cit.*, p. 12.

[19] Era un ritmo marcado por una intensa vida piadosa. Además de la jornada lectiva, los seminaristas meditaban diariamente durante media hora, asistían a misa, rezaban el rosario y consagraban un rato a la visita de Jesús crucificado. También debían leer textos espirituales y asistir a conferencias sobre asuntos litúrgico-morales. Al cerrar el día, ya en sus respectivas habitaciones, realizaban el examen de conciencia y preparaban los puntos a meditar el día siguiente. Los meses de verano se distribuían entre el Seminario de Saturrarán y los días en su Markina natal, donde José María sacaba tiempo para pasear en bici, subir a los montes cercanos o pasear por las calles y conversar con sus vecinos.

vacaciones. Arizmendiarrieta es llamado a filas, pero el Tribunal Médico Militar certifica su incapacidad para el servicio activo de armas debido a su ceguera parcial y es destinado a cuerpos auxiliares, quedando adscrito a la Sección de Movilización y Prensa de las Milicias del PNV y, más concretamente, a la redacción del periódico *Eguna*[20]. Sin embargo, su trabajo periodístico no fue, pese a las circunstancias, belicista. Sus argumentos eran siempre de paz, en un tiempo de guerra, y de lamento por el sufrimiento del pueblo vasco. Las editoriales y el tratamiento de la información del periódico coincidían en la defensa a ultranza de la patria vasca y de sus componentes más importantes: la lengua y la religión. Las referencias a la justicia social y las críticas al capitalismo eran constantes, y José María siguió esa línea periodística con su especial talante. Los dos grandes asuntos que completaban el análisis de la guerra y la exaltación de la identidad vasca eran la religión y la cuestión social. José María participó en el diario con una serie discontinua de artículos firmados bajo el seudónimo *Arretxinaga*.

Es en este primer momento donde ya se puede apreciar una vinculación directa entre Arizmendiarrieta y la DSI. El diario incluyó una sección, titulada «*Gizarte Auziari Buruz*» (sobre el problema social), que comenzó a aparecer a partir del mes de abril. En ella se abordaban cuestiones como el salario familiar, el trabajo y los sueldos obreros, la sindicación, los beneficios empresariales y su justa redistribución... Arretxinaga fue uno de los principales representantes de esta línea editorial. En el artículo «*Gurea ta agindu-nai larrategia*», opone la encíclica QA a la política económica fascista, alejada del bien común cristiano. Poco después, en «*Len burrukea, orain gudea*»[21], critica desde similar posición el individualismo capitalista. Su último artículo, «*Okerreko bideak*», lo publica unos días antes de la caída de Bilbao y sigue similar exaltación de la DSI y de su oposición al comunismo, capitalismo y fascismo.

La guerra proseguía, muchos amigos de José María se encontraban desperdigados por los dos frentes, carecía de acompañamiento espiritual, por lo que, en aquellos momentos, no le resultó fácil seguir man-

---

[20] *Eguna* vió la luz el 1 de enero de 1937, en plena Guerra Civil española, como un periódico íntegramente en euskera que servía de órgano de comunicación del nuevo gobierno autonómico con la población euskaldun y, sobre todo, con los soldados de los frentes (su difusión máxima, de hasta 10.000 ejemplares, era sobre todo en los frentes, entre los soldados de los batallones).

[21] En el artículo se pueden leer frases tan significativas como ésta, en la que se mencionan las consecuencias del capitalismo y del invidualismo, que conllevan la unión de los trabajadores para liberarse de sus «garras» (erpeak): «*Erpepean bizi izatea latz ta gaŕatz zana ikusirik eta erpepe oŕetatik bakaŕik ezin urten izango ebena sarturik, batza lokaŕiak lenago goŕoto izan ebezanok, langileok, alkartzen asi ziran. Langile-batzok edo alkargook buŕuka-zaletasun ederrez ezkotuta sortu ziran [...]. Buŕukan jardun beaŕa, gizonaren zoritxaŕ*» (http://www.euskomedia.org/PDFFondo/00508011.pdf; última consulta: 16-03-2015).

teniéndose fiel a su vocación. Sin embargo, la oportuna apertura de un seminario provisional en Bilbao le ayudó en esa lucha, retornando a una cierta vida de seminarista, a pesar de las circunstancias excepcionales.

Poco después, la caída de Bilbao y la derrota del bando republicano-nacionalista que él había apoyado, le llevaron a huir. Pretendía llegar a Francia, vía Pamplona, pasando la frontera a pie, pero finalmente, desorientado y sin papeles, volvió con los suyos a su caserío de Barinaga. Allí fue denunciado por un vecino por haber colaborado en un medio de prensa «separatista». Era un momento en el que el Estado «nacional» se estaba consolidando bajo coordenadas de subordinación, depuración y terror por lo que la acusación se convirtió en el principal motor de la represión y cualquier excusa valía para generar una denuncia. José María también fue detenido y el juez de guardia decidió que ingresara en prisión, remitiendo el atestado a la Auditoría de Guerra. Se siguió el procedimiento habitual en aquellas circunstancias («sumarísimo de urgencia») contra José María y tras varios interrogatorios, el expediente fue sometido a un Consejo de Guerra que, gracias a diversas circunstancias favorables, declaró, un mes después, la absolución y su libertad sin cargos.

Así, regresaba a su Barinaga natal, a la edad de 22 años y se incorporaba al nuevo Seminario habilitado en Bergara, donde encontraría a otra persona providencial en su vida, que influyó notablemente en su personalidad y a quien también nos referiremos más extensamente en el próximo apartado: D. Rufino Aldabalde. Bajo su dirección espiritual fue aprendiendo lo que significaba ser sacerdote y descubrió el camino hacia el sacerdocio social. Aldabalde era un hombre de acción, un pragmático con una gran personalidad, que hizo que profesor y alumno sintonizaran desde el principio.

Sin embargo, al de poco de comenzar el Seminario de Bergara, José María recibió la orden de marchar a Burgos a realizar el servicio militar. Lo cumplió trabajando de oficinista en concepto de servicios auxiliares por razón de su problema de visión. No obstante, fiel a su vocación, quiso estudiar a distancia los cursos de Teología que le restaban, pero no pudo matricularse en Bergara, porque no se contemplaba la posibilidad de realizar todo un curso a distancia. Por el contrario, sí se le permitió que estudiara como externo en los seminarios de la ciudad donde residía por razón del servicio militar. Las calificaciones obtenidas en los exámenes ordinarios de esos centros y el paso de curso eran asumidos por el Seminario de Vitoria siempre que las materias examinadas se adecuaran al plan de estudios de la diócesis.

Finalizada la guerra el 1 de abril de 1939, José María volvió a su Seminario de Vitoria, donde realizó el último curso de Teología. Finalmente, fue ordenado sacerdote en la capilla mayor del Seminario de Vitoria por Monseñor Lauzirika en diciembre de 1940.

2.3. *El sacerdocio y el apostolado social (1941-1976)*

D. José María celebró su primera misa en Markina, en su queridísima parroquia de San Pedro de Barinaga, el 1 de enero de 1941.

Como bien apunta Oyarzábal mencionando las palabras de Fernando Guerrero[22], «llegamos a la clave de toda la vida de D. José María y a la dimensión más bella de su personalidad, porque D. José María fue ante todo y sobre todo un gran sacerdote»[23].

Como característica general de su sacerdocio podemos señalar que recibió la impronta del mencionado Rufino Aldabalde y su apuesta por el sacerdocio social, como expondremos más detalladamente al tratar su pensamiento en el siguiente apartado. Gracias a ese magisterio, José María había decidido seguir profundizando en su ya incipiente inquietud social y cursar estudios sociales en Lovaina, pero su destino sería muy diferente.

Fue enviado a Mondragón, como coadjutor de la parroquia de San Juan Bautista. La villa industrial se hallaba dividida, como consecuencia de la traumática experiencia de la guerra, que había traído, además de enemistad, hambre, pobreza y todo tipo de privaciones. José María había vivido durante toda su vida en un entorno rural, apartado de la modernidad industrial, por lo que, a pesar de tener datos sobre ella por sus estudios en el Seminario, se enfrentaba a una realidad desconocida para él.

Larrañaga afirma que «las primeras empresas, las pioneras de la revolución industrial, se incuban allá donde existe cultura técnica y tradición secular»[24] y Mondragón cumplía ambos requisitos. La vida en la villa giraba en torno a la actividad de la Unión Cerrajera (UCEM), que nació como SA en 1906, de la fusión entre las anteriores VRC (Vergarajáuregui, Resusta y Cía) y La Cerrajera Guipuzcoana, dedicándose al negocio de la cerrajería. Durante la guerra civil había sido militarizada, fabricando material y munición de guerra con una plantilla de 917 trabajadores. Uno de los primeros sermones de José María fue dirigido precisamente a los obreros de UCEM, destacando que «en Mondragón se estaban comenzando a dar ciertos conatos de acercamiento entre capital y trabajo, promovidos por la UCEM»[25]. Realmente la política asistencial y social aplicada

---

22 Doctor en Derecho y Ciencias Económicas y gran apóstol seglar, que trató mucho a Arizmendiarrieta.

23 Oyarzábal, A., *Don José María Arizmendiarrieta..., op. cit.*, p. 26. En el mismo sentido, Tellechea cuando escribe «El otro Dn. José María», sobre sus intuiciones más profundas, sus premoniciones y su visión de futuro, utiliza el epígrafe «Siempre sacerdote, sacerdote en todo, sólo sacerdote» como título de la primera parte de la obra, mostrando que el sacerdocio fue la esencia de su vida, el alma y motor de sus pensamientos. Tellechea, J. I., (2005). *El otro Dn. José María*, Mondragón: Caja Laboral-Euskadiko Kutxa, pp. 5, 7 y 21.

24 Larrañaga, J. (1998). *Don José María Arizmendiarrieta... op. cit.*, p. 43.

25 Molina, F., *José María Arizmendiarrieta... op. cit*, p. 235.

por la empresa era muy avanzada, teniendo en cuenta el escenario empresarial del momento[26].

En ese contexto, José María dedicaría todo su esfuerzo al ideal de recristianización de la sociedad mondragonesa actuando en varios frentes.

En primer lugar, comprendió que en una villa industrial como aquella la labor de recristianización pasaba por una acción decidida en el mundo del trabajo y para ello era imprescindible comenzar por los jóvenes, ofreciéndoles una educación integral que transformara a la persona en su totalidad, incidiendo tanto en sus ámbitos de ocio, como en su formación profesional. Así comenzó a tratar sobre la DSI con los estudiantes de la Escuela de Aprendices: les hablaba de la justicia conmutativa y distributiva, de las encíclicas de León XIII y Pío XI (RN y QA), de que el bienestar no podía ser patrimonio de unos pocos... Según relata Molina, sus discípulos recuerdan aquellas charlas como «aburridas, pero prácticas [...]. Percibían que lo que les decía no era pura teoría, sino que reflejaba desvelos profundos que deseaba compartir con ellos, aunque no le comprendieran»[27].

Por otra parte, se propuso reactivar la Acción Católica impulsada por Pío XI, con el respaldo de los jóvenes de la Escuela de Aprendices, consiguiendo una sede, a finales de 1941. Su primera labor fue despolitizar la organización y destinar todos sus recursos al apostolado juvenil. Allí celebraba «*Círculos de Estudios*» que él dirigía y en los que se abordaban, además de temas referidos a los Evangelios, la moral y la vida cristiana, reflexiones sobre la pérdida de valores espirituales producto del materialismo capitalista. Poco después, decidió activar la sección deportiva de Acción Católica y dotar al pueblo de un equipo de futbol, como parte

---

[26] En 1917, la Unión Cerrajera estableció una serie de ayudas sociales para los empleados de edad y para los enfermos. Más adelante, en torno a 1932, las ayudas fueron normativizadas, y económicamente mejoradas. En 1933 se creó la Caja de Pensiones para los trabajadores y familiares que estuvieran atravesando graves dificultades (enfermedad, fallecimiento...). Más tarde, al término de la guerra, llegaría HETRUC (Hermandad de Trabajadores de Unión Cerrajera), uno de los primeros modelos de régimen privado de seguridad social del Estado español, en base a aportaciones hechas en un 50% por la empresa y en otro 50% por los trabajadores.

Por otro lado, y con el fin de aliviar en cierta medida las necesidades de los empleados, en 1916 se fundaba la primera cooperativa o ultramarinos de consumo, gestionada por el propio personal. La empresa facilitaba los locales, los sueldos del personal, la electricidad, el mantenimiento, etc. Cada familia tenía un cuaderno donde iba apuntando el género que adquiría, y la deuda era saldada al cobrar la quincena. Esta fórmula perduró hasta 1941, año en que pasó a convertirse en Economato, que empleaba una fórmula similar.

En 1939 se inauguró también *La Escuela de Aprendices*, con la finalidad de socializar el conocimiento y la educación al conjunto de la sociedad en aras al progreso y transformación de todo un pueblo. Acogía a estudiantes entre 14 y 19 años, que fueran hijos/as de los trabajadores de la empresa.

[27] Molina, F., *José María Arizmendiarrieta... op. cit.*, p. 239.

de su labor de promoción del ocio juvenil. Así nace Juventud Deportiva de Mondragón, en abril de 1942.

2.3.1. *Los inicios: la Escuela Profesional (1943-1954)*

D. José María se percató pronto de que la labor realizada no era suficiente. El objetivo de recristianización, de un nuevo orden cristiano en la villa, requería una transformación moral y capacitación técnica y hacía falta una nueva institución que materializara esa revolución espiritual, dado que la Escuela de Aprendices excluía a buena parte de la población joven al aceptar sólo a hijos de trabajadores. En verano de 1943 decide crear un nuevo centro educativo: *la Escuela Profesional de Mondragón*, el motor de su ideal evangelizador, como volveremos a reiterar al hablar de su pensamiento. Con ella pretendía solventar tres necesidades fundamentales, vinculadas entre sí: la de los empresarios, que precisaban personal técnico capacitado; la de los obreros, que verían en la formación una buena salida para sus hijos; y la de la propia institución, que sería un instrumento de apostolado.

El proyecto fue aprobado el 10 de agosto de 1943 y comenzó su andadura en septiembre de ese año con 20 plazas, otorgadas mediante examen de aptitud, primero, a hijos de obreros de las industrias que colaboraban con el centro, y después, a mayores de 14 años del pueblo. La Experiencia Cooperativa de Mondragón tendría que recorrer un largo camino antes de poder expresarse en términos de gestión material, de realidad económica viva y ese camino comenzó aquí, en la Escuela Profesional. Los estudios se compaginaban con el trabajo[28]: eran once meses de clases, en los que se alternaban seis horas por la tarde en la Escuela y cuatro matutinas en la fábrica, por las que recibían cierta remuneración en calidad de aprendices. Así, a través de las clases en la Escuela, de sus sermones en la parroquia y de sus charlas en Centro de Acción Católica fue formando una élite de jóvenes obreros que deberían tener la mejor preparación técnica y moral posible para, por una parte, formar los cuadros técnicos que precisaría la nueva empresa cristiana que anhelaba fundar y, por otra, dar ejemplo y alentar a los demás a seguirles[29].

---

[28] Como explica Larrañaga, «para Don José María la combinación de estudio y trabajo era una fórmula espontánea y casi única para aspirar a formaciones de más nivel y es útil siempre, a partir de cierto nivel y y edad, para integrar al alumno en la dimensión del trabajo, desde el primario y elemental de la cadena de montaje, a las más sofisticadas técnicas en vivo», Larrañaga, J., *Don José María Arizmendiarrieta... op. cit.*, p. 107.

[29] Durante el curso 1952-53, cuando aún no habían transcurrido diez años desde su fundación, la Escuela Profesional, contaba con 250 alumnos y un nuevo asentamiento en Zaldispe, en una enorme estructura de cuatro plantas de cemento

Entre los años 1947-1954, José María, en aras de su objetivo social, pero sin sacrificar por ello su espiritualidad, teorizó sobre la empresa y su reforma, como expondremos con detalle más adelante, al hablar sobre su obra. Trataba de concienciar a la clase empresarial sobre la importancia de integrar al trabajador en la gestión e inversión y de que la empresa no es sólo el capital (accionistas) y el empresario. Sin embargo, pronto se percató de que no sería posible realizar la reforma desde dentro, de que sus esfuerzos personales de influencia cerca del empresariado asistente a círculos de reflexión sobre reforma de empresa no avanzaban[30], por lo que decidió crear una nueva estructura.

2.3.2. El comienzo de la «Experiencia Cooperativa de Mondragón» (1955-1976)

Con la colaboración de varios de sus alumnos y utilizando el saber técnico acumulado, José María funda entre marzo y abril de 1954 una oficina de asesoramiento técnico (ASTEC), un embrión de sociedad en el seno de la Escuela Profesional, que preparó un estudio de viabilidad de una fundición de hierro maleable. El proyecto era conocido por todo el pueblo. El 20 de octubre de 1955, cinco de sus discípulos —Usatorre, Larrañaga, Gorroñogoitia, Ormaechea y Ortubay— adquieren una pequeña fábrica de hornillos de petróleo en Vitoria. Ese día nace la nueva empresa cristiana que supone el inicio de la denominada «*Experiencia Cooperativa de Mondragón*». La nueva sociedad es bautizada como Talleres Ulgor, acróstico formado por las iniciales de los apellidos de los cinco socios fundadores. La marca comercial de sus productos sería Tagor, que posteriormente hubo de cambiarse por Fagor.

En 1956 trasladan la empresa a Mondragón y José María comienza la búsqueda de una fórmula jurídica que ampare a Ulgor como modelo de empresa cristiana fundada en principios de solidaridad, democracia, libertad, cogestión... Finalmente, se opta por la fórmula cooperativa y el 3 de abril de 1959 los estatutos de Ulgor, auténtico catecismo del cooperativismo mondragonés, fueron aprobados y registrados en el Ministerio de Trabajo, quedando la empresa inscrita en el Registro Oficial de Coopera-

---

armado con capacidad para acoger 800 estudiantes más. Eran años de intenso trabajo educativo.

[30] En 1954, aprovechando la celebración de una Junta General de Accionistas de Unión Cerrajera que debe aprobar una ampliación de capital, dos de los discípulos de Arizmendiarrieta, personal de confianza de la Dirección y responsables de cientos de obreros en los talleres, Ormaetxea y Gorroñogoitia proponen que un 20% de ese capital puedan suscribirlo los trabajadores como accionariado obrero. La empresa se niega, alegando que la Ley de Sociedades Anónimas entonces vigente declaraba inalienables los derechos prioritarios de los accionistas para optar a la suscripción de una ampliación de capital. Era evidente la imposibilidad de lograr la reforma desde dentro.

tivas[31]. Paralelamente, en 1957 se había constituido la cooperativa de trabajo Talleres Arrasate, pero con un proyecto empresarial diferente. José María entendía que la función de ésta última no era tan ambiciosa como la que reservaba para Ulgor, por lo que consideró suficiente que su reglamentación se limitara a los estatutos de una cooperativa industrial clásica, a fin de alcanzar rápidamente su personalidad jurídica.

En 1956 se creó otra institución de gran relevancia para el entramado cooperativo y social de base: la Cooperativa de consumo de San José. Era una alternativa comunitaria a los Economatos de Empresa como el de Unión Cerrajera, exclusivos y excluyentes.

Sin embargo, uno de sus proyectos más ambiciosos vería la luz el mismo año que la inscripción registral de Ulgor: la Caja Laboral Popular. Desde 1957, con Ulgor en pleno crecimiento y aún sin personalidad jurídica, José María ya veía la necesidad de una entidad de crédito, para ofrecer garantías al ahorro y así estimularlo. El 16 de julio fueron aprobados los estatutos sociales de Caja Laboral y el 28 de julio fue autorizada la entidad por Orden del Ministerio de Trabajo. Sin embargo, no se trata de una entidad financiera en sentido estricto, sino que era una combinación de banco industrial y sociedad especializada en Seguridad Social[32]. Así, la expansión unilateral y autónoma de las cooperativas de base quedaría condicionada a la evolución de Caja Laboral, que vivió en la década de los 70 un rápido progreso acumulativo.

Con todo, Arizmendiarrieta era consciente de que su esfuerzo promotor del cooperativismo resultaría inútil si el nuevo tejido asociativo carecía de una identidad propia, una cultura empresarial que guiara el día a día de los centenares de personas (jóvenes, trabajadores, empresarios) implicados en él. Así se configuraba su nuevo proyecto: una revista para los cooperativistas. En septiembre de 1960 nacía la revista *Cooperación*, que poco después (1964) adquiriría su nombre definitivo, *T.U. (Trabajo y Unión)*[33], donde pudo exponer su pensamiento, sus inquietudes, sus iniciativas... en definitiva, su inquietud social cristiana que hilaba, perfectamente, con el cooperativismo.

---

[31] Ulgor se convertía en el modelo ideal de cooperativa de trabajo asociado, en la que la figura central era el socio-trabajador, que era a la vez obrero y empresario. Este modelo empresarial tenía tres características básicas, que la diferencian de la empresa tradicional: cada socio-trabajador tenía un voto para el ejercicio de sus derechos en la Asamblea General; el capital aportado por los socios recibe un interés fijo anual y carece de derechos sociales; los beneficios se distribuyen entre los socios en fución de su aportación de trabajo a la cooperativa, que se cuantifica por las remuneraciones recibidas mes a mes como «anticipo» de los resultados.

[32] Meses antes el Estado había excluido a los socios cooperativistas industriales del Seguro Obligatorio de Enfermedad, por lo que José María ya había previsto una alternativa a la Seguridad Social pública en los estatutos de Caja Laboral.

[33] Tras su muerte, en 1976, la revista vería la luz con su actual cabecera «*TU Lankide*».

Por otra parte, en 1963 se iniciaron las obras para la nueva Escuela Profesional, proyectada en Iturraspe, para albergar 1.500 alumnos que alcanzarían el Grado en Oficialía, Maestría e Ingeniería. Las obras finalizaron en 1966 con la inauguración a cargo del ministro de Educación. En 1968, esta Escuela Profesional de Maestría Industrial de Mondragón es oficialmente reconocida como *Escuela Profesional Politécnica*.

El entramado cooperativo y las obras sociales iban creciendo, lo que suponía continuos viajes, entrevistas, charlas, reuniones... y un enorme y agotador esfuerzo físico para Arizmendiarrieta. Como consecuencia del frenético ritmo sufrió algunos episodios de fatiga que ya le obligaron a acudir al médico a principios de los años 60. Estos episodios se sucedían esporádicamente sin excesiva importancia, pero en febrero de 1967 tuvo que ser trasladado de urgencia a la Clínica de la Concepción de Madrid, en uno de sus ajetreados y numerosos viajes a la capital. Allí le diagnosticaron una embolia producida porque una de sus válvulas cardíacas era demasiado estrecha y había que reemplazarla. La operación tuvo lugar ese mismo mes y resultó un éxito a pesar de su extremada dificultad. En dos semanas José María estaba recuperado y obtuvo el alta médica, encontrándose de nuevo dispuesto para la vida activa.

Tomó esa primera caída como un pequeño traspiés, pero siguió adelante, «siempre adelante», divisa esencial de su proyecto de vida, como veremos. Tenía 52 años y seguía viajando, escribiendo, dando conferencias, pero sin descuidar nunca sus obligaciones parroquiales y su apostolado social. Estaba siempre dispuesto a atender las demandas de sus discípulos, a debatir con ellos y aconsejarles, sacrificando su bienestar personal, su descanso, mientras su cuerpo se debilitaba y él hacía caso omiso a los consejos médicos.

En 1967 fundó la cooperativa *Auzo Lagun* para facilitar una solución a la integración laboral de las mujeres, debiendo ser consideradas, dentro de la cooperativa, como sujeto de derechos paritarios a los de los hombres. En 1969 crea *Comerco*, tras la fusión de la Cooperativa San José con otras cooperativas de consumo del entorno, que meses después, por dificultades en la inscripción, se convertiría en el definitivo y conocido *Eroski*.

Pero el País Vasco vivía una situación especial. Para 1970 los atentados de ETA y la consecuente represión policial se habían generalizado. Como consecuencia de la publicación de un artículo que denunciaba la vulneración de derechos de los presos políticos vascos, en 1971 la revista T.U. sufre un secuestro, ordenado por el gobernador civil. En ese ambiente hostil, José María reivindicaba la identidad cooperativa frente a cualquier extremismo nacionalista y reclamaba una revolución pacífica alternativa a la violenta, convirtiendo al cooperativismo en alternativa a la violencia.

Los finales de los sesenta y principios de los setenta son años de crisis religiosa y secularización acelerada en el País Vasco y José María aprende, además, a convivir con su lento declinar físico. Este declinar personal, no obstante, coincidía con el ascenso espectacular de su experiencia empresarial. La paradoja mostraba la decadencia física de un hombre a la par que la expansión material de su sueño. En 1974 hubo de pasar por una nueva operación cardíaca que le generó mayores complicaciones que la anterior, pero aun así, su tesón no disminuyó un ápice. Sin embargo, pronto se uniría un nuevo compañero de viaje: el dolor físico, producto de una de esas complicaciones posoperatorias que le dejaron una herida abierta en el pecho, que no terminaba de cicatrizar.

Durante el otoño de 1976 su debilidad se fue haciendo extrema y el 29 de noviembre, nos abandonaba, en el hospital mondragonés que él mismo había impulsado[34], dejándonos como legado una «experiencia cooperativa» cuya denominación persiste, como veremos en el apartado dedicado a su obra, indicador de que seguirá indefinidamente como «experiencia», sujeta al devenir futuro.

3. Su pensamiento: la filosofía de Arizmendiarrieta

Como apuntaba Azurmendi en su tesis doctoral sobre el pensamiento de Arizmendiarrieta[35], «todo movimiento social y económico lleva implí-

---

[34] En vísperas de su muerte, Don José María escribe, de su puño y letra, unas conmovedoras palabras que D. Juan Leibar, quien compartiera con él proyectos educativos y tareas difusoras del cooperativismo, calificó como «*¡Todo un testamento!*» (Leibar, J. y Ormaetxea, J. M., 1993. *Dn. José María Arizmendiarrieta y sus colaboradores*. Aretxabaleta: Otalora, p. 46):

«*Mano a mano, mente con mente, renovados, unidos en el trabajo, por medio del trabajo, con nuestra pequeña tierra crearemos para todos entornos más humanos y mejoraremos esta tierra.*

En nuestra igualdad injertaremos la aldea y el pueblo; el pueblo y todo lo demás: «Siempre adelante».

Nadie siervo o señor de nadie; solamente todos para todos, hemos de aceptar en nuestras funciones nuevos comportamientos.

Esta será nuestra unión humana y progresista —la que puede levantar el pueblo con la fuerza del pueblo—».

En el mismo sentido, Larrañaga, J.: *Don José María Arizmendiarrieta... op. cit.*, pp. 226 y 227: «En el momento final, el sacerdote a su lado lee los versículos del *Magnificat* que ha solicitado, una de sus oraciones preferidas; está al término de su existencia. Con gesto imperceptible pide que le repita. Se recoge y oye en última lectura:

El hace proezas con su brazo;
dispersa a los soberbios de corazón;
derriba del trono a los poderosos
y enaltece a los humildes;
a los hambrientos les colma de bienes
y a los ricos les despide vacíos

Se apaga definitivamente la vida que vivió para y con los demás».

[35] Azurmendi, J. (1984). *Filosofía personalista y cooperación: filosofía de Arizmendiarrieta*. Leioa: Servicio de Publicaciones, Universidad del País Vasco-Argitalpen Zerbitzua, Euskal Herriko Unibertsitatea, p. 1.

cita una filosofía, pero en el caso del movimiento cooperativo industrial vasco esta filosofía no sólo se halla implícita, sino que ha sido ampliamente explicitada por su inspirador José María Arizmendiarrieta». Una vez realizada una rápida panorámica de su vida, repasando los pasajes más interesantes y significativos de la misma, en este apartado pretendemos exponer esa filosofía, cómo se ha ido forjando ese *«otro Dn. José María»* que menciona TELLECHEA[36], su línea espiritualista, de inspiración cristiana, pero con proyección social y encarnada en las realidades temporales, que ha dado como fruto su gran obra, la Experiencia Cooperativa de Mondragón, que abordaremos en la parte final de este capítulo.

Únicamente comprendiendo el proceso de elaboración intelectual de su complejo pensamiento socioeconómico y la vivencia de su espiritualidad, ubicaremos e interpretaremos adecuadamente el movimiento cooperativo vasco. Intentaremos seguir los pasos de la formación intelectual de Arizmendiarrieta para, por una parte, mostrar su interiorización de la DSI, su concepto religioso de justicia social, sus ideas sobre la persona, el papel de la educación, el trabajo comunitario y, en definitiva, su particular y heterodoxa doctrina económica cooperativa y, por otra, poder así entender el cooperativismo vasco actual y la ubicación y evolución de los principios de la DSI entre sus valores.

Ese pensamiento, en constante evolución y creatividad, ha sido magistralmente estudiado en obras que ya hemos mencionado y que se han convertido en «clásicos» en el ámbito cooperativo[37] y por su amplitud y

---

[36] El sacerdote, historiador y profesor D. JOSÉ IGNACIO TELLECHEA IDÍGORAS publicó en 2005 un ensayo con el elocuente título *El otro Dn. José María,* al que ya hemos hecho referencia, en el que esbozó el perfil sacerdotal de Arizmendiarrieta en sus múltiples actividades e iniciativas de promoción humana personal, social y cristiana, durante los primeros años de su pastoral mondragonesa.

[37] Entre otras, cabe destacar: *«El hombre cooperativo. Pensamiento de Arizmendiarrieta»,* de JOXE AZURMENDI (Mondragón, 1984), que ordena y sistematiza el pensamiento sociológico de Arizmendiarrieta; *«Pensamientos»,* del mismo autor (Mondragón, 1994) que recoge sus sentencias y reflexiones más significativas; o la ya mencionada *«El otro Dn. José María»,* de J. IGNACIO TELLECHEA (Mondragón, 2005), que analiza su vida espiritual. Todas ellas nos han servido de referencia en el presente estudio. Se trata de obras de reconocido e indudable mérito y trascendencia, por haber sabido reflejar el pensamiento y la espiritualidad de Arizmendiarrieta, dispersa en multitud de testimonios escritos (artículos, conferencias, sermones, apuntes, fichas...), no sistematizados hasta 1978 dado que Arizmendiarrieta, a pesar de escribir mucho, nunca publicó un libro. Por ello resulta fundamental el encomiable trabajo llevado a cabo por el sacerdote D. JOSÉ MARÍA MENDIZÁBAL, gran amigo de Arizmendiarrieta, quien con el apoyo de Caja Laboral Popular recopiló y sistematizó todo ese material, dando lugar a la colección de *Obras Completas de Arizmendiarrieta* que Azurmendi utilizó como fuente principal. Nos referiremos a continuación a esa colección, dado que también nosotros hemos recurrido a numerosos escritos en ella recopilados para fundamentar algunas de nuestras argumentaciones.

La colección comprende 13 volúmenes, de los que en principio sólo se imprimió el primero, en 1978, ofreciendo el resto multicopiado en edición restringida (s/f).

significación, además, podría constituir, y de hecho han constituido, el objeto de estudio único de una tesis. En esta ocasión, sin embargo, comprende uno de los capítulos de la misma, por lo que la extensión y profundidad del análisis se atendrá a esa circunstancia: pretendemos únicamente exponer las líneas básicas de su pensamiento, influido en gran medida por la DSI y su evolución, para poder comprender su coherencia sistemática y su posterior proyección práctica. Por lo tanto, excusándonos en la idea de que en este análisis el pensamiento *«arizmendiano»*[38] constituye uno más de los aspectos que configuran la idea marco, que pretende mostrar la conexión entre la DSI y el cooperativismo en general y, más concretamente entre la DSI y el cooperativismo vasco a través de la figura de Arizmendiarrieta, reconocemos de buen grado la existencia de lagunas en la exposición de su ideario y somos

---

Desde 2008, sin embargo, existe una edición completa digitalizada (http://www.euskomedia.org/), que es la que hemos manejado en este caso. Los escritos se hallan organizados en una clasificación temática que abarca siete apartados principales o tomos que en algún caso incluyen más de un libro, listados a continuación con su correspondiente abreviatura:

- Tomo I: **CAS**, Conferencias de Apostolado Social, libro 1.º.
  http://www.euskomedia.org/PDFAnlt/mono/arizmendiarrieta/lib_01.pdf
- Tomo II: **SS**, Sermones I y II, libros 2.º y 3.º.
  http://www.euskomedia.org/PDFAnlt/mono/arizmendiarrieta/lib_02.pdf http://www.euskomedia.org/PDFAnlt/mono/arizmendiarrieta/lib_03.pdf
- Tomo III: **PR**, Primeras Realizaciones I y II, libros 4.º y 5.º.
  http://www.euskomedia.org/PDFAnlt/mono/arizmendiarrieta/lib_04.pdf
  http://www.euskomedia.org/PDFAnlt/mono/arizmendiarrieta/lib_05.pdf
- Tomo IV: **EP,** Escuela Profesional I y II, libros 6.º y 7.º.
  http://www.euskomedia.org/PDFAnlt/mono/arizmendiarrieta/lib_06.pdf
  http://www.euskomedia.org/PDFAnlt/mono/arizmendiarrieta/lib_07.pdf
- Tomo V: **CL**, Caja Laboral y grupo asociado I, II y III, libros 8.º, 9.º y 10.º.
  http://www.euskomedia.org/PDFAnlt/mono/arizmendiarrieta/lib_08.pdf
  http://www.euskomedia.org/PDFAnlt/mono/arizmendiarrieta/lib_09.pdf
  http://www.euskomedia.org/PDFAnlt/mono/arizmendiarrieta/lib_10.pdf
- Tomo VI: **FC**, Formación Cooperativa (I, II), libros 11.º y 12.º.
  http://www.euskomedia.org/PDFAnlt/mono/arizmendiarrieta/lib_11.pdf
  http://www.euskomedia.org/PDFAnlt/mono/arizmendiarrieta/lib_12.pdf
- Tomo VII: **V**, Varia (On Jose Mariaren Euskal Idatziak), libro, 13.º.
  http://www.euskomedia.org/PDFAnlt/mono/arizmendiarrieta/lib_13.pdf

Por ello, cuando citemos palabras textuales de Arizmendiarrieta tomadas de alguno de los escritos recopilados en esa Colección, las ofreceremos en formato cursiva, haciendo mención tanto de la fuente digital, como del sistema de citación ya utilizado por las obras referidas (*El hombre cooperativo* ó *Pensamientos*,... entre otras): por ejemplo, EP II 43, significará que para localizar el texto habrá que acudir al Tomo correspondiente a *EP (Escuela Profesional)*, volumen II, página 43.

[38] Calificativo acuñado y frecuentemente utilizado por Azurmendi en su obra *«El hombre cooperativo»:* «modelo arizmendiano de comunidad», p. 19; «cooperativismo arizmendiano», «concepto arizmendiano de sociedad de trabajo», p. 20; «pensamientos arizmendianos clásicos», p. 104; «cooperativismo arizmendiano o mondragonés», p. 666.

plenamente conscientes de que dejamos de lado detalles de gran valor que, sin embargo, podrán ser objeto de desarrollo en trabajos de investigación posteriores.

Como primera idea que nos sirva de luz en esta inmersión en el pensamiento de Arizmendiarrieta, recurriremos a unas palabras de Mendizábal en el prólogo al primer volumen de la mencionada colección Obras completas que lo sintetizan magistralmente: «*En la base de todo su actuar* (refiriéndose a D. José María) *hay unas cuantas ideas que fueron las que dinamizaron toda su vida. Estas ideas son su fe religiosa y una concepción del hombre, del mundo y de Dios anclados en la Fe*»[39].

Por su parte Azurmendi, a quien, como ya se ha mencionado, debemos el gran mérito de desentrañar y sistematizar el pensamiento de Arizmendiarrieta, partiendo de un amasijo de ideas esparcidas en miles de hojas y obteniendo como resultado la mencionada obra El hombre cooperativo afirma que: «el intento de reducir el pensamiento disuelto y espontáneo de Arizmendiarrieta a un sistema, con el obligado esquema estático de divisiones y subdivisiones, tiene mucho de artificial y académico. [...] Ese pensamiento ha brotado en medio de la acción, adaptado siempre a ella, fragmentario, sin preocupaciones sistemáticas»[40]. Coincidimos plenamente con él en esa afirmación y somos conscientes de que hablar de fases en su pensamiento resulta complicado y no siempre ajustado a la realidad, porque, la inquietud por la justicia social, por una sociedad sin clases, por ejemplo, no constituyen una etapa, sino una constante en su pensamiento. No obstante, poco después el propio Azurmendi concluye que «existe un armazón, un sistema coherente de pensamiento que da unidad a la diversidad [...]; ese pensamiento a través de sus escritos ha sufrido una fuerte evolución»[41]. En esa línea, dedicaremos a continuación un tiempo y un espacio a analizar la configuración y la mencionada evolución del pensamiento de Arizmendiarrieta, distinguiendo dos fases fundamentales: por una parte, la construcción de las bases de su ideario durante su etapa formativa e incluso en la niñez, en el apartado que hemos denominado «pensamiento en formación» y, por otra, su consolidación y plasmación práctica a través del sacerdocio y de su intento de transformar la sociedad por medio de la cooperación, que hemos reflejado como «pensamiento en la acción». En ambos casos mencionaremos nuevamente aspectos o trazos ya expuestos al realizar su retrato biográfico y hablar de su formación o del sacerdocio y apostolado social, pero en esta ocasión de forma más extensa y pausada, centrándonos en su pensamiento.

---

39 http://www.euskomedia.org/PDFAnlt/mono/arizmendiarrieta/lib_01.pdf, CAS 10 (última consulta: 20-04-2015).

40 Azurmendi, J. (1984). *El hombre cooperativo. Pensamiento de Arizmendiarrieta.* Mondragón: Caja Laboral Popular-Lan Kide Aurrezkia, p. 20.

41 *Ibidem*, p. 21.

En cualquier caso, a través de ese recorrido por su pensamiento en dos fases, mostraremos que la DSI constituyó una coordenada y referencia esencial en la personalidad y servicio sacerdotal de Arizmendiarrieta, que llegó a conocer y practicar algunos de sus contenidos tanto en sus años de formación (RN y QA), como en su ministerio sacerdotal (MM y PT principalmente).

3.1. El pensamiento en formación (1917-1940): niñez y etapa formativa

En este primer apartado mencionaremos a pensadores cuya impronta consideramos fundamental en la configuración inicial del pensamiento de Arizmendiarrieta dado que, entre otras cuestiones, sirvieron de cauce para conocer las primeras encíclicas (RN y QA), pero sin olvidar, desde luego, otras influencias que también forjaron su personalidad de forma significativa ya desde la infancia.

En ese sentido, la primera visionaria que supo comprender que aquel niño tenía inquietudes diferentes que superaban con creces las habituales a su edad y en aquel entorno rural fue su madre. Tomasa ejerció el primer influjo, natural e instintivo, en su hijo. Efectivamente, como reconoce, entre otros, AZURMENDI, «la madre, ama de casa al temple de la mujer bíblica, fue la verdadera maestra de Don José María: inteligente, ordenada, hacendosa, sacrificada, llevó el peso y el estilo en la educación de sus hijos y la administración del caserío»[42]. Ella inculcó los primeros valores a sus hijos, los principios fundamentales de la vida rural: austeridad, sacrificio, responsabilidad y trabajo, valores campesinos que José María y sus hermanos fueron absorbiendo desde su más tierna infancia y que condicionaron su personalidad (de ahí la fecha inicial con la que encabezamos este apartado, 1917, porque consideramos que a la edad aproximada de 2 años, el pequeño José María ya comenzaba a interiorizar, casi instintivamente, estos valores iniciales). Coincidimos con MOLINA[43] en que esta cultura campesina de signo oral, transmitida fundamentalmente a través de la madre, tuvo su influjo en la forma en que en el futuro D. José María compondría sus sermones, sus charlas y discursos, recurriendo a relatos y cuentos. Por otra parte, la vocación al ministerio sacerdotal surgía de forma natural en el entorno rural de la época, pero eran los hijos que no tenían derecho a la herencia de la casa solar los naturalmente destinados a la carrera sacerdotal y no los primogénitos, como José María. Nuevamente la madre jugó un papel fundamental en la opción vital de su hijo mayor: ella supo ver en él algo especial, que apuntaba a fines más elevados que la vida en el caserío y apostó por apoyar su decisión vocacional.

---

[42] *Ibidem*, p. 7.
[43] *Ibidem*, p. 50.

Tomasa continuó ayudándole y respetando su libertad de decidir lo que quería hacer y gracias a ello, José María continuó su formación en el Seminario.

Por otra parte, antes de adentrarnos en el análisis de aquellos pensadores y guías espirituales que influyeron de forma decisiva en el pensamiento de Arizmendiarrieta, tampoco podemos olvidar a sus primeros maestros, que imprimieron los brochazos iniciales y sentaron las bases de su posterior formación. Las primeras letras fueron enseñadas por D. Mariano Careaga, cantor y sacristán de la parroquia, que le recibió a la edad de cuatro años en la escuela de Barinaga. En aquella época la asistencia a clase era irregular, variando en función de la carga de trabajo de cada caserío, pero José María fue uno de los alumnos más fieles de D. Mariano. El profesor intentaba alfabetizar a los hijos de los caseros en euskera, la lengua propia de la comunidad local, con unas nociones mínimas en castellano. Se trataba de formar pequeños euskaldunes que fueran buenos católicos, por lo que les enseñaba la gramática básica del euskera y, a través de ella, las nociones fundamentales de religión y algo de castellano. Posteriormente, cuando José María tenía diez años, la Diputación de Bizkaia construyó, como hemos mencionado en el apartado anterior, una escuela digna en donde continuó sus estudios, siendo su nueva maestra, hasta los doce años, Doña Patrocinio Uranga. Ella les enseñaba en euskera una de las asignaturas más importantes y que más influirían en el devenir de José María, «*Instrucción religiosa y moral*», es decir, la doctrina católica; el resto de asignaturas se impartían en castellano, aunque la maestra tenía que recurrir habitualmente al euskera para dar las explicaciones, porque sus alumnos apenas comprendían el castellano. Sin embargo, a partir de este momento, el único vehículo de cultura escrita era el castellano y el euskera quedaba relegado a una condición oral, por lo que José María tuvo que ir adquiriendo capacidad bilingüe, tarea que si bien le resultó difícil al principio, consiguió controlar finalmente, obteniendo con doce años uno de los cuatro diplomas escolares de fin de curso, labor en la que resultó fundamental el apoyo y comprensión de su profesora, Patrocinio.

A esa edad comenzaba a perfilarse su incipiente vocación religiosa, por lo que a los doce años ingresó, como ya se ha mencionado, en el seminario menor de Castillo-Elejabeitia, donde tendría que estudiar cinco cursos, de primero a quinto de Latín. Sin embargo, en 1926 se introdujeron variaciones en el currículo, estableciéndose que el último curso, el quinto, debía ser común para todos los alumnos de la diócesis y debía estudiarse en el Seminario Diocesano de Vitoria, donde tuvo contacto con las personas que influyeron decisivamente en la configuración de su pensamiento adulto y que mencionaremos más detalladamente a continuación. Por lo tanto, en el Seminario de Castillo-Elejabeitia permaneció cuatro cursos, desde los doce hasta los quince años. Fue un seminarista disciplinado y estudioso, a la vez que reservado, que leía por su cuenta en euskera (fundamentalmente un manual de doctrina y liturgia en euskera, *Eleiz Liburuchoa*, su libro de cabecera, como ya hemos explicado). En ese momento, además, en Castillo-Elejabeitia se aplicaba un innovador sistema de dirección espiritual individual que acabó introduciéndose también en el Seminario Mayor. El mentor espiritual de Arizmendiarrieta fue José María Intxaurbe, profesor de Historia de España, Religión y Latín, que promovía iniciativas a favor de la promoción de la cultura en euskera como vehículo de comunicación entre la Iglesia y el pueblo, por lo que jugó un papel importante en esa orientación de José María hacia la cultura euskaldun. Gracias a Intxaurbe, José María llegaría a Vitoria con una identidad religiosa muy arraigada, en la que la vocación sacerdotal y el euskera estaban muy unidos. El propio José María, al rememorar estos años comentaba a su discípulo Jesús Larrañaga la condición «liberal y aperturista» del seminario de Castillo-Elejabeitia y sus profesores.

Finalmente, en 1931, a sus quince años, José María se trasladó al Seminario Mayor de Vitoria a estudiar su quinto curso. Fue un momento decisivo, debido, por una parte, a los choques entre las distintas corrientes ideológicas y el ambiente exterior, que, desde luego, tuvieron su incidencia también en el interior, y, por otra, a la configuración del nuevo claustro, con personas que serían determinantes en la formación y devenir posterior de Arizmendiarrieta, comenzando por el entonces vicerrector y profesor del Seminario diocesano, D. José Miguel de Barandiarán. Con ellos, Arizmendiarrieta conocería las enseñanzas de RN y la recién publicada QA.

3.1.1. José Miguel de Barandiarán y Ayerbe (1889-1991)

Tal y como ha quedado expuesto, el paso por el Seminario Mayor de Vitoria marcó un hito trascendental en la vida de D. José María, en consonancia con el desarrollo de su personalidad. Se trataba de uno de los mejores centros educativos de la Iglesia en España, que contaba con un extraordinario plantel docente, en el que sobresalieron nombres como el que nos ocupa.

El padre Barandiarán, ingresó en 1906 en el Seminario Conciliar de Vitoria, a la edad de 16 años, una vez terminados sus estudios de latín en la Preceptoría de Baliarrain en Gipuzkoa. Así comenzaba la larga etapa vitoriana de Barandiarán, que se prolongaría durante treinta años con distintas funciones y perfiles, combinando a partir de 1916 tareas docentes con diversos cargos directivos (fue profesor de Matemáticas, Física y Química, Geología, Paleontología y Prehistoria y de Historia de las Religiones; más tarde fue nombrado Rector del Seminario de Aguirre y, finalmente, Vicerrector del Seminario Conciliar), pero, según relata su sobrino, también sacerdote, D. Luis de Barandiarán Iriziar, «siempre teniendo a Vitoria como centro de operaciones de todo su hacer y su acontecer sacerdotal y científico de forma permanente hasta la guerra del 36»[44].

Es precisamente su perfil docente el que más nos interesa en este estudio por su influencia en Arizmendiarrieta, por lo que dedicaremos a continuación unas líneas a su quehacer magisterial. Como apunta su sobrino al hacer un boceto del Barandiarán sacerdote y formador de sacerdotes, «las enseñanzas del profesor Barandiarán en el Seminario no terminaban para los alumnos con la hora de clase, sino que continuaban en misión permanente adoctrinándoles desde la vida con el análisis de las ideas y de los hechos del ambiente exterior. En una palabra: era un verdadero maestro»[45]. Su gran preocupación era hacer pensar, formar hombres desarrollando su capacidad de iniciativa intelectual. Con él no había exámenes, sólo un trabajo intenso, muy exigente, en el que el alumno debía reflejar los conocimientos absorbidos en la clase, las lecturas y las prácticas de campo.

Fruto de esa inquietud formativa, en 1927 funda la revista *Gymnasium* y poco después la revista *Idearium*, dedicadas ambas a la investigación socio-religiosa, buscando la iniciación científico-literaria de los seminaristas de la diócesis. Barandiarán recortaba los artículos, seleccionaba noticias de la prensa, subrayaba algunos párrafos, los clasificaba y luego los entregaba en clase a sus alumnos, para provocar el debate y disertar sobre ellos. Entre esos debates y disertaciones, Barandiarán compartía habitualmente con sus alumnos reflexiones acerca de la cuestión social. También les entregaba cuestionarios de geología, etnografía ó folklore, para que los rellenaran durante sus vacaciones, recogiendo información de sus respectivos pueblos y tomando notas para redactar un informe final con datos etnográficos de sus respectivos lugares de origen. De esta forma, Barandiarán introdujo a José María en la naturaleza y sus misterios como marco de comprensión de la espiritualidad humana. Arizmendiarrieta se familiarizó con el método científico de Barandiarán, recorriendo los caseríos de Markina para charlar con los baserritarras y recoger cuentos, refranes, dichos... y anotarlos en su cuaderno de trabajo, a la vez que, aplicando lo aprendido, intentaba convencerles de que eran dueños de un enorme legado cultural que debían de cuidar y atesorar con mimo. Con todo, las excursiones y análisis sociales y científicos que el paleontólogo promovió en sus estudiantes dejaron una impronta imperecedera en la personalidad del joven seminarista. El maestro había sabido despertar el sentido de observación y de crítica en sus alumnos. En conversaciones mantenidas con Larrañaga, el propio José María valoraba así la figura de D. José Miguel de Barandiarán: «*No era un profesor habitual que se distanciaba del alumnado, sino que intervenía en el proceso*

---

44 Barandiarán, J. M. de y Altuna, J. (1992). *Homenaje a D. José Miguel de Barandiarán*. Bilbao: Bilbao Bizkaia Kutxa, p. 16.

45 Barandiarán, J. M. de y Altuna, J., *Homenaje a D. José Miguel... op. cit.*, p. 19.

de discusión, en la reflexión en voz alta. Era un humanista de excepcional categoría y profesor de tal capacidad comunicativa que inspiraba una gran confianza. En el fondo, no era un profesor, era un amigo con el que se compartía, se debatía y se aprendía. Enseñaba a todas las horas y en todo momento: en clase, en el paseo, en la conversación, en la comida. Aún tengo grabada aquella observación suya que jamás se me olvida, «el hombre no madura hasta que pasan los 40 años»»[46].

Sin embargo, el estallido de la Guerra Civil española hizo que Barandiarán se viera obligado a exiliarse en Francia y abandonar la docencia en el Seminario. Ello no le impidió continuar con sus investigaciones en el País Vasco Francés, desde las localidades de Biarritz y Sara, donde estableció su residencia. Las autoridades alemanas le permitieron seguir investigando, hasta que pudo regresar felizmente a Euskadi en 1953 para retomar el hilo de sus investigaciones y actividades etnográficas, dado que él fue, ante todo, un «hombre de acción», tal y como le define el escritor y bibliógrafo Elías Amézaga[47], sin descanso durante su larga vida, que se apagó en 1991, a la edad de 102 años.

En lo que a nuestro estudio respecta, MOLINA describe con maestría el influjo de José Miguel de Barandiarán en Arizmendiarrieta: «él proporcionó al joven una comprensión integral de su vida y su religiosidad campesina como fundamento de su vocación y futuro ministerio. De ahí que la noción virtuosa de la vida y del trabajo saturada de humanismo religioso que Barandiarán comunicó a los alumnos acabara por penetrar hasta el tuétano del joven seminarista [...]»[48].

3.1.2. Manuel Alejandro Lekuona Etxeberguren (1894-1987)

Otro de los nombres que formaba parte del movimiento docente renovador comentado y que también destacó rápidamente en la educación de Arizmendiarrieta fue D. Manuel Lekuona, natural de Oiarzun, quien compartió sus estudios de latín en la Preceptoría de Baliarrain con José Miguel de Barandiarán desde 1904. En 1914 ingresó en el Seminario de Vitoria, incorporándose pronto al plantel docente como profesor de Lengua y Literatura vasca, donde permanecería durante veinte años, de 1916 a 1936.

Al estallar la Guerra civil dos de sus hermanos fueron fusilados y él perseguido, pero el capellán de Lasarte lo escondió en su casa, donde permanecería refugiado hasta 1941. Durante este periodo investigó la historia eclesiástica de Lasarte, escribiendo tres monografías acerca del convento citado, la parroquia de la localidad y el Oiarzun antiguo. En

---

46 LARRAÑAGA, J., *Don José María... op. cit.*, p. 27.
47 BARANDIARÁN, J. M. de y ALTUNA, J., *Homenaje a D. José Miguel... op. cit.*, p. 94.
48 MOLINA, F., «*José María Arizmendiarrieta... op. cit.*, p. 101.

1941 se desplaza a Calahorra, donde permanecerá hasta 1955. Poco antes, en 1950, es nombrado académico de número de la Real Academia de la Lengua Vasca-Euskaltzaindia. En 1956 vuelve a Andoain, donde es acogido por las Jesuitinas y donde permanecerá hasta 1975. Son sus años más activos, empuja la divulgación de la cultura vasca y el estudio de la historia eclesiástica. El Concilio Vaticano II le traerá más tareas, pues es admitido el uso de las lenguas vernáculas en la liturgia y es nombrado Director del equipo de traductores de los Textos Litúrgicos al euskera (algunas de estas traducciones fueron editadas por la sociedad *Jaungoiko-Zale*, institución que dedicó una editorial a la publicación de libros religiosos en euskera)[49]. En 1967 es elegido presidente de la Real Academia de la Lengua Vasca-Euskaltzaindia y en sus tres años de presidencia se da comienzo a una labor de gran trascendencia futura: la unificación del registro escrito, que daría como fruto el euskera batua. Una vez jubilado, en 1975, vuelve a Oiarzun y dedica sus últimos años a la publicación de sus Obras Completas. Durante estos años recibe distintos reconocimientos[50].

A modo de síntesis, podemos decir que D. Manuel Lekuona dedicó 70 años de su vida a la cultura vasca y trabajó diversos aspectos: la lengua y literatura, la etnografía, el bertsolarismo, la historia y el arte, pero, sin duda, la faceta que aquí nos interesa es la de profesor de lengua y literatura vasca en el Seminario de Vitoria. Lekuona fue el responsable de los avances en la escritura en euskera de los jóvenes seminaristas y, en concreto, de Arizmendiarrieta, con quien sintonizó desde el primer momento por su espíritu inquieto y comprometido. Le animó a que redactara directamente en euskera, primero con simples copias de oraciones, posteriormente con relatos sencillos de su vida cotidiana, que poco a poco se

---

[49] La sociedad *Jaungoiko-Zale* (Jaungoiko-Zale bazkuna), ubicada en Amorebieta (Bizkaia), fue fundada en 1912 y publicaba una revista del mismo nombre, posteriormente denominada *Ekin*, dedicada a problemas religiosos y en particular al fomento de la enseñanza del catecismo en euskera en Bizkaia. Su labor inicial fue lograr la unificación del catecismo, que fue posteriormente traducido al euskera (Eguztitza realizó la versión vizcaína y Lekuona la guipuzcoana), pero también creó esa editorial para la publicación de libros en euskera, convirtiéndose en un importante medio de difusión de la DSI entre la población de habla euskaldun, de la mano de un grupo de sacerdotes entre los que se encontraba Juan Bautista Eguzkitza a quien mencionaremos en este capítulo.

[50] Entre otras distinciones, en 1983 el entonces presidente de Eusko Ikaskuntza, D. José Miguel de Barandiarán, propone institucionalizar el Premio Manuel Lekuona de Eusko Ikaskuntza-Sociedad de Estudios Vascos para el reconocimiento de aquéllas personalidades cuya obra total (opera omnia) constituya una aportación de relevancia para la Comunidad Vasca Global. En esa primera edición el premio se le entrega al propio Manuel Lekuona y con posterioridad es otorgado a personajes de la talla de Andrés de Mañaricua (1986), Adrián Celaya Ibarra (1995) o Elías Amézaga (2005). (http://www.eusko-ikaskuntza.org/es/premios/object.php?o=125; última consulta: 28-04-2015).

irían complicando. Consideraba que trabajar por el cultivo de la lengua vasca era un deber de los sacerdotes diocesanos y era apoyado en esa convicción por el Obispo, que desde el comienzo de su mandato había promovido el cultivo de la lengua vernácula por los seminaristas, obligándoles a cursar estudios de euskera tanto en quinto de Latín como en primero de Filosofía.

En esa línea, Lekuona fundó en 1924 la *Academia Kardaberaz* y la revista que llevaba su mismo nombre, para la promoción de la cultura vasca, de forma que los seminaristas que se inscribían en ella se reunían los jueves por la mañana para el perfeccionamiento del euskera, realizando ejercicios de composición literaria, pero sin que esta labor interfiriera en su ritmo normal de estudios. Arizmendiarrieta fue uno de los colaboradores más entusiastas, llegando a ocupar el cargo de secretario. En aquel momento, se estaba viviendo la euforia nacionalista de la anteguerra, al albor del movimiento renacentista vasco *Euskal Pizkundea* y el joven José María participaba activamente en los campos que le eran propios (social y lingüístico-cultural), pero sin interesarse directamente por la política.

En cualquier caso, la cuestión social era tratada de forma incidental, ya que las inquietudes que Lekuona planteba a sus alumnos iban en la línea de las de Barandiarán y se trataban, entre otras cuestiones, temas sociales, pero sin darles un tratamiento especial. La cuestión relevante en estos momentos era el idioma. José María redacta unos ensayos en los que el euskera se presenta como singularidad de un colectivo nacional, pero esta promoción de la identidad nacional obedece simplemente al anhelo del joven seminarista de construir una Iglesia cercana al pueblo, dado que en su opinión los curas vascos se alejarían de la realidad de su pueblo si dejaban de cuidar su lengua. Por lo tanto, de sus textos en *Kardaberaz* se deducía que el fin de la recuperación y promoción del euskera era la Iglesia, no la patria, el contacto con el espíritu del pueblo y su fondo cristiano. En suma, quería mejorar su euskera para ser mejor sacerdote.

En aquel momento el contexto político animaba la esperanza en la patria vasca y también José María era un patriota vasco (abertzale) convencido, cuando el nacionalismo había prendido con intensidad en unos jóvenes seminaristas en edad propicia para tales pasiones, aunque en su caso con algunos matices significativos, como muy bien relata su biógrafo Molina: «José María si bien se consideraba abertzale, se tenía antes por cristiano. Lo hondo de su vocación sacerdotal y su madurez intelectual le llevaron desde el principio a advertir el peligro que suponía para su futuro ministerio un nacionalismo demasiado arraigado. El matiz que los testimonios de sus condiscípulos conceden a su patriotismo vasquista, «discreto», es, en este sentido, muy clarificador. Más que discreto podría decirse íntimo, dado que su cauce de expresión apenas superó este marco de los trabajos ensayísticos o poéticos que realizaba para *Kardaberaz*»[51].

En cualquier caso, *Kardaberaz* se convirtió, como decíamos, en la gran pasión del joven Arizmendiarrieta. En la Academia se realizaban distintas labores: archivos con ficheros de terminología, traducciones de obras literarias famosas, edición de libros de historia del País Vasco..., pero la inquietud de algunos de sus miembros hizo que dieran un paso más, con la fundación, en 1933, de una sociedad para la promoción del euskera en el seno de la Academia, cuyos estatutos y reglamento redactaría José María. El eje central de la reglamentación de esta sociedad que se denominaría *Kardaberaz bazkuna* fue el compromiso euskaltzale de sus socios, así como su apoliticismo. José María llegó a ser subdirector de esta sociedad (en realidad, el principal responsable, dado que el director, Lekuona, se limitaba a realizar funciones de supervisión). Mientras en la filosofía de la Academia el uso del euskera se consideraba como una práctica «conveniente», la sociedad decidió por mayoría que se trataba de una obligación y un objetivo prioritario, sancionando su no cumplimiento con penas de distinta índole (desde la simple reprimenda personal hasta sanciones económicas). Además, era José María, en calidad de subdirector de la sociedad, quien debía velar por el cumplimiento de la norma, controlando la labor de sus compañeros, lo que le granjeó algunas enemistades. Por otra parte, el compromiso con el euskera y las distintas actividades de la sociedad se convirtieron después en alimento de la propaganda franquista, creándose un clima de recelo hacia el Seminario. Sin embargo, en el interior, tanto profesores como seminaristas eran ajenos a ello y la única precaución que se tomó iba en otro sentido: la labor intensa en la sociedad no podía conllevar un peor rendimiento en los estudios, de forma que se estableció que los alumnos debían alcanzar una nota mínima de notable en todas las asignaturas para poder seguir con tales actividades. El subdirector debía dar ejemplo por lo que consiguió aprobar todas las asignaturas con sobresaliente y prosiguió su actividad en Kardaberaz, hasta que los acontecimientos políticos le llevaron por otros derroteros tras la irrupción de la Guerra civil, tal y como se ha reseñado en el apartado biográfico.

En suma, gracias a D. Manuel Lekuona y a través de *Kardaberaz*, José María consiguió profundizar en una vivencia de la identidad vasca abierta al mundo y a la fe, porque se buscaba no sólo el cultivo, perfeccionamiento y renacer del euskera, sino que a través de él, se sirviera mejor a la Iglesia y a la sociedad.

Por lo tanto, sobre el sustrato de los valores cristianos y la moral campesina inculcados fundamentalmente por su madre, Tomasa, y sus primeros profesores, fue tomando forma una incipiente vocación religiosa que

---

[51] Molina, F.: *José María Arizmendiarrieta...*, *op. cit.*, p. 103.

se consolidaría en el Seminario Conciliar de Vitoria. Allí, un joven Arizmendiarrieta se encontró, a la edad de 15 años, con un entramado educativo excepcional en el que destacaron dos nombres: Barandiarán y Lekuona. Ambos supieron crear en José María la conciencia de aprender haciendo cosas, de ayudar, de mantenerse en una reflexión constante, ofreciéndole una visión realista de la vida y del pueblo, en contraposición con las enseñanzas asépticas y abstractas de otros profesores. Sin embargo, aún no había aflorado en el joven seminarista la inquietud social que después le marcaría de forma definitiva. Había abordado, entre otras, algunas cuestiones sociales en momentos de reflexión y debate propuestos por estos profesores, pero el despertar de su inclinación por problemas sociales vino después de la mano de otro importante profesor, cuya asignatura de Sociología adquirió especial significación en el convulso contexto generado tras los movimientos obreros de 1934: el ilustre D. Juan Thalamas[52].

3.1.3. Juan Thalamás Labandibar (1906-1981)

Este filósofo, sociólogo y escritor guipuzcoano, nacido en Irún en 1906 donde cuenta con una calle a su nombre, estudió Filosofía y Teología en Toulouse y París, siendo su primer destino como sacerdote el de capellán en los barrios obreros de Baiona-Biarritz. En 1932 fue nombrado profesor de Sociología y de Lengua francesa en el Seminario de Vitoria, donde se convirtió en un decisivo cauce difusor de la DSI y del pensamiento católico más avanzado en los seminaristas de la generación de Arizmendiarrieta.

Durante su estancia en la capital alavesa colaboró en la revista *Idearium* y con *El Día*[53], con trabajos sobre la DSI. Con la guerra se instaló en Francia, fundando con Alberto Onaindia[54], la revista *Anayak*, medio de comunicación de los sacerdotes vascos dispersos por Francia, Bélgica e

---

[52] Otros autores, sin embargo, apuntan a que el verdadero despertar de la inquietud social de Arizmendiarrieta se produjo a raíz de la guerra y no antes. En ese sentido se pronuncia, entre otros, Oyarzabal: «quizás haya que buscar en ese subsuelo los gérmenes lejanos de su inquietud social, pero no me parece que lo marcaran definitivamente» (Oyarzábal. A., *D. José María Arizmendiarrieta..., op. cit.*, p. 12).

[53] Periódico de San Sebastián (1930-1936), catalogado como «próximo al Partido Nacionalista Vasco» en la relación de archivos, bibliotecas y hemerotecas sobre el nacionalismo vasco en la II República, realizada por José Luis de la Granja, profesor de Historia Contemporánea en la Universidad del País Vasco (Granja de la, J. L., 1987, «Archivos, Bibliotecas y Hemerotecas sobre el Nacionalismo Vasco en la II República», Congreso de Estudios Vascos, 10, Pamplona, p. 660.
http://www.euskomedia.org/PDFAnlt/congresos/10/10659662.pdf; última consulta: 4-05-2015).

[54] Eclesiástico vizcaíno que mantuvo una especial relación con Thalamás, por lo que dedicaremos unas líneas a su trayectoria, fundamentalmente en el ámbito social.

Inglaterra[55]. En 1954, de vuelta del exilio, se instaló en Donostia, colaborando durante la década de 1955-1965 con el prestigioso semanario irunés *El Bidasoa*[56], con temas de cultura popular vasca. También colaboró

Alberto Onaindia nace en Markina el 30 de noviembre de 1902. Efectúa sus primeros estudios en los Jesuitas de Durango y en el Seminario de Vitoria, donde hacía tiempo habían incorporado a los estudios religiosos la DSI, siguiendo especialmente la RN, lo que sin duda influyó en su posterior apuesta por la acción social. Se doctora y ordena en Roma. Durante tres años ejerce la enseñanza en el Seminario de Saturrarán obteniendo en 1929 una canonjía en Valladolid. (http://www.euskomedia.org/aunamendi/117279; última consulta: 4-05-2015).

Es destinado por su obispado a Las Arenas (Getxo), donde, llevado por su inquietud social, trabaja como consiliario de Acción Católica, para propagar las ideas sociales de la Iglesia con propuestas pragmáticas de cambio estructural de la sociedad. Una de sus iniciativas fue crear escuelas nocturnas para trabajadores en Romo, con el objetivo de contactar con los obreros que no asistían al culto. Gracias a su fluida oratoria, se dio a conocer por la exposición de sus opiniones en los frontones o donde tuviese un auditorio. Además organizaba cursillos de sociología, reuniendo grupos de trabajadores para el estudio de la doctrina social cristiana, siguiendo las normas dictadas por los Papas. A lo largo de la República desarrolló una incesante actividad como orientador de sindicatos solidarios y otras organizaciones nacionalistas, como publicista y como portavoz de la propaganda oral socialcristiana, junto con el también clérigo, periodista y escritor José de Ariztimuño Olaso, «Aitzol», fundador de la revista Yakintza (1933-1936), también atraído por el renacimiento vasco y por el movimiento obrero, al que trató de infundir un aliento cristiano. Al estallar la Guerra civil, Onaindia realizó una importante labor de «informador, enlace, portavoz y contrainformador» (Cal Martínez, R., 2012: «Onaindia: propagandista contra el franquismo», *MHCJ* n.º 3, p. 202. (https://mhcommunicationsjournal.wordpress.com/2012/10/18/rosa_cal/; última consulta: 4-05-2015). Tras el bombardeo de Gernika, por ejemplo, fue él, testigo de los hechos, el encargado de ofrecer la versión real de lo acontecido, para rebatir las calumnias de los franquistas. Incluso viajó a París y habló con Maritain, que lo sometió a una especie de tribunal para que confirmase que decía la verdad. Onaindia dio varias charlas sobre el tema, concedió entrevistas y celebró encuentros informales. El caso de Gernika le dio a conocer en el extranjero pero le sentenció ante una parte de la Iglesia católica, y ante los franquistas que lo consideraron un enemigo a abatir. Por ello, tuvo que desplazarse a Francia a finales de 1937, huyendo de la represión franquista y ya nunca regresó a España, aunque viajaba frecuentemente a Cataluña e Iparralde.

[55] En febrero de 1939 se edita en París la revista Anayak (Hermanos), quincenal y trilingüe: euskera, francés y castellano. Los creadores fueron los dos sacerdotes mencionados, Juan Thalamas y Alberto Onaindia, a quienes unía una gran amistad, junto con el periodista Rafael Picabea. Sólo salieron siete números, pues al terminar la guerra «en aras de la paz y la reconciliación» la cerraron (*Ibidem*, p. 204).

[56] Semanario guipuzcoano fundado en Irun el 21 de marzo de 1880 por el impresor liberal Bernardo Valverde, que ha sufrido diversas interrupciones en su publicación (1885 y 1893). Reapareció de la mano del hijo de Bernardo, Lucio, con una notoria calidad y bajo la dirección de Isidoro Navarro, el 15 de septiembre de 1915, durante los años de mayor prosperidad de la ciudad fronteriza. Entre sus articulistas encontramos nombres de indudable prestigio, tales como los hermanos Pío y Ricardo Baroja, Miguel de Unamuno, Álvarez Quintero, Pierre Loti, etc. Sus directivos sucesivos durante este nuevo periodo fueron, además de Navarro, Francisco de Sagarzazu, Eladio Ortiz, Miguel Bergareche y Antonio Laserna. El semanario

con la Real Sociedad Bascongada de Amigos del País[57], donde publicó numerosos trabajos.

En cualquier caso nos interesa su labor en el Seminario, donde algunas de las reflexiones sociales que presentaba en sus clases de sociología causaban verdadero impacto en sus alumnos[58]. Thalamás propició la entrada de la llamada «espiritualidad francesa» en el centro. En sus clases de sociología mencionaba continuamente las innovadoras formulaciones sociales del colectivo de filósofos franceses que colaboraban en la revista católica Esprit[59], especialmente de Jacques Maritain y Emmanuel Mou-

---

desaparece nuevamente en 1936 debido a la guerra civil (http://www.euskomedia.org/aunamendi/32810 última consulta, 5-04-2015).

[57] Los orígenes de la Real Sociedad Bascongada de los Amigos del País, fundada en 1764, fueron las tertulias que se celebraban en el palacio de Intsausti, en Azkoitia, bajo el impulso del conde de Peñaflorida, Xavier Mª de Munibe. A este grupo de ilustrados y especialmente a Peñaflorida, se debe la elaboración del Plan de una Sociedad económica o academia de agricultura, ciencias y artes útiles y comercio, presentado en la Juntas Generales de Gipuzkoa, en 1763, consecuencia del interés que mostraron sus redactores por el fomento de la economía de su entorno. De ahí que a Peñaflorida se le considere como el fundador de lo que sería la Real Sociedad Bascongada, aunque no fuera el único. Un año más tarde de presentado el Plan, el proyecto ilustrado guipuzcoano lograba aunar a las tres Provincias Vascongadas para fundar la primera sociedad ilustrada en España. Esta unión quedó simbolizada por tres manos unidas (irurac bat), representadas en su origen en un grabado de Salvador Carmona, y que hoy, después de más de 250 años, sigue presidiendo la vida de la institución. La finalidad de la Sociedad venía expresada en el artículo 1.º de sus estatutos: «cultivar la inclinación y el gusto de la Nación Bascongada hacia las Ciencias, Bellas Letras y Artes, corregir y pulir sus costumbres, desterrar el ocio y sus funestas consecuencias y estrechar más la unión de las tres Provincias de Álava, Bizkaia y Gipuzkoa, y de todo el País Vasco» (http://bascongada.eus/es/la-sociedad/historia/157-origenes-de-la-real-sociedad-bascongada-de-los-amigos-del-pais; última consulta, 5-04-2015).

[58] Oyarzábal nos recuerda unas palabras de Arizmendiarrieta mencionando alguna de las reflexiones de Thalamás que le habían causado especial impresión, en este caso sobre el concepto del trabajo: «Desde el seminario me quedó grabada la idea de que el trabajo ennoblece al hombre, pero la sociedad lo embrutece» (Oyarzábal. A., D. *José María Arizmendiarrieta..., op. cit.*, p. 12). Esas mismas palabras se repiten en la obra de Larrañaga: «Teníamos un profesor que era discípulo de Mounier y, entre otras cosas, recuerdo y tengo grabada la idea de que el trabajo ennoblece al hombre, pero la sociedad lo embrutece. La teoría decía que había que reasumir los trabajos brutos e innobles en calidad de servicio. Abrimos nuestra conciencia a esta nueva visión del concepto teológico del trabajo, no como castigo, sino como opción de realización. Eran, pues, ideas de fuerza que nos catapultaban a otras reflexiones» (Larrañaga, J., *Don José María... op. cit.*, p. 28).

[59] Revista de orientación personalista fundada por Emmanuel Mounier en 1932, para dar respuesta a la crisis social del momento La revista pretende ser el origen de un movimiento para un nuevo modo de pensamiento: el personalismo, proclamando los derechos de la persona. Esta corriente filosófica pone el énfasis en la persona, racional, libre y espiritual, además de comunitaria. De esa forma, el personalismo se basa en dos valores fundamentales del cristianismo: la persona y la comunidad. El centro es la persona humana, en plena relación con su espiritualidad y con los

nier, principales representantes del denominado personalismo. Utilizaba como manual de referencia el *Tratado de sociología cristiana,* (1909, José María Llovera), uno de las obras españolas más significativas elaboradas para divulgar la DSI entre el clero y la población católica. Basándose en ese manual, Thalamás informaba a los alumnos de la acción social católica anterior a «Rerum Novarum», tanto en España (mostrándoles las opiniones de Balmes, entre otros), como en Europa (analizando los estudios y deliberaciones de la Unión de Friburgo). También les hablaba de las encíclicas «Rerum Novarum» o «Quadragesimo Anno», explicando sus puntos básicos[60]. De esa forma, abordaba la historia de la DSI sobre el problema social y sus diversos apartados, para después intentar exponer algunas posibles soluciones al mismo. Por ejemplo, mencionaba a sus alumnos las diferentes estrategias que algunos Estados europeos (Francia y Bélgica, los que él mejor conocía) estaban empleando para reducir la conflictividad social según las orientaciones de la iglesia, estrategias entre las que se incluía la fórmula cooperativa. Nuevamente, el cooperativismo hacía acto de presencia en alguna clase recibida por José María y sus compañeros, como uno de los métodos adecuados para cumplir con las sugerencias propuestas por la DSI y dar respuesta al problema social.

Además, el joven seminarista completó esa información con la lectura del diario Euzkadi, órgano de prensa del Partido Nacionalista Vasco, que realizó una extraordinaria labor de divulgación del pensamiento social cristiano y de las estrategias empresariales que impulsaba Europa, así como de algunos artículos de la mencionada revista *Esprit*, que José María releía y subrayaba, elaborando incluso un dossier sobre la cuestión social, con reflexiones sobre algunas estrategias empresariales sugeridas por las encíclicas y documentos papales, entre ellas la fórmula cooperativa.

Como señala Molina, «los apuntes que José María tomó en este curso para elaborar varios ensayos sobre la cuestión social destinados a la clase de Thalamás, y las reflexiones manuscritas que en ellos volcó, indican su alto grado de conocimiento acerca de estos problemas y su solución en el marco de la Doctrina Social de la Iglesia [...] El espectáculo de sus cuartillas de apuntes de la clase de Sociología comunica su ritmo y estilo de

---

hombres, que establece un compromiso solidario con el otro, creando una sociedad solidaria.

60 Thalamás apoya y defiende, por ejemplo, el concepto de salario justo de QA, en el sentido de que «al trabajador hay que fijarle una remuneración que alcance a cubrir el sustento suyo y el de la familia» (QA, 71), criticando duramente la postura laicista que defiende que la madre se aleje del hogar para completar con su jornal el del padre. Considera que «esta circunstancia supone un atentado contra la dignidad social del trabajador, contra la constitución física y moral de la mujer y contra los intereses más elementales del hogar » (Thalamás Labandibar, J.: *Laicismo... op. cit.*, p. 117).

trabajo»[61]. Por lo tanto, la importancia de Thalamás y su influjo en el pensamiento arizmendiano consiste en que consiguió llamar la atención y despertar el interés y la inquietud social del joven José María y de sus compañeros, que todavía no se decantarían por indagar y profundizar directamente en la fórmula cooperativa, pero en ese momento se encendió, probablemente, la llama cooperativa, que después daría su fruto.

Una de las fuentes a las que José María recurre para preparar sus ensayos para la clase de Thalamás fue precisamente *Gizarte-Auzia*, de Juan Bautista Eguzkitza.

3.1.4. Juan Bautista Eguzkitza Meabe (1875-1939): «Gizarte-Auzia»

Gizarte-Auzia ha sido considerado como «el más importante cauce de difusión euskaldun de la DSI»[62]. Antonio Míguez y Fernando Molina lo describen como «una colección de artículos en donde la doctrina social de los Papas era asociada a la experiencia histórica del pueblo vasco y su realidad social campesina e industrial, lo que permitía a la Iglesia vasca dotar de contenido étnico local un proyecto internacionalista como era el socialcatolicismo»[63].

Pero ¿quién era Eguzkitza y cuál fue su relación con Arizmendiarrieta?

Juan Bautista Eguzkitza Meabe nació en Lemoa (Bizkaia) en 1875. Estudió en Amorebieta-Etxano y muy pronto ingresó en el Seminario de Vitoria, siendo ordenado sacerdote en 1899. Formó parte del cuerpo docente como profesor de Gramática y Retórica, siendo el encargado de pronunciar el discurso de inicio del curso académico 1903-1904[64]. Sin embargo, su influjo en Arizmendiarrieta no llegó a través de su actividad docente, como ocurriera con los anteriormente mencionados, dado que al año siguiente, en 1904, la cátedra de latín de Lekeitio quedó vacante y Eguzkitza se trasladó a la localidad costera para hacerse cargo de ella, pasando allí los 33 años siguientes, hasta que llegó la guerra. Fue detenido y juzgado bajo acusaciones políticas, pero finalmente fue puesto en libertad por falta de pruebas. No obstante, su salud se resintió, falleciendo en su localidad natal poco después, en 1939.

---

[61] Molina, F., *José María Arizmendiarrieta... op. cit.*, p. 120.

[62] *Ibidem*, p. 121.

[63] Míguez A. y Molina F. (2008). «José María Arizmendiarrieta y Mondragón: cooperativismo cristiano y movimiento social en el franquismo (1941-1959)», en *Historia del presente*, n.º 11, p. 127 (http://historiadelpresente.es; última consulta: 5-05-2015).

[64] Pronunció este discurso en latín, idioma cuya retórica dominaba de forma magistral. Eguzkitza Meabe, J. B. (1903) *Oratio in Seminari Conciliari Victoriensi. Cursus 1903-1904*. Biblioteca del Seminario Diocesano de Vitoria-Gasteiz. (http://www.liburuklik.euskadi.net/handle/10771/27803; última consulta: 7-05-2015).

Perteneció a la época en la que se produjo el ya mencionado Renacimiento de la cultura vasca, donde la Iglesia desempeñó un importante papel, como señala el profesor Urrutia[65]. El sacerdote lemoarra contribuyó a que los cristianos euskaldunes contasen con los medios y los instrumentos necesarios para la práctica de su religión sin renunciar a su idioma, a través de sus sermones. Ese fue uno de sus cometidos hasta el año 1936. No obstante, Eguzkitza también destacó por su labor en los ámbitos de traducción, etnografía y periodismo, siendo de un valor fundamental, además de sus sermones, sus artículos y obras escritas, en los que trataba temas sociales y religiosos.

Entre estas últimas destaca *Garbitokiko Arimaren Ila (*1915), una traducción de la obra del sacerdote catalán Sardá y Salvany[66]. Cuatro años más tarde publicó *Andra Mariaren Loretako Ila,* su obra religiosa más significativa, de un estilo preciso y claro, donde se recogen numerosas oraciones y cantos para mayo, el mes de la Virgen, muchas de las cuales se mantienen hoy día. Ese mismo año (1919) fue nombrado Académico de la Real Academia de la Lengua Vasca-Euskaltziandia. En 1930 recibió el premio «*Kirikiño*»[67] por su artículo *Emakume Euskotarrak*. Entre sus

---

65 «Hogeigarren mende hasierakoa dugu euskalgintzaren pizkunde egituratua. Berpizkunde aldi horretan Eliza Katolikoak partaidetza zabala izan zuela ere ezin ukatu. Gorantz zetorren euskal kulturaren arnasaz, Eliza Katolikoak bere mezuak eta irakaspenak euskaraz zabaldu zituen, abade aldra batzuen eraginez eta kemenaz [...]. Premiazkoa zen,doktrina oinarrien aldetik behinik behin, aldiko boladek behar zuten erantzuna moldatzea, giza esparrura eurrez zetozen ideia asmatuberriak aurrean zirela: modernismoa, zientifikotasuna, giza mailen arteko borroka... halakoxeak ziren demarik irtenenak,mendearen aldaketarekin begi-bistakoak zirenak. Mamiaz bezain azalaz, jokaera bestelako horiek eskatzen zuten doktrina katolikoaren antzaldaketa ahalik eta zabalena izatea, gizartearen barne-zoko guztietara katolikotasun eraberritua hedatzeko. Tankera desberdina eta osterantzeko jasa zen premiazkoena eta bide beretik ere, katolikotasun horren antolakuntzan jardun beharra Hala ulertu zuten, lehen esan legez, mendearen etorrerarekin batera euskal abade talde batzuek eta asmogintzarekin batera, ekinari ere oratu zioten. Horren adibiderik esanguratsuenak,beharbada,Bizkaiko Jaungoiko-Zale eta Gipuzkoako Argia elkarteak ditugu,euskararen ederrari ez ezik, katolikotasunari ere men egiteko parada erabaki zutenak [...].Bizkaiari dagokionez, langintza horretan nabarmendu ziren ... Juan Bautista Eguzkitza....», Urrutia Badiola, A. (2001). *Bidegileak. Juan Bautista Eguzkitza* (1875-1939), Colección Bidegileak, Vitoria-Gasteiz: Eusko Jaurlaritzaren Argitalpen Zerbitzu Nagusia, pp. 1 y 2.

66 Sacerdote catalán (1841-1916) que publicó numerosos artículos y opúsculos sobre problemas sociales y religiosos.

67 Premio literario instituido en honor de Evaristo de Bustinza, «*Kirikiño*», creado para estimular y premiar el mejor trabajo literario euskérico aparecido durante el año en alguna de las publicaciones periódicas del país. Las bases las estableció una asamblea de escritores euskéricos reunida en el salón de sesiones del ayuntamiento de Zumárraga el día 29 de septiembre de 1928, II día del Euskera. Comenzó a otorgarse a partir del año 1929. He aquí las obras premiadas en sus primeros años:

- 1929: *Iruleak*, «Las Hilanderas». Autor: Nicolás Ormaetxea («Orixe»).
- 1930: *Emakume Euskotarra*, «La mujer vasca». Autor: Juan Bautista Eguzkitza.

obras religiosas merece especial mención la traducción al vizcaíno del misal *Argi Donea*, de F. Baltzola (1933).

Por otra parte, Eguzkitza realizó también una gran labor social. Fue presidente de la ya mencionada *Jaungoiko-Zale bazkuna*, donde colaboró de forma significativa, primero publicando sus artículos en la revista del mismo nombre, y posteriormente en *Ekin*, que sustituyó a *Jaungoiko-Zale* a partir de 1932. De esa forma, pudo acercarse al pueblo y estar a su servicio, para ofrecerles formas de practicar el catolicismo en su idioma. Estudió especialmente los temas sociales y económicos del momento, el capitalismo, el socialismo y el comunismo, que la Iglesia no aprobaba, como bien apunta Urrutia[68]. En esa época, la DSI también dio como fruto el nacimiento de otra importante entidad, de la que nos ocuparemos más adelante: la *Agrupación Vasca de Acción Social Cristiana* (AVASC), de la que Eguzkitza se convirtió en un fogoso defensor, participando activamente en muchas de sus actividades.

Pero sin duda su obra más importante en el ámbito social es *Gizarte-Auzia*[69], publicada en 1935, obra que Arizmendiarrieta leyó con avidez, sumergiéndose de lleno en la DSI, con la ventaja que suponía el poder leerla en su propio idioma. La Iglesia ya había mostrado abierta y ampliamente su inquietud por las cuestiones sociales, pero era la primera vez que eran abordadas en euskera, por lo que, como señala el profesor Urrutia en el prólogo a la segunda edición (1990), Eguzkitza tuvo que superar la gran dificultad de tener que crear y componer numerosos conceptos técnicos en ese idioma. En ese sentido, se le ha criticado por un purismo excesivo que dificulta la lectura. Ese purismo unido a ciertos prejuicios ideológicos que le han llevado a utilizar el sufijo «keria» (que

---

- 1931: *Amaika nekeren semea dek ogia*, «El pan es hijo de inmensas fatigas». Autor: Tomás de Aguirre.
- 1932: *Etxe barne bizia*, «La vida hogareña». Autor: José María de Aguirre, «Lizardi».
- 1933: *Euskotar umeen aldez*, «En pro de los niños vascos». Autor: Juliana de Azpeitia. «Arritokieta».
- 1934: *Egirrezabala'tar Toma talogintzan txapeldun*, «Tomás de Agirrezabal campeón en la fabricación de la torta de maíz». Autor: B. Yon de Larrakoetxea. (http://www.euskomedia.org ; última consulta: 7-05-2015).

[68] «Hogeigarren mendeak ekonomiaren nagusitasuna ekarri zuen; bateko, kapitalismoaren norberekeriak; besteko, sozialismoaren taldekeriak; bi-biok, gogor gaitzetsiak Eliza Katolikoaren doktrinatik. Aita Santu León XIII.aren eskutik Rerum Novarum entziklika abiapuntutzat hartu eta Elizak gizarte-auziari heldu behar izan zion. Gauza bera, bistan da, Euskal Herrian ere», Urrutia Badiola, A., *Bidegileak* ... op. cit., p. 10.

[69] En la 2ª edición (1990), la obra se describe de esta forma: *«Gizarte-auzia» da Eguzkitzak gerra aurrean euskal arlora erakarri zuen gaia. 1935. urtean argitaratua, «Ekin» aldizkarian ezagutzera eman ziren artikulu batzuren bilduma dugu liburu hau, bertan orduko Eliza Katolikoak gizarte-auziari edo arazo sozialei buruz zeuzkan ideia eta pentsamoldeak bildu zituela autoreak* (Eguzkitza, J. B., 1990. *Gizarte-Auzia*. Donostia: Euskal Editoreen Elkartea, 2. arg.).

en euskera conlleva una connotación negativa) para denominar algunos movimientos rechazados por la Iglesia, traen como resultado la utilización de términos realmente curiosos y significativos (entre otros, socialismo: *gizartekeria*; comunismo: *baltsakeria*; sindicalismo: *alkargokeria*; capitalismo: *domukeria*).

A través de esta obra Eguzkitza pretendía evitar que los obreros vascos sucumbieran ante las «garras» de cualquier tipo de socialismo, mostrando y difundiendo, para ello, la doctrina social defendida por la Iglesia. De ahí la doble naturaleza de esta obra: por una parte muestra una postura contraria al socialismo, comunismo o sindicalismo como ideologías o movimientos que han provocado graves injusticias sociales; y por otra, explica las soluciones propuestas por la Iglesia como alternativa a esos movimientos.

Para lograr ese objetivo, *Gizarte-Auzia* se estructura en 35 breves capítulos. En los seis primeros analiza los orígenes y efectos del socialismo, recordando el primero de ellos unas palabras de Pío XI en QA (120), «*nadie puede ser a la vez buen católico y verdadero socialista*»[70] para pasar a explicar qué se entiende por «socialismo»: un sistema que priva al individuo de su propiedad para enriquecer a la sociedad, lo que en definitiva supone un perjuicio para ambos, individuo y sociedad. Menciona los casos de Creta o Esparta como antecedentes remotos del comunismo, a la vez que muestra toda ausencia de ese tipo de ideología en el Evangelio, en el que se muestra como el Señor pretende liberar las almas y los corazones de los bienes terrenales para aspirar a bienes eternos y supremos en una vida futura, mientras que los comunistas, por el contrario, proponen como único objetivo, precisamente, la consecución de esos bienes terrenales. Por otra parte, en estos capítulos iniciales se hace referencia a los efectos negativos tanto del socialismo y comunismo, como del individualismo económico *(ondasunetzazko bakoizkeria)*, subrayando que el ser humano se ha desentendido totalmente de los bienes supremos y eternos, mostrando únicamente interés por los bienes terrenales. Entre esos efectos negativos, destaca la libre competencia *(zein-geyaokea)* y sus nefastas consecuencias cuando se aplica sin limitaciones: los más débiles quedan a merced de los poderosos[71]. También se subraya una de las novedades que aportó QA: la unión que debe haber entre capital *(domu)* y

---

[70] «*Benetako sozialista ta katoliku batera iñor be ezin izan daitekela esan dausku Aita Santuak*», Eguzkitza, J. B., *Gizarte-Auzia*... *op. cit.*, p. 27.

[71] «*Ondasunetzazko bakoizkeri orren bigarren ondorena, zein-geyaokea izan da: ola-jaun, lantegi-jabe ta salerosleen zeingeyaokea, batak bestea zapaldu nairik. Zein geyaoka ori, bear dan neurriz erabili ta egin ezkero, txarra danik ezin esan leike. Gaur daukagun Aita Santuak be, ori autortzen dau; baña Birjiliok aitatu eban urre-gose txarra auri sacra fames, biotzen jabe egin ezkero, zein-geyaoka ori neurriz ta bidegabe barik erabile, gatxa baño obeto, eziña da. Zein-geyaoka ori asi ta laster, zer jazo zan? Nai tae z jazo bear ebana: arrain andiak txikia iruntsi: Ola t lantegi andien jabeak txikiagoen jabeai porrot eragin*», Eguzkitza, J. B., *Gizarte-Auzia*... *op. cit.*, pp. 38 y 39.

trabajo, para la obtención de beneficios y el reparto equitativo de los mismos (QA 54)[72].

En los capítulos VII-XVIII se profundiza en el concepto de «socialismo». Se especifica qué es y qué no es el socialismo, qué tipos de socialismo existen y se hace una extensa exposición de las ideas y doctrina de su máximo exponente, Karl Marx, y de sus más fieles seguidores, entre los que destacan Ferdinand Lasalle en Alemania, Ramsay Macdonald en Inglaterra ó Fernando de los Ríos en España.

Posteriormente, en los capítulos XIX-XXVI, Eguzkitza expone su preocupación por cuestiones tan fundamentales como los derechos humanos o la libertad en el marco del socialismo, a la vez que intenta proteger a un colectivo por el que muestra especial aprecio y apego, los «baserritarras», ó gente del campo, mencionando su especial situación en Rusia. Así, en primer lugar, considera que los derechos y deberes de cada individuo provienen de su propia cualidad de ser humano, son anteriores al Estado y, por lo tanto, están por encima de él. Sin embargo, el socialismo los niega continuamente, al afirmar que la única fuente de los derechos y deberes del hombre es, precisamente, la sociedad o el Estado y a él deben supeditarse[73]. Con respecto a la libertad, ese bien tan preciado y necesario para el ser humano, Eguzkitza afirma que es un concepto opuesto al socialismo por definición. Según esa ideología, es el Estado el que debe ser fortalecido, otorgándole todo tipo de poderes y facultades. Sólo serán verdaderamente libres las autoridades, esto es, sus representantes, mientras que el resto de individuos serán simples súbditos o siervos a su servicio[74]. En relación con la situación de los campesinos en Rusia, el autor de *Gizarte-Auzia* refiere que, si bien pudiera parecer que el sistema stalinista de los kolhoz o cooperativas campesinas persigue una finalidad beneficiosa, eliminar los latifundios de

---

[72] «*Domu edo kapitalak, lan barik, eztakar irabazirik; lan utsak be, domu barik, ezin lei gauza andirik; irabazia, domuak eta lanak alkartuta dakarre eta bien artean banandu bear da. Irabazia zenbaterañokua izan dan begiratu ta domu edo kapitalari berea ta lanari be berea emon balitzako*», *Ibidem*, p. 45.

[73] «*Gizon bakotxaren eginbear, eskubide ta zuzenok bere izatetik datorz; erro ta sustraitzat gizatasuna bera dauke ta, estadua baño lenagokuak dira, eta lenagokoak direlako, estaduaren gañetik dagoz. Bakoxari berea, orixe da zuzenbidea; baña bakotxari berea emoteko, gizonari, bereak dituan eskkubide ta zuzenok ezautu ta emon bear yakoz. Sozialistak gizonares eskubide ta zuzenok ukatu ta zapaldu egiten dabez. Onein eretxiz —eretxi okerrez— gizon bakotxaren eskubide ta zuzen guztien iturburu bakarra, gizartea ala estadua da ta, gizon bakotxak estaduak damotsazan eskubide ta zuzenak baño besterik eztauko*», *Ibidem*, pp. 97 y 98.

[74] «*Askatasuna gizasemearen doe, bagi ta bitxirik ederrenetarikoa da [...]. Gizartekeriaren irakasleak diñoenez, ostera, gizona gizartearentzat egiña da ta, estaduaren otsein eta jopu izatea dagokio [...]. Gizartekeria nagusi dala be, guztiak eztira izango jopu ta morroi: agintariak aske izango dira ta gogoak emoten dautsena agintzeko eskubidea eukiko dabe [...]. Estadua bear da indartu; estadua eskubide guztien jabe oso egin, ugazaba panparroya izan dadin. [...]. Gizartekeria berenez nauskeria ta askatasunaren arerio da*», *Ibidem*, pp. 102 y 103.

los grandes terratenientes rusos mediante una colectivización forzosa de la propiedad, los realmente afectados fueron los pequeños propietarios cuya integración forzosa en los kolhoz fue acompañada de una brutal represión política contra aquellos que rehusaran hacerlo, con arrestos masivos, deportaciones a campos de trabajo forzado e incluso ejecuciones sumarias entre la población rural. Por lo tanto, tal y como afirma Eguzkitza, este sistema sólo ha supuesto graves perjuicios y carencias a los campesinos, a quienes, sin embargo, no queda otra opción si pretenden sobrevivir.

Pero es en la parte final de la obra, capítulos XXVII-XXXV donde Eguzkitza expone directamente la DSI y rechaza, como aquélla, tanto el liberalismo como el socialismo, ofreciendo una vía alternativa, con soluciones intermedias. Aborda cuestiones tan importantes como el *salario justo*, la *participación* del trabajador en los beneficios ó el *salario familiar*, reiterando los principios e ideas vertidas en RN y QA. Así, se parte de la premisa de que el sistema de trabajo asalariado debe funcionar bajo el presupuesto de un salario justo. La RN ya había dejado claro que hay que atender a la justicia del salario, pero QA elabora mejor los criterios para que un salario sea justo, mencionando tres, que Eguzkitza recuerda en su obra: en primer lugar, debe alcanzar a cubrir el sustento del obrero y de su familia, evitando así el trabajo de niños y mujeres (QA 71), idea que vuelve a reiterar al referirse al *salario familiar*, adelantando un concepto *(sendi-alogera)* que en la DSI no aparecería como tal hasta LE (1981); debe tener en cuenta las condiciones de la empresa y del empresario, de forma que ante una eventual crisis intenten superar las dificultades a través de un esfuerzo conjunto entre patronos y obreros (QA 72 y 73); y debe considerar también la necesidad del bien común, fijándose los salarios en función del progreso común de la humanidad, sin que se rebajen o se eleven en demasía (QA 74)[75]. Con respecto a la segunda idea, al igual que ocurre en QA, *Gizarte-Auzia* aún no recoge expresamente la exigencia de una participación del trabajador en la empresa (llegará a ser explicitada con Juan XXIII), pero sí se menciona debe buscarse una «justa distribución» a través de la llamada ley de «justicia social» que prohíbe que una clase (patronos) excluya a la otra (obreros) en la participación de los beneficios y ordena que a cada cual debe dársele lo suyo[76].

---

[75] *«[...] Langileari zor yaken besteko alogera emon bear yake. Aita Santuak iru gauza aitatzen ditu, alogerak neurri zuzenera ekarteko: 1) [...] beargiñaren eta beronen sendiaren bizibiderako lagin gitxienez izan bear dau, sendiaren biotz den ama, umetxuen azi-ikaskuntza laga ta, ola ta lantegietara aloger bila joan bear izatea, txarto dago ta gizartearentzat be kaltegarria da: ori dala ta, sendiko buru diranak, euren alogeraz etxeko bearrizan arrontai arpegi emoteko lagin irabazi dagien, alak eta lerrak egin behar dira [...]. 2) Garatz edo negozioa zelan dabilan be kontuan euki bear da. [...] 3) Gizabatz osoaren ona zokondora jaurti ta norberak geyago irabaztearren beste barik, alogerak eratsi nai jasotea, gizarteko zuzenaren aurka doa». Ibidem*, pp. 129-131.

[76] *«Irabazietan bakotxari dagokion tokamenetik gizaki-mueta batak bestea albo bota ta esku-utsik iztea; ori galerazo egiten dau gizartean nausi izan behar dauen zuzenak. Bakotxari berea, orixe da zuzenbidea», Ibidem*, p. 138.

Por último, Eguzkitza concluye la obra mencionando en el capítulo final que para aliviar el conflicto entre patronos y obreros y resolver así la denominada cuestión social resulta imprescindible avivar la fe (kistar-siñeskuntzea) y retomar las buenas costumbres cristianas. La justicia por sí sola no es suficiente para combatir el mal que aqueja a la sociedad, debe primar además la caridad. Los hombres deben afanarse por conservar en sí mismos e inculcar en los demás, desde los más altos hasta los más humildes, la caridad cristiana, señora y reina de todas las virtudes, ya que la ansiada solución se ha de esperar de una gran efusión de la caridad cristiana, que es el antídoto más seguro ante el egoísmo del mundo[77].

De esta forma, a través de la lectura de esta obra, Gizarte-Auzia, cuyo contenido hemos tratado de reflejar sumariamente, el joven Arizmendiarrieta fue tomando contacto con la DSI y sus primeras encíclicas (RN y QA), pudiendo configurar con la ayuda de las clases de sociología del profesor Thalamás, en las que la DSI constituía una parte importante, o las aplicaciones prácticas de los profesores Barandiarán y Lekuona, una primera visión de la postura de la Iglesia ante el conflicto entre el capital y el trabajo, despertando así su profundo interés por los temas sociales, interés que marcaría el resto de su vida.

Una última fuente a la que recurrió en sus lecturas estudiantiles fueron los folletos de la Agrupación Vasca de Acción Social Cristiana (AVASC).

3.1.5. AVASC: Agrupación Vasca de Acción Social Cristiana

La Iglesia de la época (década de los 30) pretendía, tal y como ha quedado expuesto, aportar soluciones a caballo entre las ideologías socialistas y comunistas imperantes, a la vez que mejorar la penosa situación de los obreros, comenzando una labor de profundización y difusión de las encíclicas RN y QA. Para apoyar esa labor que los sacerdotes realizaban desde su magisterio religioso, se creó en nuestro entorno la Asociación AVASC. Más concretamente, el 8 de diciembre de 1931 el gobernador civil de Bizkaia aprobó los estatutos de esta nueva asociación que se denominaría Agrupación Vasca de Acción Social Cristiana. Tenía como finalidad difundir la DSI entre la población[78], mediante ejemplos prácticos y útiles,

---

[77] «*Gizartea gexorik daukan gaitz au osatzeko, zuzenbide utsa, zeatzena bailitz be, ezta naiko: orrezaz gañera, gizasemien biotzetan alkarganako maitaserre edo karidadea biztu ta ixiotu bear da [...], guztien andra erregiña dan karidadea biztu bear da, gizartearen osasuna batez be orrexek ekarri dagike ta*», *Ibidem*, p. 165.

[78] «Esta institución benemérita, fue acogida con entusiasmo religioso [...] por ilustres sacerdotes y seglares de carrera [...], exponiendo a patronos y obreros la Doctrina Social de la Iglesia y desarrollando la conciencia social cristiana en un ambiente de casi ignorancia total. Bilbao, las Arenas, Barakaldo, Mondragón, Vitoria,

para lo que se valió de sacerdotes de gran repercusión social, tales como JOAQUIN AZPIAZU[79] ó ALBERTO ONAINDIA, a quien ya hemos mencionado como amigo y colaborador de Thalamás.

Entre las actividades organizadas por AVASC cabe destacar la impartición de conferencias públicas ó la organización de cursillos para sacerdotes, así como cursos para obreros en Bilbao, San Sebastián y Vitoria, en los que se les instruía en los preceptos de la doctrina social cristiana y que se impartían a veces en los propios centros de trabajo. También se organizaron cursos a los patronos para hablar de temas como el salario familiar o las cajas de compensación. AVASC publicaba, a su vez, diversos folletos en los que se recogían algunas de las conferencias y cursos antes descritos y un boletín denominado Círculo de estudios sociales[80].

Llodio... son testigos de la pujanza de esta institución que recluta propagandistas entre los mismos obreros y los instruye durante un mes en cinco clases diarias», GOICOECHEAUNDIA PAGOLA, J., *Antecedentes históricos ... op. cit.*, p. 163.

79 JOAQUÍN AZPIAZU ZULAICA nació en San Sebastián en 1887. Ordenado sacerdote en 1915, se doctoró en Filosofía y Letras en 1913 y en Derecho en 1918. Fue ampliamente conocido por su labor social, fundamentalmente a través de su labor escrita, con obras como La acción social del sacerdote (1929), donde, tal y como manifestó en el Prólogo el Excmo. y Rvmo. Sr. Dr. Federico Tedecchini, Nuncio Apostólico de Su Santidad en España, se «reúnen, sistematizan y compendian en un volumen manual todos los fecundos principios y exigencias que de la naturaleza misma del sacerdocio se derivan...», (AZPIAZU, J., 1929: *La acción social del sacerdote.* Madrid: Editorial Voluntad, S.A. p. VI), *Patronos y obreros* (1933) en la que defiende el derecho a la propiedad y al trabajo desde el punto de vista de su función social a la luz de la doctrina católica ó *Moral profesional económica* (1941), que en su segunda edición (1944) pasó a denominarse *La moral del hombre de negocios*, o con publicaciones en revistas «Yakintza» ó «Idearium», Además, fue, junto con Alberto Onaindia, uno de los grandes impulsores de AVASC. Bajo su dirección Arizmediarrieta realizó un curso intensivo de estudios sociales en Comillas, que le marcó especialmente. Falleció en Valladolid el 30 de abril de 1953. (http://www.euskomedia.org/aunamendi/17366, última consulta: 7-05-2015).

80 En un diario de la época, aparece una interesante reseña que describe y alaba la labor de AVASC: «[...] Existe en nuestro país una institución admirable dedicada a expandir las doctrinas sociales cristianas. [...] Esta misma temporada AVASC ha organizado con éxito indiscutible unos Cursillos sociales, el primero de los cuales se celebró en Donostia desde el 19 de noviembre hasta el 14 de diciembre, con una clase diaria, nocturna, a cargo de un desinteresado fuerte grupo juvenil inquieto de preocupación social. En la villa de Mondragón, de dolorosas evocaciones para los que recuerden los sucesos revolucionarios acaecidos en Gipuzkoa, ha tenido lugar el mes de diciembre un cursillo completo en el que se ha explicado Sociología Cristiana, Técnica Sindical, Sistemas sociales y Apologética. Otro cursillo más ha sido organizado por la delegación guipuzcoana de AVASC que ha tenido feliz realización en Zumárraga; cursillo al que ha acudido lo más granado de la juventud obrera de aquel punto y Urretxua, Legazpia y Ormaiztegi. Muy pronto se celebrará otro en Lazkano, punto estratégico cercano a grandes concentraciones fabriles [...]. AVASC en Gipuzkoa ha realizado otra labor, no menos digna de mérito: los Círculos de Estudios Sociales [...]. A través de un revista mensual se van proponiendo temas al estudio de los asistentes a los Círculos, que doquier haya una persona medianamente interesada no más en los problemas sociales, puedan formarse [...]. En todos estos

Sin embargo, prácticamente desde su inicio, la asociación vivió importantes tensiones internas surgidas entre las ideologías y los diferentes grupos a los que se dirigía. En el papel de orientador socio laboral que desempeñaba, era fundamental su labor integradora y mediadora de las clases trabajadoras y de los patronos de las grandes empresas vascas, pero mientras los sindicatos de obreros la tildaban de ser un instrumento de adocenamiento de los trabajadores y de actuar al dictado de las clases empresariales, éstos, por el contrario, veían AVASC como un elemento excesivamente preocupado por las reivindicaciones sindicales. Finalmente todas estas tensiones estallaron en 1935, fecha en la que dimitieron sus principales cargos de forma conjunta. Después, la guerra del 36 impidió ver qué futuro habría tenido la asociación en su nueva configuración o si, como vaticinaba el sacerdote Onaindia, se hallaba abocada al fracaso.

En cualquier caso, AVASC constituyó un intento serio de difusión de los preceptos de la doctrina social cristiana entre la población, organizando medios de difusión de las enseñanzas sociales, para que llegaran a sus principales destinatarios, patronos y obreros, con el objetivo último de que pudieran convertirse en cabezas dirigentes de la vida del pueblo, una vez formados en sólida cultura cristiana y social. Además de la labor de formación mediante cursillos o círculos de estudio, también publicó numerosos folletos y opúsculos, que formaron parte, entre otras, de las lecturas estudiantiles de Arizmendiarrieta, por lo que lo hemos mencionado como fuente de inspiración a tener en cuenta a la hora de configurar su pensamiento en esta etapa inicial.

Por otra parte, a la vez que el joven Arizmendiarrieta fue profundizando en la lectura católica del conflicto entre trabajo y capital, comenzó a participar en el Movimiento de Espiritualidad de Vitoria como ha quedado reflejado el exponer su recorrido vital, de la mano, fundamentalmente, de quien fuera el director espiritual del Seminario durante la Guerra civil e inmediata posguerra: D. Rufino Aldabalde.

3.1.6. Rufino Aldabalde-Trecu y Urbieta (1904-1945)

Nació en Aia (Gipuzkoa) en 1904 y falleció muy joven, en 1945, a la edad de 40 años, a causa de una temprana y grave enfermedad pulmonar.

---

puntos, funciona esta feliz iniciativa de AVASC. La institución de los Círculos de Estudios Sociales sólo en Donostia se ve realizada en seis asociaciones [...], puntos donde existe un grupo que estudia sociología cristiana a la luz de los documentos pontificios [...]. AVASC suministra a todos abundante material de estudios sociales. Para ello edita una revista mensual y especializada de la que distribuye también una versión euskérica para las zonas euskaldunes, que son la mayoría en Gipuzkoa». Una obra admirable de cultura social, Diario El Día, jueves 21 de febrero de 1935, p. 5. (http://www.liburutegidigitala.donostiakultura.com; última consulta: 7-05-2015).

En 1918 ingresó en el Seminario Menor de Andoain, y allí estudió los cuatro cursos de Humanidades, y el quinto en el Seminario Eclesiástico de Aguirre, en Vitoria. En esos cursos aprendió castellano y latín, ya que su idioma materno era el euskera. Cursó los estudios de Filosofía en el Seminario Conciliar de Vitoria. En 1928 se fue a París, al Seminario de San Sulpicio, seminario internacional de prestigio universal, para terminar allí Teología. Como apunta Goicoecheaundia «El Seminario de San Sulpicio borró un tanto de la mente de Aldabalde el estilo de Seminario que primaba en general en todas partes, con un sentido exagerado de disciplina exterior y con el menoscabo consiguiente de la formación interior. Se cultivaba en San Sulpicio primordialmente la formación espiritual de los alumnos, creando en cada uno un alto sentido de responsabilidad personal. Todos los Superiores eran Directores Espirituales, excepto el Rector»[81]. Sin embargo, tuvo que abandonar París por problemas de salud sin terminar el curso. Durante el año siguiente se reincorporó al Seminario Conciliar de Vitoria y, pese a las dificultades, dado que padecía una enfermedad pulmonar grave, finalmente fue ordenado sacerdote el 29 de mayo de 1931, celebrando su primera misa en Aia. No obstante, inició su carrera sacerdotal en Francia, primero como capellán de unas damas catequistas del sur de Francia, para dedicarse un año después al apostolado de los obreros españoles emigrados, desarrollando una amplia labor social en esas comunidades de trabajadores agrícolas hacinadas en el sur de este país.

A partir de 1933, participó en unas reuniones que se celebraban anualmente en el Santuario de Arantzazu a las que asistían gran número de sacerdotes que iban impregnándose de esta nueva espiritualidad. Como apunta Molina, en esas reuniones «Aldabalde puso definitivamente en marcha el Movimiento Sacerdotal de Vitoria»[82], en el que también participaría posteriormente Arizmendiarrieta. Este grupo de sacerdotes abogaban por una espiritualidad diferente, no abstracta y retórica, sino encarnada, que partía del conocimiento de Dios y se abría a la sociedad. Las reuniones de Arantzazu nunca tuvieron la solemnidad de un acto público oficial, sino que se desarrollaron en un tono sencillo y familiar. Se trataba de promover la unidad de la vida interior con la acción exterior, con primacía de la vida interior sobre la acción apostólica, pero sin separarlas, dado que ambas pretendían salvar a los hombres. Se menciona a Aldabalde como el alma de aquellas reuniones y fue quien propuso como instrumento decisivo y eficaz para luchar contra la soledad espiritual del ministerio sacerdotal los ejercicios espirituales. Comenzó a propagar su ideario mediante charlas, conferencias, retiros, ejercicios para sacerdotes, seminaristas... Cada dos meses acudía al Seminario de Vitoria a dar sus charlas y fue en una de ellas donde Arizmendiarrieta lo conoció personalmen-

---

81 Goicoecheaundia Pagola, J. *Antecedentes históricos..., op. cit.*, p. 204.

82 Molina, F., *José María Arizmendiarrieta... op. cit.*, p. 177.

te, aunque todavía sólo de forma puntual. Pero todo ese proceso novedoso, dinámico y esperanzador con sus correspondientes ideas, ilusiones y sentimientos se truncó en 1936 con el estallido de la guerra. Aldabalde decidió exiliarse, coincidiendo en el barco con Javier Laucirica Torralba, encuentro que tendría poco después importantes consecuencias para el futuro religioso de la diócesis, y también de Arizmendiarrieta.

Efectivamente, en septiembre de 1937 Laucirica fue nombrado Obispo de Vitoria y designó a Aldabalde como Director espiritual del Seminario de Vitoria, en ese momento habilitado en Bergara, cargo en el que permanecería hasta 1943. Fueron seis años de gran intensidad, logrando una gran resonancia incluso fuera de los límites de la diócesis vasca. En ese momento Aldabalde volvió a coincidir con Arizmendiarrieta, convirtiéndose en su mentor durante la Guerra civil y en la inmediata posguerra. Congeniaron desde el principio, porque ambos eran hombres de acción con algunas similitudes en sus trayectorias[83]. Tampoco hay que olvidar que su encuentro se produjo en la etapa de madurez de la formación sacerdotal de Arizmendiarrieta, en la que, por una parte, el estudio y la meditación ya no estaban orientados a formarle como cristiano, sino como sacerdote, y por otra, la mentalidad y el corazón del joven a los que Aldabalde pretendía llegar, ya habían sido previamente abonados y trabajados por Barandiarán y Thalamás, en la forma en que hemos mencionado anteriormente. Era un terreno sembrado y fértil, pero aun así la figura de D. Rufino fue fundamental en la configuración del pensamiento de Arizmendiarrieta, condicionando «no ya la orientación social de su ministerio futuro, sino la espiritualidad sacerdotal que lo inspiró hasta la muerte», como señala Molina[84]. Bajo su dirección espiritual, José María fue aprendiendo la aventura que significaba ser sacerdote, un sacerdocio que Aldabalde entendía de forma integral, comprendiendo todas las manifestaciones de la vida. Suponía un espíritu de entrega total, en la que el principio y el fin estaba en el prójimo y no en uno mismo. Por eso, cuando al poco de comenzar el Seminario de Bergara el joven marquinés recibió la orden de marchar a Burgos a realizar el servicio militar, lo asumió como nueva prueba de entrega y sacrificio en el difícil camino a la ordenación.

Al finalizar la guerra, José María retornó al Seminario de Vitoria, llegando a retomar su buena sintonía con Aldabalde. En 1940, de la mano de su mentor, José María funda la revista Surge, que se convirtió en el órgano de comunicación del Movimiento Sacerdotal de Vitoria. Él es el director y pronto sustituye a Aldabalde en la presidencia de las reuniones. Esta revista centró su atención en los temas tantas veces tratados y ex-

---

[83] Molina apunta su «origen baserritarra y euskaldun, la picazón nacionalista de los primeros años, la inquietud por la cuestión social, la debilidad por la madre, la Virgen y la naturaleza», Molina, F., *José María Arizmendiarrieta... op. cit.*, p. 179.

[84] *Ibidem*, p. 184.

puestos por Aldabalde: por una parte, identificar el origen de todos los males del momento (totalitarismos, crisis económica y social...) con la exclusión de Dios de la sociedad, por lo que había que volver a Él como solución a los problemas, y, por otra, someterse a la DSI, intentando recuperar el espíritu cristiano en las masas trabajadoras. José María estába entusiasmado con la dirección de Surge y vivía también con pasión la labor de apostolado social, intensificándose su inquietud en torno a ese tema.

Finalmente, el joven estaba ya preparado y recibió su ordenación el 21 de diciembre de 1941. Su ya nacida inquietud social y siguiendo las indicaciones de su director espiritual, que siempre había subrayado la importancia de enviar seminaristas a estudiar fuera para que obtuvieran una más completa formación académica y dominaran idiomas, José María pretendía desplazarse a realizar estudios sociales a Lovaina, uno de los centros académicos católicos más prestigiosos de Europa en esa área. Sin embargo, el Obispo, Monseñor Lauzirica, tenía otros planes para él. Llevaba años desarrollando la política de situar a curas jóvenes, con carisma, en parroquias importantes. Mondragón lo era y su párroco, un sacerdote de marcado perfil social, marchaba a Rentería, por lo que necesitaba un sustituto. Lauzirica decide personalmente el destino de José María y tampoco Aldabalde se opone, porque considera que ya ha estudiado lo suficiente y es el momento de que ponga en práctica su espíritu inquieto.

Por lo tanto, una vez finalizada la etapa formativa, llega el momento de pasar a la acción, a través del ministerio sacerdotal. El primer contacto con la DSI ya se había producido: tal y como ha quedado reflejado, las encíclicas RN y, principalmente, QA habían constituido una parte importante de las enseñanzas del profesor de sociología Thalamás, de las aplicaciones prácticas que Barandiarán y Lekuona derivaban de los temarios durante los cursos de formación filosófica, de las lecturas encomendadas (Gizarte-Auzia en especial), de los cursillos de AVASC... Ya había leído y reflexionado sobre conceptos como la cuestión obrera, la propiedad privada, el salario justo, el trabajo humano y digno, el derecho de asociación (RN) ó la unión de capital y trabajo, el principio de subsidiariedad... (QA). Con todo ello, había despertado un profundo interés por los temas sociales en José María, interés que su director espiritual, Aldabalde, fomentó en gran manera y que se mantuvo vivo durante toda su vida.

Sin embargo, esa DSI que José María comenzaba a conocer y por la que comenzaba a interesarse ya dejaba claro que no debía ser objeto de mera teorización, sino también de aplicación práctica. Pío XI establecía claramente en QA cuál era el «camino a seguir»: «*[...] Venerables hermanos, nos toca enfrentarnos con un mundo que ha recaído en gran parte en el paganismo. Para que todas estas clases tornen a Cristo, a quien han negado, hay que elegir de entre ellos mismos y formar los soldados auxiliares de la Iglesia, que conozcan bien sus ideas y sus apetencias, los cuales puedan adentrarse en sus corazones mediante cierta suave caridad fraternal. O sea, que los primeros e inmediatos apóstoles de los obreros han de ser obreros, y los apóstoles del mundo industrial y comercial deben ser de sus propios gremios.*

Buscar diligentemente a estos laicos, así obreros como patronos; elegirlos prudentemente, educarlos adecuadamente e instruirlos, ése es cometido vuestro, venerables hermanos, y de vuestro clero. Obligación difícil, sin duda alguna, la que se impone a los sacerdotes, para realizar la cual tendrán que prepararse con un intenso estudio de las cuestiones sociales. A estos amados hijos nuestros, elegidos para una obra de tanta responsabilidad, los exhortamos insistentemente en el Señor a que se entreguen por entero a la educación de los hombres que les han sido confiados, y que en el cumplimiento de ese deber verdaderamente sacerdotal y apostólico se sirvan oportunamente de todos los medios de educación cristiana, enseñando a los jóvenes, creando asociaciones cristianas, fundando círculos de estudio, que deben llevarse según las normas de la fe [...]»[85]. Pero, ¿qué efecto produjeron estas palabras en la conciencia del recién ordenado sacerdote? ¿cómo respondió Arizmendiarrieta a esta llamada del Papa Pío XI a los sacerdotes en relación con la cuestión social? Pues de la mejor forma posible, a través de la acción y de su ministerio sacerdotal que, efectivamente, no se limitó a pláticas y sermones, sino que tuvo una clara materialización práctica.

3.2. El pensamiento en la acción (1941-1976): ministerio sacerdotal

Comenzaremos este apartado con una afirmación de Mendizábal que refleja de forma muy gráfica toda la actividad de Arizmendiarrieta: «El pensamiento y la acción se entrelazan en Don José María en una interacción dinámica de «pensamiento-acción-pensamiento», en el que el pensamiento provoca acciones y la acción corrige y condiciona el pensamiento»[86]. En esa misma línea, Gorroñogoitia afirmaba ver en Arizmendiarrieta «al encarnacionista que daba sentido a la vida a través de la religión [...] y, si me apuras —continuaba—, es el único que yo he conocido que traducía todo en acción adaptándolo al mensaje evangélico»[87].

Así, a pesar de que José María hubiese deseado seguir fortaleciendo su pensamiento y ampliar estudios sociales en Lovaina, como hemos mencionado, una vez ordenado sacerdote y nombrado coadjutor tuvo que

[85] QA 141-143

[86] http://www.euskomedia.org/PDFAnlt/mono/arizmendiarrieta/lib_01.pdf., CAS 10 (última consulta: 20-05-2015).

[87] Larrañaga, J. (1998). *El cooperativismo de Mondragón. Interioridades de una utopía*. San Sebastián: Ttarttalo, p. 308.

pasar directamente a la acción. El encargo pastoral que se le encomendó en Mondragón le llevó directamente a aplicar y ampliar sus conocimientos sociales desde la experiencia y el compromiso pastoral en diversas tareas y organizaciones, entre las que ocupó un lugar importante la educación y la formación de un laicado comprometido en la transformación de la sociedad.

El joven sacerdote había aceptado los designios del Obispado y se enfrentó con la dura realidad de Mondragón. Muchos frentes de la guerra civil seguían abiertos (presos, exiliados, enemistades irreconciliables, hambre, miseria...), pero José María aceptó el reto con valentía y, como apunta Tellechea, era la persona adecuada para hacerlo, porque «¿quién en Mondragón tenía cinco años de Humanidades, tres de Filosofía, cuatro de Teología, y la vocación e inquietud social surgida en el ambiente de aquellos años anteriores a la guerra?».

Era el momento de que el conjunto de ideas que José María había ido absorbiendo durante su etapa formativa viera la realidad y fuera madurando y consolidándose: las clases de Barandiarán, Lekuona y Thalamás, su primer contacto con la DSI a través de RN y QA y, sobre todo, la figura de Aldabalde, estaban más presentes que nunca y José María comprendió que debía trabajar para «recatolizar» una sociedad herida, comenzando por la juventud obrera. Pero pronto comprendió que esa DSI que él había conocido no se podía difundir ni cultivar directamente en aquella sociedad maltrecha, sino que era imprescindible una labor previa de formación y de restitución de la confianza en la Iglesia a sus habitantes[88]. Así, en estos años inmediatamente posteriores a su ordenación, él se sentía fundamentalmente sacerdote y deseaba volver a acercar la Iglesia a esas gentes y formar cristianos responsables[89], respondiendo de esa forma a la llamada de Pío XI. Se trataba de un sacerdocio integral, como Aldabalde le había inculcado. Oyarzabal incide en ello, afirmando que «él no conocía la dicotomía entre acción

[88] Viendo la situación del momento, él mismo escribía: «*Podríamos distinguir dos grupos: los que todavía mantienen cierta fe en la Iglesia y en su acción y el más numeroso de los que han perdido esa fe. Con los primeros tendría alguna eficacia la predicación, la exposición de la Doctrina Social de la Iglesia; se podría emplear ese recurso con provecho... [...]. Pero los más nos dirán si les hablamos de las encíclicas, que hace muchos años que existen pero que no las practicamos, no hemos sido capaces de llevarlas a la práctica [...]. Nadie se escandalice, pues si digo que no necesitamos precisamente las encíclicas, sino hombres que han asimilado la doctrina y el espíritu de dichas encíclicas. No quiero decir que debemos renunciar a la predicación y exposición de los principios sociales, o que debemos dejarlo para más tarde. No. Debemos utilizar también eso, pero no lograremos lo ansiado más que cuando hayamos provisto los talleres y fábricas con hombres que tengan un exquisito sentido social...*» http://www.euskomedia.org/PDFAnlt/mono/arizmendiarrieta/lib_01.pdf., CAS I 14 (última consulta: 20-05-2015).

[89] «Se empeñó en formar hombres, pero no menos en formar cristianos, conscientes y responsables», Tellechea, J. I., *El otro...*, *op. cit.*, p. 12.

y contemplación, entre ministerios parroquiales y entrega a la obra social. Se trataba de diversas funciones de una sola misión sacerdotal»[90]. De esa forma, a través de sus sermones, de retiros y ejercicios pretendía despertar conciencias aletargadas, suscitar altruismo, provocar la mirada a la realidad ambiental para que surgieran iniciativas de espíritu católico y de solidaridad[91].

La primera labor asignada como coadjutor fue trabajar con la juventud masculina de Acción Católica[92], de reciente fundación, siendo nombrado Consiliario de la misma en 1943. En esos momentos iniciales, Arizmendiarrieta desarrollaba una labor pastoral clásica de coadjutor, realizando las funciones que se le asignaran (sermones, confesionario, organización de ejercicios espirituales...). Según sus propias palabras, *«la misión de Acción Católica [...] ha de ser formar hombres con espíritu y sentido social, capaces de granjearse la confianza de las masas y al mismo tiempo de promover todas las obras sociales convenientes para el logro de la elevación del proletariado por la que clama el Papa»*[93]. Para conseguir ese objetivo, con los jóvenes de Acción Católica José María se esmeró, primeramente, en una profundización en la conciencia cristiana. Primaba, por lo tanto, la actitud espiritualista apoyada en una vida religiosa personal profunda, con objetivos individualizados primeramente y más tarde colectivos, pero sin intentar imprimir aún conciencia social alguna en esos jóvenes. Así se recoge en la Memoria de mayo 1941-mayo 1942: «*La formación de los jóvenes de Acción Católica se efectúa a base de Círculos de Estudio y de Retiros Mensuales. La juventud ha celebrado 35 Círculos de Estudio, a base de Evangelio, Temas*

---

[90] Oyarzábal, A., *Don José María Arizmendiarrieta..., op. cit.*, p. 26.

[91] Larrañaga apunta que la vida de Arizmendiarrieta en Mondragón (y, por ende, su pensamiento en esta etapa) abarca dos fases: una de mayor dedicación al ministerio convencional, que se extiende de 1941 a 1953 y otra de 1954 a 1976, más orientada a la esfera social (Larrañaga, J., 2004: *Dilema del Cooperativismo en la Era de la Globalización*. Vitoria: Federación de Cooperativas de Trabajo Asociado de Euskadi, p. 24). Azurmendi y Molina, por el contrario, adelantan su preocupación por la cuestión social a 1945, coincidiendo con el giro de la pastoral eclesiástica hacia lo social, que es lo que hemos observado al analizar sus escritos (Molina, F., *José María... op. cit.*, p. 279; Azurmendi, J., *El hombre cooperativo... op. cit.*, pp. 102 y 106).

[92] La Asociación Jóvenes de Acción Católica fue fundada en Mondragón el 12 de mayo de 1940, por iniciativa de D. Roberto Aguirre, quien fuera uno de sus preceptores en el Seminario de Vitoria. Sin embargo, no fue legalmente reconocida hasta el mes de junio del mismo año. En febrero de 1941, poco después de llegar a Mondragón, Arizmendiarrieta fue nombrado consiliario de la entidad, aunque tampoco sería oficial hasta el mes de octubre de 1945. Aun así, el joven coadjutor trabajó al frente de Acción Católica desde un principio, realizando importantes tareas que denotaban ya en aquel momento inicial un gran espíritu organizativo.

[93] http://www.euskomedia.org/PDFAnlt/mono/arizmendiarrieta/lib_01.pdf., CAS I 19 (última consulta: 20-05-2015).

de Acción Católica, Fundamentos de Fé, Moral, Apostolado, Historia, etc»[94]. Como señala Tellechea, «educación y cristianización del yo es el primer campo del apostolado»[95].

Pero José María consideraba que, además del estudio, era fundamental la acción para lograr una formación perfecta e ir despertando poco a poco la inquietud social de los jóvenes[96]. Para ello activó una sección específica de deporte dentro de Acción Católica, Juventud Deportiva, en 1942 y creó la Escuela Profesional un año después (1943). La primera nació para «promover el deporte como medio para la educación y formación integral de los jóvenes», tal y como se establecía en la Memoria de Actividades presentada en octubre de 1963[97]. La Escuela Profesional, por su parte, fue un instrumento educativo fundamental para forjar una juventud técnicamente preparada, pero a la vez responsable humana y cristianamente. Como el propio Arizmendiarrieta describiría en uno de sus escritos: «*Estos centros pueden ser un arma de dos filos. Instrumentos de emancipación obrera y centros eficacísimos de apostolado*»[98]. Se esfuerza en convencer a los mondragoneses de la urgencia de promover la enseñanza profesional y sus escritos están jalonados de reflexiones, slogans y sentencias en ese sentido: «*pueblo que sufre, pueblo que espera un mañana mejor, hay que prepararse para ello. Hay que instruirse y educarse*»[99]; «*sembrar a tiempo es capacitar profesionalmente a nuestros jóvenes*»[100], «*es más*

---

[94] http://www.euskomedia.org/PDFAnlt/mono/arizmendiarrieta/lib_01.pdf., PR I 23 (última consulta: 20-05-2015).

[95] Tellechea, J. I., *El otro…, op. cit.*, p. 35.

[96] Ya lo estableció claramente Pío XII en el radiomensaje navideño emitido el 24 de diciembre de 1942, al que Arizmendiarrieta prestaría especial atención: «*No lamentos, acción es la consigna de la hora; no lamentos de lo que es o de lo que fue, sino reconstrucción de lo que surgirá y debe surgir para bien de la sociedad*», dedicándole uno de sus sermones (SS II 157,158), y resumiendo esa necesidad de acción con una afirmación muy clara: «*Y al reclamarnos hoy el Papa «no lamentos sino acción», nos pide que esa doctrina sobre la fraternidad y paternidad divina no quede en el Catecismo o en el Credo; sino que la sintamos y practiquemos. Nos pide que las Encíclicas sociales no queden en los archivos, sino que se vivan en nuestras fábricas y talleres. Nos pide eso y nada más; nos pide que no seamos cristianos de etiqueta, sino de verdad; que no seamos cristianos en los funerales, sino también en los negocios…*». http://www.vatican.va/content/pius-xii/es/speeches/1942/documents/hf_p-xii_spe_19421224_radiomessage-christmas.html. Pio XII, mensaje Navidad 1942 (31); última consulta: 20-05-2015.

http://www.euskomedia.org/PDFAnlt/mono/arizmendiarrieta/lib_03.pdf. SS II 158; última consulta: 20-05-2015.

[97] http://www.euskomedia.org/PDFFondo/06522071.pdf, p. 4 (última consulta: 18-05-2015).

[98] http://www.euskomedia.org/PDFAnlt/mono/arizmendiarrieta/lib_01.pdf., CAS I 65 (última consulta: 20-05-2015).

[99] http://www.euskomedia.org/PDFAnlt/mono/arizmendiarrieta/lib_03.pdf., SS II 71 (última consulta: 20-05-2015).

[100] http://www.euskomedia.org/PDFAnlt/mono/arizmendiarrieta/lib_06.pdf., EP I 131 (última consulta: 20-05-2015).

fácil educar a un joven que reformar a un hombre»[101], *«la transformación y el cultivo del hombre mediante la educación es un presupuesto ineludible en toda coyuntura y en todos los supuestos de todas las estructuras sociales», «la educación es la clave de la suerte y porvenir de nuestros jóvenes y de nuestra misma sociedad»*[102].

En esta primera época de Acción Católica apenas se daba importancia a la formación humana y social. Como puntualiza Oyarzábal, «todo se centraba en la espiritualidad de trascendencia: oración, frecuencia de sacramentos, vida de gracia, pureza. Es verdad que se formaba mucho el espíritu apostólico, pero era un espíritu apostólico sin proyección humana y social, orientado a la conquista espiritual de los jóvenes»[103]. Arizmendiarrieta entendió que su misión sacerdotal prioritaria en aquel contexto, una villa industrial política y socialmente dividida, era conseguir la unidad (se centró en ser «sólo sacerdote», huyendo de cualquier posible encasillamiento político) y formar o recomponer conciencias cristianas a través de la educación. Veía que había una situación de crisis, una crisis de fe, entendida en sentido amplio, como sistema general de valores cristianos. Este sentimiento de hallarse en un mundo en bancarrota, o en una crisis total de ideas y de valores era reflejo de la visión de la doctrina pontificia del momento, según la cual todos los males (guerras, revoluciones, injusticias y desórdenes sociales) provenían de que la humanidad se había alejado de Dios y las dos guerras mundiales eran la prueba más fehaciente de que un orden social no era posible prescindiendo de Dios.

Esa fue la primera fuente del pensamiento de Arizmendiarrieta por lo que en esta etapa inicial escribió fundamentalmente sermones, en los que subyace la teología que estudió en el Seminario, con continuas referencias a Jesús. Su actitud cambiará a partir de 1945, cuando comienza a dedicarse más plenamente a la cuestión social, con un objetivo claro: la creación de un orden social nuevo en correspondencia con la visión cristiana de la vida[104]. La temática propiamente religiosa llega casi a desaparecer y cobra especial relevancia el tema social en el pensamiento y acción de Arizmendiarrieta, probablemente por la finalización de la Segunda Guerra Mundial y sus nefastas consecuencias. En general la

---

101 http://www.euskomedia.org/PDFAnlt/mono/arizmendiarrieta/lib_07.pdf., EP II 17 (última consulta: 20-05-2015).

102 http://www.euskomedia.org/PDFAnlt/mono/arizmendiarrieta/lib_03.pdf., SS II 73 (última consulta: 20-05-2015).

103 Oyarzábal, A., *Don José María Arizmendiarrieta…, op. cit.*, p. 22.

104 *«Repetimos que consideramos urgente y de primera necesidad dar una buena formación social a los alumnos de las escuelas de aprendices y que esta formación social más que acumulación de unas cuantas ideas tiene que implicar la creación de ciertos hábitos y disposición en los alumnos, a cuyo objeto debe atenderse a este aspecto de la formación social desde el primer momento que un joven entra en estos centros»*, http://www.euskomedia.org/PDFAnlt/mono/arizmendiarrieta/lib_06.pdf, EP I 163 (última consulta: 20-05-2015).

cuestión social se plantea en términos de desigualdades escandalosas y también insiste en sus charlas, sermones y conferencias de estos años en el giro de la pastoral eclesiástica hacia lo social. La idea de crisis aún permanece, pero el núcleo de la misma no es ya el problema de la fe, sino la cuestión social, centrada en la propiedad. El reto más inmediato era acabar con la injusticia social, para lograr una paz verdadera y duradera.

Así, entre 1945 y 1950, aparecen los primeros escritos de Arizmendiarrieta sobre temas propiamente sociales y destinados a la promoción social. Inicialmente habla de la familia o la vivienda («*La familia o el matrimonio deben disponer de un hogar independiente para desenvolverse en la vida como corresponde a su naturaleza. Nuestra sociedad no podrá estar sana mientras su primera célula, la familia, carezca de espacio vital adecuado*»; «*queremos que los trabajadores de Mondragón tengan su propia vivienda […] Por qué no vamos a acometer con la misma fé esta nueva tarea de dotar o facilitar un hogar al trabajador que lo necesite?*»[105]), pero identifica sobre todo el «*problema social*» con el «*problema de la justicia*», aludiendo reiteradamente a RN y QA, para después incidir en otros conceptos también significativos para la DSI (dignidad, trabajo)...

Efectivamente, en CAS se recoge un estudio completo sobre «*el sentido y ámbito de la justicia social*»[106], mencionando en primer lugar la división de la justicia en conmutativa, distributiva, legal y general: «*La justicia conmutativa es aquella que regula o gobierna las relaciones de orden contractual entre los individuos físicos o morales. Tiene por objeto los derechos individuales estrictamente determinados por las transacciones y los contratos […] Para corregir las infracciones de la justicia conmutativa en las relaciones privadas, infracciones que pueden realizarse por muchas causas, sobre todo por el abuso de riqueza contra pobreza y para integrar las relaciones privadas en un orden superior, interviene lo que se ha llamado la justicia distributiva […] La justicia general o legal […] tiene por objeto orientar todas nuestras acciones hacia el bien común de la sociedad de la que somos miembros*»[107]. A renglón seguido Azimendiarrieta menciona la DSI, matizando que dichos conceptos de justicia no siempre han sido correctamente utilizados en los documentos pontificios: «*En los textos pontificios en nombre de la justicia social se pide unas veces la intervención de los poderes públicos, o sea, se alude a lo que en el fondo es justicia distributiva, como cuando Pío XI dice en la Quadragésimo Anno: «las riquezas incesantemente aumentadas... deben distribuirse... de suerte que no padezca el bien común de toda la sociedad...», o también... «la justicia social pide*

---

105 http://www.euskomedia.org/PDFAnlt/mono/arizmendiarrieta/lib_02.pdf, PR II 9 (última consulta: 20-05-2015).

106 http://www.euskomedia.org/PDFAnlt/mono/arizmendiarrieta/lib_02.pdf, CAS 18-32 (última consulta: 20-05-2015).

107 http://www.euskomedia.org/PDFAnlt/mono/arizmendiarrieta/lib_01.pdf, CAS 23, 24 (última consulta: 20-05-2015).

que cuanto antes se introduzcan tales reformas, que a cualquier obrero adulto se le asegure su salario...» (QA 25 y 32). Indudablemente alude a la justicia distributiva cuando empleando el término de justicia social exige que «las instituciones de los pueblos deban acomodar la sociedad entera a las exigencias del bien común...» (QA 41). En otros textos, en cambio, abarca con el nombre de justicia social lo que hemos definido como objeto de la justicia general o legal. Así ocurre cuando dice: «contrariar a la justicia social, disminuir o aumentar indebidamente los salarios de los obreros para obtener mayores ganancias personales y sin atender al bien común» (QA 34)»[108]. Finalmente, Arizmendiarrieta recurre a unas palabras del Rvdo. P. Gillet como síntesis de los documentos pontificios en los que se habla de justicia social, identificando su objeto con el «*bien común*»: «*La doctrina de la Iglesia sobre la justicia social exige de los ciudadanos que sirvan a la sociedad para tener, a cambio, el derecho a ser servidos por ella; que depositen en el tesoro común todos sus recursos materiales, intelectuales y morales, para que el bien común, a su vez, pueda volverles a ellos, y permita a todos, indistintamente, el máximo desarrollo de su personalidad particular. Para esto viven en la sociedad*»[109].

La finalización de la Segunda Guerra Mundial también le lleva a disertar sobre otra importante cuestión, ampliamente tratada en la DSI: el derecho de propiedad. Afirma que los males sociales que se consideraban como causas de la guerra no han sido eliminados con la derrota del fascismo, sino que, al contrario, la agitación, el desasosiego, las dificultades de la posguerra se han acentuado con el último enfrentamiento bélico, por lo que debe establecerse un orden social más justo, en el que el punto central y definitorio debe ser un bien entendido derecho de propiedad. Así, Arizmendiarrieta delimita el sentido y límites del derecho de propiedad en una de sus conferencias[110], intentando presentar su doctrina como tercera vía, frente al liberalismo o capitalismo (para el que el derecho de propiedad es un derecho natural y absoluto) y el comunismo o colectivismo (que, en el otro extremo, considera el derecho de propiedad antinatural).

En su ideario, la propiedad aparece como un derecho natural, pero relativo, condicionado y limitado, siguiendo el camino marcado por la DSI, según la cual la propiedad privada constituye un ideal, tal y como veíamos en el capítulo anterior, pero reconociendo siempre la necesidad de socializar algunos bienes[111]. Arizmendiarrieta sintetiza este derecho de

---

[108] *Ibidem* CAS 24.

[109] *Ibidem* CAS 25.

[110] http://www.euskomedia.org/PDFAnlt/mono/arizmendiarrieta/lib_01.pdf, CAS 33-51 (última consulta: 20-05-2015).

[111] Recordemos que ya RN establecía que el derecho de propiedad no es absoluto, sino condicionado necesariamente por otro derecho superior, el uso de todos los bienes por todos, concluyendo que el derecho de propiedad privada tiene inherente una función social que conlleva una serie de obligaciones. Posteriormente, QA

la siguiente manera: «*No hay que confundir el derecho a la propiedad privada con el derecho a una suficiencia de bienes materiales para vivir una vida decente. El derecho absoluto es a la suficiencia de estos bienes, al uso, cuya derogación es violación de un derecho natural primario. El derecho a la propiedad privada no es sino una derivación de este principio y es válido en tanto en cuanto conduzca a ese fin [...] Debido a la naturaleza funcional de la propiedad y el carácter dinámico de la sociedad, ninguna forma única de propiedad privada llena de por sí las exigencias de la ley natural. Por el contrario, una forma de propiedad que, bajo ciertas condiciones, satisface su función, en un ambiente distinto, puede impedir el propósito de la propiedad [...]. La institución de la propiedad privada tiene que transformarse en la medida necesaria para realizar los fines que se le asignan*»[112].

Por otra parte, este concepto de propiedad aparece íntimamente ligado con otro de los pilares sobre el que se sustenta el pensamiento social arizmendiano: la dignidad humana, recurriendo nuevamente a los postulados de la DSI: «*[...] todos los grandes maestros de la Doctrina Social de la Iglesia, con el Papa a la cabeza, sin desconocer la necesidad de una socialización prudente de ciertas fuentes de producción, ven en la institución de la propiedad privada un elemento indispensable para salvaguardar la libertad y la dignidad humana*»[113]; «*Predica el Papa* (refiriéndose en este caso a Pío XII) *el derecho de propiedad, pero en tanto en cuanto sirva para salvaguardar la dignidad de la persona humana, su libertad, su iniciativa, y sirve para el desarrollo y cultivo de sus valores humanos*»[114].

Y es que en el fondo, en la base de todo el pensamiento arizmendiano, se encuentran el hombre y su dignidad, el hombre consciente de su dignidad constituye la fuerza principal del progreso y así lo refleja en muchos de sus escritos: «*no se puede practicar la justicia donde se ignora lo que es la dignidad humana y se ignora la dignidad humana donde todos no convenimos que el hombre es algo más que un puñado de carne y huesos o un engranaje en una máquina, o un número en una ficha, o en una gran*

---

reafirmó esta doctrina de León XIII, subrayando mejor el equilibrio entre la dimensión individual y social de la propiedad privada.

Arizmendiarrieta también nos recuerda las palabras de Pío XII en La Solennità: «*Todo hombre, por ser viviente dotado de razón, tiene, efectivamente, el derecho natural y fundamental de usar de los bienes materiales de la tierra, quedando, eso sí, a la voluntad humana y formas jurídicas de los pueblos el regular más particularmente la actuación práctica... sin duda, el orden natural, que deriva de Dios, requiere también la propiedad privada... e igualmente la función reguladora del poder público...*» (*Ibidem* CAS 38).

En la parte final de este estudio, Arizmendiarrieta incluso recoge una interesantísima «Antología de textos pontificios sobre propiedad» (*Ibidem*, CAS 49-51).

112 http://www.euskomedia.org/PDFAnlt/mono/arizmendiarrieta/lib_01.pdf, CAS 48 (última consulta: 20-05-2015).

113 *Ibidem*, 57.

114 *Ibidem*, 40.

multitud»[115]; «*En medio de la multitud de los problemas que nos embargan la atención, ninguna cosa nos debe merecer tanta como el propósito o la intención de una empresa o acción desplegada para hacer mejor al hombre, ya que en definitiva todos los problemas y todas las cuestiones planteadas en el mundo se pueden reducir al hombre, puesto que el hombre es el origen de todos los bienes y de todos los males que acontecen en el mundo»*[116]; *«si algo hemos aprendido en la vida ha sido que el factor fundamental de todo es el hombre. Su calidad y su espíritu»*[117]; *«el hombre es la base de todo; cual sea el hombre así será la sociedad. Si el hombre, o los hombres, son justos, rectos, generosos, nobles, honrados, la sociedad será también justa, recta, noble, honrada»*[118]... En ese sentido, se ha afirmado en más de una ocasión[119] que en el pensamiento y en la obra educativa de Arizmendiarrieta subyace la filosofía personalista, claramente influenciada por sus máximos representantes, Maritain y Mounier, a quienes ya hemos mencionado al hablar de Thalamás, la espiritualidad francesa y la revista Esprit.

Pero, en cualquier caso, coincidimos con Azurmendi[120] en que al hablar de dignidad humana, en la visión de Arizmendiarrieta, a diferencia de la perspectiva de la DSI, más importancia que la dignidad debida a la naturaleza humana (alma), adquiere la dignidad que el hombre puede y debe ganarse en el día a día de la vida social y económica. Considera que la dignidad no se posee de forma natural, sino que «se crea» y dedica expresamente un apartado a esa cuestión en uno de los escritos sobre Caja Laboral Popular[121]. En ese sentido, en el pensamiento de Arizmendiarrieta la conquista de la dignidad se relaciona con el concepto de trabajo, porque la transformación del hombre sólo puede darse junto a la transformación de la naturaleza que él mismo realiza en el trabajo.

De esa forma, poco a poco su pensamiento social se va centrando en el trabajo, que junto con la educación y la solidaridad, se convertirán en las piedras angulares de su discurso. Pero ¿qué es el trabajo para Arizmendiarrieta? Una «palanca de bienestar» en palabras de su tantas veces

---

115 http://www.euskomedia.org/PDFAnlt/mono/arizmendiarrieta/lib_02.pdf, SS I 111 (última consulta: 21-05-2015).

116 http://www.euskomedia.org/PDFAnlt/mono/arizmendiarrieta/lib_03.pdf, SS II 185 (última consulta: 21-05-2015).

117 http://www.euskomedia.org/PDFAnlt/mono/arizmendiarrieta/lib_06.pdf, EP I 197 (última consulta: 21-05-2015).

118 http://www.euskomedia.org/PDFAnlt/mono/arizmendiarrieta/lib_03.pdf, SS II 179 (última consulta: 21-05-2015).

119 Oyarzábal, A., *Don José María Arizmendiarrieta..., op. cit.*, p. 20; Ormaetxea, J. M., *El hombre que... op. cit.*, p. 23; Azurmendi, J., *El hombre cooperativo..., op. cit.*, pp. 23 y 24.

120 Azurmendi, J., *El hombre cooperativo..., op. cit.*, p. 330.

121 http://www.euskomedia.org/PDFAnlt/mono/arizmendiarrieta/lib_08.pdf, CL I 131 y 132 (última consulta: 21-05-2015).

mencionado discípulo y amigo Ormaechea[122]. Pero hay un escrito del propio Arizmendiarrieta que pretende responder a esa pregunta[123]: «*La respuesta es difícil. Un factor productivo, una mercancía, una magnitud, un castigo, lo que por excelencia da valor a los bienes al transformarlos, una necesidad [...]. Es lo que caracteriza al hombre exteriormente; los animales no trabajan, sólo viven y se mueven y sienten y... pero no trabajan [...]. Es la comunicación del hombre con las cosas, con la naturaleza y con los demás hombres [...]. Qué es, por tanto, lo más grande que un hombre puede dar a los demás, incluido a Dios? Su trabajo [...]. Hoy el trabajo es colectivo, en equipo, hasta para las profesiones liberales, siempre se necesita de los demás, y cada vez más [...]*». Con esa breve selección de reflexiones, se comprende que, al igual que ocurría en la DSI[124], el concepto del trabajo es fundamental en el pensamiento de Arizmendiarrieta. Se trata, además, de una visión amplia del trabajo: como opción de realización personal y consecución de la dignidad humana, contribución efectiva al bienestar común y testimonio de solidaridad. Al desarrollar esa idea del trabajo en sus escritos, aparecen recurrentemente dos nexos constantes, que se convertirán, a la postre, en bastiones de la fórmula cooperativa: el estudio y la unión.

Con respecto al primero de esos nexos trabajo-educación, Leibar y Ormaechea señalan que «si ha habido una preocupación obsesionante en la mente de Don José María ésta ha sido la enseñanza, la socialización del saber»[125]. Él partía de la máxima de que «la educación es poder»[126], a la vez que instrumento para la emancipación y consideraba que el trabajo puede transformar al ser humano, recordando que la posibilidad de los trabajadores de instruir y formar a sus hijos era un postulado de justicia social, claramente expuesto por la doctrina pontificia[127]. En esa línea, ya

---

122 «El trabajo constituía para él —y así lo recomendaba profusamente— el antídoto para corregir situaciones de desequilibrio social y mental, de apoyo en el ámbito de las relaciones matrimoniales; y la otra cara del ocio inactivo era causa, a su juicio, de no pocas frustraciones, desesperanzas y desviaciones sociales [...]. A Dn. José María el trabajo le proporcionaba un caudal de descanso espiritual [...]. Trabajar constituía para él una forma de vida en plenitud», Ormaetxea, J. M., El hombre que yo conocí... *op. cit.*, pp. 13 y 14.

123 http://www.euskomedia.org/PDFAnlt/mono/arizmendiarrieta/lib_10.pdf, CL III 167 y 168 (última consulta: 21-05-2015).

124 Recordemos que la DSI se ocupa de la cuestión laboral desde la primera gran encíclica social, RN, en la que el Papa León XIII se refería a una serie de aspectos de la realidad laboral descrita, que han sido replanteadas en sucesivas encíclicas y que, en algún caso, incluso hoy pueden considerarse vigentes (salario justo, limitación de jornada laboral, legislación protectora de los derechos de los trabajadores...).

125 Leibar, J. y Ormaetxea, J. M. *Dn. José María Arizmendiarrieta..., op. cit.*, p. 32.

126 Y lo reafirma con sentencias como: «*Saber es poder*» ó «hay que socializar el saber para democratizar el poder», http://www.euskomedia.org/PDFAnlt/mono/arizmendiarrieta/lib_10.pdf, CL III 113 (última consulta: 21-05-2015).

127 http://www.euskomedia.org/PDFAnlt/mono/arizmendiarrieta/lib_06.pdf, EP I 52 y 53 (última consulta: 21-05-2015).

ha quedado patente la importancia que Arizmendiarrieta otorgaba a la educación al hablar de la Escuela Profesional de Mondragón, pero también en este aspecto se observa una maduración en su pensamiento. A pesar de que, como afirma Azurmendi[128], el concepto básico de educación profesional abarca prácticamente toda su reflexión sobre la educación, su inquietud inicial de formar a la juventud de Mondragón tanto técnica como moralmente, a través tanto de la Escuela Profesional, como de las actividades de ocio o de Acción Católica para conseguir una elite bien capacitada[129], que le ayude en su labor de apostolado social y de recristianización de la sociedad[130], sufre una evolución, abogando posteriormente por lo que él llamaría más tarde una «educación permanente»: «*El hombre se determina por sus conocimientos, puesto que saber es poder. Y en nuestro tiempo, la educación para ser eficaz, debe ser esencialmente permanente*»[131], de forma que el joven compagine estudio y trabajo, pero también pueda hacerlo el adulto: «*Las nuevas generaciones de jóvenes deben acreditar su conciencia y sensibilidad compartiendo más que monopolizando los recursos económicos utilizables en procesos formativos con los adultos*»[132]. En el mismo sentido, Leibar y Ormaechea: «El concepto de socialización para Don José María no se limita a los jóvenes, y desde el

---

128 Azurmendi, *El hombre cooperativo... op. cit.*, p. 207.

129 Como ya ha quedado expuesto, comenzó su andadura con los alumnos de la Escuela de Aprendices, cuya 1ª promoción finalizó la carrera de peritos industriales en Zaragoza en 1952, llegando a convertirse algunos de ellos, años después, en pioneros, gestores y promotores del cooperativismo. Posteriormente, en la Escuela Profesional (creada en 1943 y convertida en 1968 en Escuela Profesional Politécnica), se han ido formando durante décadas miles de jóvenes que posteriormente se han incorporado a las cooperativas en calidad de técnicos, cuadros medios y directivos. Durante los años cuarenta y cincuenta, la Escuela Profesional fue prácticamente la única alternativa para miles de jóvenes de la comarca para adquirir unos conocimientos que les permitiera la incorporación cualificada al mundo del trabajo. De esa forma, la Escuela Profesional va a ser la transmisora, no sólo de conocimientos de carácter profesional sino también de normas sociales y valores establecidos por Arizmendiarrieta.

130 En uno de sus escritos Don José María habla expresamente de la «*cristianización del trabajo*», subrayando una vez más la importancia de la formación cristiana de los trabajadores: «*el problema de hoy no es salvar al hombre del trabajo, sino en salvar al trabajo mismo [...]. Al sacerdote le corresponde la misión de inyectar en los espíritus de las nuevas generaciones de trabajadores ese otro aliento de vida sobrenatural y cristiana y esa necesidad es la que reclama la presencia del sacerdote en los centros en los que se forman esos hombres [...]. Es más: el sacerdote debe aspirar a formar verdaderos apóstoles entre esos jóvenes, apóstoles que luego colaboren con la Iglesia en la tarea de la recristianización de nuestra sociedad [...]*» http://www.euskomedia.org/PDFAnlt/mono/arizmendiarrieta/lib_01.pdf, CAS 90 y 91(última consulta: 21-05-2015).

131 http://www.euskomedia.org/PDFAnlt/mono/arizmendiarrieta/lib_06.pdf, EP I 106 (última consulta: 21-05-2015).

132 http://www.euskomedia.org/PDFAnlt/mono/arizmendiarrieta/lib_07.pdf, EP II 78 (última consulta: 21-05-2015).

principio se inician en la Escuela Profesional Politécnica las actividades de Formación Permanente para los adultos»[133]. Las razones que justifican esa educación permanente son muchas y variadas (insuficiencia o inexistencia de formación en la niñez o juventud, posibilidad de promoción, movilidad...), pero la fundamental es la necesidad de adaptación a los cambios tecnológicos, como refleja Arizmendiarrieta en varios de sus escritos: «*Sabemos que vivimos en una época de rápido desarrollo tecnológico. Vemos frecuentemente que los cambios en la estructura de la producción, han hecho inservibles procedimientos y máquinas que se habían proyectado para una más larga utilización [...]. Este proceso ha puesto de manifiesto las carencias formativas de las generaciones actuales. En una sociedad como la nuestra, la vida del hombre ha de adaptarse a este ritmo acelerado si no quiere aquél verse arrinconado por falta de competencia o de desarrollo de su capacidad. Lo mismo le sucede a la comunidad. Esta adaptación entraña el concepto de educación y formación permanente*»[134]. Por otra parte, el binomio trabajo-estudio se planteaba también como una posibilidad de financiación para facilitar el proceso socializador y el acceso indiscriminado a la educación[135].

El segundo binomio mencionado, trabajo-unión, nos lleva a otro de los pilares del pensamiento de Arizmendiarrieta, y, por ende, del cooperativismo: la solidaridad. «*La unión es la fuerza de los débiles. La solidaridad es la poderosa palanca que multiplica nuestras fuerzas*», decía en uno de sus escritos.[136]. En el mismo sentido, «*practicar la solidaridad a ratos o a simple discreción de uno no es suficiente para transformarla en auténtica fuerza y valor humano; es una palanca quebrada*»[137]. Considera que la sociedad moderna requiere un mayor grado de unión y solidaridad: «*Las colectividades que disfrutan de auténtica paz y bienestar son aquellas en las que cada miembro persigue su propio bien conjugándolo con el interés de los demás*»[138]. También en épocas anteriores se utilizaron las concentraciones humanas para una mayor producción, pero lo que hace falta, según Arizmendiarrieta, no son simples unidades humanas yuxtapuestas

---

133 Leibar, J. y Ormaetxea, J.M.: *Dn. José María Arizmendiarrieta ...*, *op. cit.*, p. 32.

134 http://www.euskomedia.org/PDFAnlt/mono/arizmendiarrieta/lib_07.pdf, EP II 106 (última consulta: 21-05-2015).

135 «Teniendo en cuenta que las posibilidades económicas de los alumnos impedían a un porcentaje de los mismos el acceso a los distintos niveles educativos, se ha puesto en práctica desde el principio la limitación del pago de los propios alumnos y la posibilidad de alternancia del trabajo con el estudio. Esta alternancia trabajo-estudio se pone en marcha desde los orígenes de la Escuela Profesional Politécnica», Leibar, J. y Ormaetxea, J.M.: Dn. José María..., *op. cit.*, p. 33.

136 http://www.euskomedia.org/PDFAnlt/mono/arizmendiarrieta/lib_08.pdf, CL I 52 (última consulta: 22-05-2015).

137 http://www.euskomedia.org/PDFAnlt/mono/arizmendiarrieta/lib_11.pdf, FC I 10 (última consulta: 22-05-2015).

138 http://www.euskomedia.org/PDFAnlt/mono/arizmendiarrieta/lib_11.pdf, FC I 66 (última consulta: 22-05-2015).

(como pudieran ser las masas de esclavos), sino elementos articulados por un sentimiento de solidaridad. «*Unidos para construir*» era el encabezado de otro de sus escritos, donde manifestaba que «*los pueblos que triunfan son los que mejor se prestan y saben acelerar sus procesos de acción uniéndose para construir, sobre todo los que saben construir con hombres y para hombres*»[139]. Consideraba que la solidaridad es incluso una necesidad del ser humano en su reafirmación como tal: «*para acreditarse de humano el sujeto humano necesita ser solidario y consiguientemente actuar en concierto con otros; debe hacerlo, no a impulsos de puros instintos, sino de una racionalidad, conjugando sus aspiraciones y remediando sus carencias en inteligencia con los demás*»[140], «*nos reconocemos no solitarios, sino solidarios*»[141], y describe con nitidez en qué consiste la solidaridad: «*Ser solidario significa aceptar al semejante, pero no sólo tal como es, sino también tal como debiera ser; tolerar sus limitaciones y defectos, pero no renunciando al buen impulso de acogerle para que los superara con nuestro servicio*»[142]. Relacionado en cierta forma con la solidaridad, aparece tímidamente el principio de subsidiariedad en el ideario de Arizmendiarrieta, entendido como forma de promoción de los inferiores: «*El trabajo debía realizarse teniendo en cuenta el principio de subsidiariedad, o sea lo que puede hacer un inferior, no lo debe hacer un superior. De esta forma se consigue una promoción de los inferiores a puestos superiores. Desgraciadamente siempre hay gente que juega a ser indispensable*»[143].

En suma, era tal la importancia de este binomio conceptual trabajo-solidaridad o trabajo-unión en el esquema organizativo de Arizmendiarrieta que a partir de 1964 se convierte en el nuevo nombre de la revista *Cooperación*, fundada en 1960 para difundir su pensamiento, inquietudes e iniciativas entre los cooperativistas[144]. En dicha revista «trabajo» y

---

139 http://www.euskomedia.org/PDFAnlt/mono/arizmendiarrieta/lib_06.pdf, EP I 133 (última consulta: 22-05-2015).

140 http://www.euskomedia.org/PDFAnlt/mono/arizmendiarrieta/lib_12.pdf, FP II 125 (última consulta: 22-05-2015).

141 http://www.euskomedia.org/PDFAnlt/mono/arizmendiarrieta/lib_12.pdf, FP II 126 (última consulta: 22-05-2015).

142 http://www.euskomedia.org/PDFAnlt/mono/arizmendiarrieta/lib_11.pdf, FP I 136 (última consulta: 22-05-2015).

143 http://www.euskomedia.org/PDFAnlt/mono/arizmendiarrieta/lib_11.pdf, FC I 179 (última consulta: 22-05-2015).

144 Hace algo más de medio siglo, en septiembre de 1960, Arizmendiarrieta comienza a editar un humilde boletín, a modo de «hoja parroquial», en palabras de Kepa Oliden, bajo el encabezamiento de «*Cooperación*» con el objetivo de divulgar los hechos cooperativos y su ideario (Oliden, K., 2010, «50 años de Trabajo y Unión», en *El Diario Vasco*, 25 de octubre de 2010; http://www.diariovasco.com/v/20101012/alto-deba/anos-trabajo-union-20101012.html; última consulta: 22-05-2015). Ya en el Boletín n.º 1 aparecen frases tan elocuentes como «*hay una doctrina, la doctrina de COOPERACIÓN, cuyo conocimiento y divulgación tiene que hacer mucho bien entre nosotros, como está haciendo en otras partes [...]. Uno no nace cooperativista, porque ser cooperativista requiere una madurez social, un adiestramiento de convivencia social*

«unión» se mencionan como «recursos indeslindables»: *«El trabajo como primer testimonio y primera contribución a la realización propia y atención ajena, sin desenfocar la promoción individual de la colectiva y comunitaria y por ello circunscritos en espacio y tiempo, para no confundirlos con especulaciones sino traducirlas en realidades»*[145]. Tellechea apunta que a partir de 1969 se descubre un pensamiento y un lenguaje evolucionado sobre el «hombre solidario»[146], mencionando unas palabras de Arizmendiarrieta en la festividad de Pentecostés (1970): *«El hombre se autentifica no como Dios ni bestia, sino solidario. Por eso necesitó la comunidad»* o de junio del mismo año, cuando subraya la libertad del individuo, pero *«sin que eluda el impacto de su decisión a su propio arbitrio en cuanto tiene resonancia en otros»*. En otro pasaje Arizmendiarrieta habla incluso de *«Relaciones intercooperativas»*, como reflejo de esa solidaridad[147].

Por lo tanto, este principio de solidaridad ampliamente recogido y reconocido por la DSI (incluso recientemente, en diferentes alocuciones del Papa Francisco que continuamente reivindica una reforma financiera ética y solidaria como veíamos en el capítulo anterior), también es recurrente y significativo en el pensamiento de Arizmendiarrieta.

Por último, finalizaremos esta visión del trabajo en el pensamiento de Arizmendiarrieta con otra mención de gran relevancia, que hoy día vuelve a recobrar actualidad por los continuos avances tecnológicos y la globalización de los mercados, que de nuevo tienden a poner a las personas al servicio de una búsqueda desenfrenada de productividad y beneficios: la primacía del trabajo sobre el capital. En este ámbito Arizmendiarrieta acepta y profundiza en la lectura católica del conflicto trabajo-capital.

[...]. Se hace uno cooperativista por la educación y por la práctica de la virtud [...]. El primer cooperativista fue Adán y quien le propuso un sistema de cooperación fue nada menos que Dios...», (http://www.euskomedia.org/PDFFondo/07629001.pdf; última consulta: 22-05-2015). En este medio siglo de vida el boletín ha dejado atrás su nombre y su pobre aspecto. En 1964 Arizmendiarrieta escogió la designación «T.U. Trabajo y Unión» para rebautizar su publicación y tras su muerte, en 1976, la revista vería la luz con su actual cabecera «TU Lankide». Arizmendiarrieta utilizó la revista como una de las vías para ejercer su Magisterio, escribiendo en ella durante dieciséis años. Hoy día, a través de su versión en papel, que llega a más de 12.000 suscriptores, y su edición en internet www.tulankide.com, pretende informar sobre la actualidad de la Corporación y difundir la cultura cooperativa (http://www.arizmendiarrieta100.com/es/; última consulta: 22-05-2015). En palabras de Javier Marcos, su director desde 1990, estos 50 años de experiencia son una«inyección de moral importante. Así, se están definiendo nuevas secciones y colaboradores, haciendo un seguimiento de las noticias que generan nuestras cooperativas y aportando nuestro granito de arena para intentar fortalecer la cultura cooperativa» (http://www.diariovasco.com/v/20101012/alto-deba/anos-trabajo-union-20101012.html; última consulta: 22-05-2015).

145 http://www.euskomedia.org/PDFAnlt/mono/arizmendiarrieta/lib_12.pdf, FC II 108 (última consulta: 22-05-2015).

146 Tellechea, J. I., *El otro..., op. cit.*, pp. 43 y 44.

147 http://www.euskomedia.org/PDFAnlt/mono/arizmendiarrieta/lib_10.pdf, CL III 130 (última consulta: 22-05-2015).

Recordemos que la DSI ha destacado siempre la prioridad del trabajo sobre el capital y en especial en la encíclica LE, donde se afirma que el trabajo es siempre una causa eficiente mientras que el capital es sólo un instrumento al servicio de esa causa y se reclama un sistema nuevo, que conceda el protagonismo a la causa eficiente y devuelva al capital su condición de mera herramienta. En esa línea, también Arizmendiarrieta, al igual que la DSI, se alzó contra el capitalismo, por tratarse de un movimiento que acepta como principio indiscutible la preferencia del capital, el predominio del capital sobre el trabajo, dejando a éste con un simple salario sin derecho a nada más. Él pretendía todo lo contrario: pretendía modificar de raíz las relaciones de poder dentro de la empresa, dando al trabajo un valor mayor que al capital, ofreciéndole al trabajo otro estatus humano y político dentro de la empresa, es decir, colocando en el centro de la organización a la persona y creando estructuras basadas en la soberanía y en el poder de las personas. Así lo refleja en muchas de sus afirmaciones: «*¿No es acaso el trabajo un elemento más noble, más antiguo y más humano que el capital y, como tal, acreedor a una mayor estimación? ¿Será ambición injustificable que sus representantes pretendan la primacía de la dirección?*»[148]; «*Justicia es la virtud que manda dar a cada uno lo suyo... y el cooperativismo da al trabajo lo que es del trabajo y al capital lo que es del capital*». En definitiva, este principio de primacía del trabajo sobre el capital, junto con el de participación en la gestión, constituirán los ejes centrales de su nuevo modelo de empresa, que desarrollaremos en el siguiente apartado: «*la empresa es la primera célula económico-social y en ella hemos establecido la relación fundamental entre el trabajo y el capital, de forma que la persona, es decir, el capital humano sea no sólo el más importante motor de la economía, sino su fin*»[149].

Incidiendo, pues, en esa línea de primacía del trabajo sobre el capital y el papel fundamental de la persona, Arizmendiarrieta continuó teorizando sobre la reforma de la empresa e intentando concienciar a la clase empresarial sobre la importancia de integrar al trabajador en la gestión y hacer real la participación en la gestión de la empresa, a través de la fórmula cooperativa[150]. El abogaba por la figura del «trabajador empre-

---

[148] http://www.euskomedia.org/PDFAnlt/mono/arizmendiarrieta/lib_01.pdf, CAS 57 (última consulta: 22-05-2015).

[149] Azurmendi, J. (1994). *Pensamientos de Don José María Arizmendiarrieta*. Aretxabaleta: Otalora, p. 181.

[150] En uno de sus escritos de CL III recoge un resumen de los principios básicos necesarios para una reforma de estructura de la empresa (http://www.euskomedia.org/PDFAnlt/mono/arizmendiarrieta/lib_150.pdf, CL III 65; última consulta: 22-05-2015):

«*Hasta aquí hemos expuesto en la ponencia una serie de ideas y principios sobre el concepto de la empresa. Para precisar más queremos, antes de entrar en concreciones sobre su estructura, hacer como un resumen ideológico de estos principios, que son los siguientes:*

sario»: *«los cooperativistas debemos ser, además de trabajadores, también conductores de las empresas que hemos constituído con nuestro propio esfuerzo y plena participación»*[151], *«somos trabajadores y empresarios que hemos recurrido a nuestro trabajo y llegado a promover un nuevo tipo de empresa»*[152], *«todos propietarios y todos empresarios: todos sin discriminaciones, a las duras y a las maduras, aportando los capitales disponibles y el trabajo preciso»*[153]. Es más, concebía el término «participación» en sentido amplio, englobando tanto la mencionada participación en la gestión de la empresa, como en los problemas y responsabilidades de la comunidad: *«la revolución hoy se llama «participación» [...] que se traduce en múltiples formas de participación real en los problemas y responsabilidades de una comunidad dinámica y progresiva»*[154]. En cualquier caso, volveremos a adentrarnos en los aspectos del pensamiento de Arizmendiarrieta relacionados más concretamente con el modelo de empresa cooperativa en el siguiente apartado.

A modo de conclusión, señalaremos que si bien Arizmendiarrieta es reconocido por su concepto de empresa y sus contribuciones en el ámbito cooperativo, ello no es sino consecuencia de su pensamiento, que hemos tratado de exponer en este apartado: su fe en la persona y la significación del trabajo para el hombre, siempre buscando la conciencia social del pueblo, para lo que se entregó a una intensa predicación de la DSI que con el tiempo fue cristalizando en su mensaje cooperativo. Él ha sabido sintetizar armónicamente filosofía y economía, DSI y valores cooperativos, estudio y trabajo, esfuerzo personal y espíritu colectivo, dando lugar a un pensamiento sólido y coherente que ha servido de soporte

---

— *sustituir la concepción actual de la actividad económica que considera al lucro como fin absoluto, por la de que su verdadero fin es la de prestar un servicio a la sociedad, en proporción del cual se obtiene el beneficio que debe ser proporcional al servicio prestado;*

— *aceptar la justicia como criterio ordenador de la actividad económica;*

— *aceptar el principio de libertad y de prioridad de las personas sobre la sociedad. La economía y todas las condiciones sociales que tiene obligación de crear la sociedad son para el hombre y no viceversa.*

— *aceptar y estimular el principio de solidaridad, de modo que el derecho y la obligación del hombre de cooperar a la consecución del bien común se haga posible y deseable;*

— *aceptar el principio de subsidiariedad;*

Del grado de aceptación de estos principios dependerá el que la necesaria evolución estructural de la economía y de la empresa alcance mayores o menores niveles de perfección y eficacia».

[151] http://www.euskomedia.org/PDFAnlt/mono/arizmendiarrieta/lib_12.pdf, FC II 166 (última consulta: 22-05-2015).

[152] *Ibidem* 167.

[153] http://www.euskomedia.org/PDFAnlt/mono/arizmendiarrieta/lib_10.pdf, CL III 101 (última consulta: 22-05-2015).

[154] http://www.euskomedia.org/PDFAnlt/mono/arizmendiarrieta/lib_0.pdf, CL I 118 (última consulta: 22-05-2015).

teórico para la materialización de una fórmula singular de empresa que analizaremos a continuación.

4. Su obra: la Experiencia Cooperativa de Mondragón

Una vez analizadas las líneas maestras del pensamiento de Arizmendiarrieta que en gran parte bebía, como ha quedado expuesto, del manantial de la DSI, podemos concluir que ya tenía a mano los ingredientes necesarios para intentar poner en práctica su proyecto: el trabajo, la solidaridad, la educación... todo ello aderezado por su compromiso vital con la sociedad, a la que quería servir cada vez mejor. Pero ahora surgía la gran dificultad, principalmente técnica: ¿Por dónde empezar?, ¿cuál sería la empresa que tecnológicamente no incurriera en los defectos que se recriminaban a las empresas asentadas en la zona?, ¿cuál el modelo jurídico a crear como institución?

Y es que a pesar de que hoy identifiquemos de forma casi natural y automática el nombre de Arizmendiarrieta con la empresa cooperativa y, más concretamente, con la «Experiencia Cooperativa de Mondragón» (en adelante ECM), cuando él teorizó sobre la empresa y su reforma basada en la teoría social de la Iglesia, no tenía entre sus objetivos crear cooperativas, sino crear un orden nuevo a través de la empresa cristiana y concienciar sobre la necesidad de participación de las personas en las organizaciones. En principio, pensaba que el camino podría ser reformar por dentro la empresa tradicional, tanteando la viabilidad o no de la incorporación del trabajador en la estructura de la empresa de capitales y esperaba la oportunidad de someter a prueba real de mercado y de los trabajadores los ideales pregonados durante más de una década (1943-1954).

Por lo tanto en el presente apartado pretendemos mostrar si ese objetivo inicial se vio o no cumplido, analizando los orígenes y evolución de la ECM, además de las claves del modelo cooperativo propuesto por Arizmendiarrieta (presupuestos y principios generales), todo ello de forma breve, dado que se trata de cuestiones ampliamente trabajadas y estudiadas hasta el momento. Posteriormente nos detendremos de forma más extensa en el modelo de MCC: cómo se han recogido las propuestas de Arizmendiarrieta (principios y valores cooperativos) en el ideario y normativa de MONDRAGÓN[155], cuál es la posible conexión de esos principios y valores con la DSI y su situación en la actualidad.

---

[155] La ECM ha recibido diferentes denominaciones a lo largo de su historia. En el III Congreso de las Cooperativas Mondragón se plantea un nuevo sistema organizativo sectorial conocido como *Mondragón Corporación Cooperativa (MCC)*, que en 2008 pasa a llamarse *Corporación Mondragón (Mondragon Corporation)*. En ciertos casos se utiliza simplemente MONDRAGÓN, pero a efectos comunicativos en ámbitos exclusivamente locales.

4.1. Orígenes y evolución de la ECM

En primer lugar, hemos de decir que a pesar de que tradicionalmente se suele identificar el origen de la ECM con la creación de la primera, en aquel momento, «empresa cristiana», Ulgor, en 1956, y así lo hemos manifestado también en este capítulo al exponer la etapa final del retrato biográfico de Arizmendiarrieta (véase 2.3.1.), algunos expertos sitúan el verdadero origen de la experiencia quince años antes con la llegada a Mondragón del verdadero artífice del cambio: Don José María Arizmendiarrieta[156]. Como apunta Azurmendi, «con Arizmendiarrieta llegó un hombre que, inesperadamente, no sólo predicaba la reforma, sino que efectivamente creía en ella; predicaba la dignidad e igualdad, hermandad, de todos los hombres, y quería ver esta doctrina traducida en obras concretas. Predicaba un orden nuevo y quería verlo instaurado, no con acciones caritativas o paternalistas aisladas, sino con transformaciones sustanciales que fueran ampliando su efecto transformador. Arizmendiarrieta quería, no unos cambios, sino una sociedad en permanente cambio, hasta alcanzar el orden nuevo»[157].

Así, iniciado el camino con quince años de predicamento y práctica social, de definición de un pensamiento alimentado por la DSI, Arizmendiarrieta ve viable una reforma de la empresa, en principio apoyándose en la propia clase empresarial. «*Es preciso* —dirá— *contar con los patronos para una cruzada social*»[158]. La reforma que se propone es esperada de ellos, que deberán actuar como apóstoles una vez «purificadas sus almas»: «*Muchas dosis de ascetismo necesitan los patronos para que sus iniciativas o empresas no adolezcan de los peligros de tantas tentaciones. Necesitamos que se purifiquen sus almas [...]. En esta clase dirigente de nuestra sociedad hay que buscar y sostener los apóstoles que al mismo tiempo que den espaldas a estilos de vida consagrados y con carta de naturaleza en este sector, se desvivan con la misma intensidad por la mejor organización mecánica de sus factorías y de la preparación espiritual y cultural de su personal*»[159]; «*como patronos o técnicos que tenemos en nuestras manos los resortes fundamentales de la empresa [...], tenemos que proceder nosotros mismos a una reforma interna de la empresa, en la que el obrero debe tener una garantía de su libertad y de su personalidad en la estructura y disposiciones de un buen reglamento de régimen interno, que permita el*

---

156 Azurmendi, J., *El hombre cooperativo... op. cit.* pp. 159 y 160; Narvarte Arregui, P.A. (2006). «La Experiencia Cooperativa de Mondragón: estudio de su viabilidad organizacional en el contexto de Euskadi», en *CIRIEC-España, Revista de Economía Pública, Social y Cooperativa*, n.º 54, p. 238.

157 Azurmendi, J., *El hombre cooperativo... op. cit.*, p. 392.

158 http://www.euskomedia.org/PDFAnlt/mono/arizmendiarrieta/lib_01.pdf, CAS 99 (última consulta: 1-06-2015).

159 *Ibidem* 95.

gobierno y régimen de la empresa con las máximas consideraciones a la libertad y personalidad de los operarios. En esto, a nosotros nos corresponde empezar»[160]. En una primera fase, tal y como esperaba, Arizmendiarrieta encontró efectivamente un gran apoyo por parte de la clase patronal mondragonesa, que le ayudó en la solución de los problemas más urgentes de la postguerra (lucha contra la tuberculosis, creación de un dispensario para la asistencia médica de niños que vivían en la miseria, nuevas viviendas...). Pero esta colaboración y con ello las esperanzas de Arizmendiarrieta se desvanecen en cuanto toca el núcleo central de la reforma: los empresarios no compartían su objetivo final de una sociedad sin clases y de un proletariado emancipado, dueño del trabajo y de sí mismo.

De esta forma, ante el desengaño por la posibilidad de introducir en las empresas existentes las reformas que él pretendía, en 1955 toma una decisión trascendental: anima a un grupo de jóvenes profesionalmente preparados a abandonar las fábricas y a crear una nueva empresa en la que plasmar sus ideas: primacía del trabajo sobre el capital, participación y democracia obrera. Así nace, como mencionábamos en el apartado biográfico, Talleres Ulgor, con cinco jóvenes, trabajadores de la empresa Unión Cerrajera, que habían recibido las enseñanzas morales y sociales de Arizmendiarrieta, que compraron en Vitoria un pequeño taller de «construcción de aparatos domésticos», empezando a producir cocinas de petróleo. En el año 1956 la empresa se instaló en Mondragón, pero aún sin forma jurídica determinada. Arizmendiarrieta no había cejado aún en su empeño de reformar el modelo de empresa existente, de adaptar la Ley de Sociedades Anónimas a su modelo, por lo que incluso llegó a redactar en «libérrima interpretación» —como calificaría Larrañaga[161]—, unos estatutos de su propia cosecha, intentando registrarlos como «Ulgor Sociedad Anónima». Sin embargo la negativa del Registro fue taxativa, por lo que finalmente apostaría por el *«ensayo cooperativo»*, como se recoge en unos escritos de fecha posterior (1965)[162]. No obstante, aún tuvieron que transcurrir varios años hasta que la fórmula cooperativa cuajara definitivamente y salieran a la luz pública los estatutos de Ulgor S. Coop (1959), donde, entre otras cuestiones, quedaba clara su ascendencia cristiana: en el artículo 4 se establecía que *«se adopta la fórmula cooperativista como la más apta para que el trabajo humano disfrute de las prerrogativas inherentes a su dignidad, en su relación con otros elementos de carácter instrumental y todos los miembros de esta Entidad obtengan mediante el ejercicio de su actividad la satisfacción óptima de sus*

---

160 http://www.euskomedia.org/PDFAnlt/mono/arizmendiarrieta/lib_01.pdf, CAS 104 (última consulta: 1-06-2015).

161 Larrañaga, J., *Dilema del Cooperativismo... op. cit.*, p. 41.

162 *«El año 1956 es el del paso decisivo y señala el comienzo del ensayo cooperativo»*, http://www.euskomedia.org/PDFAnlt/mono/arizmendiarrieta/lib_10.pdf, CL III 69 y 70 (última consulta: 1-06-2015).

diversas necesidades»[163] y también en el Reglamento de Régimen Interior se mencionaban términos como «*la dignidad del trabajo*» (art. 1) o «*La solidaridad [...] como necesidad que tienen los unos de los otros y aceptación de sacrificios como expresión fiel de hermandad en aras del bien común*» (art. 2)[164]. En la misma línea, en uno de los escritos iniciales sobre Talleres Ulgor se puede leer: «*Talleres Ulgor necesita mantener no solamente un clima de progreso material sino también y, con más interés si cabe, de progreso espiritual y en este orden hemos de procurar cada uno superar los brotes de egoismo de forma que entre nosotros subsista este clima de cálida hermandad cristiana*»[165].

Por lo tanto, Arizmendiarrieta no había buscado crear cooperativas, sino que había «aterrizado» finalmente en la fórmula cooperativa de la mano de una honda inquietud social cristiana. Podemos decir que el cristianismo le había llevado al cooperativismo. Como bien apunta Larrañaga, «las raíces de la Experiencia Cooperativa de Mondragón se adentran en subsuelo cristiano y, sin esas creencias, no se hubiera materializado en modelo de empresa»[166].

Por otra parte, la recién instaurada fórmula cooperativa (el «ensayo» cooperativo, la «experiencia» cooperativa como a él le gustaba denominar) muy pronto se vio avalada por la DSI, en concreto por Juan XXIII, quien a través de su encíclica *Mater et Magistra* primero (1961) y *Pacem in Terris* después (1963) respaldó el pensamiento y obra de Arizmendiarrieta, alabando la modalidad empresarial cooperativa como hemos señalado en el capítulo anterior. Por ello, en esos años (1961-1963) sus referencias a la DSI son continuas. En sus discursos y reflexiones públicas dedica un tiempo a estas encíclicas, fundamentalmente a MM, haciendo alusión a su contenido, que pone en tela de juicio tanto el sistema capitalista como el colectivista, a la vez que defiende la promoción de la empresa cooperativa como estructura empresarial, dado que los principios del cooperativismo promueven el bien común y contribuyen al progreso de la cultura. La DSI aparece como guía de su reflexión en torno a los deberes de la cooperación[167], creando incluso una sección monográfica religio-

---

163 http://www.euskomedia.org/PDFFondo/05819028.pdf, última consulta: 1-06-2015.

164 http://www.euskomedia.org/PDFFondo/05819025.pdf, última consulta: 1-06-2015.

165 http://www.euskomedia.org/PDFAnlt/mono/arizmendiarrieta/lib_10.pdf, CL III 5 (última consulta: 1-06-2015).

166 Larrañaga, J., *Dilema del cooperativismo... op. cit.*, p. 42. En el mismo sentido, Azurmendi afirma que «para Arizmendiarrieta no hay duda que la experiencia cooperativa es un ensayo de desarrollo de métodos de combate y superación inspirados en la conciencia cristiana» (*El hombre cooperativo... op. cit.*, p. 81).

167 Llevado de la mística que animaba su obra social manifestaba: «*Dios nos pide que estemos en el CAMINO de la Santidad y que avancemos al ritmo debido. El dilema de estar con Cristo o contra Él, nos exige que estemos CAMINO DEL POBRE. Que cada año nos acerquemos más, nos despojemos más de cosas (...) HOMBRES Y*

sa en la revista Cooperación a partir de 1962, para anunciar y cuidar la orientación cristiana de la cultura cooperativa. También se preocupa por profundizar en la recepción vasca de la doctrina pontificia por parte de una nueva generación de sacerdotes totalmente comprometidos con la acción social y conocedores de la compleja realidad que se enuncia en las páginas de MM. Tres de ellos (Carlos Abaitua, Ricardo Alberdi y José M. Setién) publicaron en 1961 un extenso comentario sobre la encíclica, que Arizmendiarrieta compró y estudió, dedicando especial atención a las páginas referentes a la empresa cooperativa, donde, además de subrayar sus ventajas sobre el sistema capitalista, se recomienda a los cooperativistas (y artesanos) que «adquieran la convicción de que tanto mayor será la trascendencia de su obra para cambiar las estructuras del momento, cuanto mayor sea su aportación personal. La explotación cooperativa (y artesana) han de demostrar por sí mismas validez, si han de ser tomadas en serio en la reforma de estructuras que inevitablemente habrá que abordar en un futuro próximo»[168].

De esta forma iniciaba su andadura la ECM[169], en cuya evolución suelen distinguirse tres etapas: la primera (1955-1970) corresponde a su comienzo y se caracteriza por un crecimiento coordinado en torno al banco cooperativo, la Caja Laboral Popular; la segunda (1970-1990) o de Grupo, con una orientación comarcal; y la tercera (1990-2016), corresponde a MCC, más corporativa.

COOPERATIVISTAS DIGNOS PARA UN COOPERATIVISMO EN MARCHA A ESCALA MUNDIAL». Y esa dignidad exigía actuar conforme a los dictados de la DSI: *«Si el cooperativismo quiere ser un régimen de solidaridad abierta, sin fronteras de ninguna clase, tiene que vivir inquietado por estos desequilibrios de los que habla ampliamente Mater et Magistra»*, Molina, F.: *José María Arizmendiarrieta... op. cit.*, p. 416.

[168] Abaitua, C., Alberdi R. y Setién J. M. (1962). *Exigencias cristianas en el desarrollo económico-social,* Madrid: Ediciones Studium, pp. 171 y 172.

[169] Años más tarde Arizmendiarrieta seguiría utilizando la expresión «*experiencia*» para referirse a la realidad cooperativa de Mondragón, para mostrar que no es algo concluido, fijo e inamovible, sino abierto a ulteriores desarrollos y, probablemente, algo irrepetible. Mendizábal explicaba así el sentido del término «experiencia» al recopilar sus escritos: *«este sentido de experiencia, de ser algo inacabado, con posibilidades de cambio sobre la marcha, con posibilidades de no acertar, de ensayar, de contrastar; este sentido de relatividad, de hipótesis verificable y reformable, de conclusión provisional [...]. Pienso que en Dn. José María no hay tesis permanentes e inconmovibles. Todo está en permanente revisión»* (http://www.euskomedia.org/PDFAnlt/mono/arizmendiarrieta/lib_08.pdf, CL I 7; última consulta: 1-06-2015). En el mismo sentido, Cancelo: «La «Experiencia» está en un devenir permanente, abierta a lo que ocurre en el entorno, a cuyo desarrollo desea contribuir, y obligada por tanto a reinventarse permanentemente» (Cancelo Alonso, A., 1999: «Mondragón Corporación Cooperativa. «Historia de una experiencia»», en *RIEV, Revista Internacional de los Estudios Vascos*, n.º 44, p. 324).

(http://www.euskomedia.org/PDFAnlt/riev/44/44323357.pdf; última consulta: 1-06-2015).

Con todo, el surgimiento y la consolidación de la Experiencia Cooperativa de Mondragón se produce a lo largo de un periodo de seis décadas (1955-2016). En estos sesenta largos años, las cooperativas han conocido coyunturas económicas muy favorables que han sabido aprovechar para crecer, junto con otras más desfavorables, como las más recientes, marcada por la crisis de Fagor, en las que han tenido que desplegar todo su potencial de solidaridad e intercooperación para resistir y fortalecerse.

Todos estos cambios sociales, económicos y políticos acontecidos en la sociedad vasca durante este tiempo han ido acompañados por cambios de tipo cognitivo y normativo en el seno del cooperativismo, pero ¿qué ha ocurrido con el discurso moral de Arizmendiarrieta, con aquel «subsuelo cristiano» que mencionaba LARRAÑAGA? Para dilucidar esa cuestión expondremos a continuación cuales fueron y son los principios y valores básicos de la ECM: cómo los formuló Don José María, cómo han sido recogidos en el ideario del grupo cooperativo Mondragón, su conexión con la DSI y su mantenimiento o no en la actualidad. Con ello cerraremos el capítulo y, por ende, el presente estudio.

4.2. *Principios y valores básicos de la ECM. Su conexión con la DSI*

En la mente de Arizmendiarrieta el cooperativismo no nació como una mera aplicación práctica de principios fijados de antemano, sino como una búsqueda, «*tratando de hallar una fórmula idónea de promoción y transformación social en aras de una conciencia social irrenunciable*»[170]. Tras la búsqueda, finalmente se halló una fórmula específica, con algunas innovaciones o licencias frente a las clásicas empresas cooperativas, que en su momento no fueron bien entendidas por algunos sectores, pero posteriormente han resultado necesarias y efectivas[171]. No hemos hallado en sus escritos un epígrafe específico de «*principios cooperativos*», porque para él el cooperativismo no nace en Rochdale o en Mondragón sino en el corazón del hombre, pero sí mencionó expresamente que «*en el marco de los principios rochdalianos deben acentuarse, de acuerdo con la doctrina social católica, los siguientes principios* (mención que para AZURMENDI, constituye una clara definición de principios que no necesita comentario, aunque no aparezca bajo título específico alguno)[172]:

---

170 http://www.euskomedia.org/PDFAnlt/mono/arizmendiarrieta/lib_10.pdf, CL III 147 (última consulta: 8-06-2015).

171 Claro ejemplo de ello es la consideración de legalidad del capital comanditario dentro del movimiento cooperativo, particularmente en el ramo industrial, o la mancomunación de diversas empresas cooperativas.

172 AZURMENDI, *El hombre cooperativo…*, *op. cit.*, p. 488.

— *«El carácter personalista de la empresa que implica la voluntariedad, la libre adhesión y la mutua confianza.*
— *El carácter no lucrativo de la empresa cooperativa, compatible con el beneficio legítimo que los socios de las mismas se proponen obtener en la satisfacción de sus necesidades mediante la actividad en común.*
— *El carácter social de la empresa cooperativa, manifiesto en la forma de distribución de los excedentes, en la participación de todos sus miembros en el gobierno o control de aquella, en los fines económico-sociales que cumple y en su interés por la formación de auténticos cooperadores, concediendo a la educación de los mismos una importancia fundamental para el progreso del ideal cooperativo.*
— *Siendo innegable la importancia de estos principios en la doctrina cooperativa debe reconocerse que en su aplicación práctica, regida también en el orden interno de todas las instituciones cooperativas por el principio de subsidiaridad, han de adaptarse a la realidad, modificándose en atención a las diversas circunstancias que concurren en cada caso o en cada país».*

En ese listado Arizmendiarrieta hace alusión, una vez más, a la inspiración cristiana de los principios cooperativos del ECM[173]. Con todo, se conciben no como principios estáticos e inamovibles, sino como principios que se adaptan a las circunstancias y a las necesidades de cada caso, dado que para Arizmendiarrieta la cooperación es más una «inspiración», unos principios generales flexibles, que un cuerpo doctrinal establecido. En otro escrito D. José María señala que *«el movimiento cooperativo se inspira en la siguiente trilogía dogmática*[174]*: 1. Principio de SOLIDARIDAD; 2. Principio del DOMINIO DE LOS HOMBRES SOBRE LOS INSTRUMENTOS, esto es, la formación del poder en función de las personas (o primacía del trabajo sobre el capital en una formulación más actual); 3. Principio de la DISTRIBUCIÓN DE LOS RESULTADOS CON ALTA PARTICIPACIÓN EN LA COMUNIDAD, esto es, tendencia a la progresiva socialización del patrimonio (ó interés por la comunidad; vocación social)».*

Realizando un análisis de todo ese material, podemos deducir que los principios cooperativos mencionados por Arizmendiarrieta fueron:

- *la voluntariedad o libre adhesión*
- *ausencia de ánimo de lucro*
- *participación en los beneficios y en la gestión*
- *formación*
- *subsidiariedad*
- *solidaridad*

---

[173] *Ibidem,* pp. 473, 479.
[174] *Ibidem,* p. 473.

- *primacía del trabajo sobre el capital*
- *interés por la comunidad*

Por lo tanto, podemos hablar de la DSI como una de las fuentes de las que se nutre el pensamiento arizmendiano y lo reflejaremos de forma gráfica. Para ello, recuperaremos la tabla empleada en el capítulo anterior para mostrar la conexión entre la DSI y los principios y valores cooperativos, incluyendo en esta ocasión una cuarta y quinta columna para detallar, por una parte, los escritos de Arizmendiarrieta en los que se reflejan los principios recogidos en los documentos pontificios a modo de ideas (columna 4) y, por otra, los principios de la «experiencia cooperativa» en la formulación de D. José María (columna 5):

Tabla 3

DSI	DOCTRINA COOPERATIVA		PENSAMIENTO ARIZMENDIARRIETA	
Principios	*Principios*	*Valores*	*Ideas*	*Principios*
Dignidad humana (RN, QA, OA, LE, CA, PT, GS, MM)	—Adhesión libre y voluntaria —Gestión democrática	—Igualdad —Democracia	—Personalismo: el hombre y su dignidad la base de todo (SS II, EP I) —Requisito de la justicia (SS I) —Dignidad que «se crea» (CL I)	—Libre adhesión
Bien común (MM, GS)	—Interés por la comunidad	—Vocación social	—Base de la «justicia general» o legal y, en definitiva, de la «justicia social» (CAS) —Concepto colectivista de la existencia humana (SS I)	—Interés por la comunidad —Solidaridad
Destino universal de los bienes (GS, CA, EG, SRS)	—Interés por la comunidad (interés por el desarrollo sostenible de la comunidad: preocupación por el medio ambiente)	—Ayuda mutua —Solidaridad —Vocación social	—Limitación del derecho de propiedad (CAS, FC I) —Utilización de bienes con ponderación del bien común (FC I) —Necesidad de socializar algunos bienes (CAS)	—Interés por la comunidad —Solidaridad
Solidaridad (RN, LS, MM, PT, GS, PP, SRS, EG)	—Interés por la comunidad —Cooperación entre cooperativas	—Solidaridad —Autoayuda y ayuda mutua	—Palanca de fuerza (FC I) —Necesidad del ser humano (FC II) —Presupuesto para reforma de estructura de empresa (CL III)	—Solidaridad

Tabla 3

DSI	DOCTRINA COOPERATIVA		PENSAMIENTO ARIZMENDIARRIETA	
Principios	*Principios*	*Valores*	*Ideas*	*Principios*
Subsidiariedad (QA, MM, PT, CiV, EG)	*Autonomía e independencia		—Promoción de inferiores (FC I) —Empresa pública (CL III) —Presupuesto para reforma de estructura de empresa (CL III)	—Subsidiariedad
Participación (MM, PT, CA, CiV, GS)	—Gestión democrática —Participación económica	—Igualdad —Democracia	—Participación, revolución: participación en la comunidad (CL) *participación en beneficios y en la gestión cooperativa (FC I)	—Participación en beneficios y en la gestión
Primacía del trabajo sobre el capital (RN, LE)	—Participación económica —Gestión democrática	—Igualdad —Democracia	—Trabajo, elemento más noble, antiguo y humano (CAS) —Nuevo modelo de empresa (FC I) —La persona, motor y fin de la economía (FCII)	—Primacía del trabajo sobre el capital
Educación e intercooperación (MM)	—Educación, formación e información —Cooperación entre cooperativas	—Solidaridad	—Educación y trabajo pueden cambiar al ser humano (EP) —Educación: herramienta para recristianizar la sociedad (CAS) —Saber es poder (CL III) —Educación Profesional y educación permanente —Solidaridad intercooperativa (CL III)	—Formación

*Fuente: elaboración propia

5. Situación actual

Por último, cerraremos este capítulo haciendo referencia a la situación actual: ¿cómo han sido recogidas las propuestas de Arizmendiarrieta en la realidad cooperativa actual? ¿pervive el substrato cristiano? ¿tiene sentido su mantenimiento en el actual contexto de crisis? ¿es compatible la fidelidad a esos principios y valores y la coherencia con los intereses económicos actuales que exigen empresas competitivas capaces de responder a los nuevos retos que plantea el futuro (innovación, globalización, internacionalización)?

Comenzaremos analizando cómo se han traducido los principios y valores formulados por Arizmendiarrieta en la Corporación Mondragón, para hacer después una reflexión sobre su persistencia en la actualidad y las perspectivas de futuro.

5.1. Formulación de principios y valores en Mondragón

Las aspiraciones del promotor de la ECM y el mensaje de su aplicación práctica durante años constituyen un legado de innegable valor que fue sistematizado en el I. Congreso del Grupo Cooperativo Mondragón celebrado los días 2 y 3 de octubre de 1987. Bajo el título «*Principios Básicos de la Experiencia Cooperativa de Mondragón*» se proclamaron diez enunciados que dieron forma a las ideas arizmendianas que a lo largo de más de treinta años ya se venían poniendo en práctica a través de las empresas cooperativas del Grupo.

Estos principios básicos aparecen hoy reflejados en la web corporativa del grupo[175]. Tal y como allí se establece, se trata de principios que «asumen y aglutinan en su proclamación los Principios Cooperativos Universales actualizados por la Alianza Cooperativa Internacional. En ellos se recoge la experiencia acumulada durante más de medio siglo de recorrido cooperativo de la Experiencia MONDRAGÓN. El carácter abierto y dinámico de dichos Principios los sitúan como una guía abierta al mañana».

Se trata de principios que hunden sus raíces en los postulados de la Alianza Cooperativa Internacional como no podía ser de otra manera, pero, como bien señala Ormaetxea, «en su definición práctica y en su extensión van más allá de los límites estrictos establecidos por los conceptos o por la norma, aflorando criterios como los expresados en *6) Solidaridad Retributiva y 8) Transformación Social* sobre todo, en los que se despliegan virtualidades propias, encarnadas en un tiempo determinado y un país concreto, al que la experiencia cooperativa de Mondragón trató de satisfacer y servir»[176].

Por lo tanto, la filosofía y cultura empresarial del Grupo Mondragón se fundamenta en estos diez principios básicos[177]:

---

175 http://www.mondragon-corporation.com/sobre-nosotros/gobernanza/mision-vision-valores/; última consulta: 22-06-2015.

176 Ormaetxea, J. M. (1994). «Los principios cooperativos de la Experiencia», en *Textos básicos de Otalora*. Área de Educación y difusión cooperativa, vol. 5., Mondragón: Ed. Azatza (Otalora), p. 3.

177 En la página web aparecen enunciados de forma resumida, por lo que ofreceremos su versión más extensa, recogida en AA.VV. (1997*): Introducción a la Experiencia Cooperativa de Mondragón*. Aretxabaleta: Otalora, pp. 19-38, donde, en

1. Libre adhesión[178]

> «La Experiencia Cooperativa de Mondragón se declara abierta a todos los hombres y mujeres que acepten estos Principios Básicos y acrediten idoneidad profesional para los puestos de trabajo que pudieran existir.
>
> No existirá, por tanto, para la adscripción a la Experiencia, discriminación alguna por motivos religiosos, políticos, étnicos, o de sexo. Solamente será exigible el respeto a los postulados de su constitución interna.
>
> La libre adhesión constituirá el principio orientador de la actuación y relación interpersonal en el desarrollo cooperativo».

Arizmendiarrieta se refirió a este principio de diferentes formas: «voluntariedad» o «libre adhesión», implícitas en el carácter personalista de la empresa; «adhesión espontánea», de hombres que se capacitan para empresas y empeños superiores a los límites y capacidad individuales; «principio de puerta abierta y adhesión libre» que puede llevarse a cabo mediante la constante promoción de opciones de participación..., otorgando, en cualquier caso y a pesar de la diferente terminología, siempre un extraordinario valor a la libertad. Mediante el principio de «libre adhesión» junto con el de «participación» y «organización democrática» Arizmendiarrieta pretendía generar un modelo de empresa que respondiera a las libres decisiones de sus socios. No pretendía en ningún caso imponer su modelo religioso, sino que, al contrario, se ponía al servicio de la sociedad, ofreciendo este modelo de empresa, desde sus convicciones religiosas.

> «La primera forma de justicia elemental es la que necesitamos practicar los unos con los otros otorgándonos la consideración de seres libres».

2. Organización democrática[179]

> «Proclamamos la igualdad básica de los socios trabajadores en lo que respecta a sus derechos a ser, poseer y conocer, lo que implica la

---

reconocimiento a la figura de Arizmendiarrieta a quien mencionan como «la fuente más genuina para conocer los fundamentos de nuestra ideología», se recoge alguno de sus pensamientos ad hoc, junto a la redacción de cada principio. Por lo tanto, expondremos los diez principios tal y como aparecen literalmente redactados en la obra editada por Otalora, con la cita del respectivo pensamiento en cursiva, y lo relacionaremos con la formulación original de Arizmendiarrieta. Por otra parte, desde noviembre de 2004 hasta septiembre de 2005, la revista TU Lankide (http://www.tulankide.com/es/revista) publicó mensualmente suplementos monográficos sobre cada uno de estos principios, cuya referencia también incluiremos para una posible consulta.

178 *TU Lankide*, suplemento especial noviembre 2004 (http://www.tulankide.com/es/revista/noviembre-2004; última consulta 22-06-2015).

179 *TU Lankide*, suplemento especial diciembre 2004 (http://www.tulankide.com/es/revista/diciembre-2004; última consulta 22-06-2015).

aceptación de una organización democrática de la empresa, concretada en:

a) La soberanía de la Asamblea General, compuesta por la totalidad de los socios, que se ejercita según la práctica de «una persona, un voto».

b) La elección democrática de los órganos de gobierno, y en concreto del Consejo Rector, responsable de su gestión ante la Asamblea General.

c) La colaboración con los órganos directivos designados para gestionar la sociedad por delegación de toda la comunidad, que gozarán de las atribuciones suficientes para desarrollar eficazmente su función en beneficio común».

A pesar de que el término «democracia» o «gestión democrática» no aparece expresamente recogido en el listado arriba mencionado como principio de la ECM según la formulación de Arizmendiarrieta, es indudable que la estructura democrática constituye la esencia del concepto de cooperación para D. José María. Desde los inicios de la teorización sobre el nuevo modelo de empresa y su primera plasmación práctica, él ya buscaba una fórmula jurídica que amparase a ese embrión llamado Ulgor como modelo de empresa cristiana fundada en principios de solidaridad, democracia y cogestión. Siguiendo a Juan XXIII, consideraba que la justicia debía respetarse no sólo a la hora de distribuir la riqueza, sino también en cuanto a la estructura de las empresas en las que se desarrollaba la actividad productora, y esa justicia en la estructura se materializaba a través de una gestión democrática. En definitiva, a través del cooperativismo, Arizmendiarrieta pretendía crear un nuevo estado de conciencia, mediante la humanización del poder, la democracia en lo económico y la solidaridad, impidiendo la formación de clases privilegiadas.

> «La democracia, una vez adoptada noblemente, conduce por sí misma a la disciplina, a la responsabilidad, al afianzamiento de la solidaridad, en definitiva, a un auténtico progreso social».

3. Soberanía del trabajo[180]

«Consideramos que el Trabajo es el principal factor transformador de la naturaleza, de la sociedad y del propio ser humano y, por consiguiente:

a) Renunciamos a la contratación sistemática de trabajadores asalariados.

b) Adjudicamos al Trabajo plena soberanía en la organización de la empresa cooperativa.

---

[180] *TU Lankide*, suplemento especial enero 2005 (http://www.tulankide.com/es/revista/enero-2005; última consulta 22-06-2015).

c) Consideramos al Trabajo acreedor esencial en la distribución de la riqueza producida.
d) Manifestamos su voluntad de ampliar las opciones de trabajo a todos los miembros de la sociedad».

Arizmendiarrieta no menciona expresamente este principio de «soberanía» del trabajo, pero está implícito en todo su pensamiento. Tal y como ha quedado expuesto, a medida que van consolidándose las estructuras educativas, el pensamiento arizmendiano se va centrando en el trabajo, que considera fundamental para posibilitar, por una parte, el afianzamiento de la dignidad humana de cada trabajador y, por otra, la transformación y desarrollo socio-económico de la comunidad. Efectivamente, el origen de la ECM (dificultad práctica de lograr, a través de las empresas tradicionales, el cambio necesario para transformar la sociedad) y la atmósfera social de la época inicial llevaron a Arizmendiarrieta a subrayar la función del trabajo como principal factor transformador de la naturaleza. Consideraba claves las estructuras empresariales y defendía que los trabajadores deben asumir la responsabilidad de ser los dueños de su trabajo, gestionar por sí mismos las empresas y utilizar el trabajo, precisamente, como medio fundamental para el desarrollo económico y social de la comunidad. A través de un trabajo autoexigente que garantice la rentabilidad económica y la sostenibilidad del proyecto empresarial, se consigue una «palanca» importante que posibilita ese objetivo superior de transformación social.

> «El hombre transforma y hace fecunda la naturaleza mediante su trabajo, y el trabajo es el mejor patrimonio que tiene una comunidad»

4. Carácter instrumental y subordinado del capital[181]

> «La necesidad de capital para desarrollar la experiencia cooperativa nunca fue menospreciada, ni desconocida por MCC, desde sus orígenes. Se entendió, sin embargo, que donde había ideas y entusiasmo para ponerlas en práctica, nunca faltarían medios financieros.
>
> La Experiencia Cooperativa de Mondragón considera al factor Capital como un instrumento, subordinado al Trabajo, necesario para el desarrollo empresarial, y acreedor por tanto:
>
> *a)* A una remuneración:
> — Justa, en relación a los esfuerzos que implica su ahorro.
> — Adecuada, para proporcionar la adscripción de los recursos necesarios
> — Limitada en su cuantía, mediante la correspondiente regulación.
> — No directamente vinculada a los Resultados obtenidos.

---

181 *TU Lankide*, suplemento especial febrero 2005 (http://www.tulankide.com/es/revista/febrero-2005; última consulta 22-06-2015).

b) A una disponibilidad subordinada a la continuidad y desarrollo de la cooperativa, que no impida una real aplicación del principio de Libre Adhesión».

A diferencia del apartado anterior, en este caso Arizmendiarrieta sí mencionó expresamente la primacía del trabajo sobre el capital, al referirse al «dominio de los hombres sobre los instrumentos». No volveremos a reiterar aquí la importancia concedida al trabajo en su pensamiento, ni su conformidad con la lectura católica del conflicto trabajo-capital, por haber quedado ya suficientemente explicitados, pero sí insistiremos en esa idea de subordinación del capital. Arizmendiarrieta era consciente de que el capital era necesario para llevar a cabo y desarrollar la «experiencia», pero era un mero instrumento. Como apunta Ormaetxea, «el capital perdió importancia sensiblemente, tanto por las circunstancias favorables del comportamiento de la economía, como por el enaltecimiento simétrico que había entronizado al trabajo como principal factor acreedor a la soberanía y a la riqueza generada»[182]. También el Papa Francisco se ha pronunciado recientemente en relación con el carácter secundario que debe asignarse al capital: «*cuando el dinero se convierte en el fin y la razón de cualquier actividad e iniciativa, prevalece la visión utilitaria y la lógica salvaje del lucro que no respeta las personas*»[183].

Con todo, Arizmendiarrieta era consciente de la realidad económica y sabía que incidir de forma excesiva y sin limitaciones en el carácter subordinado del capital, podía suponer la condena de la cooperativa a la única alternativa de la autofinanciación, por lo que no se empecinó en esa visión negativa del capital, afirmando que «hacer cooperativismo no es hacer lo contrario del capitalismo [...] El cooperativismo debe superarle y para ello debe asimilar sus métodos y resortes con la limitación o supeditación precisa a las exigencias supremas de los valores humanos o personales»[184]. Por eso entendía que, sin perjuicio del carácter subordinado del capital y sus consecuencias, los estatutos debían estar concebidos de forma que fuera factible la disponibilidad de capital hasta el límite de la capacidad de los componentes de la entidad y en su defecto la asimilación de capitales extraños en condiciones apropiadas.

> «Un cooperativismo sin aptitud estructural para atraer y asimilar los capitales al nivel de las exigencias de la productividad industrial es una solución transitoria, una fórmula caduca».

---

[182] Ormaetxea, J. M., «*Los principios cooperativos ...*», *op. cit.*, p. 17.

[183] Palabras pronunciadas por el Papa en el Congreso Mundial de Expertos Contables celebrado en Roma entre los días 10 y 13 de noviembre de 2014. https://www.aciprensa.com/noticias/papa-francisco-si-el-dinero-es-el-fin-prevalece-la-logica-salvaje-del-lucro-24372/, última consulta: 22-06-2015.

[184] http://www.euskomedia.org/PDFAnlt/mono/arizmendiarrieta/lib_08.pdf, CL I 23 (última consulta: 22-06-2015).

5. Participación en la gestión[185]

«Estimamos que el carácter democrático de la Cooperativa no se agota en su vertiente societaria, sino que implica un desarrollo progresivo de la autogestión y consecuentemente de la participación de los socios en el ámbito de la gestión empresarial, lo que, a su vez, requiere:

a) El desarrollo de los mecanismos y cauces de participación adecuados.

b) La transparencia informativa en relación a la evolución de las variables básicas de gestión de la Cooperativa.

c) La práctica de métodos de consulta y negociación con los socios trabajadores y sus representantes sociales en las decisiones económicas, organizativas y laborales que les conciernan o afecten.

d) La aplicación sistemática de planes de formación social y profesional de los socios.

e) El establecimiento de la promoción interna como vía básica para la cobertura de los puestos con mayor responsabilidad profesional».

También en este caso Arizmendiarrieta se refiere expresamente a «la participación de todos los miembros en el gobierno o control de la cooperativa», como reflejo del carácter social de este tipo de empresa. Frente a la práctica más generalizada de las sociedades por acciones en las que la soberanía descansa en quienes detentan el capital (a más participación accionarial, más poder para desarrollar la gestión), Arizmediarrieta tenía claro que la cooperativa era una sociedad de personas, con iguales derechos para gestionar su empresa. Pero al mismo tiempo, consideraba fundamental aunar este principio de participación, con el de unión y colaboración: todos los socios desean gestionar su cooperativa y aspiran a que sus criterios sean tenidos en cuenta, pero deben hacerlo de forma responsable, porque los intereses y el destino de cada uno están enlazados a los de los otros

«La cooperación convoca a los hombres a una obra colectiva, pero deja a cada uno su responsabilidad. Es el desarrollo del individuo, no contra los demás, sino con los demás».

6. Solidaridad retributiva[186]

«Proclamamos la retribución suficiente y solidaria como un principio básico de su gestión, expresada en los términos de:

a) Suficiente, acorde con las posibilidades reales de la Cooperativa.

b) Solidaria, materializada:

---

[185] *TU Lankide*, suplemento especial marzo 2005 (http://www.tulankide.com/es/revista/marzo-2005; última consulta 22-06-2015).

[186] *TU Lankide*, suplemento especial abril 2005 (http://www.tulankide.com/es/revista/abril-2005; última consulta 22-06-2015).

— En el ámbito interno, en la existencia de un marco solidario de retribuciones al trabajo.
— En el ámbito externo, en el criterio de que la remuneración interna sea homologable con los trabajadores asalariados del entorno sectorial y, en su caso, territorial, salvo manifiesta insuficiencia de la política salarial en el mismo.
— A nivel de la Corporación MCC, en la existencia de un marco laboral solidario tanto en cuanto a la retribución del trabajo como en cuanto al horario de trabajo anual para todas las Cooperativas pertenecientes a la misma».

Tal y como hemos mencionado más arriba, dos de los elementos de la «trilogía dogmática» que inspira el movimiento cooperativo, según Arizmendiarrieta, son, precisamente la solidaridad y la distribución de los resultados. El trabajador debe participar en los resultados que genera su esfuerzo, conforme a un criterio equitativo: el valor aportado. Al inicio de la «experiencia cooperativa» observó que las diferencias remunerativas en las empresas eran notorias y discriminatorias y que en las capas más bajas los salarios eran insuficientes para atender a las necesidades más elementales de los trabajadores, por lo que se planteó un «cambio de estructuras» que evitara el establecimiento de clases. No mencionó expresamente la «solidaridad retributiva», pero sí que «el beneficio debe ser proporcional al servicio prestado»[187], estableciendo una horquilla con diferentes niveles en función del esfuerzo y del valor añadido generado. En cualquier caso, el concepto retributivo es una materia siempre tensa, que requiere la aplicación simultánea de otro de los grandes principios cooperativos, la solidaridad, para que se haga realidad la renuncia individual al enriquecimiento personal.

> «El elemento constante de la formulación cooperativa, tanto teórica como práctica, es la solidaridad».

7. Intercooperación[188]

> «Consideramos que, como aplicación concreta de solidaridad y requisito de eficacia empresarial, el principio de Intercooperación debe manifestarse:
> *a)* Entre Cooperativas individualmente consideradas, a través de la constitución de Agrupaciones tendentes a la creación de un régimen sociolaboral homogéneo, incluida la reconversión común de Resul-

[187] http://www.euskomedia.org/PDFAnlt/mono/arizmendiarrieta//lib_10.pdf, CL III 65 (última consulta: 22-06-2015).

[188] *TU Lankide*, suplemento especial mayo 2005 (http://www.tulankide.com/es/revista/mayo-2005; última consulta 22-06-2015).

tados, la regulación de transferencias de socios trabajadores y la búsqueda de las sinergias potenciales derivadas de la dimensión conjunta.

b) Entre Agrupaciones, mediante la constitución y gestión democrática, en beneficio común, de entidades y órganos de supraestructura.

c) Entre la Experiencia Cooperativa de Mondragón y demás organizaciones cooperativas vascas, con el fin de potenciar el Movimiento Cooperativo Vasco.

d) Con otros movimientos cooperativos del Estado, Europeos y del resto del mundo, realizando acuerdos y estableciendo órganos conjuntos dirigidos a propiciar el desarrollo común».

Arizmendiarrieta no se refirió a la intercooperación como principio, pero en los orígenes del movimiento que él propulsó ya se observaban realizaciones que evidenciaron el grado de interrelación cooperadora de la «experiencia»: comienzo de la Escuela Profesional en 1943, creación de la primera cooperativa con cinco de sus alumnos doce años más tarde, instauración de Caja Laboral Popular y de Lagun Aro como instituciones de coordinación y apoyo... Se ha afirmado que esa interrelación no respondía a simples situaciones coyunturales de necesidad, sino que se trataba de una prolongación del principio de solidaridad (Martínez Charterina, véase capítulo anterior), ó que Arizmendiarrieta sí se planteaba una «intercooperación interna», pero no la «intercooperación externa» con cooperativas ajenas al Grupo Mondragón (Ormaetxea[189]), probablemente porque en aquel momento aún no se había iniciado el proceso de globalización y no se daba una especial necesidad de expansión. En cualquier caso, Arizmendiarrieta sí habló insistentemente de «unión», «colaboración» y «cooperación» y, teniendo en cuenta su cualidad de visionario del futuro, probablemente al hacerlo también se planteaba la posibilidad de esa intercooperación externa, que superara fronteras conceptuales y territoriales.

> «Es arriesgado hacer de cada cooperativa un mundo cerrado. Tenemos que pensar en la solidaridad intercooperativa como único recurso para, mediante la misma, salir al paso de otros problemas de crecimiento y madurez: hay que pensar en un espacio vital adecuado a las circunstancias».

8. Transformación social[190]

«Manifestamos nuestra voluntad de transformación social solidaria con la de otros pueblos, a través de su actuación en el marco de Euskal

---

[189] Ormaetxea, J. M., «*Los principios cooperativos ...*», *op. cit.*, p. 32.

[190] *TU Lankide*, suplemento especial junio 2005 (http://www.tulankide.com/es/revista/junio-2005; última consulta 22-06-2015).

Herria en un proceso de expansión que colabore a su reconstrucción económica y social y a la edificación de una sociedad vasca más libre, justa y solidaria, mediante:

a) La reinversión de una proporción mayoritaria de los Excedentes Netos obtenidos, destinando una proporción significativa a los Fondos de carácter comunitario, que permita la creación de nuevos puestos de trabajo en régimen cooperativo.

b) El apoyo a iniciativas de desarrollo comunitario, mediante la aplicación del Fondo de Obras Sociales.

c) Una política de Seguridad Social coherente con el sistema cooperativo, basado en la solidaridad y responsabilidad.

d) La cooperación con otras instituciones vascas de carácter económico y social, y especialmente las promovidas por la clase trabajadora vasca.

e) La colaboración en la revitalización del euskara como lengua nacional y, en general, de los elementos característicos de la cultura vasca».

Tampoco en este caso el principio recogido en los «Principios Básicos de la ECM» es reproducción exacta y literal de un principio arizmendiano, pero sí del objetivo central y de la esencia de todo su proyecto: si algo tenía claro este sacerdote cuando, recién ordenado, pisó Mondragón en 1941 era, precisamente, su deseo de transformar aquella sociedad. En sus sermones recordaba que «*Cristo, prototipo del hombre nuevo, quiso transformar el mundo antiguo; pero no se propuso hacerlo saltar con violencia, sino cambiarlo en el interior, transformar el espíritu del hombre. [...] Cristo no intenta, para hacer crear una Humanidad dichosa, hacer explotar el antiguo orden económico y social, sino perfeccionar al hombre, ennoblecerlo, y así el hombre mismo establecerá un orden social más digno y justo* »[191]. En esa línea, Arizmendiarrieta desarrolló catorce años de obra social, con una única finalidad: transformar la sociedad. Predicaba la utopía de una sociedad igualitaria y justa, construida mediante la unión y la solidaridad entre todos, y para ello, llamó a los jóvenes obreros a liderar ese proyecto de transformación social, inculcándoles una sólida formación, a fin de que dieran ejemplo y alentaran a los demás a avanzar en el camino de la cooperación, con la meta final de un nuevo orden social.

> «La Cooperación es una auténtica integración del hombre en el proceso económico y social, que configura un nuevo orden social; los cooperativistas deben concurrir hacia este objetivo final a una con todos los que tienen hambre y sed de justicia en el mundo del trabajo».

---

191 http://www.euskomedia.org/PDFAnlt/mono/arizmendiarrieta//lib_02.pdf, SSI 13 (última consulta: 22-06-2015).

9. Carácter universal[192]

«Como expresión de su vocación universal, proclamamos nuestra solidaridad con todos los que laboran por la democracia económica en el ámbito de la «Economía Social», haciendo suyos los objetivos de Paz, Justicia y Desarrollo, propios del Cooperativismo Internacional».

Cuando Arizmendiarrieta promovió la creación de la primera empresa cooperativa no pensó en el carácter universal de la ECM y sus principios, ni en el cooperativismo internacional. Su objetivo y el de los pioneros de Mondragón fue simplemente el de poner en marcha un «ensayo de empresa», que fuera ejemplificador, en el que los trabajadores fuesen a la vez empresarios, en una organización democrática, para lograr la mayor justicia posible. No estudiaron el cooperativismo internacional ni otros modelos con los que relacionar su empresa, porque sólo pretendían «experimentar» con un nuevo modelo de empresa humanista con capacidad transformadora. Fue posteriormente, cuando la «experiencia» se desarrollaba en dimensión y potencialidad y convivía con otras iniciativas semejantes, cuando comenzó a compartir realidades y sentimientos de afinidad, dando pasos hacia la intercooperación. No obstante, los pioneros nunca hicieron hincapié en esa «universalidad» y, como bien apunta Ormaetxea, «fueron sobre todo los demás estudiosos del sistema, en particular del mundo anglosajón, los que hicieron situar al Grupo Cooperativo Mondragón en las referencias de las empresas socialmente ejemplificadoras por los éxitos logrados a través del cooperativismo de trabajo asociado»[193]

En cualquier caso, a pesar de que Arizmendiarrieta no hablara del carácter universal de la ECM en concreto, sí que mencionó la universalidad consustancial al ser humano, la existencia de un horizonte universal, de intereses comunes universales en el tiempo y en el espacio..., elementos que hacen pensar más allá del yo y confluyen en el principio vertebrador de la solidaridad.

«Nada humano me es extraño, dijo ya e/ filósofo precristiano. Un hombre digno debe sentir vergüenza de ser y vivir como rico en un mundo de 2.000 millones de hombres mal alimentados».

10. Educación[194]

«La Experiencia Cooperativa de Mondragón manifiesta que para promover la implantación de los anteriores Principios es fundamental la de-

---

[192] *TU Lankide*, suplemento especial julio 2005 (http://www.tulankide.com/es/revista/julio-2005; última consulta 22-06-2015).

[193] Ormaetxea, J. M., «*Los principios cooperativos ...*», *op. cit*., p. 41.

[194] *TU Lankide*, suplemento especial septiembre 2005 (http://www.tulankide.com/es/revista/septiembre-2005; última consulta 22-06-2015).

dicación de suficientes recursos humanos y económicos a la Educación, en sus diversas vertientes:

a) Cooperativa, del conjunto de los socios y en especial de los elegidos para los órganos sociales.

b) Profesional, en especial de los socios designados para los órganos directivos.

c) En general, de la juventud, propiciando el surgimiento de hombres y mujeres cooperadores, capaces de consolidar y desarrollar la Experiencia en el futuro».

Éste fue un principio clave también en el pensamiento de Arizmendiarrieta, tal y como ha quedado expuesto. Él proponía integrar al hombre en el proceso económico-social que configurara un nuevo orden, pero era consciente de que sus mensajes no eran comprendidos y chocaba con la indiferencia de quienes le escuchaban. Sus propuestas iban en contra del modelo corriente de comportamiento en aquella sociedad y pronto comprendió que, para que sus ideas calaran y sus semillas dieran fruto, debía avivar las sensibilidades y percepciones de aquéllos a quienes se dirigía, formándoles adecuadamente. En sus escritos son muy numerosas las referencias a la formación, como ya hemos visto. No las traeremos nuevamente a colación, pero sí incidiremos en que en la propuesta de Arizmendiarrieta se hablaba de una formación «integral»: formación profesional (hombres y mujeres con capacidad técnica), cooperativa (cultura cooperativa como modelo singular de relaciones sociales) y moral (hombres y mujeres cristianos). En la actualidad, sin embargo, superado el objetivo arizmendiano de «recristianización» de la sociedad mondragonesa, observamos que en la redacción actual este décimo principio únicamente hace referencia a los dos primeros aspectos de la formación, sin hacer ninguna mención expresa a la formación moral o a la orientación cristiana, lo que no significa que dicha orientación se haya dejado totalmente de lado, tal y como expondremos en el próximo apartado.

> «Se ha dicho que el cooperativismo es un movimiento económico que emplea la acción educativa, pudiendo también alterarse la definición afirmando que es un movimiento educativo que utiliza la acción económica».

Estos diez Principios Básicos de la Experiencia Cooperativa de Mondragón están relacionados entre sí y el orden de citación de los mismos no establece ningún criterio de priorización. Por el contrario, coincidimos con la valoración ofrecida en «*Modelo de Gestión Corporativo*»[195],

---

[195] AAVV. (2012, 5ª ed.). *Modelo de Gestión Corporativo*, Gipuzkoa Mondragon Corporation, p. 17 (http://www.mondragon-corporation.com/wp-content/themes/mondragon/docs/Modelo-de-Gesti%C3%B3n-Corporativo-MONDRAGON.pdf; última consulta: 11-06-2015).

según la cual la «educación» sería precisamente el principio central, por ser el más transversal que alimenta y se alimenta de todos los demás, junto con la «soberanía del trabajo». Ambos se arroparían con los otros cinco principios que tienen un carácter interno a la propia Cooperativa: «carácter instrumental y subordinado del capital», «organización democrática», «libre adhesión», «participación en la gestión» y «solidaridad retributiva». Los tres restantes guardarían relación con la actuación de la Cooperativa hacia el exterior: «intercooperación», «transformación social» y «carácter universal».

Por otra parte, junto a los principios, en la página web también se mencionan una serie de valores corporativos que, al igual que ocurre con los valores cooperativos generales desarrollados en el capítulo anterior, aportan un sentido de dirección común a todas las personas y unas líneas directrices en la tarea diaria. En su formulación actual, aprobada en el Congreso celebrado en mayo de 1999, se ha reducido su número a sólo cuatro, intentando facilitar su comunicabilidad, asunción y vivencia real[196]

- **Cooperación.** *«Propietarios y protagonistas».*
  Los cooperativistas son, efectivamente, propietarios y protagonistas, que trabajan en algo propio y consideran la empresa como suya. Por lo tanto, deben implicarse en un proyecto común, compartiendo ideas, objetivos, medios e intereses. Cuanto mayor sea esa cooperación entre sus miembros, mejores serán los resultados empresariales.
  Arizmendiarrieta no ha propuesto un listado de valores cooperativos como tal, y cuando ha hablado de «valores» se ha referido más concretamente a valores morales: *«valores del espíritu»*, a los que, según su opinión, no se les ha prestado la debida atención[197], *«valores superiores»* sólo alcanzables mediante la austeridad[198], o *«valores humanos»*, echados en el olvido cuando el hombre deja de creer en

---

[196] También en este caso la página web ofrece una versión excesivamente resumida (que exponemos entrecomillada y en cursiva, http://www.mondragon-corporation.com/sobre-nosotros/gobernanza/mision-vision-valores/; última consulta: 11-06-2015), por lo que intentaremos completarla con una pequeña síntesis de lo establecido en el Congreso. Además, relacionaremos estos valores con las reflexiones de Arizmendiarrieta al respecto.

[197] *«la Iglesia reprueba el que tengamos que ver [...] la muchedumbre incontable de quienes careciendo de toda seguridad directa o indirecta de su propia vida, no ponen ningún interés en los elevados y verdaderos valores del espíritu, cerrándose a las aspiraciones hacia una libertad justa y arrojándose al servicio de cualquier partido político, esclavos de cualquiera que les prometa de alguna manera pan y tranquilidad»*, http://www.euskomedia.org/PDFAnlt/mono/arizmendiarrieta//lib_01.pdf, CAS 50 (última consulta: 22-06-2015).

[198] *«Los mejores valores, los valores indiscutiblemente superiores como son la verdad, la justicia, el orden, la rectitud y honestidad moral no se pueden salvar más que*

Dios[199]. No obstante, a pesar de no ofrecer ese listado de valores cooperativos, sí menciona que en el cooperativismo existen una serie de valores permanentes sobre los que se ha de reflexionar debidamente[200].
Con respecto a la «*Cooperación*», en el discurso de Arizmendiarrieta constituye más que un valor: es la esencia, el leitmotiv de su pensamiento y de su obra, como él mismo reconoce: «*Nuestro criterio prevalente de hoy es acción y cooperación. Acción porque entendemos que lo que pudiéramos hacer hoy nosotros no deben hacerlo mañana otros […]. Cooperación porque nos sentimos en concierto íntimo con las personas tanto físicas como morales sensibles a los requerimientos del bien común y máxime con las instituciones sociales alumbradas respondiendo a tales aspiraciones*»[201]. Su objetivo no era otro que promover y lograr un desarrollo continuo y progresivo, transformador de la sociedad, mediante una cooperación leal y socialmente compartida. En definitiva, consideraba la cooperación como el conducto y el medio a través del cual se podía obtener eficiencia, competencia y capacidad de vivir en progreso y bienestar[202].

- **Participación.** «*Compromiso en la gestión*».
El elemento diferenciador del modelo socio-empresarial de las empresas de MONDRAGÓN es la participación de sus miembros en el capital, los resultados y la gestión. Se trata no sólo de un derecho, sino de una obligación y exigencia de compromiso mutuo.
También Arizmendiarrieta tuvo claro la importancia de este valor, tal y como se ha expresado al referirnos a los principios 5 y 6, por lo que no nos extenderemos en su exposición. Bastará con traer aquí a

por este camino de austeridad, de penitencia», http://www.euskomedia.org/PDFAnlt/mono/arizmendiarrieta//lib_02.pdf, SS I 121 (última consulta: 22-06-2015).

199 http://www.euskomedia.org/PDFAnlt/mono/arizmendiarrieta//lib_02.pdf, SS I 142 (última consulta: 22-06-2015).

200 «*Todos debemos reflexionar más que en lo que circunstancialmente pudiera parecernos el cooperativismo en lo que ésta contiene de valores permanentes, susceptibles de adoptar y considerar como presupuestos en nuestra vida, económica y social*», http://www.euskomedia.org/PDFAnlt/mono/arizmendiarrieta//lib_11.pdf, FC I 47 (última consulta: 22-06-2015); «*el Cooperativismo, afirmando su exigencia básica e irrenunciable, que consiste en adoptar para la conducción y administración de la actividad humana los valores superiores, su inspiración y consiguiente servidumbre, tiene plena actualidad en el ámbito de la organización socio-económica*», http://www.euskomedia.org/PDFAnlt/mono/arizmendiarrieta//lib_11.pdf, FC I 58 (última consulta: 22-06-2015).

201 http://www.euskomedia.org/PDFAnlt/mono/arizmendiarrieta//lib_11.pdf, FC I 46 (última consulta: 22-06-2015).

202 «*Si hay cooperación podemos ser solidarios y si tenemos solidaridad podemos progresar sin amos, es decir, en régimen de libertad y de justicia, emancipación social y económica*», http://www.euskomedia.org/PDFAnlt/mono/arizmendiarrieta//lib_12.pdf, FC II 123 (última consulta: 22-06-2015).

colación su definición de la «*Experiencia*» y su planificación de la misma: «*La Experiencia es un empeño apoyado en el compromiso y participación directa de sus propios protagonistas*»[203]; «*nuestro plan precisa, como todo plan, no estar destinado a embaucar a ingenuos, sino a un compromiso de participación; participar en todo lo que fuere participable o deseable; en la colaboración, en el mando, en el gobierno, Por eso hemos de ser protagonistas siempre y en todo y demócratas ahora y luego*»[204].

- **Responsabilidad social.** «*Distribución solidaria de la riqueza*»
La actividad llevada a cabo en la cooperativa constituye un medio de obtención de rentas para quien la realiza, pero también incide en el entorno más próximo (resto de miembros de la cooperativa) como en el no tan próximo (desarrollo del pueblo). Por lo tanto, la riqueza creada debe distribuirse solidariamente, atendiendo a intereses colectivos (aunque hubiera que renunciar a una posible mejora del patrimonio individual) y al compromiso social, que exige la protección, respeto y mejora del entorno medioambiental.
No hallamos referencias expresas a este valor en los escritos de Arizmendiarrieta, salvo cuando se refiere a la formación en la Escuela Profesional, donde los estudiantes debían transformarse en trabajadores «con total implicación económica y social y plena responsabilidad social y humana en la conducción de su empeño»[205]. No obstante, a pesar de no ser numerosas las referencias a la «responsabilidad social» en la literalidad de sus textos, de su pensamiento y obra se deduce que siempre fue un hombre en permanente actitud de escucha y atención a la vida, de observación y preocupación por el entorno social, al que intentaba dar respuesta en los diferentes momentos de su apostolado, intentando mejorarlo[206].

- **Innovación.** «*Renovación permanente*»
El progreso empresarial, la mejora de las prestaciones ofrecidas exigen una renovación continua, una actitud de búsqueda permanente de nuevas opciones, por lo que también las actividades de forma-

[203] http://www.euskomedia.org/PDFAnlt/mono/arizmendiarrieta//lib_12.pdf, FC II 150 (última consulta: 22-06-2015).

[204] http://www.euskomedia.org/PDFAnlt/mono/arizmendiarrieta//lib_12.pdf, FC II 164 (última consulta: 22-06-2015).

[205] http://www.euskomedia.org/PDFAnlt/mono/arizmendiarrieta//lib_11.pdf, FC I 112 (última consulta: 22-06-2015).

[206] «*Mano con mano, mente con mente, renovados unidos en el trabajo, por medio del trabajo, en nuestra pequeña tierra crearemos para todos entornos más humanos y mejoraremos esta tierra*», http://www.euskomedia.org/PDFAnlt/mono/arizmendiarrieta//lib_08.pdf, CL I 180 (última consulta: 22-06-2015).

ción deben estar orientadas a generar hábitos de búsqueda de nuevos conocimientos.

La innovación fue una preocupación constante en el pensamiento de arizmendiano, aunque no recibiera expresamente el calificativo de «valor». Constituía una exigencia constante en su nuevo formato de empresa, como él mismo manifestaba: *«La innovación ha constituído una perenne exigencia en esta experiencia, tanto en la adopción de los programas de trabajo como en las instalaciones e utillaje y regulación de las más diversas facetas de la organización»*[207]. Se trataba de un objetivo primordial, cuyo estudio y forma de materialización demandó la máxima atención del promotor de la «experiencia».

Por último, a pesar de no aparecer expresamente recogido en la formulación de los valores cooperativos de MONDRAGÓN del Congreso de 1999, consideramos necesaria la mención de un valor fundamental que está latente en la ECM desde sus inicios (y en la empresa cooperativa en general). Nos referimos a la *democracia*, porque si algo supuso la «experiencia» fue precisamente el tránsito del absolutismo patronal a la democracia social. En Mondragón se creó un nuevo estado de conciencia, una nueva cultura, a través de la humanización del poder, de la democracia en lo económico y de la solidaridad. Democracia que se define como *«un recurso de selección de los mejores para el gobierno propio y el imperativo del acatamiento espontáneo y riguroso a las órdenes de los hombres del mando, quienes deberán ofrecer una gestión eficaz»*[208] y que se considera como presupuesto indispensable para poder actuar humana, consciente y libremente. En suma, la democracia constituye un valor esencial en la propuesta arizmendiana, entendida como democracia real, con participación directa de los interesados en la gestión y desenvolvimiento de la empresa.

Vista la formulación actual de los principios y valores de Mondragón y a modo de síntesis gráfica, finalizaremos este apartado utilizando nuevamente la tabla que relaciona la DSI con los principios y valores cooperativos, incluyendo nuevas columnas que reflejen, por una parte, los valores de la «experiencia cooperativa» mencionados por Arizmendiarrieta y, por otra los principios y valores de MONDRAGÓN en su actual formulación.

---

207 http://www.euskomedia.org/PDFAnlt/mono/arizmendiarrieta//lib_10.pdf, CL III 108 (última consulta: 22-06-2015).

208 http://www.euskomedia.org/PDFAnlt/mono/arizmendiarrieta//lib_11.pdf, FC I 55 (última consulta: 22-06-2015).

Tabla 4

DSI	DOCTRINA COOPERATIVA		PENSAMIENTO ARIZMENDIARRIETA			MONDRAGÓN	
Principios	*Principios*	*Valores*	*Ideas*	*Principios*	*Valores*	*Principios*	*Valores*
Dignidad humana (RN, QA, OA, LE, CA, PT, GS, MM)	—Adhesión libre y voluntaria —Gestión democrática	—Igualdad —Democracia	—Personalismo: el hombre y su dignidad la base de todo (SS II, EP I) —Requisito de la justicia (SS I) —Dignidad que «se crea» (CL I)	—Libre adhesión	—Cooperación —Democracia	—Libre adhesión —Organización democrática —Participación en la gestión	—Cooperación —Democracia
Bien común (MM, GS)	—Interés por la comunidad	—Vocación social	—Base de la «justicia general» o legal y, en definitiva, de la «justicia social» (CAS) —Concepto colectivista de la existencia humana (SS I)	—Interés por la comunidad —Solidaridad	—Entorno más humano	—Transformación social	—Responsabilidad social
Destino universal de los bienes (GS, CA, EG, SRS)	—Interés por la comunidad (interés por el desarrollo sostenible de la comunidad: preocupación por el medio ambiente)	—Ayuda mutua —Solidaridad —Vocación social	—Limitación del derecho de propiedad (CAS, FC I) —Utilización de bienes con ponderación del bien común (FC I) —Necesidad de socializar algunos bienes (CAS)	—Interés por la comunidad —Solidaridad	—Entorno más humano		—Responsabilidad social

Tabla 4

DSI	DOCTRINA COOPERATIVA		PENSAMIENTO ARIZMENDIARRIETA			MONDRAGÓN	
Principios	*Principios*	*Valores*	*Ideas*	*Principios*	*Valores*	*Principios*	*Valores*
Solidaridad (RN, LS, MM, PT, GS, PP, SRS, EG)	—Interés por la comunidad —Cooperación entre cooperativas	—Solidaridad —Autoayuda y ayuda mutua	—Palanca de fuerza (FC I) —Necesidad del ser humano (FC II) —Presupuesto para reforma de estructura de empresa (CL III)	—Solidaridad		—Solidaridad retributiva	—Responsabilidad social —Cooperación
Subsidiariedad (QA, MM, PT, CiV, EG)	—Autonomía e independencia		—Promoción de inferiores (FC I) —Empresa pública (CL III) —Presupuesto para reforma de estructura de empresa (CL III)	—Subsidiariedad			
Participación (MM, PT, CA, CiV, GS)	—Gestión democrática —Participación eco	—Igualdad —Democracia	—Participación, revolución: participación en la comunidad (CL) —participación en beneficios y en la gestión cooperativa (FC I)	—Participación en beneficios y en la gestión	—Cooperación —Participación —Democracia	—Participación en la gestión —Solidaridad retributiva —Organización democrática	—Cooperación —Participación —Democracia
Primacía del trabajo sobre el capital (RN, LE)	—Participación económica —Gestión democrática	—Igualdad —Democracia	—Trabajo, elemento más noble, antiguo y humano (CAS) —Nuevo modelo de empresa (FC I) —La persona, motor y fin de la economía (FCII)	—Primacía del trabajo sobre el capital	—Democracia	—Soberanía del trabajo —Carácter instrumental y subordinado del capital	—Democracia

Tabla 4

DSI	DOCTRINA COOPERATIVA		PENSAMIENTO ARIZMENDIARRIETA			MONDRAGÓN	
Principios	*Principios*	*Valores*	*Ideas*	*Principios*	*Valores*	*Principios*	*Valores*
Educación e intercoopera—ción (MM)	—Educación formación e información —Cooperación entre cooperativas	—Solidaridad	—Educación y trabajo pueden cambiar al ser humano (EP) —Educación: herramienta para recristianizar la sociedad (CAS) —Saber es poder (CL III) —Educación Profesional y educación permanente —Solidaridad intercooperativa (CL III)	—Formación	—Innovación	—Intercooperación —Educación	—Innovación

*Fuente: elaboración propia

5.2. Persistencia en la actualidad de los mencionados principios y valores. Perspectivas de futuro

A través del análisis del pensamiento y obra de Arizmendiarrieta hemos pretendido poner de manifiesto las raíces cristianas de la Experiencia Cooperativa de Mondragón y su potencialidad para promover y difundir la DSI. Pero ¿cuál es la situación en la actualidad, 40 años después del fallecimiento del gran ideólogo? ¿Persisten sus enseñanzas? ¿Se mantiene el substrato cristiano? ¿Es posible que pensamientos de hace 50 años nos puedan inspirar sobre posibles cambios para afrontar la nueva situación y sentar las bases de otros 50 años aportando soluciones prácticas? Recurriremos a una máxima de Arizmendiarrieta para ofrecer esa primera respuesta: «*La empresa: objetivo permanente*[209]. La empresa cooperativa debe ser un ente en permanente proceso evolutivo porque el signo de la vitalidad no es durar, sino renacer y adaptarse y ese deber ser el gran reto del modelo cooperativo: adaptarse a las circunstancias de cada momento.

Es obvio que la realidad actual poco tiene que ver con la que Arizmendiarrieta vivió. Él pretendía humanizar al hombre humanizando el trabajo. Hoy, para poder humanizar el trabajo, primero hay que crearlo, y no es tarea fácil. El discurso moral pierde eficacia y relevancia ante la carencia de necesidades materiales básicas como el trabajo y sus efectos colaterales (falta de liquidez, desahucios...). La situación de necesidad que vive gran parte de la población, junto con anteriores cambios de condiciones que ya había traído el nuevo siglo[210], conllevan el riesgo de priorizar en exceso los aspectos materiales y desviarnos de la esencia espiritual de la fórmula cooperativa.

Sin embargo, no es la primera vez que la experiencia cooperativa de Arizmendiarrieta se enfrenta a una situación de crisis, crisis de valores y de resultados. Según ALTUNA y URTEAGA[211], el discurso moral inicial fue perdiendo fuerza entre los cooperativistas prácticamente desde el inicio del despegue industrial y el cambio social de valores a él asociado. Así, en la década de los ochenta, del personalismo cristiano propuesto por Arizmendiarrieta se transita hacia los modelos nórdicos de democracia in-

---

209 http://www.euskomedia.org/PDFAnlt/mono/arizmendiarrieta/lib_10.pdf, CL III 49; última consulta: 11-06-2015.

210 JIMÉNEZ BREA, en una intervención en Roma el 16 de octubre de 2012 con motivo de la canonización de Arizmendiarrieta, mencionaba «el consumismo, la excesiva competitividad convertida en ideología o la deslocalización y subcontratación a otras partes del planeta, en un modelo de globalización insostenible», como retos del cambio de siglo que nos han llevado a la actual crisis, no sólo financiera, sino también social, ecológica y espiritual. http://www.canonizacionarizmendiarrieta.com/es/noticias/intervencion-de-jose-luis-jimenez-brea-en-roma-el_33.html; última consulta: 11-06-2015.

211 ALTUNA R. y URTEAGA E. (2014). «Los inicios de la Experiencia Cooperativa de Mondragón», en *REVESCO, Revista de Estudios Cooperativos*, n.º 115, p. 126.

dustrial que, sin embargo, no tuvieron el desarrollo esperado debido en gran medida a que en su implantación no se tuvieron en cuenta las diferencias culturales existentes, siendo una de las claves a considerar en estos procesos.

En ese momento, durante la crisis de los 80, se realizaron grandes esfuerzos y sacrificios por parte de los trabajadores, dando lugar a profundos aprendizajes que perdurarán en el tiempo. Frente a las soluciones habituales de cierres de empresas y regulaciones masivas de empleo, las cooperativas de Mondragón hicieron frente a la crisis utilizando otro tipo de medidas: calendarios móviles a la baja, congelación de anticipos, reubicaciones, prejubilaciones... Todo lo que fuera necesario para conservar los empleos. Así, el modelo cooperativo había pasado por una dura prueba de la cual salió fortalecido. Se había pasado por un periodo crítico pero en conjunto el Grupo había crecido, al contrario de lo ocurrido en el resto de la industria. Para ello, todos habían realizado sacrificios, pero eso formaba parte de las reglas del juego que, si en otros momentos les había permitido obtener grandes resultados económicos en la actualidad, les exigía esfuerzos suplementarios. El modelo cooperativo había pasado su prueba de fuego y había encontrado los mecanismos internos para hacerles frente. Sin embargo, el cooperativismo se había dado cuenta de que el discurso moral y la orientación cristiana no lo era todo. El aspecto económico, la orientación al mercado y la necesidad de una mayor agresividad se afianzó fuertemente en el Grupo y los aspectos ideológicos perdieron posiciones.

Con esta percepción, se concluyó la década de los ochenta y el cooperativismo estaba ya dispuesto a iniciar, de manera pionera, su proceso de internacionalización, con una nueva estructura organizativa: MCC. De nuevo se tuvo que pasar una fase de transición y adaptación, porque la división sectorial tuvo sus luces y sus sombras y no fue bien acogida por todos los implicados. Hoy día, sin embargo, la valoración es positiva a la vista de los frutos obtenidos con posterioridad, pero el entorno económico mundial ha cambiado de nuevo de forma espectacular, por lo que serán necesarios cambios mayores.

Corremos el riesgo de acabar olvidando el espíritu inicial que animó el proyecto cooperativo para, ante el acoso de las necesidades, hacerse fuerte en estrategias de pura eficacia. Pero no hemos de olvidar que el cooperativismo arizmendiano es ante todo un pensamiento, una actitud humana y social, es el reconocimiento de unos principios y de unos ideales, que deben mantenerse vivos. Desde tiempo atrás se viene defendiendo la virtualidad del modelo cooperativo como fórmula idónea para hacer frente a la crisis[212], pero la problemática de FAGOR Electrodomésticos ha supuesto un duro revulsivo, marcando un punto de inflexión en la

[212] Como vimos en el capítulo anterior, MM ya mencionaba la empresa cooperativa como *«categoría laboral que contribuye eficazmente al progreso»* y en la

historia y recorrido de la ECM. Tras la crisis financiera mundial que a partir de 2009 afectó también a la economía española, se seguía manteniendo esa afirmación en favor de la empresa cooperativa como alternativa para salir de la misma[213]. En 2013, sin embargo, con el episodio de FAGOR saltaron las alarmas y se cuestionó duramente el modelo cooperativo aunque también se escucharon argumentos y exposiciones en su defensa, como ya se ha visto. Con todo, está claro que aun manteniendo su vigencia, deben modificarse aspectos relevantes, tal y como ha mencionado SOTIL, actual presidente de la Corporación Mondragón, en un artículo publicado en la edición digital de El economista recientemente (mayo 2015), afirmando que los valores del mundo cooperativo «nos han dado un gran sostén los últimos años», pero ha incidido en que «también hay que ponerlos al día e innovar, ya que las nuevas generaciones no parten de los mismos valores que hace 60 años».

Por lo tanto, la llave puede estar en esa renovación o puesta al día, que ya comenzó en 2005, con reuniones de trabajo con los órganos sociales y directivos de todas las cooperativas del grupo, que propusieron tres ejes de debate: la educación, cooperación/participación y transformación social. Hoy, sin embargo, desde nuestro modesto punto de vista, tal vez la clave esté en una mayor incidencia en los valores con una orientación cristiana más nítida: solidaridad, cooperación, interés por la comunidad, todo ello unido, claro está, a nuevos resortes para buscar nuevas soluciones de financiación para el futuro. El grupo empresarial MONDRAGÓN ha demostrado que determinados valores humanistas inspirados en la

---

misma línea Arizmendiarrieta subrayó su potencialidad transformadora de la sociedad.

[213] Los testimonios en ese sentido son muy numerosos. Por ejemplo, el mensaje de la ACI para el día internacional de las Cooperativas (4 de julio de 2009), por ejemplo, estuvo dedicado a la crisis y al modelo cooperativo como respuesta adecuada para superar esta negativa situación. En la misma línea, JUAN MANUEL SINDE, vocal de la Asociación Arizmendiarrieta Lagunak y destacado miembro de Caja Laboral, escribió en 2009 dos artículos sobre MCC y la crisis, subrayando, por una parte las ventajas del modelo cooperativo frente a otras realidades empresariales para hacer frente a la crisis (responsabilidad y capacidad de trabajo de los socios, así como una mejor relación entre el equipo directivo y los trabajadores; («Las fortalezas cooperativas I», en *Euskonews,* 534 zk.; http://www.euskonews.com/0534zbk/gaia53403es.html, última consulta: 29-06-2015), y por otra destacando los puntos fuertes de MCC por el hecho de ser grupo: mecanismos de solidaridad intercooperativa, apoyo de servicios centrales corporativos y apoyo de caja laboral («Las fortalezas cooperativas II», en *Euskonews,* 535. zk.; http://www.euskonews.com/0535zbk/gaia53503es.html, última consulta: 29-06-2015). Por último en la revista *TU Lankide* se publicaron numerosos artículos sobre la crisis en ese mismo sentido entre agosto de 2008 y 31 de mayo del 2009, perfectamente recogidos por ECHÁNIZ, ENCISO, MUGARRA Y PAGOLA en su artículo «La transmisión del valor solidaridad en la opinión pública. El caso de Mondragón Corporación Cooperativa (MCC)», en *Revista COOPERATIVISMO & DESARROLLO*, n.º 96, pp. 73-75, http://dialnet.unirioja.es/servlet/articulo?codigo=3660128; última consulta: 29-06-2015).

Doctrina Social de la Iglesia, lejos de ser un obstáculo para el desarrollo de la empresa, pueden reforzar su competitividad y su sostenibilidad futura.

En esa línea, consideramos que la Experiencia Cooperativa de Mondragón es una experiencia positiva en la que apoyarnos, ejemplo de cómo traducir en práctica la Doctrina Social de Ia Iglesia. Es difícil hablar de valores cristianos cuando falta lo más básico, pero precisamente el recurso a valores como la solidaridad y su efecto multiplicador pueden suponer la solución. El legado de Arizmendiarrieta podría convertirse en referencia valiosa para tratar de encontrar un nuevo modelo de empresa, en el que los valores humanistas y la competitividad no se contrapongan sino que se complementen.

En esa línea, el Congreso General de Mondragón celebrado en noviembre de 2014 presentó el documento «*MONDRAGÓN del futuro*», que reafirma la convicción en la fortaleza y vigencia del modelo cooperativo y de los principios y valores que lo soportan. Sotil reivindicó la validez de la Experiencia Cooperativa e insistió en la necesidad de hacer «*empresa cooperativa*», reviviendo los valores cooperativos; y «*empresa competitiva*», compitiendo en el mundo, apoyada en los instrumentos comunes de intercooperación y solidaridad. Respecto a los cambios más significativos que se proponen en el documento, se hace referencia a la «*Solidaridad exigente transformadora*», que conlleva un mayor protagonismo de las Divisiones para anticipar problemas de competitividad en las cooperativas y una mayor exigencia y rigor por parte de las instituciones corporativas que asignan esos fondos.

Retomamos, para finalizar, los interrogantes con los que iniciábamos este último apartado para intentar ofrecer respuestas: ¿persisten las enseñanzas de Arizmendiarrieta?, ¿es posible que pensamientos de hace 50 años, de honda inspiración cristiana, sirvan para inspirar posibles cambios y aportar soluciones a los problemas que se plantean hoy día?

Nos atrevemos a dar una respuesta afirmativa, aunque matizada, trayendo para ello a colación una frase de la célebre novela *El principito* de Antoine de Saint-Exupéry: «*No hay soluciones a mano, sólo hay fuerzas en la vida que hay que saber aprovechar, y es cuando la solución surge…*». Por lo tanto, aprovechemos las fuerzas existentes hoy día e iniciemos el camino del cambio.

¿Cómo hacerlo? Proponemos a continuación, a modo de colofón del presente capítulo, una serie de posibles pautas, utilizando para ello máximas de Arizmendiarrieta:'

1) «*La persona, fundamento y fin*». Todos los problemas económicos, políticos y sociales se reducen en último término al hombre. El punto de partida de cualquier propuesta o pauta ha de ser siempre el reconocimiento de la persona y su dignidad, entendiendo, como lo ha hecho la ECM, «*que lo social debe acreditarse por lo económi-*

co, no menos que lo económico debe autentificarse por lo social»[214]. Cualquier propuesta de cambio debe suponer una auténtica integración del hombre en el proceso económico y social, configurando un nuevo orden social. Pero se necesitan algunas reformas y, sobre todo, una conversión de mentalidades si se desea que la actividad económica alcance su finalidad humana.

2) «*No lamentos, sino acción*», como reiteraba José María, parafraseando a Pío XII. Hay que actuar, porque lo interesante y la clave no son las cooperativas, sino los cooperativistas, las personas, que no deben considerarse víctimas, sino protagonistas del cambio... El primer interesado en mejorar la empresa será siempre el cooperativista, en su condición de propietario y trabajador de la misma. ¿Qué debe hacer? Volver a la esencia cooperativa, colocándose en el centro de la experiencia y asumiendo el papel protagonista. No obstante, quienes asuman el liderazgo necesitarán una formación específica, lo que nos conduce a la siguiente propuesta.

3) «*Saber es poder*». Vivimos en la denominada sociedad de la información y del conocimiento, circunstancias que deben aprovecharse en un doble sentido.

   En primer lugar, se debe potenciar el conocimiento, a través de una mayor implicación en la educación/formación. Esta educación debe entenderse en sentido amplio, comprendiendo desde luego la formación en principios y valores cooperativos en el ámbito interno, pero también se podría dar un paso más allá y superar el espacio cooperativo, otorgando un mayor peso específico a su estudio en el ámbito académico. La Universidad puede ser una tercera palanca de cambio fundamental, junto con las empresas y la administración, pero dando un paso más allá, proponemos alcanzar un compromiso marco entre la Administración y el resto de agentes del sistema, sobre un nuevo modelo educativo global (comenzando por instancias inferiores y previas a la Universidad), orientado a conseguir ciudadanos competentes, cooperativos, responsables e innovadores, apoyados en la convicción de que el cambio ha de provenir desde abajo y verificarse a medio/largo plazo.

   En segundo lugar, se debe potenciar la información, utilizando las herramientas que la era digital nos proporciona: recurriendo a las páginas web corporativas y gestionando las redes sociales, las empresas cooperativas deben convertirse en agentes de comunicación para transmitir lo que hacen y cómo lo hacen. Sólo de esa forma se conseguirá que la sociedad vea las cooperativas como una alternativa real de cambio. Por otra parte, los medios de comunicación también suponen un factor fundamental en la información: tal vez

---

214 http://www.euskomedia.org/PDFAnlt/mono/arizmendiarrieta/lib_10.pdf, CL III 156; última consulta: 09-07-2015.

se está otorgando un excesivo peso a la libertad de expresión frente a la responsabilidad, creándose un pesimismo generalizado que poco ayuda. Se ha de ser realista y no engañar, por supuesto, pero se puede realizar desde una perspectiva proactiva, en lugar de destacar lo negativo.

4) «*Solidaridad abierta*». Es el momento de explotar todas las vías de colaboración intercooperativa para demostrar definitivamente que la actual situación en general desfavorable pueda ser una oportunidad que coloque nuevamente a las cooperativas en los primeros puestos de la parrilla en estos momentos de reactivación incipiente de la economía.
5) «*Realismo y dinamismo: renovarse o morir*». Ésa es la alternativa aplicable tanto a personas como a instituciones. Si se quiere avanzar hacia un nuevo modelo, es fundamental la innovación, que tanto preocupaba a Arizmendiarrieta. Se deben fomentar proyectos innovadores en cooperación que ayuden a la modernización, la diversificación y la internacionalización, desde una visión estratégica de empresa a medio y largo plazo.

En cualquier caso, como el propio Arizmendiarrieta reconocía, «*las mejores ideas y los mejores proyectos suelen quedar en el plano del ideal cuando no responden los recursos económicos precisos*»[215]. Por lo tanto, todas estas propuestas no serán realmente operativas si no van acompañadas de medidas específicas en el ámbito económico (planes de expansión de la actividad financiera, mayores ventajas fiscales, variaciones en las tasas de interés, incentivos a la responsabilidad social, incremento inversión pública en innovación...) y legal[216], que probablemente sean mucho más difíciles de conseguir, porque escapan de las manos cooperativistas.

---

[215] http://www.euskomedia.org/PDFAnlt/mono/arizmendiarrieta/lib_10.pdf, CL III 19; última consulta: 09-07-2015.

[216] Coincidimos con Vargas, Gadea y Sacristán en que «para que la organización cooperativa pueda ocupar un papel relevante dentro de la actividad económica, es necesario que se le proporcione un régimen legal que le permita actuar en el mercado con idénticas posibilidades que el resto de empresas con las que debe competir», (Vargas C., Gadea E. y Sacristán F. (2015), *Derecho de las sociedades cooperativas. Introducción, constitución, estatuto del socio y órganos sociales*. Madrid: La Ley, p. 23).

CONCLUSIÓN

A modo de reflexión final, concluimos con la reafirmación de la premisa con la que iniciábamos este trabajo. La crisis nos ha presentado una oportunidad irrepetible de discernir y proyectar un nuevo modelo de empresa.

Cabe una salida sostenible de la misma, mediante un rearme ético necesario en el actual sistema económico, factible a través de modelos de empresa basados en valores humanistas, que sitúen a la persona en el centro del proyecto empresarial, permitiendo su participación en la gestión y en los beneficios.

Uno de esos modelos (aunque insistimos en que no el único) podría ser la fórmula cooperativa, que desde nuestro entorno más cercano y a través del Grupo Mondragón, ya ha demostrado que es posible un liderazgo cristiano y competitivo, y que el orden moral y el económico no son órdenes separados, sino necesariamente convergentes. Hoy más que nunca, con la dureza del mercado provocada por la globalización de los procesos económicos y la difícil situación consecuencia de esta larga crisis, se hace realidad la máxima *«la empresa, o es competitiva, o desaparece»*. Pero la Experiencia Cooperativa de Mondragón ofrece resultados que muestran que es posible un liderazgo cristiano y competitivo. Esta «experiencia» o «ensayo» cooperativo ha permitido tangibilizar la importante aportación de la Doctrina Social de la Iglesia al desarrollo sostenible y a la participación de los trabajadores, demostrando que la Doctrina Social es capaz no sólo de establecer principios, sino de inspirar soluciones prácticas, que pueden ofrecer resultados óptimos.

¿Cabe, por lo tanto, discernir acerca del paradigma cooperativo, como alternativa real y competitiva para el cambio, en un mundo dominado por la lógica implacable del capital, donde el desarrollo de los pueblos se ha considerado como un problema de ingeniería financiera, de apertura de mercados, de bajada de impuestos, inversiones productivas, reformas institucionales, en definitiva como una cuestión exclusivamente técnica?

Debemos responder afirmativamente, con importantes matizaciones, eso sí:

- En primer lugar, se ha de tener claro que el cooperativismo no es una panacea, ni el remedio infalible para todos los problemas económicos y sociales, como tampoco lo es ninguna otra doctrina o escuela económica en particular. Por ello, cuando en esta obra hemos defendido el cooperativismo como una alternativa para una salida sostenible de la crisis a medio plazo, no se pretende señalar como «la solución» o tipo de empresa perfecta, sino como una de las posibles vías. Junto a ella situaríamos cualquier modelo de empresa inclusiva y participativa, soportada en unos valores en los que la persona es la clave.
  Como muestra de esta realidad, recientemente se ha presentado una interesante iniciativa autonómica que, tras superar diferentes fases y conseguir las necesarias adhesiones, actualmente se está tramitando en el Parlamento Vasco como proyecto de ley. Se trata de una propuesta avalada por representantes de distintas sensibilidades políticas, sociales y empresariales, designados por los cuatro principales partidos políticos de la CAV, la mayoría de las organizaciones sindicales y empresarios significativos, que coinciden en la conveniencia de reflexionar sobre un nuevo modelo de empresa, un modelo humanista de empresa no necesariamente cooperativo, basado en la dignidad humana de todos los participantes, un modelo inclusivo-participativo que posibilite una estrategia de innovación y que aproveche las capacidades de las diferentes personas que participan en el proyecto. Esta iniciativa comenzó su andadura en 2014 y tras varias jornadas, seminarios y reuniones en las que se ha debatido sobre la forma que debería adoptar el nuevo modelo de empresa, ha sido presentada ante la Comisión de Empleo del Parlamento Vasco y las diferentes Diputaciones Forales y actualmente se encuentra en fase de tramitación como proyecto de ley en el Parlamento Vasco bajo el título *Ley reguladora de la Sociedad Civil Particular de Responsabilidad Limitada para la participación de trabajadores en la empresa*. En el momento en que cerramos este trabajo desconocemos cuál será su evolución, pero hemos considerado interesante plasmar esta iniciativa, porque es una propuesta que avanza en la misma línea que aquí planteamos y demuestra, por lo tanto, su interés y viabilidad práctica.
- En segundo lugar, para que este modelo o cualquier otro semejante resulte operativo, son necesarias medidas complementarias. Es necesario trabajar la cultura para el cambio de modelo y ello no es sólo cuestión de normativa legal. Por el contrario, es condición necesaria disponer de empresarios/as con una sólida formación técnica y humana que garantice una gestión profesionalizada y una cultura organizativa basada en la cooperación, la integración, la solidaridad y la sostenibilidad. En ese sentido es fundamental la formación, sobre todo universitaria, pero no sólo profesional, sino integral. En

esa misma línea se pronunciaba el Papa Francisco recientemente en un discurso pronunciado ante la comunidad universitaria en la Universidad de Quito durante su visita pastoral a Ecuador, Bolivia y Paraguay (3-5 de julio de 2015), «*Nuestros centros educativos son un semillero [...], tierra fértil sedienta de vida [...]. Se ha de velar por que los alumnos desarrollen un espíritu crítico, un espíritu libre, capaz de cuidar el mundo de hoy [...]. Para eso hay que sacarlos del aula, su mente tiene que salir del aula, su corazón tiene que salir del aula. [...] Hay que ayudar a nuestros jóvenes a no identificar un grado universitario como sinónimo de mayor status, sinónimo de mayor dinero o prestigio social, sino como signo de mayor responsabilidad frente a los problemas de hoy en día, frente al cuidado del más pobre, frente al cuidado del ambiente*».

- Con ese tipo de educación y medidas económicas complementarias (incentivos a la responsabilidad social, beneficios fiscales para empresas inclusivas... etc), el cambio será posible, pero está en nuestras manos. Como Arizmendiarrieta decía, «*no lamentos, sino acción*». No somos víctimas, sino actores de la sociedad en que vivimos y, por tanto, responsables de la historia.

En definitiva, el presente estudio abre una posibilidad para el cambio, el comienzo de un recorrido, basándonos en las aportaciones que nos ofrece la Doctrina Social de la Iglesia y la Experiencia Cooperativa de Mondragón que bebe de sus fuentes, siendo plenamente conscientes de las dificultades que se plantean a corto y medio plazo y del carácter un tanto idealista y utópico del planteamiento.

Don Quijote fue condenado al mundo de los locos por haberse atrevido a situar la verdad en la fantasía y tal vez la defensa del paradigma cooperativo y del modelo inclusivo de empresa como posible opción a la salida de la crisis nos sitúe, en opinión de algunos, en el mismo plano, pero considero humildemente que esa opción tiene existencia y viabilidad real, no es una pura fantasía, aunque, tal y como ha quedado expuesto, ofrezca más preguntas e interrogantes que soluciones verdaderas, al menos a corto plazo.

FUENTES DOCUMENTALES

Fuentes primarias

Encíclicas y documentos del magisterio eclesiástico

Rerum Novarum (15.05.1891)
Quadragesimo Anno (15.05.1931)
La Solennità (15.06.1941)
Mater et Magistra (15.05.1961)
Pacem in Terris (11.04.1963)
Constitución Pastoral *Gaudium et Spes* (07.12.1965)
Populorum Progressio (26.03.1967)
Octogesima Adveniens (14.05.1971)
Laborem Exercens (14.09.1981)
Sollicitudo Rei Socialis (30.12.1987)
Centesimus Annus (01.05.1991)
Caritas in Veritate (29.06.2009)
Lumen Fidei (21.07.2013)
Exhortación Apostólica *Evangelii Gaudium* (26.11.2013)
Laudato Si´ (24.05.2015)

Alocuciones pontificias

Radiomensaje *La Solennità*, de Pío XII, de 1 de junio de 1941
http://www.vatican.va/holy_father/pius_xii/speeches/1941/documents/hf_pxii_spe_19410601_radiomessagepentecost_sp.html

Radiomensaje navideño de 24 de diciembre de 1941, de Pío XII
http://www.vatican.va/holy_father/pius_xii/speeches/1941/documents/hf_pxii_spe_19411224_radiomessagepeace_sp.html

Radiomensaje navideño de 24 de diciembre de 1942, de Pío XII
http://www.vatican.va/content/pius_xii/speeches/1942/documents/hf_pxii_spe_19421224_radiomessage-christmas.html

Discurso pronunciado por Pío XII a una importante representación de los trabajadores italianos en la fiesta de Pentecostés, el 13 de junio de 1943. Texto original en italiano

http://w2.vatican.va/content/piusxii/it/speeches/1943/documents/hf_pxii_spe_19430613_lavoratoriitalia.html
Radiomensaje navideño de 24 de diciembre de 1943, de Pío XII
http://www.vatican.va/content/pius_xii/speeches/1943/documents/hf_pxii_spe_19431224_radiom-natalizio-popoli.html
Radiomensaje de Pío XII de 1 de septiembre de 1944, en el V. Aniversario del Comienzo de la Guerra
http://www.vatican.va/holy_father/pius_xii/speeches/1944/documents/hf_pxii_spe_19440901_alcompiersi_sp.html
Discurso dirigido por el Papa Juan XXIII a los trabajadores de todo el mundo, el 14 de mayo de 1961, con motivo del 70 aniversario de la RN
http://w2.vatican.va/content/johnxxiii/es/speeches/1961/documents/hf_jxxiii_spe_19610514_nuovaenciclica.html).
Declaración de Pablo VI a los periodistas, durante su viaje a la India, el 4 de diciembre de 1964. Texto original en inglés.
http://www.vatican.va/holy_father/paul_vi/speeches/1964/documents/hf_pvi_spe_19641204_press_en.html
Discurso pronunciado ante los participantes en la Conferencia Mundial sobre el papel de las cooperativas agrícolas en el desarrollo social y económico, celebrado el 25 de mayo de 1972
http://w2.vatican.va/content/paulvi/es/speeches/1972/may/documents/hf_pvi_spe_19720525_cooperazioneagricola.html
Discurso pronunciado por el Papa Juan Pablo II en la sede de la Cooperativa de Productores Agrícolas de la ciudad de Faenza (Italia), el 10 de mayo de 1986.
Texto original en italiano.
http://w2.vatican.va/content/john-paul-ii/it/speeches/1986/may/documents/hf_jp-ii_spe_19860510_agricoltori-faenza.htm
Discurso del Papa Juan Pablo II a la Asamblea Plenaria de la Academia Pontificia de Ciencias Sociales, el 6 de marzo de 1999
http://www.clerus.org/bibliaclerusonline/es/hsf.htm#bmw
Discurso del Santo Padre Francisco a los embajadores de Kirguistán, Antigua y Barbuda, Luxemburgo y Bostwana, el 16 de mayo de 2013
https://w2.vatican.va/content/francesco/es/speeches/2013/may/documents/papa-francesco_20130516_nuoviambasciatori.html)
Videomensaje del Santo Padre Francisco con ocasión del Tercer Festival de la DSI. Verona, 21 de noviembre de 2013
http://w2.vatican.va/content/francesco/es/messages/pontmessages/2013/documents/papafrancesco_20131121_videomessaggiofestivaldottrinasociale.html

Obras completas de Arizmendiarrieta

Tomo I: **CAS**, Conferencias de Apostolado Social, libro 1.°.
http://www.euskomedia.org/PDFAnlt/mono/arizmendiarrieta/lib_01.pdf)
Tomo II: **SS**, Sermones I y II, libros 2.° y 3.°.
http://www.euskomedia.org/PDFAnlt/mono/arizmendiarrieta/lib_02.pdf http://www.euskomedia.org/PDFAnlt/mono/arizmendiarrieta/lib_03.pdf
Tomo III: **PR**, Primeras Realizaciones I y II, libros 4.° y 5.°.

http://www.euskomedia.org/PDFAnlt/mono/arizmendiarrieta/lib_04.pdf
http://www.euskomedia.org/PDFAnlt/mono/arizmendiarrieta/lib_05.pdf
Tomo IV: **EP,** Escuela Profesional I y II, libros 6.º y 7.º.
http://www.euskomedia.org/PDFAnlt/mono/arizmendiarrieta/lib_06.pdf
http://www.euskomedia.org/PDFAnlt/mono/arizmendiarrieta/lib_07.pdf
Tomo V: **CL**, Caja Laboral y grupo asociado I, II y III, libros 8.º, 9.º y 10.º.
http://www.euskomedia.org/PDFAnlt/mono/arizmendiarrieta/lib_08.pdf
http://www.eusk»»omedia.org/PDFAnlt/mono/arizmendiarrieta/lib_09.pdf
http://www.euskomedia.org/PDFAnlt/mono/arizmendiarrieta/lib_10.pdf
Tomo VI: **FC**, Formación Cooperativa (I, II), libros 11.º y 12.º.
http://www.euskomedia.org/PDFAnlt/mono/arizmendiarrieta/lib_11.pdf
http://www.euskomedia.org/PDFAnlt/mono/arizmendiarrieta/lib_12.pdf
Tomo VII: **V**, Varia (On Jose Mariaren Euskal Idatziak), libro, 13.º.
http://www.euskomedia.org/PDFAnlt/mono/arizmendiarrieta/lib_13.pdf

Fuentes secundarias

AA.VV. (1997). *Introducción a la Experiencia Cooperativa de Mondragón*. Aretxabaleta: Otalora.

AA.VV. (1995). *El cooperativismo vasco y el año 2000*. Madrid: Marcial Pons.

AA.VV. (1993). *Catecismo de la Iglesia católica*. Barcelona: Asociación de Editores del Catecismo.

AA.VV. (1990). *La Doctrina Social cristiana. Una introducción actual*. Madrid: Ediciones Encuentro.

Abaitua, C., Alberdi R. y Setién J. M. (1962). *Exigencias cristianas en el desarrollo económico-social*. Madrid: Ediciones Studium.

Altuna R. y Urteaga E. (2014). «Los inicios de la Experiencia Cooperativa de Mondragón», en *REVESCO, Revista de Estudios Cooperativos,* n.º 115, pp. 101-131.

Andrea, M. de (1945). *Obras completas, tomo IV. Catolicismo social*. Buenos Aires: Editorial Difusión.

Antoncich, R. y Munárriz, J. M. (1987). *La Doctrina Social de la Iglesia*. 2ª ed. Madrid: Ediciones Paulianas.

Arizmendiarrieta, J. M. (1999). *Pensamientos*. Navarra: Otalora. Gráficas Lizarra, S.L.

— (1978). *Escritos de Don José María Arizmendiarrieta, Tomo I., Conferencias. Apostolado social*. Mondragón: Caja Laboral Popular-Lan Kide Aurrezkia.

Arnáez Arce, V. (2014). «Educación, Formación e Información. El compromiso cooperativo con la juventud», en *Difusión de los valores y principios cooperativos entre la juventud*. Madrid: Dykinson S.L., pp. 187-194.

Arnáez Arce, V. y Atxabal Rada, A. (2014). «La Democrazia e L´educazione, Valori Cooperativi per I Giovani», en *Difusión de los valores y principios cooperativos entre la juventud*. Madrid: Dykinson S.L., pp. 75-86.

Atxabal Rada, A. (2014). «Democracia y jóvenes. Una aproximación desde las cooperativas», en *REVESCO, Revista de Estudios Cooperativos,* n.º 116, pp. 57-76.

Azpiazu, J. (1944). *La moral del hombre de negocios*. Madrid: Editorial Razón y Fe, S.A.

— (1929): *La acción social del sacerdote*. Madrid: Editorial Voluntad, S.A.

Azurmendi, J. (1994). *Pensamientos de Don José María Arizmendiarrieta*. Aretxabaleta: Otalora.

— (1984a). *Emancipación obrera: la cooperación (Antología de escritos de Don Jose María Arizmendiarrieta)*. Bilbao: A.G. Elkar, S. Coop.

— (1984b): *El hombre cooperativo. Pensamiento de Arizmendiarrieta*. Mondragón: Caja Laboral Popular-Lan Kide Aurrezkia.

— (1984c). *Filosofía personalista y cooperación: filosofía de Arizmendiarrieta*. Leioa: Servicio Editorial, Universidad del País Vasco-Argitalpen Zerbitzua. Euskal Herriko Unibertsitatea.

Bakaikoa Azurmendi, B. (2014). «Algunas reflexiones acerca de la relación entre los jóvenes y la intercooperación en el cooperativismo del siglo xxi», en *Difusión de los valores y principios cooperativos entre la juventud*. Madrid: Dykinson S.L., pp. 33-39.

Ballestero, E. (1990). *Economía social y empresas cooperativas*. Madrid: Alianza Universidad, 2ª ed.

Balmes, J. (1967). *Obras completas: el protestantismo comparado con el catolicismo*. Madrid: Biblioteca de Autores Cristianos, 2ª ed.

— (1925): *El protestantismo comparado con el catolicismo en sus relaciones con la civilización europea*. Barcelona: Biblioteca Balmes.

Barandiarán, J. M. de y Altuna, J. (1992). *Homenaje a D. José Miguel de Barandiarán*. Bilbao: Bilbao Bizkaia Kutxa.

Barandiarán, J. M. de (1984). *Obras completas,* tomo XXII. Bilbao: Gran Enciclopedia Vasca.

Benevides Pinho, D. (1987). *Evolución del pensamiento cooperativista*. Buenos Aires-República Argentina: Intercoop.

Birchall, J. (2005). «Los principios cooperativos, diez años después». *Revista de la Cooperación Internacional*, n.º 2, pp. 1-16.

Braumann, F. (1988). *Raiffeisen*. México: Confederación Mexicana de Cajas Populares.

Buendía Martínez, I. (2000): «La participación democrática: ¿un valor en extinción en las sociedades cooperativas?», en *CIRIEC-España. Revista de Economía Pública, Social y Cooperativa*, n.º 34, pp. 7-21.

Camacho, I. (2000): *Doctrina Social de la Iglesia. Quince claves para su comprensión*. Bilbao: Ed. Desclée de Brouwer, S.A.

— (1998). *Doctrina social de la Iglesia: una aproximación histórica*. Madrid: Ediciones Paulianas.

— (1991). *Cien años de Doctrina Social de la Iglesia*. Fe y Secularidad. Santander: Editorial Sal Terrae.

Carrasco Carrasco, M. (1991). «La Empresa Cooperativa actual: ni mutualidad ni ausencia del lucro. La justificación de una protección fiscal», en *CIRIEC-España, Revista de Economía Pública, Social y Cooperativa,* n.º 14, pp. 1-18.

Carrasco Monteagudo, I. (2009). *Diccionario de Economía Social, volumen 6*. Madrid: Ecobook-Editorial del economista.

Casaño Salido, R. (1974). *Las cooperativas farmacéuticas en España,* Madrid: Departamento de Publicaciones de la Asociación de Cooperativas Farmacéuticas, S. Coop. «ACOFARMA».

Cole, G.D.H. (1974). *Historia del pensamiento socialista. I. Los precursores, 1789-1850*. México: Fondo de Cultura Económica.

Colom, E. (2001). *Curso de Doctrina Social de la Iglesia.* Madrid: Ediciones Palabra, S. A.

Collins, J. (2001). *Empresas que sobresalen. Por qué unas sí pueden mejorar la rentabilidad y otras no.* Edición en lengua española. Barcelona: Ediciones Gestión 2000.

Comisión Episcopal de Apostolado Social (1963). *Doctrina Social de la Iglesia. Desde la «Rerum Novarum» a la «Mater et Magistra».* Madrid: Editorial Rialp.

Congregación para la Educación Católica (1995). *Orientaciones para el estudio de la Doctrina Social de la Iglesia.* Madrid: PPC, S.A.

Conill Sancho, J. (2013). *Horizontes de Economía Ética.* Madrid: Editorial Tecnos (3ª edición).

Cuenca Toribio, J.M. (2003). *Catolicismo social y político en la España contemporánea (1870-2000).* Madrid: Unión Editorial.

Davidovic, G. (1976). *Hacia un mundo cooperativo.* Zaragoza: Federación Nacional de Cooperativas de España.

Del Burgo, U. (2002). «La desnaturalización de las cooperativas». *Boletín de la Asociación Internacional de Derecho Cooperativo*, n.º 36, pp. 51-120.

Declaración de la Alianza Cooperativa Internacional sobre la Identidad Cooperativa (1996). Vitoria-Gasteiz: Consejo Superior de Cooperativas de Euskadi.

Deusy, P. (2005). *¿Una economía alternativa? Iglesia y neoliberalismo.* Barcelona: PPC, Editorial y Distribuidora, S.A.

Divar Garteiz-aurrecoa, J. (2013a). *Economía y democracia.* Madrid: Editorial Dykinson.

— (2013b). «Las cooperativas: Una alternativa económica y social frente a la crisis», en *Boletín de la Asociación Internacional de Derecho Cooperativo,* n.º 47, pp. 257-264.

— (2012). «Filosofía de la Cooperación Económica», en *Boletín de la Asociación Internacional de Derecho Cooperativo,* n.º 46, pp. 147-160.

— (2011). *Las cooperativas: una alternativa económica.* Madrid: Editorial Dykinson.

— (2010). «Peter Cornelius Plockboy y la República Cooperativa», en *REVESCO*, n.º 102, pp. 145-153.

Eguzkitza, J. B., (1990). *Gizarte-Auzia.* Donostia: Euskal Editoreen Elkartea, 2. arg.

Eliécer Quijano J. (2004). *Historia y doctrina de la cooperación.* Colombia: Universidad Cooperativa de Colombia.

Escuela Nacional de Educación Cooperativa, (2004). *Valores y principios del cooperativismo*, Santo Domingo.

Fauquet, G. (1973). *El sector cooperativo.* Buenos Aires: Intercoop., 2ª ed.

Felber, Ch. (2012). *La economía del bien común.* Traducción de Silvia Yusta. Barcelona: Deusto, Grupo Planeta.

Fernández Riquelme, S. (2014). «Albert de Mun y la Historia del poder político del catolicismo francés en la III República», en *La Razón Histórica,* n.º 28, pp. 266-275.

Fuentes Alcántara, F. coord. (2014). *Guía para la enseñanza de la Doctrina Social de la Iglesia.* Madrid: PPC.

Gadea E., Atxabal A., Izquierdo M. E. (2014). *Las cooperativas como alternativa económica: una visión de México y España.* Madrid: Dykinson.

Gadea E., Sacristán F., Vargas C. (2009). *Régimen jurídico de la sociedad cooperativa del siglo XXI: realidad actual y propuestas de reforma.* Madrid: Dykinson.

Gastón, C. (1989). *El derecho a vivir con dignidad a través del sistema empresarial cooperativo.* Caracas: Saeta Ediciones.

Goicoecheaundia Pagola, J. (1983). *Antecedentes históricos del Movimiento Sacerdotal de Vitoria*, [S.l.]: [s.n.].

Gómez Urquijo, L. (1998). *La Alianza Cooperativa Internacional. Su desarrollo como institución y en especial como instrumento transformador de la sociedad.* Vitoria-Gasteiz: Consejo Superior de Cooperativas de Euskadi.

Gorroño, I. (1975). *Experiencia cooperativa en el País Vasco*. Durango: Leopoldo Zugaza, Editor.

Goyau, G. (1911). *Ketteler,* Madrid: Ed. Saturnino Calleja Fernández.

Granja de la, J. L., (1987) «Archivos, Bibliotecas y Hemerotecas sobre el Nacionalismo Vasco en la II República», Congreso de Estudios Vascos, 10, Pamplona, pp. 659-662.

Grunewald, K. (1976). *Relaciones económicas intercooperativas.* Buenos Aires: Intercoop.

Guerry E. Mgr. (1959). *La Doctrina Social de la Iglesia. Su actualidad, dimensiones, proyección.* Madrid: Ediciones Rialp, S.A.

Gutiérrez García, J. L. (2011). *Doctrina Social de la iglesia. Objeciones y convergencias.* Madrid: CEU Ediciones.

— (2001). *Introducción a la Doctrina Social de la Iglesia.* Puerto Rico: Ponce, P.R.

— (1978). *La concepción cristiana del orden social.* Madrid: Obisa.

Hoerler de Carbonell, E. (1985). *Economía y doctrina social católica.* Barcelona: Editorial Herder.

Höffner, J., (2001). *Doctrina social cristiana.* Barcelona: Editorial Herder.

Holyoake, G. J. (1989). *Historia de los Pioneros de Rochdale,* reproducción de la versión traducida por Bernardo Delom, Buenos Aires: Intercoop.

Instituto Movilizador de Fondos Cooperativos Filial Cuyo (1999). *Teoría y práctica del cooperativismo. Compilación, síntesis y aportes.* Cuyo: Intercoop.

Iribarren J. y Gutiérrez García, J. L. (2008). *Once grandes mensajes.* Madrid: Biblioteca de Autores Cristianos.

Jaime Cuadros, M. P. (2007). *Plan Nacional Decenal de Educación para el Sector de la Economía Solidaria. 2006-2016. «Solidaridad con educación. Estrategia hacia la competitividad».* Bogotá: Universidad Cooperativa de Colombia.

Jiménez Arcila, F.L. (2002). *El cooperativismo. Ayer, hoy y mañana.* Colombia: Confecoop ANTIOQUIA.

Kaplan de Drimer, A. y Drimer B. (1981). *Las cooperativas. Fundamentos-Historia-Doctrina.* Buenos Aires: Intercoop (3ª edición).

— (1977). *Manual de cooperativas.* Buenos Aires: Intercoop.

Kortabarría, B. (2013) «La fuerza de la intercooperación», en *TU Lankide,* enero-febrero 2013, pp. 24 y 25.

Lambert, P. (1975). *Los principios cooperativos y la Alianza Cooperativa Internacional.* Zaragoza: Centro Nacional de Educación Cooperativa.

— (1970). *La Doctrina cooperativa.* Buenos Aires: Intercoop.

Larrañaga, J., (2004). *Dilema del cooperativismo en la Era de la Globalización.* Vitoria: Federación de Cooperativas de Trabajo Asociado de Euskadi.

— (1998). *El cooperativismo de Mondragón. Interioridades de una utopía.* San Sebastián: Ttarttalo.

— (1983). «Cooperativismo, ¿salida a la crisis?», en *Técnica Industrial,* n.° 169, pp. 7-11.
— (1981). *Don José María Arizmendiarrieta y la experiencia cooperativa de Mondragón.* Mondragón: Caja Laboral Popular.
Leibar, J. y Ormaechea, J.M. (1993). *Dn. José María Arizmendiarrieta y sus colaboradores.* Aretxabaleta: Otalora.
MacPherson, I. (1995). *Principios cooperativos hacia el siglo XXI. Estudios e Informes, 29.* Ginebra: Departamento Comunicación ICA.
Marín, C., S.J. (1933). *Círculo Católico de Obreros de Burgos. Cincuenta años de acción social católica.* Burgos: El Castellano.
Maritain, J. (1968). *La persona y el bien común,* Buenos Aires: Club de lectores.
Marsal, F. (1978). *Conocer a Max Weber y su obra.* Barcelona: Dopesa.
Martínez Etxebarria, G. (2014). «La juventud como valor corporativo en las sociedades mercantiles cooperativas del siglo xxi», en *Difusión de los valores y principios cooperativos entre la juventud.* Madrid: Dykinson S.L., pp. 59-72.
Martínez Charterina, A. (2014). «El sexto principio: la cooperación entre cooperativas», en *Colección Estudios Cooperativos,* volumen I: *Las cooperativas como alternativa económica: Una visión de México y España.* Madrid: Dykinson S.L., pp. 79-94.
— (2013). «Cooperativismo y economía del bien común», en *Boletín de la Asociación Internacional de Derecho Cooperativo,* n.° 47, pp. 185-197.
— (1996) «La cooperativa como empresa y los principios cooperativos tras el congreso centenario de la ACI de Manchester», en *Evolución del escenario económico. Homenaje a D. José Mª Solozábal Barrena.* Bilbao: Universidad de Deusto, pp. 207-226.
— (1995). «Los valores y los principios cooperativos», en *REVESCO, Revista de Estudios Cooperativos,* n.° 61, pp. 35-46.
— (1990). *Análisis de la integración cooperativa.* Bilbao: Universidad de Deusto.
Martínez Hoyos, F (2013). «Marc Sangnier. Cristianismo y democracia», en *La Razón Histórica. Revista hispanoamericana de historia de las ideas,* n.° 24, pp. 119-124.
Mendizábal J.M. (1978). *Escritos de Don José María Arizmendiarrieta. Tomo I. Conferencias, Apostolado Social.* Mondragón: Caja Laboral Popular.
Miranda, J. E. de (2012). *De la crisis de identidad al rescate de la génesis del cooperativismo.* Madrid: Dykinson.
Mladenatz, G. (1969). *Historia de las doctrinas cooperativas.* Buenos Aires: Intercoop.
Molina, F. (2005). *José María Arizmendiarrieta (1915-1976). Biografía.* Mondragón: Caja Laboral-Euskadiko Kutxa.
Möller, E. (1986). *El cooperativismo como proceso de cambio. Doctrina histórica del cooperativismo.* Bolivia: Editorial Los Amigos del Libro.
Montero García, F. (1983). *El primer catolicismo social y la «Rerum Novarum» en España (1889-1902).* Madrid: Consejo Superior de Investigaciones Científicas.
Münkner, H. (1988). *Principios cooperativos y derecho corporativo.* Königswinter (Alemania). Gesellschaft für Druckawicklung mbH. Traducción: Daniel Moeremans.
Narvarte Arregui, P.A. (2006). «La Experiencia Cooperativa de Mondragón: estudio de su viabilidad organizacional en el contexto de Euskadi», en *CIRIEC-España, Revista de Economía Pública, Social y Cooperativa,* n.° 54, pp. 231-255.

ORMAETXEA, J. M. (1994) «Los principios cooperativos de la Experiencia», en *Textos básicos de Otalora.* Área de Educación y difusión cooperativa, vol. 5., Mondragón: Ed. Azatza (Otalora).
— (1986). *El hombre que yo conocí.* Mondragón: Fundación GIZABIDEA.
OYARZÁBAL, A. (1989). *D. José María Arizmendiarrieta visto por sus condiscípulos.* Gipuzkoa: IKASBIDE, Grupo Cooperativo Mondragón.
PANIAGUA ZURERA, M. (1997). *Mutualidad y lucro en la sociedad cooperativa.* Madrid: McGraw-Hill.
PAZOS, A.M. coord. (1993). *Un siglo de catolicismo social en Europa, 1891-1991.* Pamplona: EUNSA, Ediciones Universidad de Navarra, S.A.
PONTIFICIO CONSEJO «JUSTICIA Y PAZ» (2014). *Compendio de la Doctrina Social de la Iglesia,* Madrid: Biblioteca de Autores Cristianos.
PULGAR EZQUERRA J., VARGAS VASSEROT C. (2006). *Cooperativas agrarias y sociedades agrarias de transformación,* Madrid: Dykinson.
RIPPE, S. (2012). «Contribución de las empresas cooperativas a la construcción de un mundo mejor», en *Boletín de la Asociación Internacional de Derecho Cooperativo,* n.º 46, pp. 17-32.
RODRÍGUEZ PÉREZ, J. (2001). *Cooperativismo para jóvenes.* Buenos Aires: Editorial Lazos Cooperativos.
RUIZ, A. (1990). *Emmanuel Mounier (II).* Madrid: Instituto Emmanuel Mounier.
SACRISTÁN BERGIA, F., GADEA SOLER, E. (2014). «Las normas de disciplina social en las sociedades cooperativas», en *Deusto Estudios Cooperativos,* n.º 4, pp. 111-124.
SACRISTÁN BERGIA, F. (2013). «En torno a la Asamblea General de las sociedades cooperativas», en *Deusto Estudios Cooperativos,* n.º 3, pp. 53-74.
— (2010). «La transformación de la sociedad cooperativa», en *Boletín de la Asociación Internacional de Derecho Cooperativo,* n.º 44, pp. 177-194.
SEQUEIRA MARTÍN, A. J., SACRISTÁN BERGIA, F. (2003). «Una reflexión sobre la responsabilidad de los miembros del Consejo Rector de las cooperativas», en *Revista de Derecho de sociedades,* n.º 21, pp. 219-232.
SOBRERROCA FERRER, L. A. (1967). *La Doctrina Social de la Iglesia. Textos pontificios sistematizados 1878-1967,* 3ª ed. Bilbao: Editorial Mensajero.
SOLS LUCÍA, J. (2014). *El pensamiento social cristiano abierto al siglo XXI. A partir de la encíclica Caritas in Veritate,* Cantabria: Editorial Sal Terrae.
TAYLOR, CH. (1993). *El multiculturalismo y la política de reconocimiento.* México: FCE.
TELLECHEA, J. I., (2005). *El otro Dn. José María,* Mondragón: Caja Laboral-Euskadiko Kutxa.
THALAMAS LABANDIBAR, J. (1933). *Laicismo y cristianismo,* Vitoria: Editorial Social Católica.
TOMILLO URBINA, J. L., ÁLVAREZ RUBIO, J. (2011). *La protección jurídica de los consumidores como motor de desarrollo económico.* Navarra: Civitas.
— (2010). «Algunas soluciones jurídicas a las crisis económicas de las familias», *Actualidad Jurídica Aranzadi,* n.º 811, pp. 10 y 11.
TORRALBA ROSELLÓ, F. (2011). *¿Qué es la dignidad humana? Ensayo sobre Peter Singer, Hugo Tristram Engelhardt y John Harris.* Barcelona: Herder.
TROELTSCH, E. (1967, tercera edición en español). *El protestantismo y el mundo moderno,* México: Fondo de Cultura Económica.

TURMANN. M. (1922). *El desenvolvimiento del catolicismo social,* trad. de Severino Aznar, Madrid: Sáenz de Jubera Hermanos, Libreros-Editores.

URIBE GARZÓN, C. (2001). *Bases del cooperativismo.* Colombia: Editorial Guadalupe Ltda.

URRUTIA BADIOLA, A. (2001). *Bidegileak. Juan Bautista Eguzkitza (1875-1939).* Colección Bidegileak, Vitoria-Gasteiz: Eusko Jaurlaritzaren Argitalpen Zerbitzu Nagusia.

VARGAS C., GADEA E. y SACRISTÁN F. (2015). *Derecho de las sociedades cooperativas. Introducción, constitución, estatuto del socio y órganos sociales.* Madrid: La Ley.

VARGAS VASSEROT, C. (2015). «Las cooperativas de crédito y su posición dentro del modelo cooperativo. Integración frente a diferenciación en el marco de la reforma del sistema financiero», en *REVESCO, Revista de Estudios Cooperativos,* n.º 117, pp. 50-76.

— (2012). *Sociedades agrarias y transformación: empresas agroalimentarias entre la economía social y la del mercado.* Madrid: Dykinson.

— (2006). *La actividad cooperativizada y las relaciones de la cooperativa con sus socios y con terceros.* Navarra: ThomsonAranzadi.

VELASCO GOGENOLA, J. M. de (2003). *La bioética y el principio de solidaridad. Una perspectiva desde la ética teológica,* Bilbao: Universidad de Deusto.

VENTURI, A. (1995). *Los fundamentos científicos de la Seguridad Social.* Madrid: Centro de Publicaciones, Ministerio de Trabajo y Seguridad Social.

WEBER, M. (1969). *La ética protestante y el espíritu del capitalismo,* Barcelona: Ediciones Península.

ZINKUNEGI, J.L. zuz (2004). *Elizaren irakatsi soziala.* Erlijio Kulturaren Bilduma. Bilbao, Deustuko Unibertsitatea.

ZURDO, M. (1962). *Doctrina Social de la Iglesia, hoy. Síntesis de las Encíclicas RERUM NOVARUM y MATER et MAGISTRA.* Madrid: Editorial CO. CUL., S.A.

FUENTES EN SOPORTE ELECTRÓNICO

AA.VV. (2015). «Cuando el dinero es un ídolo, arruina y condena al hombre, advierte el Papa Francisco», en *ACI Prensa,* 28 de febrero de 2015.
https://www.aciprensa.com/noticias/cuando-el-dinero-es-un-idolo-arruina-y-condena-al-hombre-advierte-el-papa-francisco-92922/

AA.VV. (2014). «Si el dinero es el fin prevalece la «lógica salvaje del lucro»», en *ACI Prensa,* 14 de noviembre de 2014.
https://www.aciprensa.com/noticias/papa-francisco-si-el-dinero-es-el-fin-prevalece-la-logica-salvaje-del-lucro-24372

AA.VV. (2012, 5ª ed.). *Modelo de Gestión Corporativo,* Gipuzkoa: Mondragon Corporation.
http://www.mondragoncorporation.com/wpcontent/themes/mondragon/docs/ModelodeGesti%C3%B3nCorporativoMONDRAGON.pdf.

AA.VV. (2012). «Roma bendice el cooperativismo vasco», en *el País. País Vasco,* 17 de octubre de 2012.
http://ccaa.elpais.com/ccaa/2012/10/17/paisvasco/1350476111_007443.html.

AA.VV. (2005). «Los fundadores del grupo cooperativo Mondragón reciben distinción papal por aplicar la doctrina social de la Iglesia», en *Euskalkultura.com,* 2 de junio de 2005.
http://www.euskalkultura.com/espanol/noticias/los-fundadores-del-grupo-cooperativo-de-mondragon-reciben-distincion-papal-por-aplicar-la-doctrina-social-de-la-iglesia

Alianza Cooperativa Internacional para Las Américas. «La ACI con el Papa Francisco», en el *Boletín Electrónico Mensual,* n.º 109, octubre 2013.
http://www.inaise.org/sites/default/files/u192/ACI%20-%20BOLETIN%20DEL%20MES%20DE%20OCTUBRE.pdf

Álvarez Layna, J. R. (2011). «Religiones y democracia: Robert Owen y el owenismo en la década de los años treinta del siglo xix», en *El Catoblepas: revista crítica del presente,* n.º 111, pp. 13-20.
http://www.nodulo.org/ec/2011/n111p13.htm

Arizmendiarrieta, J. M. (1937). «Len burrukea, orain gudea», en *Egunkaria.*
http://www.euskomedia.org/PDFFondo/00508011.pdf

Blancarte, R. J. (2011). «La doctrina social del episcopado católico mexicano», en *El pensamiento social de los católicos mexicanos,* México, edición electrónica.
http://books.google.es/books?isbn=6071607582.

Cal Martínez, R. (2012). «Onaindia, propagandista contra el franquismo», en *MHCJ,* n.º 3, pp. 193-215.
https://mhcommunicationsjournal.wordpress.com/2012/10/18/rosa_cal

Cancelo Alonso, A. (1999). «Mondragón Corporación Cooperativa. «Historia de una experiencia»», en *RIEV, Revista Internacional de los Estudios Vascos,* n.º 44, pp. 323-357.
http://www.euskomedia.org/PDFAnlt/riev/44/44323357.pdf.

Catecismo de la Iglesia Católica
http://www.vatican.va/archive/catechism_sp/index_sp.html

CDC: Código de Derecho Canónico
http://www.vatican.va/archive/ESL0020/__P2E.HTM

Confederación Empresarial Española de Economía Social, CEPES
http://www.cepes.es

Informe elaborado por el World Cooperative Monitor
http://www.cepes.es/noticia=351

Listado de empresas relevantes de la Economía Social
http://www.cepes.es/Ranking

Congregación para la doctrina de la fé, (1986). Instrucción *Libertatis conscientia* sobre la libertad cristiana y la liberación, 72.
http://www.vatican.va/roman_curia/congregations/cfaith/documents/rc_con_cfaith_doc_19860322_freedomliberation_sp.html.

Constitución Apostólica *Pastor bonus* sobre la Curia Romana
http://www.vatican.va/holy_father/john_paul_ii/apost_constitutions/documents/hf_jpii_apc_19880628_pastorbonusroman

Cumbre Internacional de Cooperativas, 2ª edición (2014). *Cooperatives and Employment: a Global Report.*
http://ica.coop/en/media/library/research-and-reviews/cooperatives-and-employment-global-report

Diaconía (2014). *Programa SAUSD de atención a las situaciones de urgencia social en 2014.*
http://www.diaconia.es/programa-sausd-de-atencion-a-las-situaciones-de-urgencia-social-en-2014
— (2012). «Iglesia evangélica, es la hora de la ayuda», en *el Protestante digital,* 29 de noviembre de 2012
http://protestantedigital.com/espana/28440/Iglesia_evangelica_es_la_hora de_la_ayuda
Divar Garteiz-aurrecoa, J. (2010). «Peter Cornelius Plockboy y la República Cooperativa», en *REVESCO, Revista de Estudios Cooperativos,* n.° 102, pp. 145-153.
www.redalyc.org
Echániz A., Enciso M., Mugarra A, y Pagola J.I. (2010). «La transmisión del valor solidaridad en la opinión pública. El caso de Mondragón Corporación Cooperativa (MCC)», en *Revista COOPERATIVISMO & DESARROLLO,* n.° 96, pp. 56-81.
http://dialnet.unirioja.es/servlet/articulo?codigo=3660128
Echegaray Corta, B. de (1932). «La vecindad: relaciones que engendra en el País Vasco», en *RIEV, Revista Internacional de los Estudios Vascos,* n.° 23, pp. 376-405.
https://www.euskoikaskuntza.org
Eguzkitza, J. B., (1903). *Oratio in Seminari Conciliari Victoriensi. Cursus 1903-1904.* Biblioteca del Seminario Diocesano de Vitoria-Gasteiz.
http://www.liburuklik.euskadi.net/handle/10771/27803
Enciclopedia Católica online: *Baron von Ketteler*
https://ec.aciprensa.com
Escuela de Agentes de Pastoral, Diócesis de Plasencia, *Formación básica: Doctrina Social de la Iglesia.*
http://www.diocesisplasencia.org/documentos/formacion_basica.pdf
Estatutos ACI
http://www.aciamericas.coop/IMG/pdf/aci_estatutos.pdf
Estatutos originales MCC
http://opendata.euskadi.eus/catalogo//contenidos/fundacion/gip52/es_def/adjuntos/x42tEstatutosOriginales.pdf
Gómez, K. (2014) «El cierre de Fagor amenaza la «paz social» en el oasis del cooperativismo», en *El Confidencial,* 4 de mayo de 2014.
http://www.elconfidencial.com/empresas/2014-05-04/el-cierre-de-fagor-amenaza-la-paz-social-en-el-oasis-cooperativista-de-mondragon_124871/
Gómez Cerda, J. (2005). «Emmanuel Mounier: el personalismo (1905-2005)», en *Rebelión.*
http://www.rebelion.org/noticia.php?id=15832
Gondra, J. M. (1992). «José Miguel de Barandiarán y Wilhelm Wundt», en *Eguzkilore,* n.° 6, pp. 61-64.
http://www.ehu.eus/documents
Granja de la, J. L. (1987). «Archivos, Bibliotecas y Hemerotecas sobre el Nacionalismo Vasco en la II República», en *Congreso de Estudios Vascos,* n.° 10.
http://www.euskomedia.org/PDFAnlt/congresos/10/10659662.pdf
Ibánez, A., «Gasteizko Apaiztegia eta euskara gerra aurretik».
http://www.euskaltzaindia.eus/dok/euskera/59373.pdf

Informe anual de Mondragón 2013
http://www.mondragon-corporation.com/2013/pdf/es/informeanual-version-reducida.pdf

Instituto Alma (1939). *Diario de Jorge Fox,* traducido de la edición inglesa *Every´s man edition,* con permiso de J.M. Dent & Sons de Londres. Texto electrónico con permiso de la librería de la Sociedad de Amigos, www.insitutoalma.org. Londres: Coalition for Hispanic Ministries, CHM@InstitutoALMA.org.

Jiménez Brea, J. L. (2014) «Crisis Fagor Electrodomésticos Vs Modelo Cooperativo: «Construir capacidades de desarrollo»», en *Euskonews,* 681 zk., 8 de enero de 2014.
http://www.euskonews.com/0681zbk/gaia68101es.html

Juventudes Marianas (2013). *Breve resumen de la Doctrina Social de la Iglesia.*
http://www.jmve.org/files/pdf/materiales/dsi/dsi_resumen.pdf.

— *Siete catequesis sobre la DSI.*
http://www.jmve.org/files/pdf/materiales/dsi/7catequesisDSI.pdf

López, CH. y Cortés, O. (2006). *Charles Fourier: el falansterio,* Biblioteca virtual Antorcha. http://www.antorcha.net/biblioteca_virtual/filosofia/falansterio/caratula.html

Luberti, M. I. «Derechos Humanos y Cooperativismo»
http://www.econo.unlp.edu.ar/uploads/docs/cooperativasderechoshumanos.pdf

Máiquez, M. (2013) «Fagor: las claves de una crisis más allá del cooperativismo», en *20 minutos,* 3 de noviembre de 2013.
http://www.20minutos.es/noticia/1965865/0/fagor/cierre/claves

Marcos, J. (2010) «50 años de Trabajo y Unión», en *El Diario Vasco,* 25 de octubre de 2010.
http://www.diariovasco.com/v/20101012/alto-deba/anos-trabajo-union-20101012.html

Martínez de Larrinoa, G. (2014) «La empresa inclusiva. Su significado y retos en un mundo complejo». Club de Roma, Bilbao, 28 de marzo de 2014. http://www.clubderomagv.org/debates/20140328/20140328pres.pdf.

Martínez Soto, A.P., *El cooperativismo alemán entre 1860-1930. Sistemas y evolución.* www.seha.info

Míguez A. y Molina F. (2008). «José María Arizmendiarrieta y Mondragón: cooperativismo cristiano y movimiento social en el franquismo (1941-1959)», en *Historia del presente,* n.° 11, pp. 125-140. http://historiadelpresente.es

Mondragón Corporación
http://www.mondragon-corporation.com/

Oliden, K. (2010). «50 años de Trabajo y Unión», en *El Diario Vasco,* 25 de octubre de 2010.
http://www.diariovasco.com/v/20101012/alto-deba/anos-trabajo-union-20101012.html

Ormazabal, M. (2013) «Fagor hace temblar el cooperativismo», en *El País. País Vasco,* 16 de octubre de 2013.
http://ccaa.elpais.com/ccaa/2013/10/16/paisvasco/1381919635_229197.html

Proceso de canonización de Arizmendiarrieta
http://www.canonizacionarizmendiarrieta.com/es/

Retegui, J. (2015) «Arizmendiarrieta era un hombre difícil de entender pero nos impregnó de ideas esenciales», en *El Diario vasco,* 26 de abril de 2015.

http://www.diariovasco.com/sociedad/201504/26/javier-retegui-comision-postuladora-201504260756.html
Revista *TU Lankide*
suplemento especial noviembre 2004
http://www.tulankide.com/es/revista/noviembre-2004
suplemento especial diciembre 2004
http://www.tulankide.com/es/revista/diciembre-2004
suplemento especial enero 2005
http://www.tulankide.com/es/revista/enero-2005
suplemento especial febrero 2005
http://www.tulankide.com/es/revista/febrero-2005
suplemento especial marzo 2005
http://www.tulankide.com/es/revista/marzo-2005
suplemento especial abril 2005
http://www.tulankide.com/es/revista/abril-2005
suplemento especial mayo 2005
http://www.tulankide.com/es/revista/mayo-2005
suplemento especial junio 2005
http://www.tulankide.com/es/revista/junio-2005
suplemento especial julio 2005
http://www.tulankide.com/es/revista/julio-2005
suplemento especial septiembre 2005
(http://www.tulankide.com/es/revista/septiembre-2005
Reyero, I. (2013) ««Agur» Fagor, el apóstol del cooperativismo», en el diario *Abc*, 3 de noviembre de 2013.
http://www.abc.es/economia/20131102/abci-fagor-historia-empresa-201311011621.html
Rezzónico, Alberto E. (2014). *Doctrina Social de la Iglesia y Doctrina cooperativa. Fundamentos, valores y principios relevantes de cada doctrina*. http://jornada.fundacionbania.org.ar/Rezzonico_UCA_20140514.pdf
Roussell, C. y Albóniga, N. (1994). *Historia de las cooperativas de consumo vascas*, Vitoria-Gasteiz: Federación de Cooperativas de Consumo de Euskadi. http://www.ekkffecoe.coop/files/publicaciones/historia_coop_consumo.pdf
Segovia Bernabé, J.L., *Gaudium et Spes: nueva mirada sobre el mundo*. http://www.academia.edu.
Sinde, J. M., (2009). «Las fortalezas cooperativas I», en *Euskonews*, 534. zk.
http://www.euskonews.com/0534zbk/gaia53403es.html
«Las fortalezas cooperativas II», en *Euskonews*, 535. zk.
http://www.euskonews.com/0535zbk/gaia53503es.html
Sotil, J., (2015a). «Mondragón creará a lo largo de 2015 un millar de puestos de trabajo», en *Mercado Financiero*, 15 de octubre de 2015
http://www.europapress.es/economia/noticia-mondragon-creara-largo-2015-millar-puestos-trabajo-20150522155134.html
— (2015b). «La Corporación Mondragón cerró 2014 con unas ventas de 11.479 millones», en *Noticias de Gipuzkoa*, 23 de abril de 2015.
http://www.noticiasdegipuzkoa.com/2015/04/23
Souto Coelho, J. (2013). «La Doctrina Social de la Iglesia: grandes respuestas a grandes cuestiones sociales», Instituto Social León XIII, Serie Conocer n.º 1.

http://www.institutosocialleonxiii.org/images/stories/materialesdidacticos/DSIGrandesRespuestas.pdf

Toso, M. (2013). «Las finanzas al servicio del bien común y de la paz», Conferencia pronunciada dentro de la Jornada «Unas finanzas orientadas al bien común», Barcelona, *Cristianisme i Justícia,* Colección virtual.
http://www.cristianismeijusticia.net/es/lasfinanzasalserviciodelbiencom%-C3%BAnydelapaz

Tratado de Lisboa
https://www.boe.es/legislacion/enlaces/documentos/ue/Trat_lisboa.pdf

Vázquez Borau, J. L. (2006). «Maritain-Mounier y la acción política personalista», en *Ars Brevis* n.° 12, pp. 242-254.
www.raco.cat

Villain, J., SJ., (1961). «Aportación doctrinal de la Encíclica Mater et Magistra», («L'encyclique Mater et Magistra: son apport doctrinal»), en *Rev. de l'Action Populaire,* 151, pp. 897-915.
http://www.seleccionesdeteologia.net/selecciones/llib/vol1/1/001_villain.pdf

Made in United States
Orlando, FL
04 November 2026

90204429R00153